INFORMATIK 5

Graphen | Codierung
Kommunikation in Netzwerken
Künstliche Intelligenz

Autoren
Peter Brichzin (München)
Florian Janus (Oettingen i. Bay.)
Franz Jetzinger (München)
Johannes Neumeyer (Traunstein)
Klaus Reinold (München)
Dr. Stefan Seegerer (Nürnberg)
Albert Wiedemann (Oberottmarshausen)

Berater
Benjamin Knorr (München)

Cornelsen

Vorwort 4

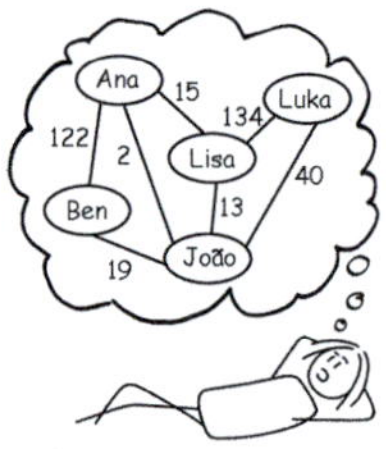

1 Vernetzte Strukturen – Graphen 7

1.1 Beziehungsgeflechte übersichtlich darstellen: Graphen 8
1.2 Beziehungen tabellarisch darstellen: Die Adjazenzmatrix 14
1.3 Die Knoten systematisch besuchen: Breitensuche 20
1.4 Mit Graphen Probleme lösen: Anwendungen der Breitensuche 28
1.5 Den optimalen Weg bestimmen: Der Dijkstra-Algorithmus 34
Teste dich selbst! 40
Zusammenfassung 41
Zum Weiterlesen
L1 Navigationssysteme 43

2 Codierung 45

2.1 Informationen geeignet darstellen: Codierung 46
2.2 Was der Computer versteht: Bits, Bytes & Zahlensysteme 50
2.3 Im Geheimen kommunizieren: Symmetrische Verschlüsselung 60
2.4 Zwei Schlüssel: Asymmetrisch verschlüsselte Nachrichten 66
2.5 Digital unterschreiben: Signaturen und Zertifikate 74
Teste dich selbst! 80
Zusammenfassung 81
Zum Weiterlesen
L2 Alan Turing und die Enigma 83

3 Kommunikation in Netzwerken 85

3.1 Erfolgreich weltweit kommunizieren: Das Internet 86
3.2 Aufgaben sinnvoll verteilen: Das Schichtenmodell 92
3.3 Den Weg finden: Adressierung 98
3.4 Webseiten aus dem Internet abrufen: HTTP 104
3.5 Dienste des Internets verwenden: Chancen und Risiken 108
Teste dich selbst! 114
Zusammenfassung 115
Zum Weiterlesen
L3 Sprachen des Internets: HTML, CSS und Javascript 116
L4 Surfen, Telefonieren, Fernsehen – alles über das Internet 118

4 Künstliche Intelligenz 121

4.1 Der Mensch als Vorbild: Künstliche Intelligenz 122
4.2 Blick hinter die Kulissen: Wissens- und datenbasierte Ansätze 126
4.3 Alternative 1 Von den Nachbarn lernen: Überwachtes Lernen umsetzen 132
4.3 Alternative 2 Entscheidungsbäume aus Daten automatisiert generieren: Überwachtes Lernen umsetzen 136
4.4 Von der Idee zum KI-System: Training und Optimierung 140
4.5 Das künstliche Neuron: Baustein des neuronalen Netzes 146
4.6 Gemeinsam sind Neuronen stark: Das neuronale Netz 152
4.7 KI im Einsatz: Chancen und Risiken 156
Teste dich selbst! 162
Zusammenfassung 164
Zum Weiterlesen
L5 Geschichte der KI 167
L6 Neuronale Netze zur Bilderkennung 167

5 Vertiefung: Projekte 169

5.0 Projektmanagement 170
5.1 Projektvorschläge: Graphen 172
5.2 Projektvorschläge: Codierung 174
5.3 Projektvorschläge: Netze 175
Social Bots – Arbeitsweise verstehen und selbst programmieren ... 177
5.4 Projektvorschläge: Künstliche Intelligenz 180

Lösungen zu „Teste dich selbst!" 183

Stichwortverzeichnis 191
Bildquellenverzeichnis 194
Textquellenverzeichnis 196

Vorwort

Liebe Informatikerin, lieber Informatiker der nächsten Generation, damit Sie sich bei der Arbeit mit dem Buch gut zurechtfinden, wird hier der Aufbau kurz beschrieben.

Vielfältige Aufgaben zum Üben und Vertiefen sowie spannende Forschungsaufträge als Blick über den Tellerrand und Lehrplan hinaus

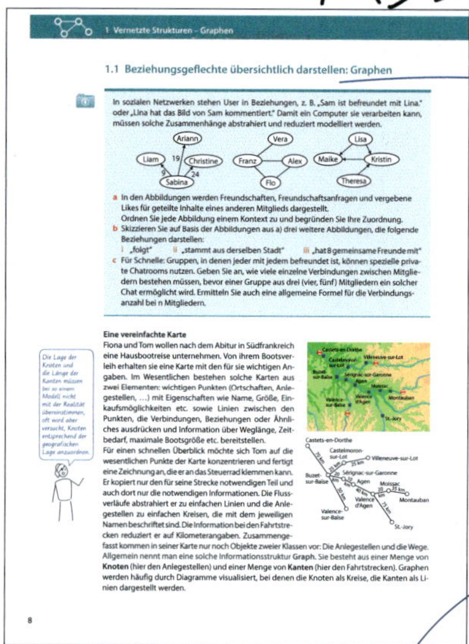

Inhaltliche Kapitel mit handlungsorientierten Einstiegsaufgaben, Erklärungen und Beispielen, damit Sie informatische Konzepte verstehen und kreativ einsetzen können

Dateivorlagen auch im Internet unter informatikschulbuch.de

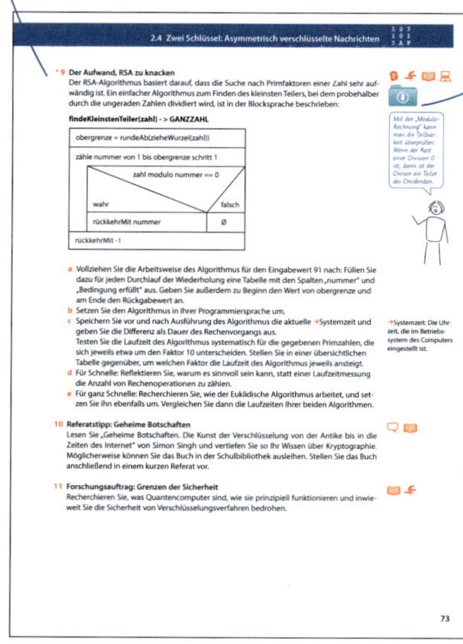

„Teste dich selbst!“-Aufgaben zum Überprüfen, ob Sie die wesentlichen Aspekte eines Hauptkapitels verstanden haben (Lösungen zur Selbstkontrolle am Ende des Buches!)

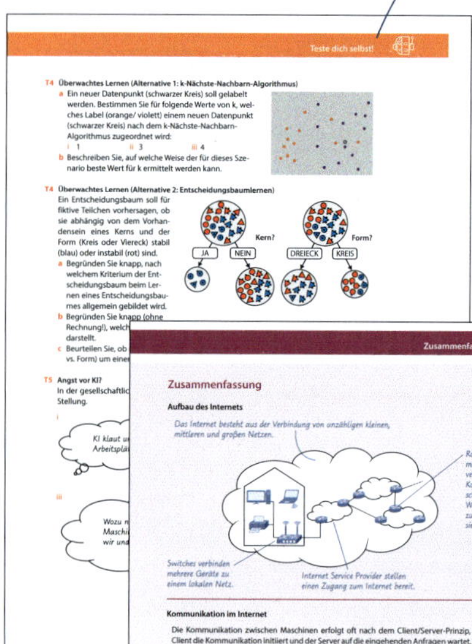

Kurze und prägnante Zusammenfassungen am Ende jedes Hauptkapitels und Merkkästen mit den zentralen Inhalten am Ende jedes Kapitels

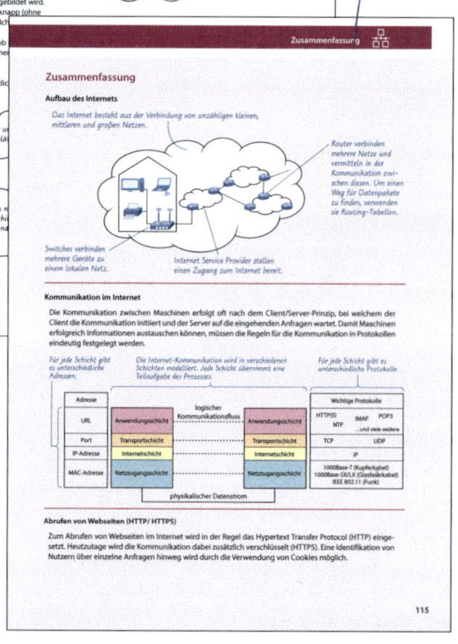

Texte Zum Weiterlesen, die Ihnen Einblicke in Berufe und Ausblicke auf inhaltlich angrenzende Anwendungsbereiche geben

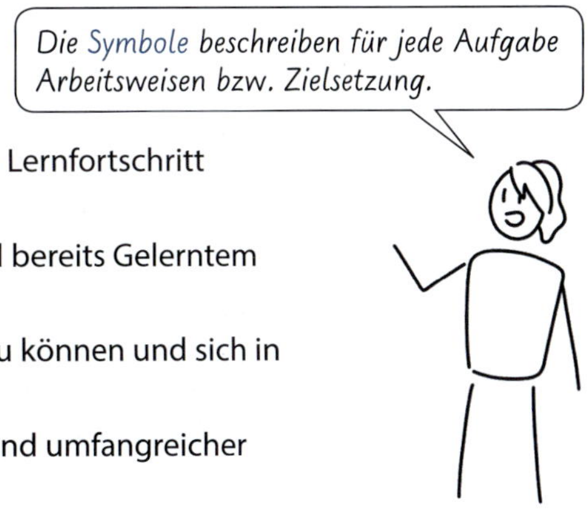

Recherchieren, lesen, damit Sie selbst Verantwortung für den Lernfortschritt übernehmen können.

Vernetzen, damit Sie neue Inhalte mit anderen Bereichen und bereits Gelerntem in Beziehung setzen können.

Kommunizieren, weil es wichtig ist, anderen etwas erklären zu können und sich in der Gruppe zu besprechen.

Kooperieren, damit Ihre Produkte vielseitiger, hochwertiger und umfangreicher werden.

Kreativ arbeiten, damit Sie originell und mit persönlicher Note arbeiten können.

Analysieren, um Strukturen, Verfahren und Zusammenhänge zu erkennen und zu erfassen.

Modellieren, um Probleme zu verstehen und Lösungen zu planen.

Mit Rechnereinsatz lösen/implementieren, um mithilfe des Computers praktische Umsetzungen zu schaffen.

Handlungsorientiert lösen, damit Sie auch ohne Rechner aktiv werden können, z. B. bei Rollenspielen.

Reflektieren, begründen, damit Sie sich Lösungswege bewusst machen und ähnliche Aufgaben künftig schneller lösen können.

Offene Aufgabenstellung individuell ausgestalten, damit Sie sich selbst Ziele setzen und Ihren eigenen Lösungsweg suchen können.

* **Diese Inhalte und Aufgaben gehen über den Lehrplan hinaus.**

Werkzeugunabhängigkeit in Lehrtext und Aufgaben:

Basisprojekte für viele gängige Sprachen und typische Entwicklungsumgebungen

Java (BlueJ, Greenfoot), Stride (BlueJ, Greenfoot), Python, Swift (Playgrounds)

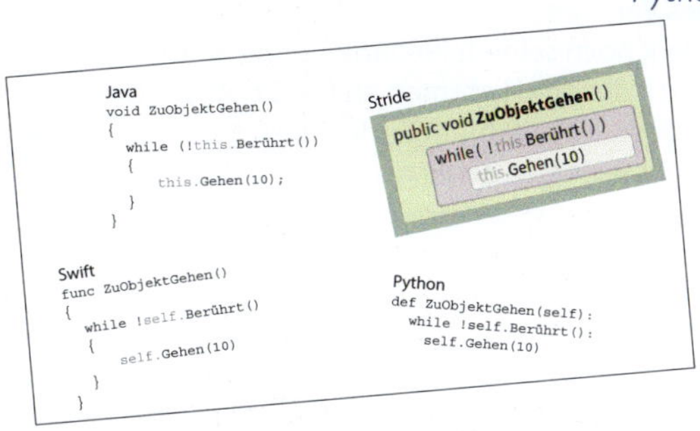

Wir wünschen Ihnen viel Spaß im Informatikunterricht mit diesem Buch!

Peter Brichzin, Florian Janus, Franz Jetzinger, Johannes Neumeyer, Dr. Stefan Seegerer, Klaus Reinold, Albert Wiedemann

INFORMATIK 5

Graphen | Codierung
Kommunikation in Netzwerken
Künstliche Intelligenz

Redaktion: Dr. Ulf Rothkirch, Martin Unger

Autoren: Peter Brichzin, Florian Janus, Franz Jetzinger, Johannes Neumeyer, Klaus Reinold, Dr. Frank Scholz, Dr. Stefan Seegerer, Albert Wiedemann
Technische Zeichnungen: Ingrid Schobel, Hannover
Illustrationen: Nicole Rademacher, Berlin; Natascha Welz
Umschlaggestaltung: Corinna Babylon, Berlin
Layout und technische Umsetzung: Reemers Publishing Services GmbH, Krefeld

www.cornelsen.de

1. Auflage, 1. Druck 2023

Alle Drucke dieser Auflage sind inhaltlich unverändert
und können im Unterricht nebeneinander verwendet werden.

Druck: Mohn Media Mohndruck, Gütersloh

ISBN 978-3-637-02473-1
ISBN 978-3-637-02474-8 (E-Book)

PEFC
PEFC/04-31-1033

PEFC zertifiziert
Dieses Produkt stammt aus nachhaltig bewirtschafteten Wäldern und kontrollierten Quellen.

www.pefc.de

1 Vernetzte Strukturen – Graphen

In diesem Kapitel werden Sie ...

... komplexe Beziehungsgeflechte mit Graphen übersichtlich darstellen.

... Zusammenhänge in solchen Beziehungsgeflechten aus der Darstellung ableiten.

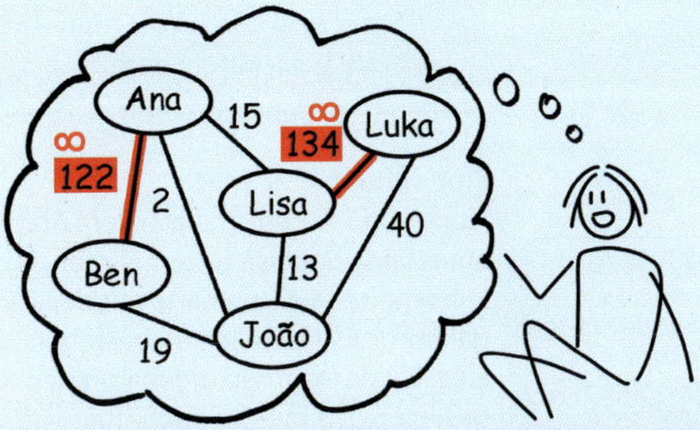

... Algorithmen entwickeln, die schnellste Wege von A nach B finden.

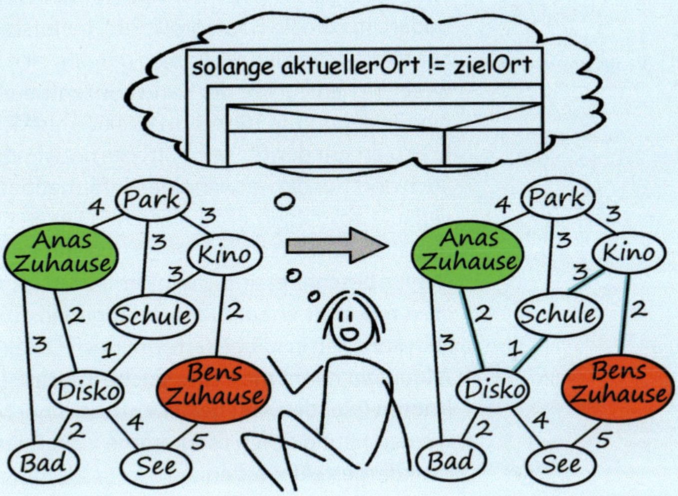

1.1 Beziehungsgeflechte übersichtlich darstellen: Graphen

In sozialen Netzwerken stehen User in Beziehungen, z. B. „Sam ist befreundet mit Lina." oder „Lina hat das Bild von Sam kommentiert." Damit ein Computer sie verarbeiten kann, müssen solche Zusammenhänge abstrahiert und reduziert modelliert werden.

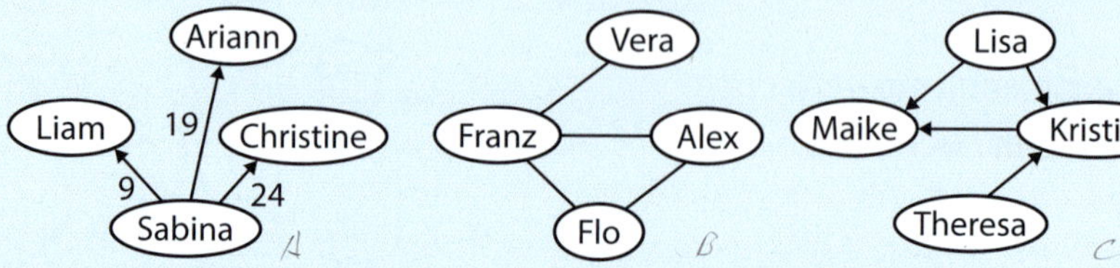

a In den Abbildungen werden Freundschaften, Freundschaftsanfragen und vergebene Likes für geteilte Inhalte eines anderen Mitglieds dargestellt.
Ordnen Sie jede Abbildung einem Kontext zu und begründen Sie Ihre Zuordnung.

b Skizzieren Sie auf Basis der Abbildungen aus a) drei weitere Abbildungen, die folgende Beziehungen darstellen:
i „folgt" ii „stammt aus derselben Stadt" iii „hat 8 gemeinsame Freunde mit"

c Für Schnelle: Gruppen, in denen jeder mit jedem befreundet ist, können spezielle private Chatrooms nutzen. Geben Sie an, wie viele einzelne Verbindungen zwischen Mitgliedern bestehen müssen, bevor einer Gruppe aus drei (vier, fünf) Mitgliedern ein solcher Chat ermöglicht wird. Ermitteln Sie auch eine allgemeine Formel für die Verbindungsanzahl bei n Mitgliedern.

Eine vereinfachte Karte

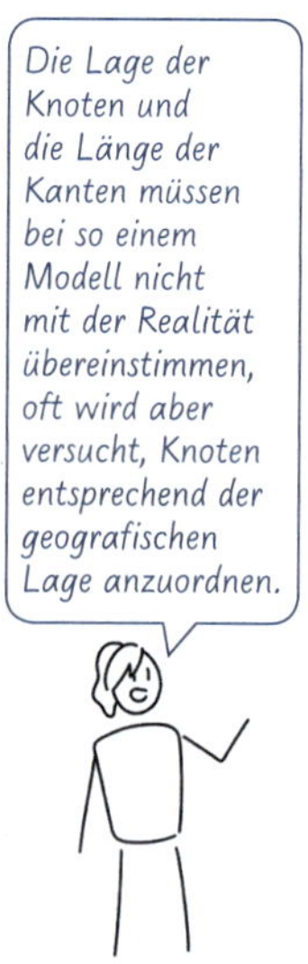

Fiona und Tom wollen nach dem Abitur in Südfrankreich eine Hausbootreise unternehmen. Von ihrem Bootsverleih erhalten sie eine Karte mit den für sie wichtigen Angaben. Im Wesentlichen bestehen solche Karten aus zwei Elementen: wichtigen Punkten (Ortschaften, Anlegestellen, …) mit Eigenschaften wie Name, Größe, Einkaufsmöglichkeiten etc. sowie Linien zwischen den Punkten, die Verbindungen, Beziehungen oder Ähnliches ausdrücken und Information über Weglänge, Zeitbedarf, maximale Bootsgröße etc. bereitstellen.

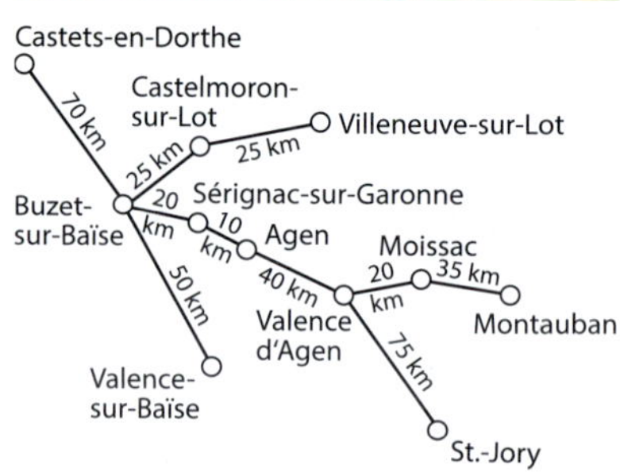

Für einen schnellen Überblick möchte sich Tom auf die wesentlichen Punkte der Karte konzentrieren und fertigt eine Zeichnung an, die er an das Steuerrad klemmen kann. Er kopiert nur den für seine Strecke notwendigen Teil und auch dort nur die notwendigen Informationen. Die Flussverläufe abstrahiert er zu einfachen Linien und die Anlegestellen zu einfachen Kreisen, die mit dem jeweiligen Namen beschriftet sind. Die Information bei den Fahrtstrecken reduziert er auf Kilometerangaben. Zusammengefasst kommen in seiner Karte nur noch Objekte zweier Klassen vor: Die Anlegestellen und die Wege. Allgemein nennt man eine solche Informationsstruktur **Graph**. Sie besteht aus einer Menge von **Knoten** (hier den Anlegestellen) und einer Menge von **Kanten** (hier den Fahrtstrecken). Graphen werden häufig durch Diagramme visualisiert, bei denen die Knoten als Kreise, die Kanten als Linien dargestellt werden.

Eigenschaften von Graphen

Tom hat bei seiner Version der Karte die Weglängen bei den Kanten eingetragen. Einen solchen Graphen nennt man **gewichtet**, die Weglängen nennt man die **(Kanten-)gewichte**. Hätte er die Wege als Linien eingetragen, ohne die Weglängen zu notieren, würde man den Graphen **ungewichtet** nennen.

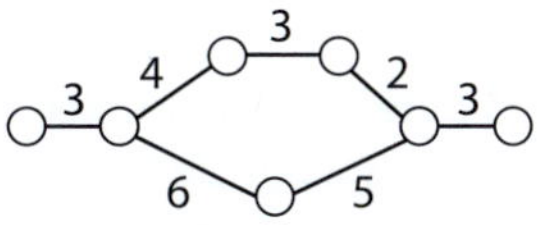

gewichteter Graph

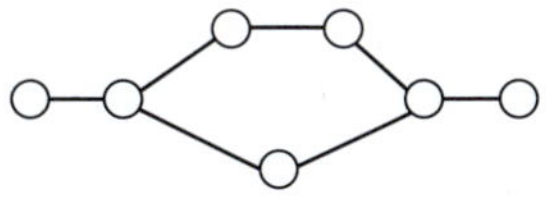

ungewichteter Graph

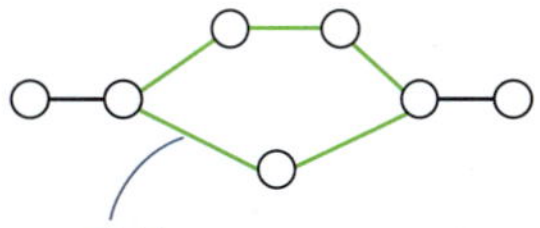

Zyklus

Als Fiona die Übersichtskarte des Hausbootanbieters genauer betrachtet, fallen ihr noch ein paar Besonderheiten auf: In manchen Verleihzonen sind Rundfahrten möglich, d. h. von manchen Anlegestellen aus gibt es Wege, die wieder zu dieser Anlegestelle zurückführen. In Graphen nennt man solche Rundwege **Zyklen**. In anderen Verleihzonen sind nur Hin- und Herfahrten möglich, die zugehörigen Graphen sind **zyklenfrei**. Die meisten Verleihzonen sind durch Wasserstraßen verbunden, sie sind **zusammenhängend**. Man sagt auch: Zu je zwei Knoten gibt es (mindestens) einen **Pfad** (Weg, Kantenzug), der sie verbindet. Andere Teile sind völlig isoliert. Der Gesamtgraph ist daher **nicht zusammenhängend**.

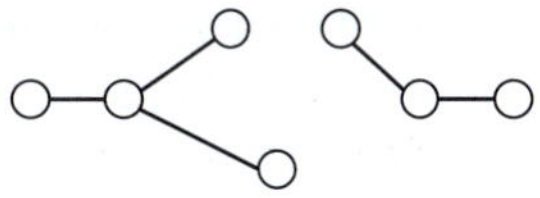

nicht zusammenhängender, zyklenfreier Graph

Gerichtete Graphen

Als Fiona die Karte nochmal genau anschaut, fällt ihr ein interessantes Detail auf. An einem großen Abschnitt wurde zur Umfahrung ein Kanal gebaut. Auf dem Fluss darf man hier nur flussabwärts fahren, auf dem Kanal in die Gegenrichtung. Die Kanten für den Fluss gehen nur in eine Richtung, die für den Kanal in die andere Richtung. Der Graph ist **gerichtet**.

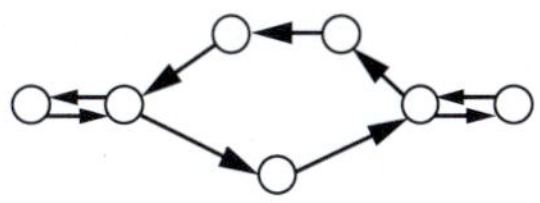

gerichteter Graph

Auch gerichtete Graphen können gewichtet sein, sie können Zyklen enthalten und sie können **stark** oder **schwach** oder nicht **zusammenhängend** sein.

Bei Straßenkarten können die meisten Straßen in beide Richtungen befahren werden, es gibt nur wenige Einbahnstraßen. Streng genommen müsste hier ein vollständig gerichteter Graph gezeichnet werden. Zur Vereinfachung werden aber die in beiden Richtungen befahrbaren Straßen als eine ungerichtete Kante gezeichnet.

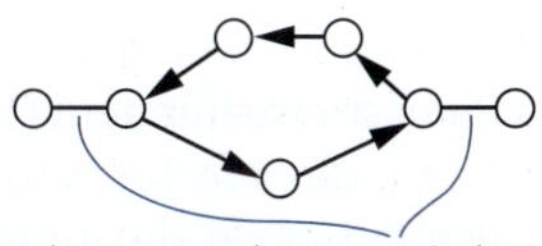

gerichteter Graph – Vereinfachung

*Ein gerichteter Graph ist **stark zusammenhängend**, wenn es von jedem Knoten zu jedem anderen einen gerichteten Pfad gibt, **schwach zusammenhängend**, falls der zugehörige ungerichtete Graph zusammenhängend ist. Jeder Graph, der stark zusammenhängend ist, ist auch schwach zusammenhängend.*

Ein **Graph** besteht aus einer endlichen Menge von **Knoten** und einer endlichen Menge von **Kanten**; eine Kante ist eine Verbindung zwischen zwei Knoten. Bei **gerichteten Graphen** hat jede Kante eine Richtungsangabe. Eine Folge von Kanten, die zwei Knoten verbindet, heißt **Pfad**, wenn jeder Knoten nur ein Mal besucht wird. Bei **gewichteten Graphen** wird jeder Kante ein Wert zugeordnet, das **Gewicht**. Bei **zusammenhängenden Graphen** gibt es von jedem Knoten einen Pfad zu jedem anderen Knoten; bei gerichteten Graphen spricht man von **stark zusammenhängend**, von **schwach zusammenhängend**, wenn nur der zugrunde liegende ungerichtete Graph zusammenhängend ist. Gibt es mindestens einen Knoten, von dem aus ein Pfad wieder zu ihm zurückführt, heißt der Graph **zyklisch**.
Graphen können als Diagramme mit Knoten als Kreisen und Kanten als Verbindungslinien dargestellt werden.

Die abstrakte Datenstruktur Graph und deren graphische Darstellung (Visualisierung) sind zwei verschiedene Dinge.

Aufgaben

1 Informatik ist überall: ICE-Verbindungen

Erkundigen Sie sich im Internet nach den ICE-Verbindungen innerhalb Deutschlands.

a Erstellen Sie einen gewichteten, ungerichteten Graphen für die ICE-Verbindungen zwischen 10 Städten Ihrer Wahl. Als Knotenbezeichner verwenden Sie die Kfz-Kennzeichen der Städte. Die Gewichtungen der Kanten sollen die Fahrzeiten in Minuten sein. Benutzen Sie zur Darstellung des Graphen das bereitgestellte Programm. Hinweis: Sollten Sie Verbindungen mit unterschiedlichen Zeiten finden, nehmen Sie immer die kürzeste Zeit.

b Nennen Sie weitere Gewichtungen des ICE-Graphen, die ebenfalls sinnvoll wären.

c Für Schnelle: Erläutern Sie, welches Problem mit den vereinfachten Knotenbezeichnern auftritt, wenn man Städte wie München oder Berlin genauer darstellen will.

2 Fluglinie

Informieren Sie sich im Internet über die Flugrouten einer (nicht zu kleinen) Fluggesellschaft.

a Erstellen Sie einen ungewichteten, ungerichteten Graphen für die Flugrouten. Als Knotenbezeichner verwenden Sie die international gebräuchlichen Abkürzungen für die Flughäfen. Der Graph sollte etwa 20 Knoten enthalten. Benutzen Sie zur Darstellung des Graphen das bereitgestellte Programm. Tipp: Starten Sie dazu in einer Stadt Ihrer Wahl und recherchieren Sie dann Schritt für Schritt Verbindungen in andere Städte.

b Ergänzen Sie den Graphen aus Teilaufgabe a) zu einem gewichteten Graphen, indem Sie die Flugdauer in Minuten eintragen. Achten Sie bei den Zeitangaben in den Flugplänen der Fluggesellschaft darauf, dass es sich dabei oft um Angaben in Ortszeiten des jeweiligen Flughafens handelt.

c Für Schnelle: Begründen Sie, warum die Verwendung eines ungerichteten, gewichteten Graphen für die Flugrouten ungeeignet ist. Geben Sie die Ursache für die unterschiedlichen Flugzeiten an. Arbeiten Sie in den Graphen aus Aufgabe b) die Unterschiede für Kanten ein, bei denen Hin- und Rückflugzeiten sich um mehr als fünf Minuten unterscheiden.

3 Europareise mit dem FlinkBus

Im Graphen rechts sind einige europäische Busverbindungen des Unternehmens FlinkBus dargestellt. Nehmen Sie zur folgenden Aussage begründet Stellung.

„Der Graph ist völlig falsch, weil weder die geographische Lage noch die Entfernungen zwischen den Städten korrekt sind.“

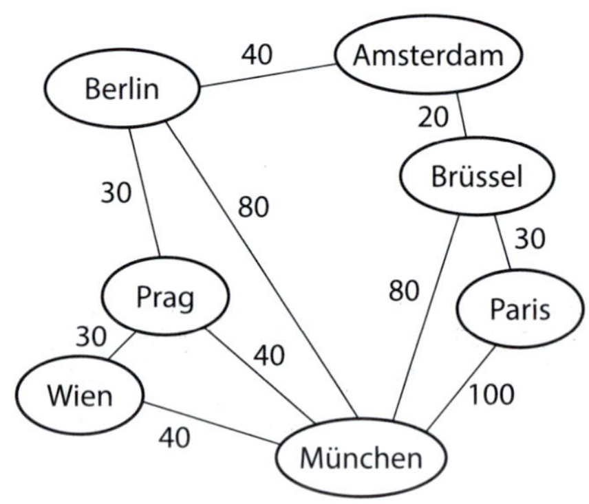

4 Richtig oder falsch

a Ein Graph wird durch seine Knoten beschrieben.

b Ein gerichteter Graph ist immer zusammenhängend.

c Ein zusammenhängender Graph mit 4 Knoten benötigt mindestens 4 Kanten.

d Ein Graph mit 4 Knoten und 5 Kanten hat mindestens einen Zyklus.

e Ein gewichteter Graph ist immer gerichtet.

5 Londoner U-Bahn

Rechts sehen Sie einen Ausschnitt des Londoner U-Bahn-Netzes.

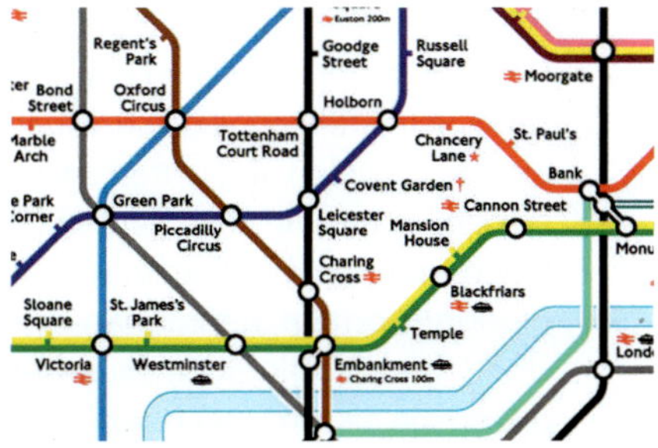

- **a** Erstellen Sie einen ungerichteten Graphen für die Verbindungen. Als Knotenbezeichner verwenden Sie die Namen der Haltestellen. Beschränken Sie sich auf die durch Kreise dargestellten Bahnhöfe.
- **b** Geben Sie an, welche Vereinfachungen Sie vorgenommen haben, und begründen Sie diese Änderungen.
- **c** Im Plan ist der Lauf der Themse eingezeichnet, obwohl der Fluss nichts mit dem U-Bahn-Netz zu tun hat. Begründen Sie, warum die Themse trotzdem in den Plan aufgenommen wurde.

6 Graphen – gleich und doch nicht gleich

Welche der vier Diagramme stellen denselben Graphen dar? Begründen Sie Ihre Aussage.

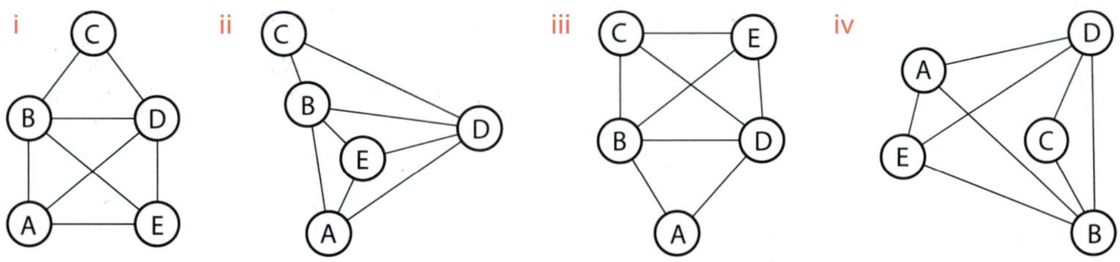

7 Königsberger Brückenproblem

Dem Mathematiker Leonhard Euler wurde 1736 folgendes Problem gestellt: „Durch Königsberg fließt der Pregel, der sich teilt und zwei Inseln umfließt. Gibt es einen Rundweg, bei dem man alle sieben Brücken über den Pregel genau einmal überquert und wieder zum Ausgangspunkt gelangt?"

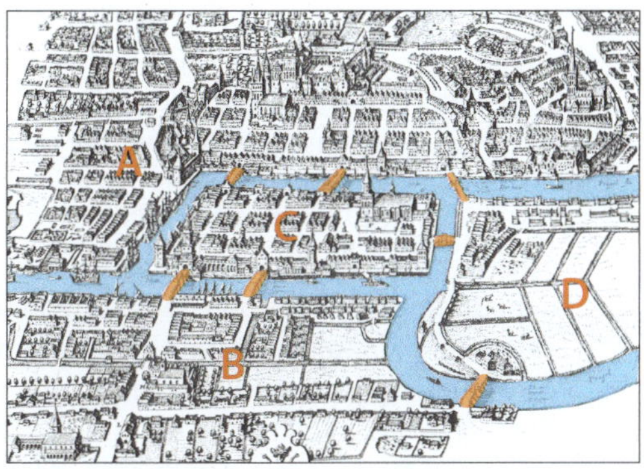

- **a** Stellen Sie das Königsberger Brückenproblem als Graph dar. Die Stadtteile A bis D bilden die Knoten, die Brücken sind die Kanten. Versuchen Sie einen Rundweg entsprechend der Vorgaben zu finden. Geben Sie an, woran dies scheitert.
- **b** Finden Sie einen Rundweg zum Graphen mit den Knoten A–F in der Abbildung rechts.
- **c** Geben Sie den wesentlichen Unterschied der Graphen von Aufgabe 7a) und 7b) an, der beim zweiten Graphen einen Rundweg ermöglicht.
  Tipp: Bei den Graphen im Bild rechts ist einmal ein Rundweg möglich, einmal nicht.

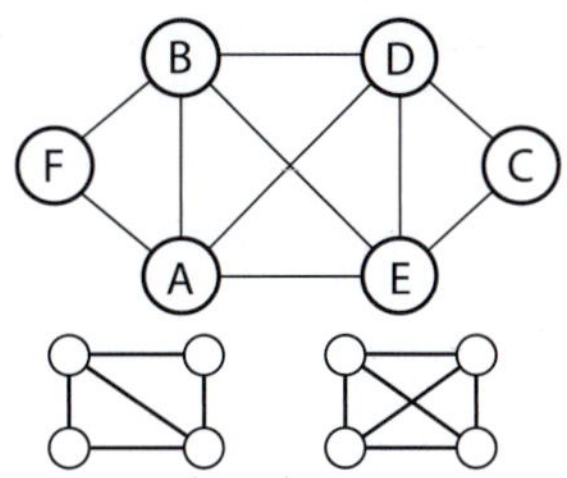

8 Turniere

a Fünf Freundinnen wollen ein Tennisturnier durchführen, bei dem jede gegen jede einmal spielt. Stellen Sie diese Situation als Graph dar, mit den Teilnehmerinnen als Knoten und den Spielen als Kanten zwischen den beteiligten Spielerinnen.
Geben Sie an, wie viele Kanten (Spiele) es gibt.

b Einen Graphen, bei dem von jedem Knoten zu jedem anderen Knoten eine direkte Verbindung vorliegt, nennt man einen vollständigen Graphen.
Überlegen Sie allgemein, wie viele Kanten ein vollständiger Graph mit n Knoten hat, und geben Sie die Anzahl als von n abhängigen Term an. Beachten Sie, dass eine Verbindung von A nach B und von B nach A nur einmal als Kante zählt.
Tipp: Wie viele Kanten gehen vom ersten Knoten aus, wie viele zusätzliche vom zweiten usw.?

c Berechnen Sie unter Verwendung der Formel aus Teilaufgabe b) die Anzahl der Spiele in der Hinrunde der Fußball-Bundesliga der Männer (18 Vereine).

9 Teiler

Ein Graph hat die Zahlenwerte 1 bis 9 als Knoten, die über die Beziehung „ist echter Teiler von" gerichtet verbunden sind.

a Zeichnen Sie den Graphen und nennen Sie die Anzahl der Kanten.

b Geben Sie an, welcher Knoten entfernt werden muss, damit der Graph nicht mehr zusammenhängend ist.

c Geben Sie an, wie sich der Graph ändert, wenn die Beziehung „ist Teiler von" lautet.

10 Umfüllprobleme Teil 1

Wenn man eine bestimmte Menge Flüssigkeit benötigt und mehrere Gefäße bekannter Größe, aber nicht der passenden Größe hat, kann man versuchen, durch Umfüllen (nicht Wegschütten) der Flüssigkeit doch noch die benötigte Menge abzumessen. Damit man Lösungen solcher Probleme anschaulich und gut nachvollziehbar ermitteln kann, ist die Modellierung mit einem Graphen oft hilfreich.

a Beim bekanntesten Problem dieser Art ist ein volles Gefäß mit 8 l Inhalt vorhanden, zusätzlich zwei weitere, leere Gefäße mit je 4 l bzw. 3 l Inhalt. Es sollen 2 l abgemessen werden. Übernehmen Sie den gegebenen Teil des Graphen in Ihr Heft und ergänzen Sie zu einem (gerichteten) Graphen, der von jedem Knoten aus eine Kante für jede mögliche Umfüllung hat. Bei jedem Knoten wird die Füllmenge der drei Gefäße angegeben. Markieren Sie am Ende den Knoten, bei dem ein Gefäß die gesuchte Menge von 2 l Flüssigkeit enthält, und markieren Sie auch den Weg (d. h. die Umfüllvorschriften) vom Ausgangsknoten zu diesem Knoten.

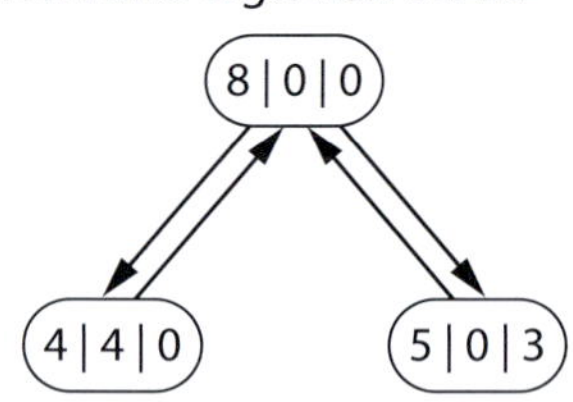

b Bei einem ähnlichen Problem sind ein volles Gefäß mit 8 l Inhalt, ein mit 2 l gefülltes Gefäß der Größe 7 l sowie ein leeres Gefäß der Größe 6 l gegeben. Zeichnen Sie auch hier den Graphen aller Umfüllmöglichkeiten und lesen Sie daran ab, welche Flüssigkeitsmengen sie abmessen können.

c In einer leicht abgewandelten Fragestellung läuft aus einer Quelle beliebig viel Wasser. Sie haben ein (leeres) Gefäß mit 4 l und ein Gefäß mit 3 l Fassungsvermögen. Bestimmen Sie auch hier durch Zeichnen des Graphen, wie Sie 2 l Wasser abmessen können.
Tipp: Sie können die Gefäße nicht nur beliebig oft füllen, Sie können die Gefäße auch in den Abfluss der Quelle ausleeren.

11 Komplizierte Überfahrt

a Ein Mann will mit einem kleinen Boot einen Fluss überqueren. Er hat einen Wolf, eine Ziege und einen Kohlkopf dabei. In dem Boot kann er immer nur einen „Passagier" mitnehmen. Wenn der Mann aber den Wolf mit der Ziege allein zurücklässt, frisst der Wolf die Ziege. Bleiben Ziege und Kohlkopf allein, frisst die Ziege den Kohlkopf.
Zeichnen Sie einen Graphen, bei dem in den Knoten die auf jedem Ufer vorhandenen „Passagiere" dargestellt werden (z. B. (-|WZK) für den Startknoten) und an dessen Kanten markiert ist, welcher „Passagier" gerade im Boot mitgenommen wird. Einer Kante, die zu einem Verlust führt, brauchen Sie nicht weiter nachzugehen. Lesen Sie aus diesem Graphen ab, wie der Mann ohne Verluste an sein Ziel kommt.

b Ein ähnliches Problem haben drei Gesangscoaches mit ihren Schützlingen: Für die Fahrt in ein Studio haben sie nur einen kleinen Wagen, der nur zwei Personen fasst. Außerdem hüten die Coaches ihre Schützlinge so eifersüchtig, dass sie es nicht erlauben, dass einer zusammen mit einem anderen Coach im Hotel/im Studio oder im Auto ist, wenn sie nicht selbst dabei sind. Bestimmen Sie mit Hilfe des zugehörigen Graphen eine Lösung für die Transferfahrt.

c Vier Studenten kommen nachts von einem Fest heim. Sie müssen in der Dunkelheit einen engen Steg überqueren. Zum Glück hat wenigstens eines ihrer Handys genügend Akku-Ladung, so dass sie mit der Lampen-App noch eine Weile leuchten können. Aber der Schein des Handys reicht nur so weit, dass immer nur zwei Leute gemeinsam gehen können. Und da der Akku des Handys schon ziemlich leer ist, müssen sie eine schnelle Lösung suchen. Sven braucht für die Überquerung 5 Minuten, Olaf benötigt 10. Jan ist etwas unsicher und benötigt 20 Minuten, Hein sogar 25.
Erstellen Sie einen Graphen für die Überquerungsmöglichkeiten und lesen Sie daraus ab, wie lange die Überquerung mindestens dauert.

12 Forschungsauftrag: Wer kennt wen

Das Kleine-Welt-Phänomen beschreibt eine Hypothese, nach der jeder Mensch auf der Welt mit jedem anderen über eine sehr kurze Kette von maximal 5 oder 6 Bekanntschaftsbeziehungen verbunden ist.

a Stellen Sie Bekanntschaftsbeziehungen als Graph dar. Beschränken Sie sich auf 15 Personen, die aber nicht alle Ihre Bekannten sind. Fragen Sie Ihre Bekannten, wen diese kennen, den Sie nicht kennen.

b Ein Internetphänomen ist das Kevin-Bacon-Orakel: In dieser Spezialisierung wird das Problem auf die Frage reduziert, welche Schauspielerin oder welcher Schauspieler über wie viele Bekanntschaftsbeziehungen mit dem Schauspieler Kevin Bacon bekannt ist. Als Bekanntschaftsbeziehungen wird hier festgelegt: Eine Schauspielerin oder ein Schauspieler ist mit einer oder einem anderen bekannt, wenn sie oder er in einem gleichen Film mitgewirkt hat. Die Anzahl der nötigen Bekanntschaftsbeziehungen wird auch als Bacon-Zahl (Bacon number) bezeichnet.
Ermitteln Sie für fünf verschiedene Schauspielerinnen bzw. Schauspieler die Bacon-Zahl und zeichnen Sie den Teil des Bekanntheitsgraphen.
Tipp: Mit der Sucheingabe „calculate bacon number" finden Sie geeignete Seiten.

c Begründen Sie, warum die Bacon-Zahl typischerweise deutlich kleiner ist als 5 bis 6.

1.2 Beziehungen tabellarisch darstellen: die Adjazenzmatrix

Im „Zeittauschverein“ der Gemeinde Infohausen unterstützen sich die Mitglieder gegenseitig mit dem, was sie gut können, und stärken dadurch das soziale Miteinander: Roy babysittet für Moss, der mäht den Rasen von Delina, die wiederum Roys Computerprobleme löst usw. Ziel ist es, dass sich die Summe der investierten Zeiten für alle ausgleicht.

	Roy	Moss	Jen	Delina	Terry
Roy		$8\frac{1}{2}$	4		13
Moss				$9\frac{1}{2}$	
Jen		$2\frac{1}{2}$		8	
Delina	12				5
Terry			$9\frac{1}{2}$		

a Lesen Sie aus der Tabelle ab, wie viel Zeit Moss bisher für Delina aufgewendet hat und wie viele Stunden Moss insgesamt noch „im Minus“ ist. Erklären Sie, was festgelegt sein muss, damit die „Zeittabelle“ auch für Außenstehende eindeutig ist.

b Alle fünf sind im sozialen Netzwerk Vitamin angemeldet. Dort ist Roy mit allen außer Moss „befreundet“ und Jen neben Roy noch mit Delina. Erstellen Sie eine Tabelle wie in a), die dies beschreibt. Geben Sie an, inwiefern sich die Tabellen aus a) und b) in ihrer Struktur unterscheiden.

c Die Tabellen aus a) und b) sind eine Möglichkeit zur Darstellung von Graphen. Übertragen Sie beide jeweils in die bekannte Diagrammdarstellung. Diskutieren Sie dann zu zweit, aus welcher Darstellungsform die verschiedenen Grapheneigenschaften jeweils einfacher abgelesen werden können.

Eine Tabelle für die Weginformation

Laura und Dario möchten nach dem Abitur vier Wochen lang mit ihrem Interrailticket durch Europa fahren. Einige Streckenabschnitte haben sie bereits geplant, aber der Beginn von Deutschland über Österreich nach Italien ist noch offen. Bei ihrer Suche nach möglichen Routen haben sie sowohl Diagrammdarstellungen als auch Tabellen gefunden. Nach kurzem Vergleich wird ihnen klar, dass die Diagrammdarstellung einen besseren Überblick über die gesamte Situation ermöglicht, denn häufig werden die Knoten abstrahierter Landkarten entsprechend der geografischen Lage angeordnet. Die Tabelle dagegen reduziert die Information auf die Entfernungsangaben.

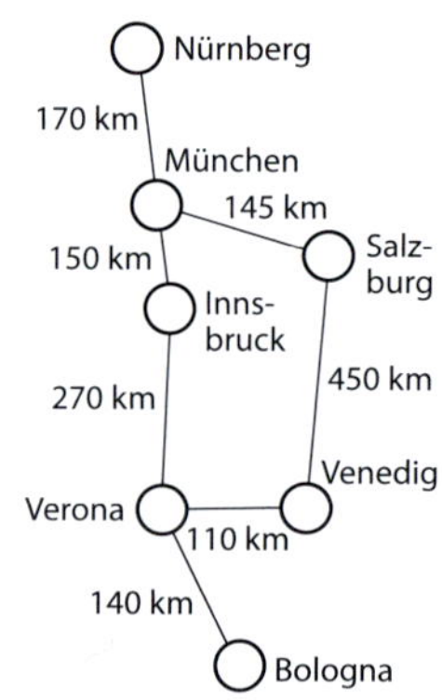

Entfernung in km	Bologna	Innsbruck	München	Nürnberg	Salzburg	Venedig	Verona
Bologna							140
Innsbruck			150				270
München		150		170	145		
Nürnberg			170				
Salzburg			145			450	
Venedig					450		110
Verona	140	270				110	

Die tabellarische Form ist eine geeignete Modellierung eines Graphen, wenn die Entfernungsangaben in einem Programm ausgewertet werden sollen, z. B., um kürzeste Wege zu ermitteln.

Adjazenzmatrix – 2-dimensionale Felder

Für die Umsetzung einer Entfernungstabelle in einem Programm, mit dem sich dann auch Fahrtrouten errechnen lassen, kann ein Feld von Feldern (ein sogenanntens zweidimensionales Feld) verwendet werden. Allerdings können die Knotennamen nicht als Feldindizes benutzt werden; hierfür werden Zahlen benötigt. Um diese Zahlen festzulegen, wird zuerst ein Feld mit den Knoteninformationen erstellt. Dort hat jeder Knoten einen eindeutigen Index. Dieser Index wird auch verwendet, um die Information in dem zweidimensionalen Feld anzusprechen. Der erste Index ist der Index des Startknotens, der zweite Index ist der Index des Zielknotens.

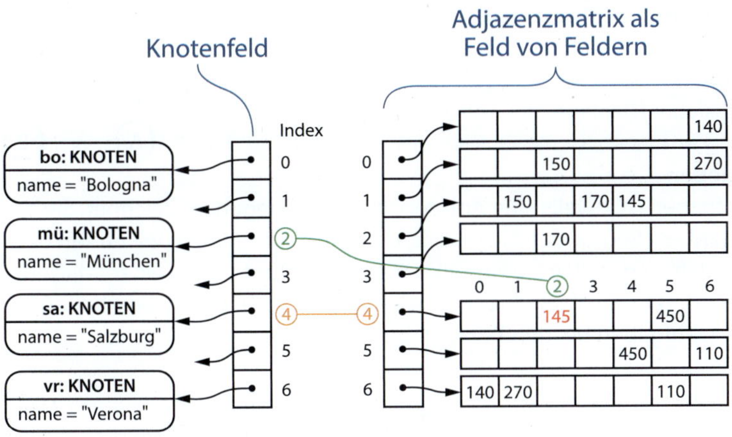

Weglänge von Salzburg nach München:
matrix.ElementGeben(4).ElementGeben(2) hat den Wert 145

In dieses zweidimensionale Feld tragen Laura und Dario nun die Werte für die direkten Verbindungen ein, d. h. die Gewichte der Kanten, so wie sie im Graph zu sehen sind. Die restlichen Feldelemente besetzen sie mit dem Wert –1, um anzuzeigen, dass hier keine direkte Verbindung besteht, es hier also keine entsprechende Kante gibt. Die diesem Feld entsprechende Tabelle nennt man →**Adjazenzmatrix** des Graphen.

→ lat. adjacere: benachbart sein

lat. matrix: öffentliches Verzeichnis, Stammrolle

Sowohl ein Diagramm als auch eine Tabelle sind mögliche Darstellungen der Datenstruktur Graph.
Eine **Adjazenzmatrix** ist eine spezielle Tabelle, deren Zeilen- und Spaltenindizes jeweils durch die Knoten und deren Reihenfolge festgelegt sind. In den Zellen der Tabelle werden passend zu den Knotenindizes die Informationen zu den Kanten gespeichert: Falls eine Kante zwischen den Knoten existiert, wird bei ungewichteten Graphen eine 1 eingetragen, bei gewichteten Graphen das Kantengewicht.
Eine Adjazenzmatrix kann durch ein zweidimensionales Feld implementiert werden.

Aufgaben

1 Informatik ist überall: Entfernungstabellen

Suchen Sie z. B. im Internet oder in Atlanten verschiedene Arten von Entfernungstabellen.

a Beschreiben Sie die Intention, warum die Entfernungen in Tabellenform dargestellt werden. Geben Sie an, warum diese Tabelle keine Adjazenzmatrix ist.

b Geben Sie für eine dieser Tabellen die Rolle der Knoten des zugrunde liegenden Graphen an und beschreiben Sie kurz die Schritte, um eine Adjazenzmatrix zu erstellen.

2 Adjazenzmatrix erstellen

Erstellen Sie für „Das Haus vom Nikolaus" die Adjazenzmatrix.

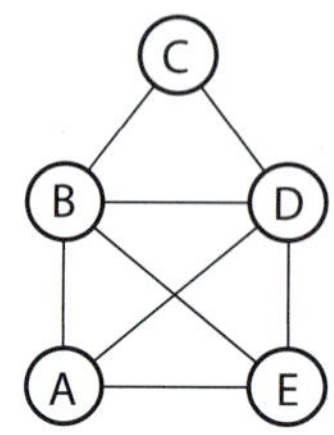

3 Adjazenzmatrix vorgegeben

Für die folgenden Teilaufgaben ist jeweils eine Adjazenzmatrix vorgegeben. Zeichnen Sie dazu das Diagramm des Graphen. Begründen Sie jeweils, ob es sich um einen gewichteten bzw. gerichteten Graphen handelt, und stellen Sie eine allgemeine Regel auf, wie an einer Adjazenzmatrix schnell erkannt werden kann, ob ein Graph gewichtet bzw. gerichtet ist. Bearbeiten Sie auch die jeweiligen Zusatzaufgaben bei den Teilaufgaben.

a

	A	B	C	D	E
A		1	1	1	1
B	1		1	1	1
C	1	1		1	1
D	1	1	1		1
E	1	1	1	1	

Es entsteht ein vollständiger Graph. Geben Sie eine allgemeine Definition für einen vollständigen Graphen an.

b

	A	B	C	D	E
A		1	1	1	1
B	1				
C	1				
D	1				
E	1				

Zeichnen Sie den Knoten A in die Mitte. Geben Sie für diese Art von Graphen einen sprechenden Namen an.

c

	A	B	C	D	E
A		1			1
B	1		1		
C		1		1	
D			1		1
E	1			1	

Geben Sie für diese Art von Graphen einen sprechenden Namen an.

d

	A	B	C	D	E
A		1			
B			1		
C				1	
D					1
E	1				

Geben Sie für diese Art von Graphen einen sprechenden Namen an, der auch von der Struktur aus Aufgabe c) abgrenzt.

e

	A	B	C	D	E
A		5	8		1
B	5		1	2	2
C	8	1		8	
D		2	8		
E		2			

4 Richtig oder falsch

Geben Sie an, welche Aussagen für den mit der Tabelle dargestellten Graphen wahr bzw. falsch sind.

	A	B	C	D
A	1	1	1	
B		1		
C		1	1	1
D	1			

a Ein Zyklus ist vorhanden.
b Alle Knoten haben eine Kante auf sich selbst.
c Es existiert ein Pfad von A nach D.
d Es existiert ein Pfad von D nach C via B.
e Es gibt einen Pfad von C nach D und wieder zurück, ohne einen weiteren Knoten zu besuchen.
f Der Graph ist gerichtet.
g Der Graph ist nicht zusammenhängend.
h Es gibt einen einfachen Pfad, auf dem man alle Knoten des Graphen besucht. (Einfacher Pfad: Pfad, der jeden Knoten höchstens einmal enthält.)

5 Klasse GRAPHMATRIX mit Adjazenzmatrix

Implementieren Sie einen mittels Adjazenzmatrix dargestellten Graphen in der Klasse GRAPHMATRIX.

knoten: FELD<KNOTEN> — *Feld der Knoten*
matrix: FELD<FELD<GANZZAHL>> — *die Adjazenzmatrix*
kanten: FELD<KANTENSYMBOL> — *Feld der Kantensymbole*

KnotenGeben(bezeichner: ZEICHENKETTE) -> KNOTEN — *Gibt den Knoten mit dem angegebenen Bezeichner zurück.*
KnotenBezeichnerGeben(knotenNummer: GANZZAHL) -> ZEICHENKETTE — *Gibt die Bezeichnung eines Knotens mit der gegebenen Knotennummer zurück.*
Ausgeben() — *Gibt die Adjazenzmatrix aus.*
KnotenAnzahlGeben() -> GANZZAHL — *Gibt die Anzahl der Knoten zurück.*
KanteGewichtGeben(von: ZEICHENKETTE, nach: ZEICHENKETTE) -> GANZZAHL — *Gibt die Gewichtung der Kante vom Knoten „von“ zum Knoten „nach“ zurück.*
Zurücksetzen() — *Löscht alle Daten des Graphen.*

Ergänzen Sie dazu das gegebene Projekt wie in den folgenden Teilaufgaben beschrieben. Nutzen Sie die oben beschriebenen Attribute und Methoden.

a Ergänzen Sie im Konstruktor die Initialisierung der (zunächst leeren) Felder.
b Ergänzen Sie den Rumpf der Methode *KnotenEinfügen(bezeichner, x, y)* nach folgender Strategie:
- Hinzufügen eines neuen Knotens mit den gegebenen Daten an das Feld der Knoten,
- Erweitern aller Zeilen der Adjazenzmatrix um ein Element („eine weitere Spalte“) mit dem Wert –1 (keine Kante) und
- Hinzufügen einer neuen Zeile an die Adjazenzmatrix.
Die Zeile muss die gleiche Elementzahl erhalten wie die bisherigen Zeilen jetzt haben; die Elemente der neuen Zeile sollen ebenfalls den Wert –1 erhalten.

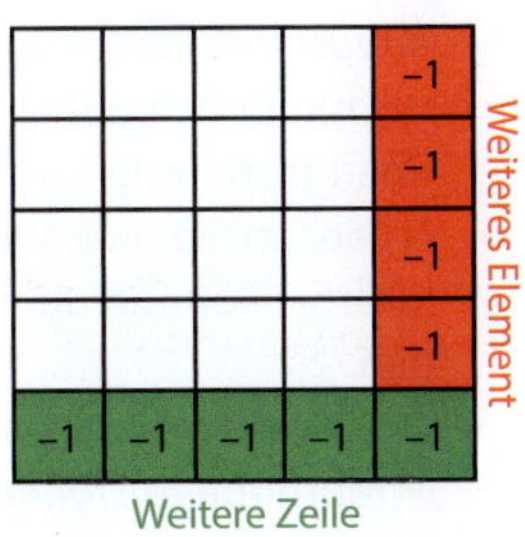

c Für eine Methode zum Einfügen von Kanten wird zunächst eine interne Hilfsmethode *KnotenNummerGeben* benötigt, die den Index zu einer gegebenen Knotenbezeichnung ermittelt (und –1 zurück gibt, falls dieser nicht existiert). Implementieren Sie die Methode gemäß dem gegebenen Struktogramm.

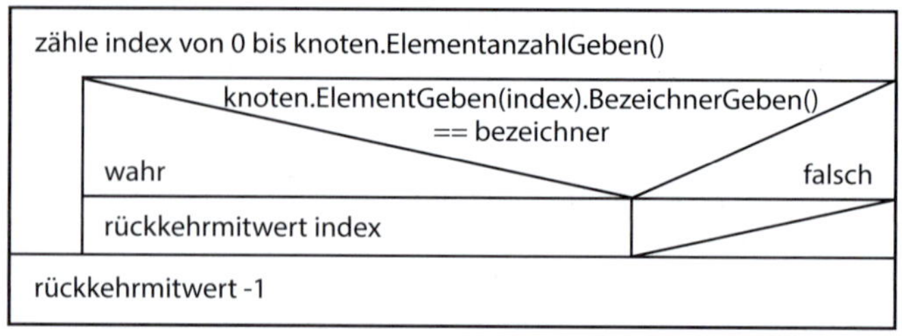

d Ergänzen Sie den Rumpf der Methode *KanteEinfügen(von, nach, gewichtung)* gemäß dem gegebenen Pseudocode.

```
vonNummer = selbst.KnotenNummerGeben(von)
nachNummer = selbst.KnotenNummerGeben(nach)
falls (vonNummer!=-1) UND (nachNummer!=-1) UND
     (vonNummer!=nachNummer) dann
  matrix.ElementGeben(vonNummer).
         ElementSetzen(nachNummer, gewichtung)
  matrix.ElementGeben(nachNummer).
         ElementSetzen(vonNummer, gewichtung)
  kante.Hinzufügen(neu KantenSymbol(
      knoten.ElementGeben(vonNummer).SymbolGeben(),
      knoten.ElementGeben(nachNummer).SymbolGeben(),
      falsch, gewichtung, 3, "blau"))
endefalls
```

e Beschreiben Sie die Fehlerfälle, welche die bedingte Anweisung abfängt, im Sachzusammenhang.

f Testen Sie nun die bisher erstellten Methoden, indem Sie mit Hilfe der Methode *KnotenEinfügen* zwei Knoten z. B. mit den Daten „Ulm, 100, 50" und „München, 300, 200" sowie mit der Methode *KanteEinfügen* die Kanten von Ulm nach München mit Gewicht 110 einfügen und verifizieren, dass die Graphik Ihren Angaben entspricht.

g Mit einem solchen Programm können nun Straßenkarten, U-Bahn-Netzpläne oder Anlegestellen für eine Hausboottour verwaltet und angezeigt werden. Einige Beispiele wurden bereits angelegt. Testen Sie damit die Gesamtfunktion Ihrer Klasse GRAPHMATRIX. Erstellen Sie dazu ein Objekt der Klasse BEISPIELE und rufen Sie die Methode *AusführenAbiturfahrt()* auf. Kontrollieren Sie stichprobenartig, dass die ausgegebene Adjazenzmatrix mit den in der Lehrtextgrafik angezeigten Gewichten und der Tabelle im Lehrtext übereinstimmt.

h Ergänzen Sie nun auch die Rümpfe der folgenden Methoden und testen Sie damit ebenfalls. Sie können dafür selbstverständlich Ihre in Kapitel 1.1 erstellten Graphen verwenden.

- i Methode *AusführenAutobahn()* mit „Autobahnen.grdb"
- ii Methode *AusführenFlug()* mit „Fluglinien.grdb"
- iii Methode *AusführenICE()* mit „ICENetz.grdb"
- iv Methode *AusführenSUBahn()* mit „SUBahn.grdb"

i Für Schnelle: Testen Sie Ihre Implementierung mit selbst erstellten Beispielen. Sie können in die Datenbank auch Fehler einbauen (z. B. falsche Knotenbezeichner) und ausprobieren, wie Ihr Programm reagiert.

j Für ganz Schnelle: Die Graphendaten können auch in einer Textdatei gespeichert werden. Das Programm zum Erstellen der Graphen kann auch in eine solche Datei speichern; die entsprechende Lesemethode *LesenDatei(name)* ist in der Klasse LESEN bereits vorbereitet. Testen Sie auch mit dieser Variante (die Dateinamen enden auf .grph). Vergleichen Sie die beiden Lesemethoden und geben Sie begründet an, welche Variante Sie vorziehen.

6 Zwei- und mehrdimensionale Felder

Mehrdimensionale Felder sind keine eigenständigen Datenstrukturen, sondern nur eine spezielle Anwendung von Feldern. Das erste Feld hat als Datenelemente wieder Felder usw. Erst die Elemente des letzten (innersten) Feldes enthalten die eigentlichen Daten.

a Erstellen Sie eine Multiplikationstabelle, d. h. ein zweidimensionales Feld, dessen Elemente das Produkt aus Zeilen- und Spaltenindex enthalten. Geben Sie den Inhalt des Feldes auf der Konsole aus.

b Bei der Speicherung ungerichteter Graphen in Adjazenzmatrizen wird durch Redundanz viel Speicherplatz „verschwendet", da ja alle Information bereits im Dreieck unterhalb der Diagonalen (siehe Bild rechts) enthalten ist. Es genügt also, nur diese sogenannte untere Dreiecksmatrix zu speichern. Das Feld der ersten Zeile hat dann die Länge 1, das Feld der zweiten Zeile die Länge 2 usw. Nur das Feld der letzten Zeile hat die volle Länge n. Der abgebildete Graph stellt ausschnittsweise dar, wie viele Beiträge in einem sozialen Netzwerk von diesen beiden Usern kommentiert wurden.

	0	1	2	3	4
0		143		64	78
1	143		63		121
2		63			
3	64				98
4	78	121		98	

i Erstellen Sie diese Dreiecksmatrix mit der Vorbesetzung −1 für alle Feldelemente und weisen Sie dann die Gewichte für die verbundenen Knoten zu.

ii Geben Sie den Inhalt auf der Konsole aus.

iii Für Schnelle: Implementieren Sie eine Methode, die bei Angabe von Zeilen- und Spaltenindex (in beliebiger Reihenfolge!) den entsprechenden Wert aus der Dreiecksmatrix ausgibt.

	0	1	2	3	4
0	−1				
1	143	−1			
	...				
4	78	121	−1	98	−1

c Für Schnelle: Erstellen Sie ein Pascalsches Dreieck der Höhe 10 und anschließend eine Pascalsche Pyramide der Höhe 10. Letztere benötigt dreidimensionale Felder.

***7 Klasse GRAPHLISTE mit Adjazenzlisten – Version 1**

Gibt es in einem Graphen viele Knoten, aber nur relativ wenige Kanten, so äußert sich das in Form von vielen „leeren" Zellen in der Adjazenzmatrix. Man spricht dann von einem „dünnen" Graphen. Bei der Speicherung des Graphen mit Hilfe einer Adjazenzmatrix wird in diesen Fällen sehr viel Speicherplatz verschwendet.

Eine Möglichkeit, mit dieser Situation speichersparend umzugehen, ist die Verwendung sogenannter Adjazenzlisten. Hier wird bei jedem Knoten ein Feld mit den von diesem Knoten ausgehenden Kanten gespeichert; als Kantenattribute sind in diesem Fall nur das Gewicht der Kanten und eine Referenz auf deren Zielknoten nötig.

a Implementieren Sie die für diese Darstellung nötigen Klassen GRAPHLISTE, KNOTEN und KANTE.

b Für Schnelle: Erweitern Sie die Klasse GRAPHLISTE um eine Methode *Umwandeln(FELD<FELD<GANZZAHL>>)*, die aus einem übergebenen Objekt der Klasse GRAPHMATRIX die Adjazenzmatrix ausliest und damit die Adjazenzlisten aufbaut.

1.3 Die Knoten systematisch besuchen: Breitensuche

Für eine Show platziert ein Feuerwerker Raketen in (nummerierten) Abschussrohren; je größer die Nummer, desto größer die Rakete. Manche Raketen sind untereinander mit immer gleich langen Zündschnüren verbunden. Der Abschuss einer Startrakete führt dazu, dass alle direkt verbundenen Raketen ausgelöst werden („Welle I"), dann all deren direkte Nachbarn („Welle II") usw. Zur Sicherheit werden teilweise mehrfache Verbindungen gelegt, falls eine Zündschnur nicht funktionieren sollte.

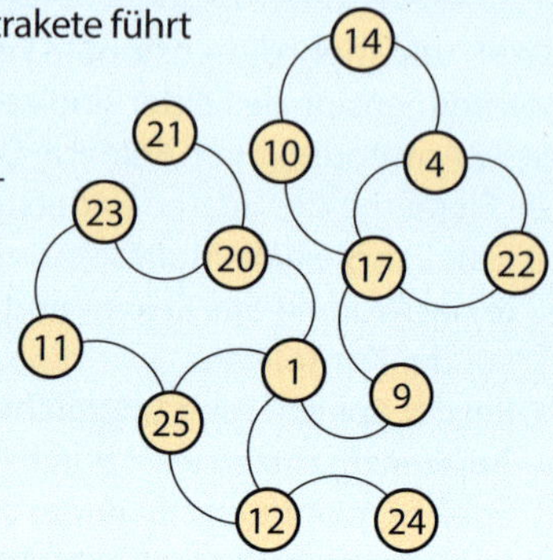

a Beantworten Sie die folgenden Fragen:
- i Wie viele Raketen starten in Welle I, wenn 1 die Startrakete ist?
- ii In welcher Welle wird Rakete 11, in welcher 22 und in welcher 14 gezündet, wenn 1 die Startrakete ist?
- iii Nennen Sie die Startrakete, wenn in Welle III u. a. die Raketen 11 und 24 starten.

b Der Auszubildende Klaus möchte herausfinden, wie lange es dauert, bis eine Zündschnur abbrennt. Er kennt die Dauer ab dem Abschuss der Startrakete 1 bis zum Start von Rakete 23. Beziehen Sie zu Klaus' Vermutung Stellung.

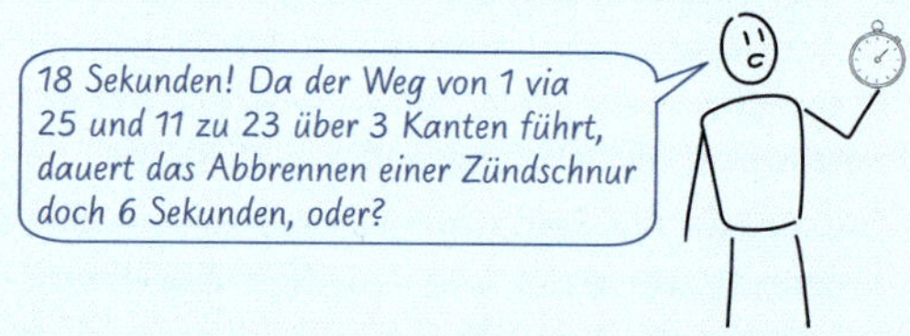

c Für Schnelle: Für eine Choreografie wird die Längen der Zündschnüre variiert, was ein verändertes Startverhalten zur Folge hat:
- Innerhalb einer Gruppe von Nachbarraketen (von 1 z. B. 9, 12, 20, 25) starten die Raketen nacheinander in aufsteigender Reihenfolge. Während eine Gruppe von Nachbarraketen startet, starten keine anderen Raketen.
- Die Gruppen starten nacheinander in der Reihenfolge, in der zuvor auch ihre „Mutterraketen" gestartet sind.

Geben Sie die Reihenfolge an, in der die Raketen bei Startrakete 1 nun starten würden.

Grundidee für kurze Wege

In vielen Anwendungen werden Algorithmen verwendet, die den kürzesten Weg von einem Ort zu einem anderen Ort suchen: Navigationsgeräte in Autos, die Kartenapp auf dem Handy, Online-Kartendienste und auch Computerspiele, bei denen der Computer die Gegner steuert. Dilara und Sven wollen herausfinden, wie ein solcher Algorithmus funktionieren könnte, der in einem Graphen (der Landkarte) den kürzesten Weg von einem Knoten zu einem anderen findet.

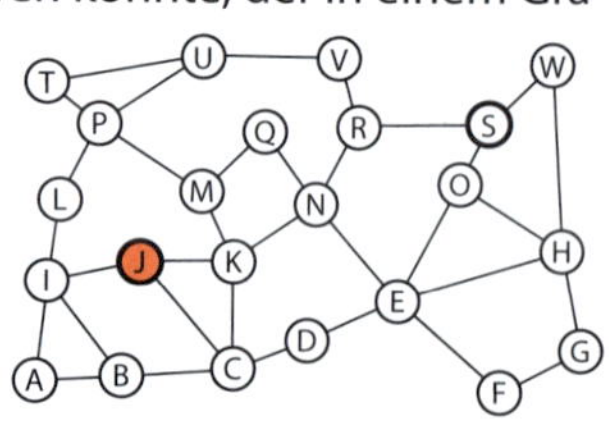

Zuerst zeichnen sie sich einen hinreichend großen Graphen, an dem sie ihre Ideen durchspielen können, und markieren willkürlich einen Start- und einen Zielknoten (J bzw. S).

Sie überlegen: alle Knoten, die man vom Startknoten aus erreichen kann, sind genau eine Kante weit weg. Wenn man von diesen Knoten aus wieder alle weiteren erreichbaren sucht, sind diese genau zwei Kanten weit weg. Setzt man dieses Vorgehen so lange fort, bis man den Zielknoten erreicht, erhält man den Pfad mit den wenigsten Kanten.

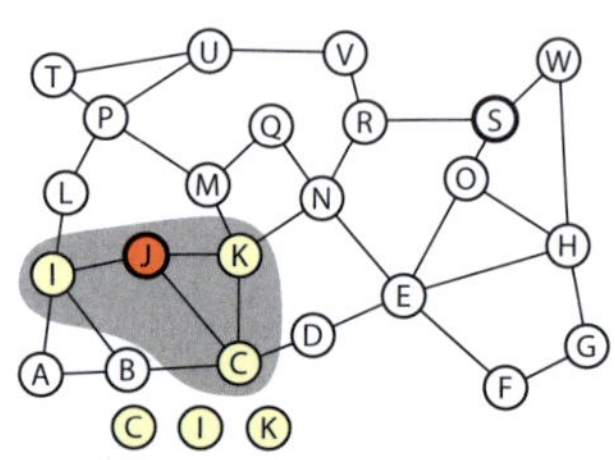

Im ersten Schritt sind vom Startknoten J aus (rot als aktueller Knoten markiert) die Knoten C, I und K direkt erreichbar.

Diese Knoten markieren sie gelb und merken sie sich zusätzlich in einer „To-Do-Liste“, damit sie später nicht vergessen, auch all deren Nachbarn in der richtigen Reihenfolge zu besuchen. J ist fertig behandelt.
Danach wählen sie C und sehen, dass von dort aus die Knoten B und D erreichbar sind (Bild unten links). Der Reihe nach betrachten sie nun auch die Nachbarn der Knoten I und K. Damit sind alle Knoten abgearbeitet, die über eine Kante vom Start aus erreichbar sind. Wie erwartet stehen nun in der To-Do-Liste genau die Knoten, die von J aus zwei Kanten entfernt sind (Bild unten Mitte).

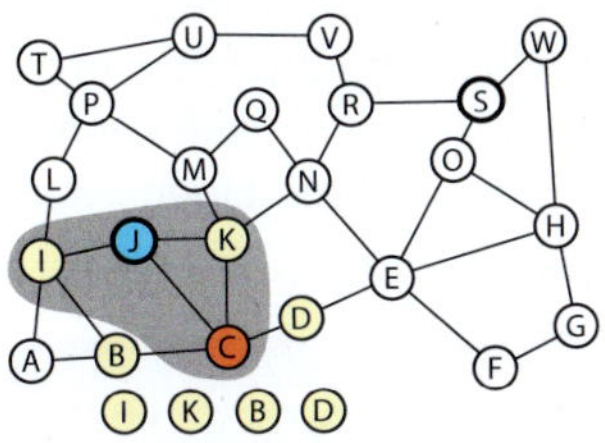

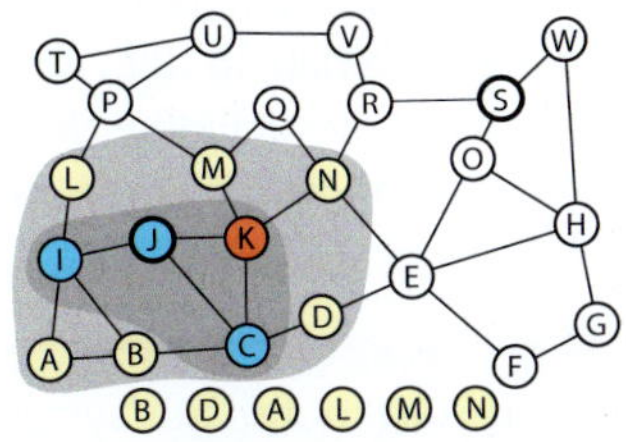

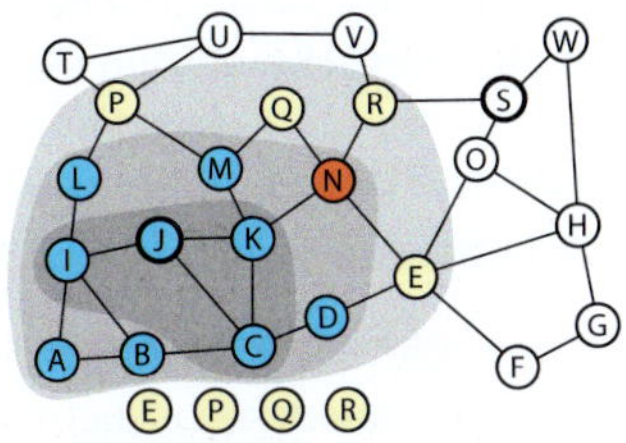

Beim weiteren Abarbeiten ihrer To-Do-Liste stellen Dilara und Sven fest, dass von B aus gar kein neuer Knoten erreichbar ist, und dass meist nur wenige Knoten neu erreichbar sind. Als sie den Knoten N fertig bearbeitet haben, ist die To-Do-Liste kaum größer als zu Beginn (Bild oben rechts).

Eifrig machen sie so lange weiter, bis der Knoten S der aktuelle Knoten wird. Ihre Arbeit ist damit beendet.

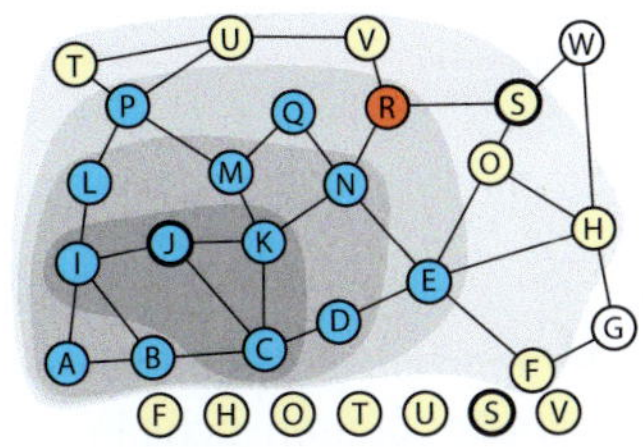

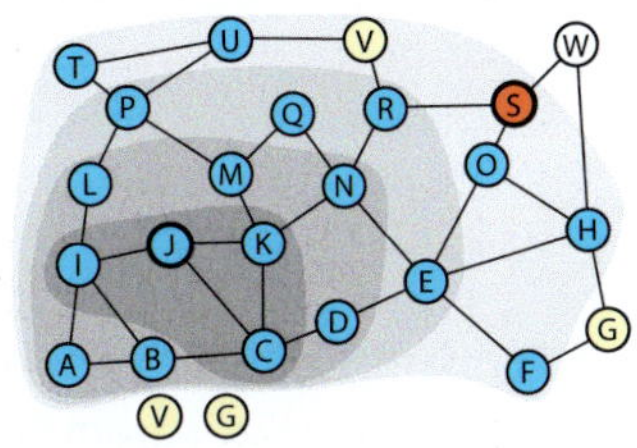

Da der Algorithmus die Knoten →konzentrisch um den Startknoten in immer breiteren Bereichen abarbeitet (siehe Bilder), wird dieser Algorithmus **Breitensuche** genannt.

→ konzentrisch: um eine gemeinsame Mitte angeordnet

Der Algorithmus zusammengefasst
Da Dilara und Sven nun sicher sind, dass ihre Vorgehensweise funktioniert, formulieren sie den zugehörigen Algorithmus unter der Voraussetzung, dass die Kanteninformation in einer Adjazenzmatrix abgespeichert ist. Zur Umsetzung der Warteliste und zur Kennzeichnung der fertigen Knoten verwenden sie passende Felder.

```
warteliste.Leeren()                     }
fertigeKnoten.Leeren()                  } Initialisierung für den Algorithmus
aktuellerKnoten = startKnoten           }
wiederhole solange nicht aktuellerKnoten == zielKnoten
    zähle nummer von 0 bis anzahlKnoten - 1
        (matrix.ElementGeben(aktuellerKnoten).ElementGeben(nummer) > 0) und
        (nicht fertigeKnoten.Enthält(nummer)) und
        (nicht warteliste.Enthält(nummer))
        wahr:
            warteliste.Anfügen(nummer)
        falsch:
            –
    fertigeKnoten.Anfügen(aktuellerKnoten)
    aktuellerKnoten = warteliste.ElementGeben(0)
    warteliste.Entfernen(0)
```

Andere Ergebnisse

Dilara und Sven überlegen weiter, was passiert, wenn der Zielknoten gar nicht erreichbar ist. In diesem Fall wäre die Warteliste leer, noch ehe der Zielknoten gefunden ist. Das müsste im Algorithmus noch überprüft werden.

Mit einer leeren Warteliste als Endbedingung kann der Algorithmus auch überprüfen, ob ein Graph zusammenhängend ist: Es muss dann nur noch überprüft werden, ob die Anzahl der fertigen Knoten gleich der Gesamtzahl der Knoten ist.

Statt eines fest vorgegebenen Zielknotens kann auch nach einem Knoten mit bestimmten Eigenschaften gesucht werden (Es gibt dort ein Freibad, in dem Kino läuft ein bestimmter Film etc.). Der Algorithmus liefert dann den Knoten mit dieser Eigenschaft, der über die wenigsten Kanten erreichbar ist (oder eine leere Referenz, wenn kein Knoten mit der gewünschten Eigenschaft erreichbar ist).

Die **Breitensuche** besucht von einem Startknoten aus systematisch in konzentrischen Bereichen um den Startknoten alle (erreichbaren) Knoten eines Graphen.
Mit der Breitensuche kann auch ein bestimmter Knoten gesucht werden; dieser Knoten wird auf dem Pfad mit der geringsten Kantenanzahl gefunden. Es kann außerdem geprüft werden, ob ein Graph zusammenhängend ist.

Aufgaben

1 Informatik ist überall: Ich kenne jemanden, der jemanden kennt …

a Begründen Sie, warum Sie mit Hilfe der Breitensuche in sozialen Medien optimal nach einer Person mit einer bestimmten Eigenschaft (hat ein bestimmtes Hobby, wohnt an einem bestimmten Ort …) suchen können. Geben Sie dazu an, welcher Wert hier optimiert wird.

b Bei der Ermittlung der Bacon-Zahl in Kapitel 1.1, Aufgabe 12b) kann die Breitensuche gut verwendet werden. Erstellen Sie aus den Ergebnissen von 12b) den Bekanntheitsgraphen und ermitteln Sie mit Hilfe der Breitensuche die Bacon-Zahl eines von Ihnen gewählten Schauspielers.

2 Breitensuche durchführen

Gegeben ist der nebenstehende Teil des Münchner Schnellbahnnetzes. Ermitteln Sie mit Hilfe der Breitensuche, wie viele Stationen auf dem Weg vom Sendlinger Tor zum Innsbrucker Ring mindestens erreicht werden. Führen Sie die Breitensuche zu zweit mit Papier und Bleistift aus. Nutzen Sie dabei eine Tabelle wie auf der nächsten Seite als Beispiel angegeben; achten Sie dabei insbesondere auf eine sorgfältige Notation der To-Do-Liste. Eine Person führt die Suche durch, die zweite beobachtet und stoppt bei eventuellen Fehlern (wie beim Pair-Programming). In einem zweiten Durchgang wechseln Sie Ihre Aufgaben und ermitteln die Bahnhofsanzahl vom Sendlinger Tor nach Moosach.

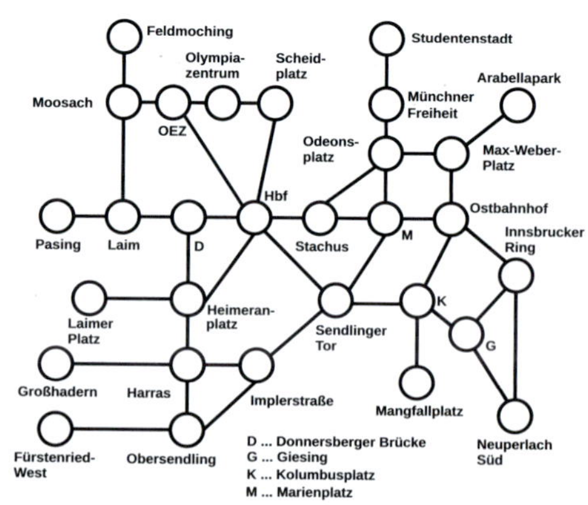

Schritt	Station	Anzahl	TO-DO-Liste
1	Obersendling	0	Fürstenried-West(1), Harras(1), Implerstraße(1)
2	Fürstenried-West	1	Harras(1), Implerstraße(1)
3	Harras	1	Implerstraße(1), Großhadern(2), Heimeranplatz(2)
4	Implerstraße	1	Großhadern(2), Heimeranplatz(2), Sendlinger Tor(2)
5	Großhadern	2	Heimeranplatz(2), Sendlinger Tor(2)
6	Heimeranplatz	2	Sendlinger Tor(2), Donnersberger Brücke(3), Hbf(3), Laimer Platz(3)

Beispiel: Mindestanzahl von Stationen bei der Fahrt von Obersendling zum Heimeranplatz

3 Breitensuche implementieren

Ergänzen Sie das gegebene Projekt um den Algorithmus zur Breitensuche. Die Teilaufgaben geben dabei Details vor.

a Ergänzen Sie die Felder für die Warteliste und die Verwaltung der fertigen Knoten.

b Ergänzen Sie die Methode *BreitensucheAusführen(startKnoten: GANZZAHL, zielKnoten: GANZZAHL)*. Verwenden Sie dazu den im Lehrtext gegebenen Algorithmus.

c Testen Sie den Algorithmus zunächst mit einem Graphen, der einen geeigneten Zielknoten enthält.

d Testen Sie den Algorithmus nun mit einem Graphen, der keinen geeigneten Zielknoten enthält. Überlegen Sie dabei zuerst, welches „Ergebnis" Sie erwarten, und vergleichen Sie das beobachtete Ergebnis mit Ihren Überlegungen.

e Für Schnelle: Ergänzen Sie den Algorithmus so, dass auch für den Testfall aus Teilaufgabe d) kein Fehler mehr auftritt und dass die Methode *BreitensucheAusführen* einen Wahrheitswert zurückgibt, der genau dann wahr ist, wenn ein Zielknoten gefunden wurde.

4 Breitensuche und Test auf Zusammenhang

In einer leicht abgewandelten Form in der Wiederholungsbedingung testet die Breitensuche, ob ein Graph zusammenhängend ist. Ergänzen Sie das gegebene Projekt um diesen Algorithmus. Die Methode *ZusammenhangTesten()* soll keine Parameter besitzen und als Ergebnis WAHR zurück melden, wenn der Graph zusammenhängend ist.

5 Knoten mit einer bestimmten Eigenschaft suchen

Navigationsgeräte oder Online-Kartendienste sind auch in der Lage, den Weg zur nächstgelegenen Tankstelle, zu einem Schnellimbiss usw. zu finden. Dazu muss nur die Wiederholungsbedingung der Breitensuche angepasst werden: Statt zu wiederholen, bis der aktuelle Knoten gleich dem Zielknoten ist, muss wiederholt werden, bis der aktuelle Knoten eine bestimmte Eigenschaft hat.

Im gegebenen Projekt ist bei den Knoten zusätzlich das Attribut tankstelleVorhanden mit den Werten WAHR oder FALSCH gespeichert sowie eine Methode *IstTankstelleVorhanden()* ergänzt, die den Wert dieses Attributs zur Verfügung stellt.

a Ändern sie in der Methode *BreitensucheAusführen* der Klasse GRAPHMATRIX die Wiederholungsbedingung so ab, dass die Suche beendet wird, wenn ein Knoten mit Tankstelle gefunden wurde.

b Testen Sie Ihre Lösung mit der Suche von verschiedenen Startpunkten aus.

c Für Schnelle: Ergänzen Sie in der Datenbank und im Programm noch ein weiteres Knotenattribut (z. B. Schnellimbiss), so dass auch der kürzeste Weg zu einem Knoten mit dieser Eigenschaft ermittelt werden kann.

6 Umfüllprobleme Teil 2

In Aufgabe 10 in Kapitel 1.1 wurden verschiedene Umfüllprobleme betrachtet und der Graph jeweils so weit erstellt, bis eine gesuchte Lösung erreicht wurde. Wenn der vollständige Graph für das jeweilige Problem erstellt wird, kann mit Hilfe der Breitensuche ermittelt werden, ob eine bestimmte Flüssigkeitsmenge erreicht werden kann.

a Das bereitgestellte Projekt enthält die Klassen GRAPHA bzw. GRAPHB, welche die Struktur für die Graphen der Teilaufgaben a) bzw. b) der Aufgabe 10 in Kapitel 1.1 aufbauen und anzeigen. Ergänzen Sie die Klasse KNOTEN um eine Methode *IstFüllmengeVorhanden(füllmenge:GANZZAHL)->WAHRHEITSWERT*, die genau dann WAHR zurückmeldet, wenn einer der drei Eimer in diesem Zustand die gewünschte Füllmenge enthält.

b Ergänzen Sie in der Klasse GRAPHMATRIX eine Methode zur Breitensuche in der Form, dass sie mit Rückgabewert WAHR beendet wird, wenn ein Knoten gefunden wurde, bei dem ein Eimer die gewünschte Füllmenge enthält. Wird kein solcher Knoten gefunden, wird FALSCH zurückgegeben.

c Für Schnelle: Geben Sie an, welche Füllmengen prinzipiell erreicht werden können, und ergänzen Sie die Klassen GRAPHA bzw. GRAPHB und eine Methode *AllesPrüfen()*, die prüft, ob diese Füllmengen auch tatsächlich erreicht werden können.

7 Breitensuche optimieren

Es kostet Rechenzeit, um nachzusehen, ob ein Knoten schon fertig bearbeitet ist, genauso wie nachzusehen, ob ein Knoten in der Warteliste (TO-DO-Liste) ist. Eine mögliche Alternative ist, beim Knoten ein Statusattribut mit den Werten „unbearbeitet“, „inWarteliste“, „fertig“ und „aktuell“ anzulegen.

a Begründen Sie, warum die Warteliste trotzdem weiter nötig ist.

b Ändern Sie den Algorithmus zur Breitensuche in Ihrem Projekt entsprechend ab.

c Begründen Sie, warum ein solches Attribut Rechenzeit spart.

d Für Schnelle: Der Test, ob der Graph zusammenhängend ist, kann nun nicht mehr direkt über die Länge des Feldes der fertigen Knoten angegeben werden. Beschreiben Sie eine mögliche Alternative und implementieren Sie diese.

***8 Klasse GRAPHLISTE mit Adjazenzlisten – Version 2**

Übertragen Sie die Implementierung der Breitensuche auf die Darstellung des Graphen durch Adjazenzlisten. Bewerten Sie, ob Ihnen die Darstellung über die Adjazenzmatrix oder die Darstellung über Adjazenzlisten geeigneter erscheint.

9 Signalfeuer (nach Informatik-Biber 2013)

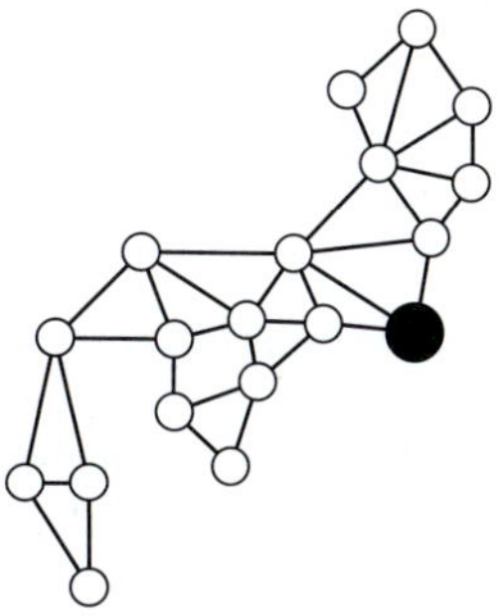

Vor langer Zeit hatten die Samurai in Japan ein Netz von Signalstationen aufgebaut. Um im Notfall das ganze Land zu alarmieren, konnten auf den Stationen Signalfeuer entzündet werden. Im Bild rechts sind die Signalstationen als Kreise gezeichnet. Stationen, die mit einer Linie verbunden sind, sind Nachbarn.

Wird auf einer Station ein Signalfeuer entzündet, sehen die Nachbarn das Feuer nach einer Minute und zünden selbst sofort ein Signalfeuer an. Nach einer weiteren Minute zünden also auch die Nachbarn der Nachbarn ein Signalfeuer an. Und so geht es weiter, bis auf allen Stationen ein Signalfeuer entzündet ist. Eines Tages wird auf der Station im Hauptquartier (der größere schwarze Kreis) ein Signalfeuer entzündet.

a Nennen Sie die Dauer in Minuten, bis auf allen Signalstationen ein Signalfeuer entzündet wurde.

b Erklären Sie den Zusammenhang der Aufgabe zur Breitensuche und begründen Sie damit Ihr Ergebnis aus a).

c Begründen Sie, dass sich durch eine Verlegung des Hauptquartiers die maximale Signaldauer (d. h. die Zeit, bis auch auf der letzten Signalstation ein Feuer entzündet wird) verringern lässt. Nennen Sie die minimale Dauer und die dazu passende(n) Position(en) des Hauptquartiers.

10 Rasenmähroboter

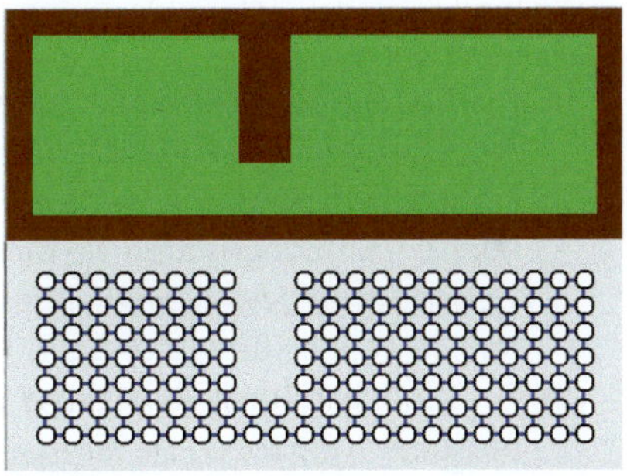

Rasenmähroboter mähen eine Grasfläche mit zufälligen Bewegungen ab. Damit das funktioniert, muss die zu mähende Fläche zusammenhängend sein, denn der Roboter kann nicht über Wege fahren oder Büsche durchdringen.

Um zu testen, ob ein gegebener Rasen gemäht werden kann, unterteilt man die ganze Fläche in Quadrate in der Größe des Mähers. Grüne Quadrate stellen Rasen dar, braune Quadrate Hindernisse wie Büsche, Wege usw. Aus diesen Quadraten bildet man nach dem folgenden Ansatz einen Graphen:

- Jedem grünen Quadrat entspricht ein Knoten.
- Sind zwei grüne Quadrate benachbart, wird im Graph eine Kante zwischen den entsprechenden Knoten eingetragen.

a Öffnen Sie das Vorlagenprojekt und lassen Sie sich die gegebene Rasenfläche Rasen1.txt sowie den zugehörigen Graph durch Erzeugen eines Objekts der Klasse RAHMEN anzeigen. Der Dateiname wird im Konstruktor angegeben.

b Ergänzen Sie in der Klasse GRAPHMATRIX den Rumpf der Methode *ZusammenhangTesten()*. Ergänzen Sie weiter in der Klasse RAHMEN eine Methode *ZusammenhangPrüfen()*, die mit Hilfe der Methode *ZusammenhangTesten()* prüft, ob die Rasenfläche vollständig gemäht werden kann, und eine entsprechende Meldung ausgibt.

c Testen Sie Ihre Lösung mit den Dateien Rasen1.txt und Rasen2.txt. Die erste Fläche ist zusammenhängend, die zweite nicht.

d Für Schnelle: Entwerfen Sie eigene Rasenflächen – Sie können die Dateien direkt in der Entwicklungsumgebung editieren – und testen Sie damit Ihre Lösung.

11 Workshops mit Zulassungsvoraussetzung

Die Schule bietet unter dem Motto „Digitale Wochen" jede Woche kleine Video-Workshops zu spannenden Themen wie Graphikbearbeitung, Videoerstellung, Animationserstellung, Drohnenprogrammierung usw. an.

Die Zulassungsbeschränkung mancher Workshops ist durch die gerichteten Kanten modelliert: Um den Workshop absolvieren zu dürfen, muss man mindestens einen der Vorgängerworkshops besucht haben; und dies muss bereits in einer Vorwoche und nicht erst in derselben Woche geschehen sein. Mit gültiger Zulassung können beliebig viele Workshops innerhalb einer Woche besucht werden.

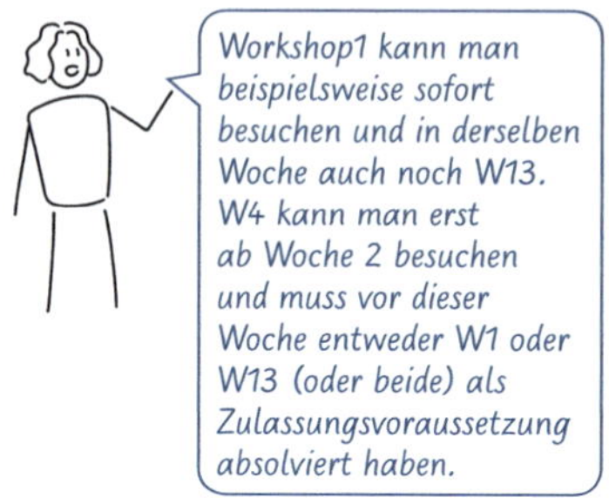

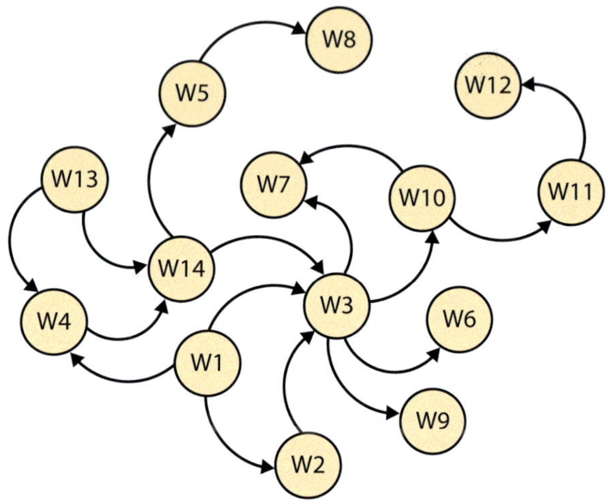

a Martina besucht Workshop 3. Geben Sie alle möglichen Abfolgen an, wie sie hierfür Workshops in den Vorwochen besucht haben könnte.

b Finden Sie heraus, wie lange die digitalen Wochen sinnvollerweise mindestens dauern müssen, und begründen Sie Ihr Ergebnis.

c Geben Sie die jeweiligen Längen der kürzesten Pfade zu den fünf „Endknoten" an. Erklären Sie, welche Bedeutung das Maximum der Werte im Sachzusammenhang hat.

d Für Schnelle: Durch zusätzliche Zulassungsvoraussetzungen können Zyklen im Graph entstehen. Ergänzen Sie eine beliebige Kante, die zu einem Zyklus führt, so, dass …

i … trotzdem noch alle Workshops absolviert werden können.

ii … nicht mehr alle Workshops absolviert werden können.

12 Labyrinth durch Abstraktion lösen

In einem Rätselheft ist der Bauplan eines dreistöckigen Labyrinths abgebildet. Die weißen Felder bilden die Gänge. Auf den Feldern mit Pfeil geht man zum nächsten Feld in Richtung des Pfeils.

Weiterhin existieren besondere Wegknotenpunkte:

Symbol	Bedeutung
○ ⊙	Man fällt durch ein Loch zum darunterliegenden Feld eine/zwei Etagen tiefer.
◇ ◈	Man fährt mit dem Aufzug zum darüberliegenden Feld eine/zwei Etagen höher.
■	Stahltür, dort geht es nicht weiter

Untergeschoss Erdgeschoss Obergeschoss

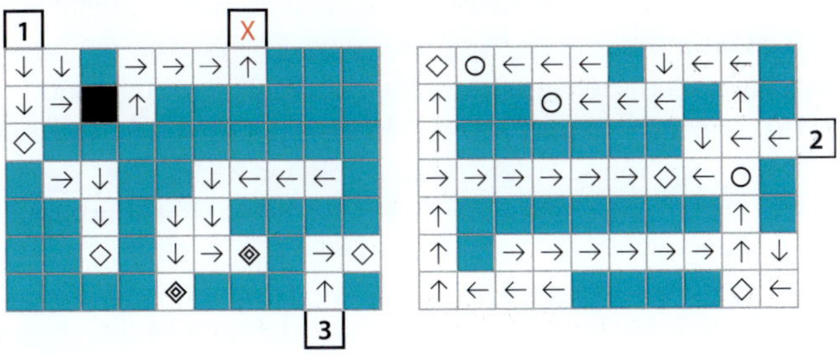

Der Bauplan zeigt vier nummerierte Eingänge und in der unteren Etage einen rot dargestellten Ausgang, allerdings ist dieser nur von einem Eingang aus erreichbar.

Die Lösung in der Darstellung des Rätselhefts zu finden ist mühsam. Abstrahieren Sie die gesamte Darstellung zu einem einzigen Graphen und ermitteln Sie damit, welcher Eingang der ist, der auch wieder hinaus führt.

Hinweise:

- Modellieren Sie nur die oben beschriebenen Wegknotenpunkte als Knoten.
- Einzelne aufeinanderfolgende Pfeile können zu einer Kante zusammengefasst werden.

1.4 Mit Graphen Probleme lösen: Anwendungen der Breitensuche

Beim Nim-Spiel haben die Spieler „Weiß" und „Schwarz" fünf beliebige Gegenstände vor sich. „Weiß" beginnt immer. Die Spieler nehmen im Wechsel entweder einen oder zwei Gegenstände weg. Wer den letzten Gegenstand wegnimmt, hat verloren.

a Spielen Sie das Spiel zu zweit fünfmal.
Der Graph rechts stellt alle möglichen Spielverläufe dar. A ist der Startknoten, alle 5 Gegenstände sind noch da, „Weiß" zieht.

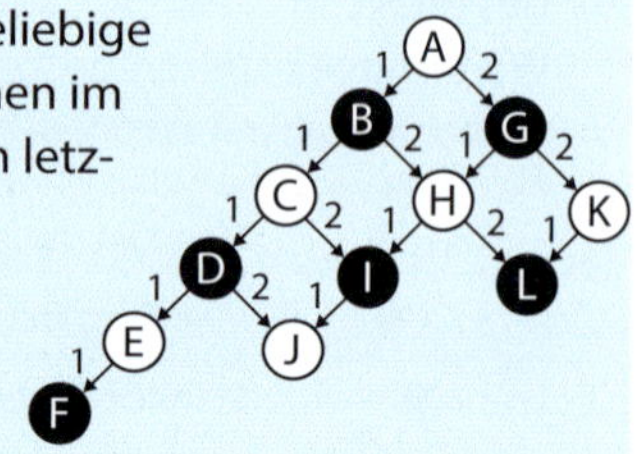

b Diskutieren Sie anhand des Graphen, ob es eine sichere Gewinnstrategie für „Weiß" gibt. (Für Schnelle: auch für „Schwarz")

c Josephine möchte mit einem Programm Gewinnstrategien für „Weiß" ermitteln und dazu den Graphen mit einer Breitensuche durchlaufen. Damit sie nachträglich für einen gefundenen „Gewinnknoten" die zugehörige Spielstrategie ableiten kann, muss sie
- für jeden Knoten eine Überprüfung vornehmen, damit klar ist, ob es sich überhaupt um einen Gewinnknoten handelt,
- und für jeden Knoten eine zusätzliche Information speichern, damit der zugehörige Pfad ermittelt werden kann.

Geben Sie an, woran ein Gewinnknoten im Programm erkannt werden kann und welche Information zusätzlich gespeichert werden muss.

Den Weg markieren

Im nächsten Schritt wollen Dilara und Sven ihren Algorithmus zur Suche des Zielknotens nun so ergänzen, dass er nicht nur den Zielknoten findet, sondern auch den Pfad dorthin angibt. Dilara meint, dazu müsste nur bei jedem Knoten gespeichert werden, von welchem Knoten aus man zu diesem Knoten gekommen ist. Wenn man den Zielknoten erreicht hat, geht man einfach nur diese Vorgänger zurück zum Startknoten.

Dieses Verfahren probieren die zwei in ihrem Beispiel aus, indem sie beim Knotennamen auch noch den Vorgängernamen notieren. Auch die Anzahl der Knoten bis zum Startknoten (Entfernung) geben sie mit an. Nachdem sie die Knoten, die vom Startknoten J aus direkt erreichbar sind, abgearbeitet haben, ergibt sich das obere Bild. Die Situation kurz bevor der gesuchte Knoten erreicht wird, ist im unteren Bild gezeigt. An den Entfernungsangaben ließe sich auch ohne die eingezeichneten Kreise gut erkennen, dass die Breitensuche „kreisförmig" arbeitet.

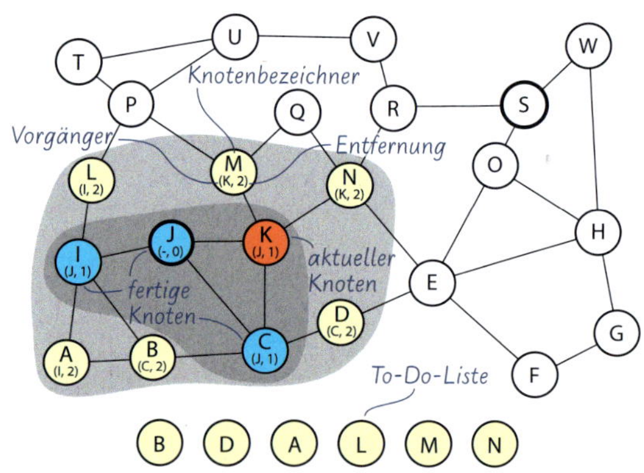

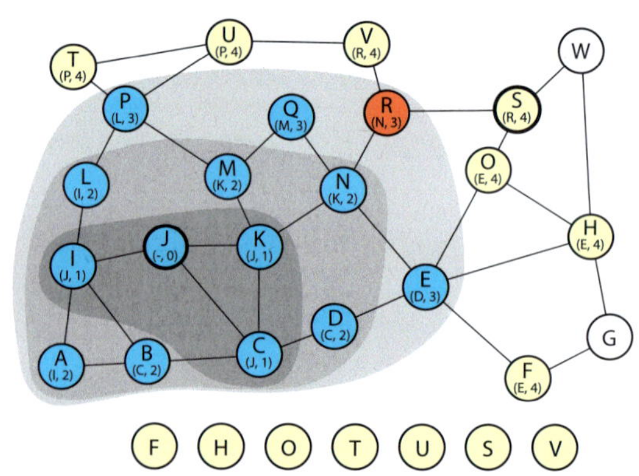

Den Weg angeben

Mit Hilfe der gespeicherten Vorgängerknoten lässt sich der Pfad vom Knoten mit der gewünschten Eigenschaft zum Startknoten leicht ablesen:
S – R – N – K – J
Dilara und Sven erhalten also das Ergebnis, das sie benötigen, nämlich die genaue Fahrstrecke.

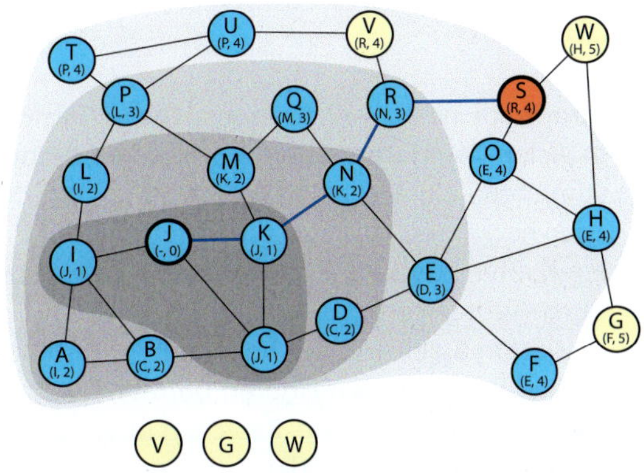

Der Algorithmus

Mit den bisherigen Überlegungen können Dilara und Sven nun den vervollständigten Algorithmus angeben. Dabei setzen sie voraus, dass ein Knoten zwei zusätzliche Attribute besitzt:

- länge zur Angabe der Weglänge bis zu diesem Knoten und
- Vorgänger für die Nummer des Vorgängerknotens, wobei –1 für „hat keinen Vorgänger" steht.

```
warteliste.Leeren()
fertigeKnoten.Leeren()
knoten.ElementGeben(startKnoten).vorgänger = -1
knoten.ElementGeben(startKnoten).länge = 0
aktuellerKnoten = startKnoten
wiederhole solange nicht aktuellerKnoten == zielKnoten
    zähle nummer von 0 bis anzahlKnoten - 1
        (matrix.ElementGeben(aktuellerKnoten).ElementGeben(nummer) > 0) und
        (nicht fertigeKnoten.Enthält(nummer)) und
        (nicht warteliste.Enthält(nummer))
        wahr:
            warteliste.Anfügen(nummer)
            knoten.ElementGeben(nummer).vorgänger = aktuellerKnoten
            knoten.ElementGeben(nummer).länge =
                    knoten.ElementGeben(aktuellerKnoten).länge + 1
        falsch:
    fertigeKnoten.Anfügen(aktuellerKnoten)
    aktuellerKnoten = warteliste.ElementGeben(0)
    warteliste.Entfernen(0)
AusgabeZeile("Der Weg führt über", knoten.ElementGeben(aktuellerKnoten).länge, "Kanten")
wiederhole solange aktuellerKnoten > 0
    Ausgabe(knoten.ElementGeben(aktuellerKnoten).name, " ")
    aktuellerKnoten = knoten.ElementGeben(aktuellerKnoten).vorgänger
```

Mit einer erweiterten Breitensuche kann man sowohl die Länge des Pfads (als Anzahl der auf dem Weg durchlaufenen Kanten) von einem Startknoten zu einem Knoten mit einer gewünschten Eigenschaft angeben als auch die Folge der Knoten auf diesem Pfad.

Aufgaben

1 Informatik ist überall: Breitensuche in Computerspielen

In vielen Computerspielen werden die Computergegner taktgesteuert (also nach einem bestimmten Zeitintervall) in einer Welt aus quadratischen Kästchen bewegt – pro Zug ein Kästchen nach links, rechts, oben oder unten. Für die Bewegung wird jedem betretbaren Kästchen ein Knoten zugeordnet und die Knoten verbundener, direkt benachbarter Kästchen werden durch Kanten verbunden.

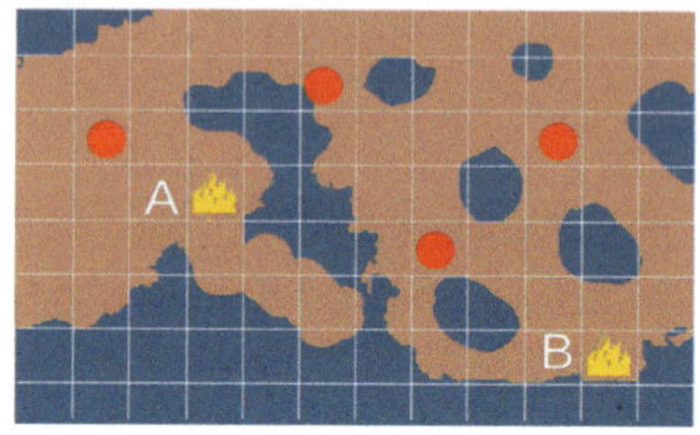

In diesem Spiel sind die hellbraunen Kästchen Land und können von den Figuren betreten werden; geht die Kante zwischen zwei Kästchen über Land, so sind diese Kästchen verbunden, z. B. von der Stadt A aus können alle vier benachbarten Kästchen erreicht werden, von der Stadt B aus kann eine Figur nur nach Norden oder Westen gehen. Weiter gibt es in diesem Spiel „Schnellverbindungen": von jedem der rot markierten Kästchen aus kann eine Figur auch in einem Zug in ein anderes Kästchen mit einer roten Markierung gelangen.

a Erstellen Sie den Graphen für die Bewegung einer Figur an Land. Verwenden Sie kariertes Papier und markieren Sie die Landelemente als Kreise, die Sie dann mit passenden Linien verbinden können.

b Ermitteln Sie per Breitensuche einen kürzesten Weg von A nach B für eine Figur.

c Für Schnelle: Ermitteln Sie einen kürzesten Weg von A nach B ohne Benutzung der Schnellverbindungen.

2 Erweiterte Breitensuche durchführen

Führen Sie methodisch analog zur Aufgabe 2 aus Kapitel 1.3 die erweiterte Breitensuche aus. Ermitteln Sie damit (analog zum unten gegebenen Beispiel) den Weg vom Sendlinger Tor zum Innsbrucker Ring bzw. nach Wechsel ihrer Aufgaben vom Sendlinger Tor nach Moosach. Die Tabelle müssen Sie dazu um eine Spalte Vorgänger ergänzen (und diesen Vorgänger auch in der TO-DO-Liste mitführen).

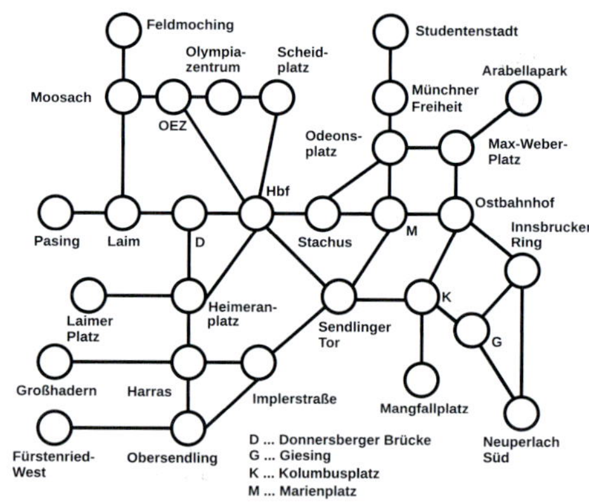

Schritt	Station	Anz.	Vorg.	TO-DO-Liste
1	Obersendling	0	-	Fürstenried-West (1, OS), Harras (1, OS), Implerstraße (1, OS)
2	Fürstenried-West	1	OS	Harras (1, OS), Implerstraße (1, OS)
3	Harras	1	OS	Implerstraße (1, OS), Großhadern (2, Har), Heimeranplatz (2, Har)
4	Implerstraße	1	OS	Großhadern (2, Har), Heimeranplatz (2, Har), Sendlinger Tor (2, IS)
5	Großhadern	2	Har	Heimeranplatz (2, Har), Sendlinger Tor (2, IS)
6	Heimeranplatz	2	Har	Sendlinger Tor (2, IS), Donnersberger Brücke(3, HP), Hbf (3, HP), Laimer Platz (3, HP)

Beispiel: Mindestanzahl von Stationen bei der Fahrt von Obersendling zum Heimeranplatz mit gespeicherten Vorgängern

3 Erweiterte Breitensuche implementieren

Ergänzen Sie das gegebene Projekt um den erweiterten Algorithmus zur Breitensuche. Die Teilaufgaben geben dabei Details vor.

- **a** Ergänzen Sie die angegebenen Attribute bei der Klasse KNOTEN. Implementieren Sie auch die zugehörigen Getter- und Setter-Methoden, damit sie die Attribute selbst auf privaten Zugriff einschränken können.
- **b** Ergänzen Sie in der Methode *BreitensucheAusführen* die neuen Teile nach dem im Lehrtext gegebenen Algorithmus.
- **c** Testen Sie den Algorithmus zunächst mit einem Graphen, der einen geeigneten Zielknoten enthält.
- **d** Testen Sie den Algorithmus nun mit einem Graphen, der keinen geeigneten Zielknoten enthält. Obwohl der ursprüngliche Algorithmus dafür bereits abgesichert ist, kommt es zu einer Fehlermeldung. Interpretieren Sie diese, geben Sie an, wodurch der Fehler ausgelöst wurde, und ergänzen Sie geeignete Bedingungen zur Vermeidung des Fehlers. Ergänzen Sie auch eine entsprechende Ausgabe.
- **e** Für Schnelle: Ergänzen Sie den Algorithmus so, dass die Knoten in der Reihenfolge vom Startknoten zum Zielknoten ausgegeben werden.
  Tipp: Speichern Sie die Knotennamen in einem geeigneten Feld zwischen.

4 Wegesuche im Labyrinth

Den Ausgang aus einem Labyrinth zu finden, ist nicht einfach. In einem Mythos der Antike fand Theseus mit Hilfe eines Fadens, den ihm die Prinzessin Ariadne geschenkt hatte, wieder aus dem Labyrinth des Minotaurus. Auch mit Hilfe der Breitensuche findet man immer den kürzesten Weg nach draußen, wenn man das Labyrinth als Graphen modelliert.
Bei einem Labyrinth in einer 2D-Spielewelt ist der Zusammenhang zwischen Welt und Graph besonders einfach. Die Welt besteht aus Quadraten, gespeichert in einem zweidimensionalen Feld. Weiße Quadrate sind begehbar, schwarze Quadrate sind Wände. Das Ziel ist grün dargestellt (linkes Bild). Im entsprechenden Graphen ist jedem begehbaren Feld ein Knoten zugeordnet und je zwei benachbarten Knoten eine Kante.

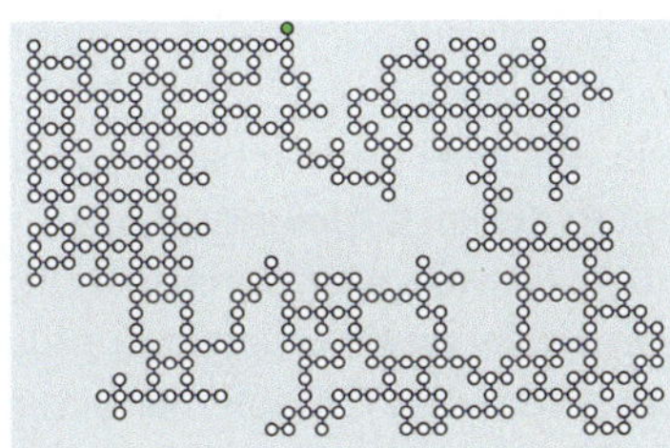

- **a** Starten Sie das Programm durch Erzeugen eines Objekts der Klasse TEST. Blenden Sie abwechselnd Labyrinth und Graph ein und aus (*GraphAnzeigen()* bzw. *LabyrinthAnzeigen()*), um die Korrespondenz der beiden Darstellungen zu überprüfen.
- **b** Erkunden Sie die Klasse RAHMEN. Beschreiben Sie insbesondere, wie die Methode *BreitensucheAusführen* verwendet wird.
- **c** Ergänzen Sie in der Klasse GRAPHMATRIX den Rumpf der Methode *BreitensucheAusführen*.
- **d** Testen Sie für mehrere Startpositionen den Weg von Theseus aus dem Labyrinth durch den Aufruf der Methode *TheseusPositionieren()* und *FluchtwegBerechnen()*.
- **e** Für Schnelle: Bei den einzelnen Methoden wird noch nicht abgeprüft, ob sie in der richtigen Reihenfolge ausgeführt werden. Ergänzen Sie die entsprechenden Tests sowie eine Methode *FluchtAusführen()*, die Theseus positioniert und den Fluchtweg ermittelt.

5 Komplizierte Überfahrt

a Das Vorlagenprojekt enthält eine Klasse GRAPHBAUER, welches den Graphen für die Flussüberquerung aus Aufgabe 11a) aus Kapitel 1.1 aufbaut. Ergänzen Sie in der Klasse GRAPHMATRIX eine Methode *BreitensucheAusführen()* so, dass der Pfad für die schnellste Überfahrt angezeigt wird. Nutzen Sie dabei aus, dass der Startzustand im Knoten mit der Nummer 0 repräsentiert ist und dass die Klasse KNOTEN eine Methode *IstZielErreicht()* bereitstellt, die genau dann WAHR zurückgibt, wenn der Zielknoten erreicht ist.

b Für Schnelle: Ergänzen Sie in der Klasse GRAPHCOACHES die Erzeugung des Graphen für die Fahrten in der Aufgabe 11b) aus Kapitel 1.1. Begründen Sie, warum die in Teilaufgabe a) erstellte Methode *BreitensucheAusführen* auch die Lösung für diese Fragestellung ermittelt.

6 Wer A kauft, müsste doch auch B kaufen …

Onlineversandhändler speichern für Käufe in der Regel in einem Graphen, wie oft Artikel zusammen eingekauft wurden. Daraus erzeugen sie für die neuen Käufe Anzeigen wie „Wer diesen Artikel gekauft hat, hat auch … gekauft.“ Für die Anzeige wird ausgewertet, wie oft die Artikel zusammen gekauft wurden, wie eng also die Kopplung der beiden Artikel ist.

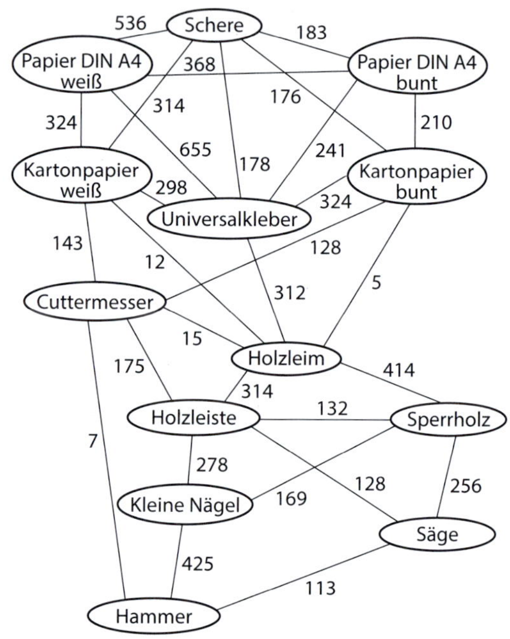

a Mit Hilfe dieses Kopplungsgraphen lässt sich nun eine „Kopplungsbeziehung“ zwischen zwei Artikeln definieren: Zwei Artikel sind miteinander gekoppelt, wenn sie überdurchschnittlich oft miteinander verkauft wurden; diese Artikel haben Kopplungsgrad 1. Reduzieren Sie den gegebenen Graphen auf den Kopplungsgraphen, d. h. einen Graphen, der genau dann eine Kante zwischen zwei Knoten hat, wenn die beiden Artikel Kopplungsgrad 1 haben. Hinweis: Der Durchschnittswert ist 235,6.

b Zwei Artikel A und C haben Kopplungsgrad 2, wenn A mit B und B mit C gekoppelt ist, aber nicht A mit C. Implementieren Sie die Methode *BreitensucheAusführen(startknoten: GANZZAHL)* so, dass zu einem gegebenen Startknoten für alle anderen Knoten der Kopplungsgrad angezeigt wird.

c Für Schnelle: Geben Sie an, wie die Methode *BreitensucheAusführen* leicht modifiziert werden könnte, um das gewünschte Ergebnis auch mit der ursprünglichen Adjazenzmatrix berechnen zu können.

d Für ganz Schnelle: Wenden Sie das Vorgehen der Teilaufgaben a) und b) auf die Ermittlung der Bacon-Zahl (Aufgabe 12b) aus Kapitel 1.1) an.

7 Tauschhandel

Eine Fernsehdokumentation berichtet über die „Challenge“ der Protagonistin, während einer Reise ihre Zahnbürste gegen einen anderen Gegenstand einzutauschen, den sie dann wiederum eintauschen will usw. Ihr Ziel ist es, mit mehrmaligem Tauschen zu einem Mountainbike zu kommen. Alle Tauschangebote, die sie erhält, findet man online auf ihrem Blog:

Tauschen

Name	möchte haben	gibt dafür her
Amelie	Zahnbürste	Messer
Bellana	Regenjacke	Trinkflasche
Christopher	Regenjacke	Bergschuhe
Dorothea	Kletterseil	Rucksack
Edgar	Messer	Musikbox
Franz	Trinkflasche	Gitarre
Gaya	Messer	Kletterseil
Heinz	Coupon „3 Tage Campervan"	Mountainbike
Ingrid	Musibox	Kamera
Jakob	Tablet	Surfboard
Karl	Kamera	Tablet
Leander	Surfboard	Bergschuhe
Marianne	Zahnbürste	Trinkflasche
Noemi	Coupon „3 Tage Campervan"	Laptop
Oskar	Gitarre	Coupon „3 Tage Campervan"

Ermitteln Sie, ob die Herausforderung gemeistert werden kann, indem Sie die Informationen aus der dafür weniger gut geeigneten Tabelle mit Hilfe eines besser geeigneten übersichtlichen Graphen modellieren. Anhand des Graphen soll es auch möglich sein, nachträglich abzulesen, wer der Reihe nach mit wem getauscht haben könnte. Neben dem Objekt, das man sich ertauschen möchte, muss auch der Name der Person, die den Gegenstand hergibt, in den Knoten stehen.

***8 Klasse GRAPHLISTE mit Adjazenzlisten – Version 3**
Ergänzen Sie in der Implementierung der Breitensuche über Adjazenzlisten die Erweiterungen zur Speicherung und Ausgabe der Wege.

***9 Breitensuchbaum**
Da als Ergebnis der Breitensuche jeder Knoten – mit Ausnahme des Startknotens – genau einen Vorgänger zugeteilt bekommt, lässt sich durch ein Baumdiagramm sehr schnell von einem Startknoten aus ein Überblick über alle Pfade erhalten, die bei der Breitensuche verfolgt werden. Das Bild rechts zeigt den Baum, der für das Beispiel aus dem Lehrtext bei der Suche von J aus entsteht.

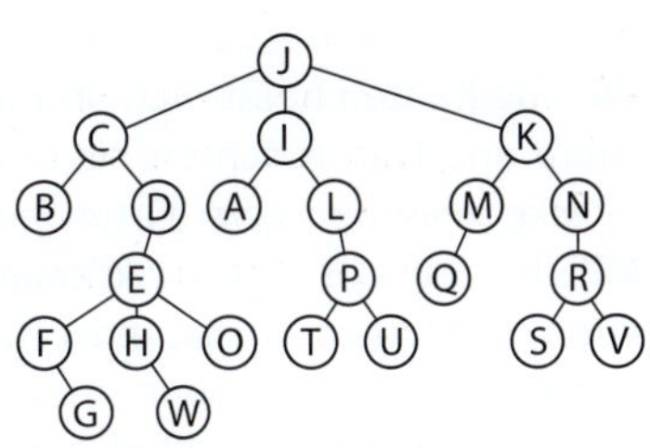

a Erstellen Sie für den rechts unten gegebenen Graphen den Baum für die Suche von A aus.

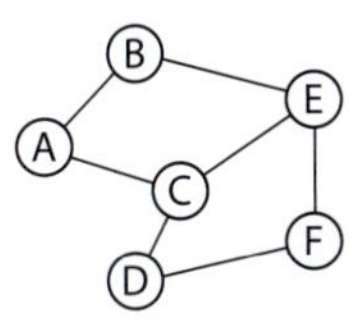

b Ergänzen Sie in dem Vorlagenprojekt die Methode *BreitensucheAusführen* so, dass dabei auch der Breitensuchbaum erstellt wird. Die Klasse KNOTEN stellt dazu eine Methode *NeuesBlattAnfügen(blatt: KNOTEN)* zur Verfügung. Zur Visualisierung können Sie die Methode *BaumAnzeigen(wurzel: KNOTEN)* der Klasse GRAPHMATRIX verwenden. Zum Testen sind unter anderem die beiden Graphen vorhanden.

1.5 Den optimalen Weg bestimmen: der Dijkstra-Algorithmus

Lieber der rechte Weg, der ist kürzer!

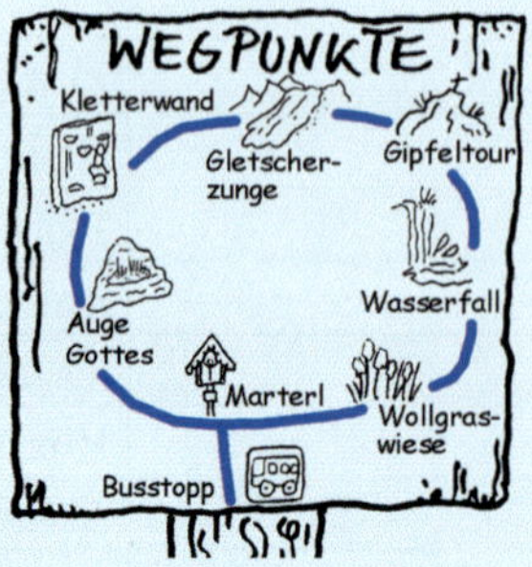

Nein, dazu müssen wir links gehen!

a Erklären Sie, wie Theresa und Burkhard bei der Diskussion ihrer Wanderroute zum Gipfel zu ihren Meinungen kommen und wer von beiden Recht hat.

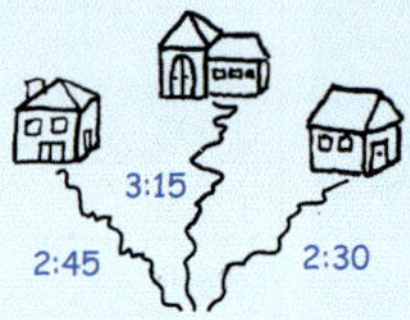

Als nächstes steht eine Gletschertour an. Nach Recherche haben sie drei Routen zu drei verschiedenen Basislagern ermittelt. Über die jeweiligen Anschlussrouten zum Gletscher ist ihnen allerdings noch gar nichts bekannt. Insgesamt möchten die beiden eine möglichst kurze Zeit gehen.

Da wir noch nicht wissen, wie es von dort aus jeweils weitergeht, ist es völlig egal, für welches Basislager wir uns entscheiden.

Warum sollten wir dann nicht für weitere Wegrecherchen erst einmal vom aktuell günstigsten Wegpunkt ausgehen?!

b Beziehen Sie Stellung zu den geäußerten Meinungen.

c Nach erneuter Recherche haben die beiden weitere Informationen gesammelt: Der Graph zeigt durchschnittliche Gehzeiten zu verschiedenen Einstiegspunkten in Kletterpassagen und zu verschiedenen Hochlagern.

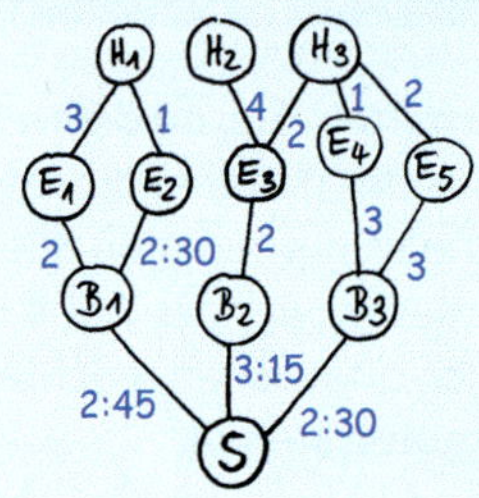

Suchen wir doch vom günstigsten Hochlager aus weiter!

Hat immer noch keinen Vorteil, wir müssen doch sowieso alle Varianten zum Gipfel herausfinden!

Was, wenn wir von dort aus einen Weg zum Gipfel finden, der die Untersuchung von zumindest einem anderen Hochlager aus überflüssig macht?

Reflektieren Sie Ihren Standpunkt aus b) für die neue Situation.
Geben Sie außerdem eine mögliche Wegdauer vom günstigsten Hochlager zum Gipfel an, die Burkhards These stützt.

Wenige Kanten heißt nicht immer kurz

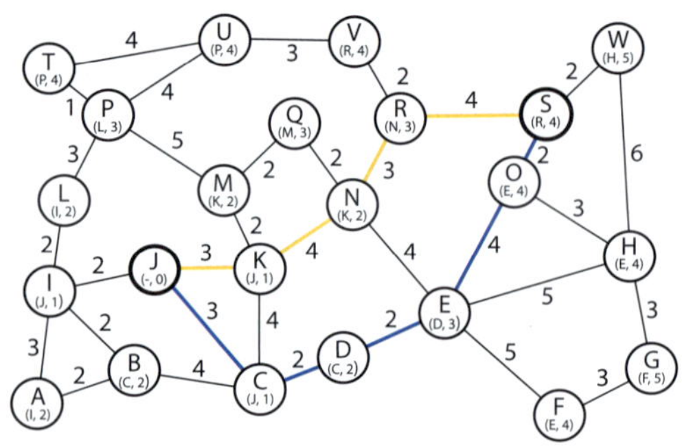

Laura und Ivan möchten die kürzeste Wegstrecke zwischen zwei Orten herausfinden. Mit der Breitensuche funktionierte das bei ihren bisherigen Versuchen oft, aber nicht immer: Im nebenstehenden Beispiel findet die Breitensuche den Pfad mit vier Kanten J → K → N → R → S mit Weglänge 14 als Lösung, der kürzeste Weg ist aber der Pfad J → C → D → E → O → S über fünf Kanten mit der Weglänge 13.

Laura und Ivan ist schnell klar, was sie ändern müssen:

- Beim Übergang zu einem neuen Knoten muss die tatsächliche Weglänge (allgemein: das Gewicht der Kante) zur vorigen Länge addiert werden.

- Es wird nicht einfach der erste Knoten aus der Warteliste genommen, sondern der, der den bisher insgesamt geringsten Abstand zum Startknoten (die geringste Weglänge) hat.

Kürzeste Wege wählen

Nach der Bearbeitung des Startknotens J muss die Wegesuche dementsprechend nicht mit Knoten C (Länge 3), sondern mit Knoten I (Länge 2) fortgesetzt werden (linkes Bild).
Bei der Bearbeitung des Knotens R wird der Zielknoten S erstmals erreicht; die Gesamtweglänge ist 14 (rechtes Bild). Aufgrund der Vorüberlegungen muss sich aber noch ein kürzerer Weg der Länge 13 ergeben.

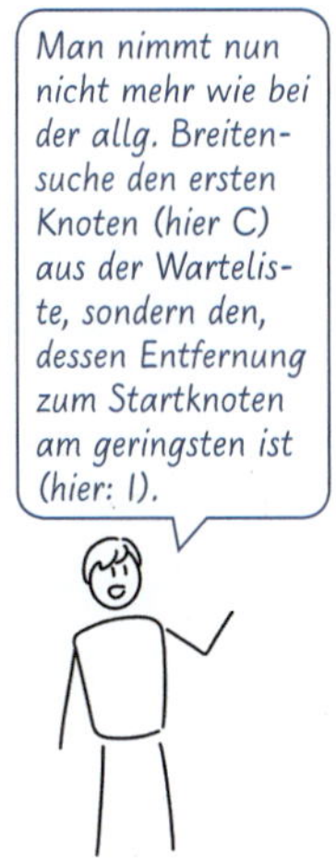

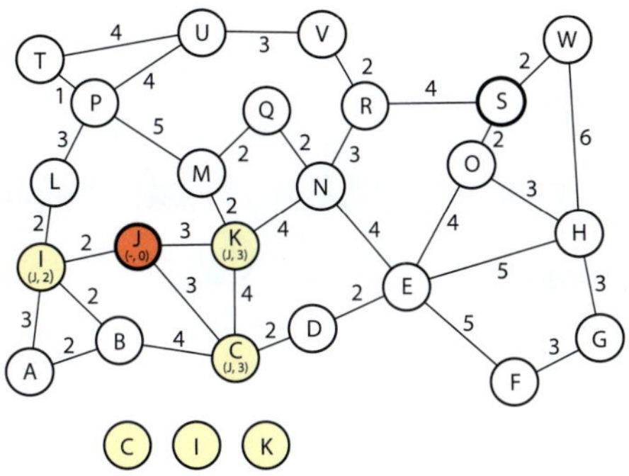

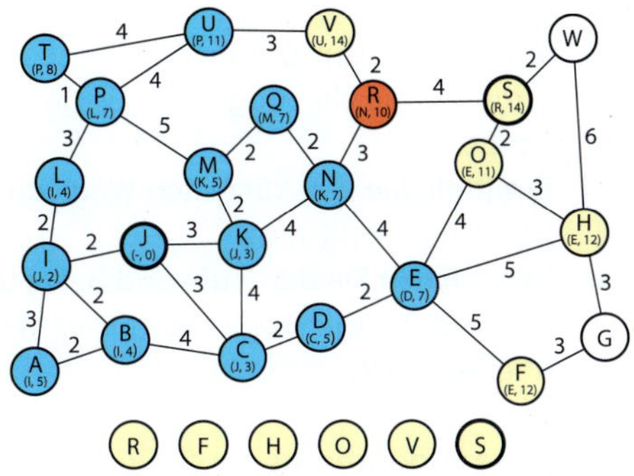

Der kürzere Weg wird bei der Bearbeitung des Knotens O (linkes Bild) gefunden. O (Weglänge 11) wird erst nach R (Weglänge 10) bearbeitet; der Weg von O nach S ist aber deutlich kürzer als der Weg von R nach S. Schließlich wird der Knoten S ohne weitere Verbesserungen zum aktuellen Knoten (rechtes Bild, Anmerkung: für den Knoten W könnte jetzt die kürzere Weglänge 15 eingetragen werden).

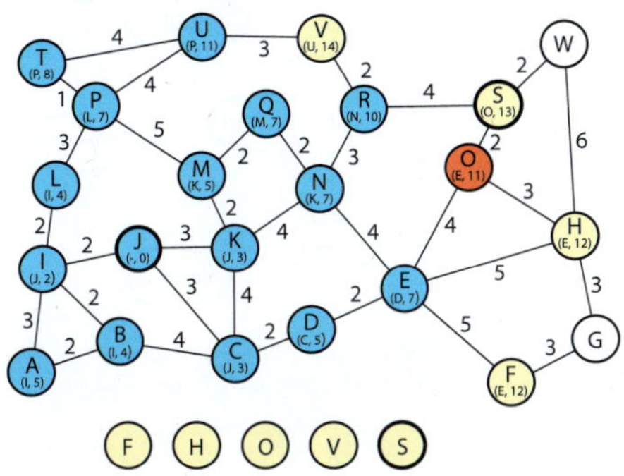

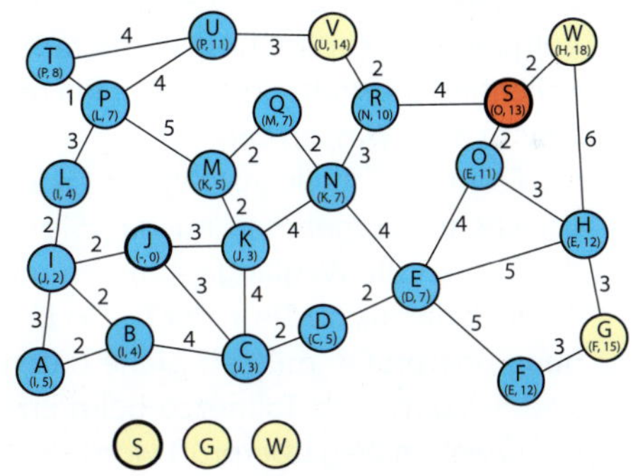

Der Algorithmus

Der so modifizierte Algorithmus zur Breitensuche wird – da es keinen schnelleren Algorithmus gibt – in allen Apps für die Berechnungen kürzester Pfade in einem gewichteten Graphen verwendet. Er wird nach seinem Entwickler, dem niederländischen Informatiker Edsger Wybe Dijkstra, der **Dijkstra-Algorithmus** genannt.

Der **Dijkstra-Algorithmus** ermittelt den **kürzesten Pfad** von einem Startknoten zu einem Zielknoten in einem gewichteten Graphen, d. h. den Pfad mit der minimalen Summe von Kantengewichten.
Er modifiziert die Breitensuche, indem er:
- die Summe der Kantengewichte bis zu jedem Knoten berechnet und
- als nächsten zu untersuchenden Knoten denjenigen wählt, der die kleinste Summe von Kantengewichten hat.

Aufgaben

1 Informatik ist überall: Navigationsgeräte und mehr
Außer in Navigationsgeräten wird der Dijkstra-Algorithmus auch in vielen Programmen auf Desktopcomputern und Mobilgeräten zur Wegesuche verwendet (Tipp: ÖPNV, Tankstellen etc.). Erkunden Sie mindestens drei Anwendungen und ermitteln Sie, was diese Programme für unterschiedliche Einsatzmöglichkeiten anbieten, insbesondere, welches Optimalitätskriterium außer dem kürzesten Weg in der Regel auch angeboten wird.

2 Dijkstra-Algorithmus und alle Wege im Vergleich

a Ermitteln Sie alle möglichen Wege von A nach D mit ihrer Länge.

b Ermitteln Sie den kürzesten Weg von A nach D nach dem Dijkstra-Algorithmus.

c Vergleichen Sie den Aufwand bei a) und b). Begründen Sie, weshalb der Dijkstra-Algorithmus erst bei vielen Knoten überlegen ist.

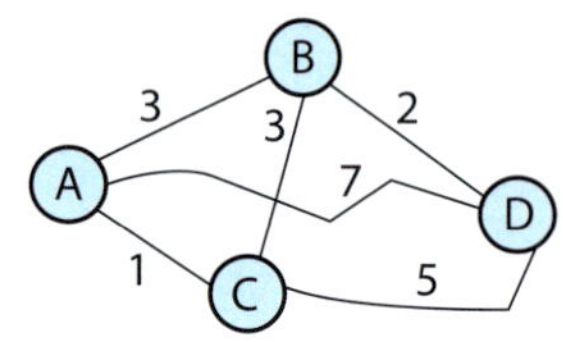

3 Dijkstra-Algorithmus durchführen
Für den Weg von München nach Venedig gibt es inzwischen ein gut ausgebautes Fernradwegenetz. Die Abbildung rechts zeigt daraus einen Ausschnitt. Ermitteln Sie nach dem Dijkstra-Algorithmus den kürzesten Weg von München nach Venedig. Geben Sie den Pfad und seine Länge an. Arbeiten Sie wie bei der Aufgabe 2 aus Kapitel 1.4 in Partnerarbeit – nach dem Rollentausch ermitteln Sie den kürzesten Weg von Treviso nach Wasserburg.
Die Form der Tabelle aus Kapitel 1.4 können Sie entsprechend übernehmen, nur dass Sie statt der Anzahl der Knoten die Weglänge notieren müssen. Achten Sie auch darauf, ob Sie in der To-Do-Liste eine Entfernung überprüfen müssen (siehe unten); im Beispiel sind Salzburg und Tolmezzo beim Erreichen auf einem zweiten Weg überprüft worden.

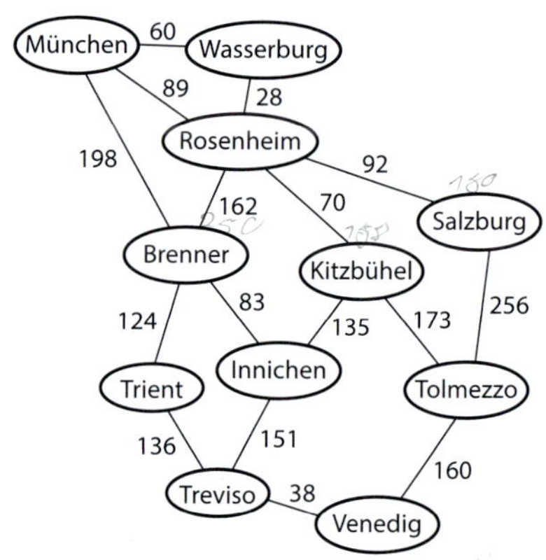

Schritt	Ort	Länge	Vorg.	TO-DO-Liste
1	Wasserburg	0	-	München (60, WB), Rosenheim (28, WB)
2	Rosenheim	28	WB	München (60, WB), Brenner (190, RO), Kitzbühel (98, RO), Salzburg (120, RO)
3	München	60	WB	Brenner (190, RO), Kitzbühel (98, RO), Salzburg (120, RO)
4	Kitzbühel	98	RO	Brenner (190, RO), Salzburg (120, RO), Innichen (233, KB), Tolmezzo (271, KB)
5	Salzburg	120	RO	Brenner (190, RO), Innichen (233, KB), Tolmezzo (271, KB)
6	…	…	…	…

4 Passende Halskette (nach Informatik-Biber 2013)

Kim hat sich aus bunten Perlen eine Halskette geknüpft. Die Zahlen geben in Zentimetern die Länge der Schnüre zwischen den Perlen an. Links und rechts sieht man die Verschlüsse.

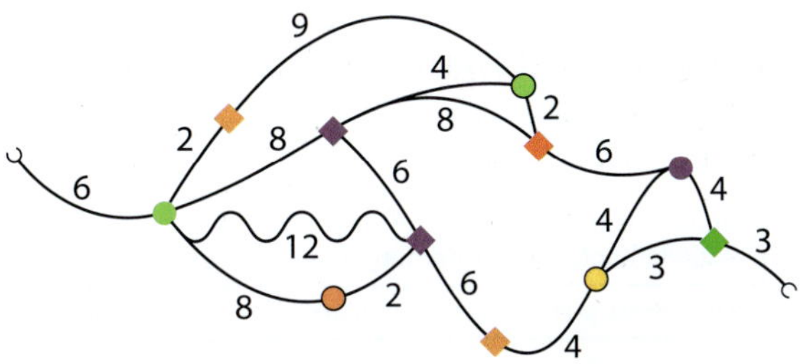

Beschreiben Sie, wie sich Kims Problem auf ein bekanntes berechenbares Problem übertragen lässt, und ermitteln Sie algorithmisch die Antwort auf Kims Frage.

5 Ganz schön viele Wege!

n = 1 n = 2 n = 3

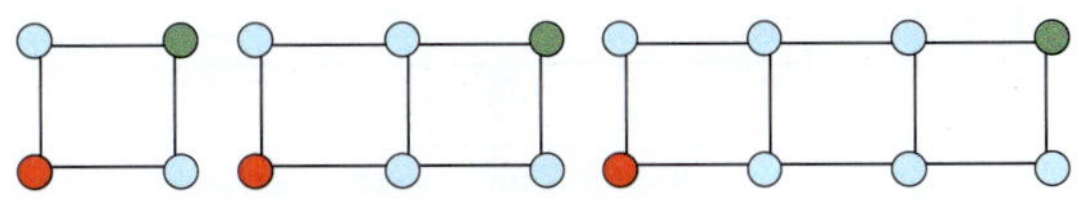

a Bestimmen Sie die Anzahl der Wege vom roten zum grünen Knoten für die drei Graphen. Jede Kante darf nur einmal durchlaufen werden.

b Geben Sie eine Formel an für die Anzahl der Wege abhängig von n (Anzahl der Ebenen ohne die Grundebene).

c Prozessoren sind etwa im Nanosekundentakt getaktet. Schätzen Sie ab, bei wie vielen Knoten die Berechnung aller Wege länger dauern würde als das Alter des Universums in Nanosekunden ($4{,}4 \cdot 10^{25}$), wenn jeder Weg in nur einer Nanosekunde bestimmt werden könnte.

d Beschreiben Sie, weshalb der Dijkstra-Algorithmus hier sehr viel schneller arbeiten würde.

6 Von München nach Hamburg

a Ermitteln Sie den kürzesten Weg von München nach Hamburg mit dem Dijkstra-Algorithmus.

b Erklären Sie begründet, wann die Suche nach dem kürzesten Weg beendet werden kann.

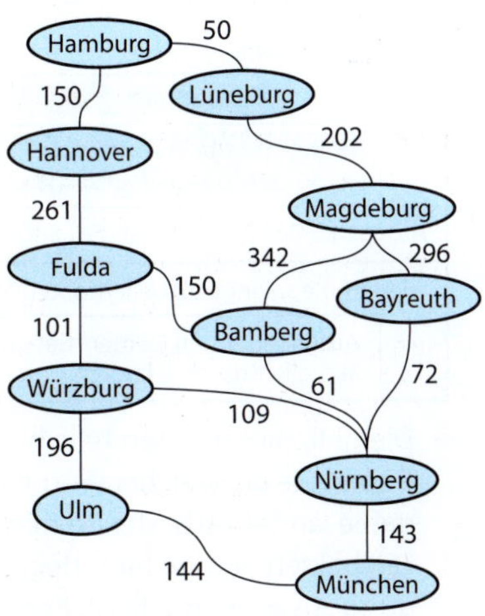

7 Dijkstra-Algorithmus erläutern

Das unten stehende Struktogramm fasst den vollständigen Dijkstra-Algorithmus zusammen. Farbig hinterlegt sind die im Vergleich zur Breitensuche neuen Elemente.

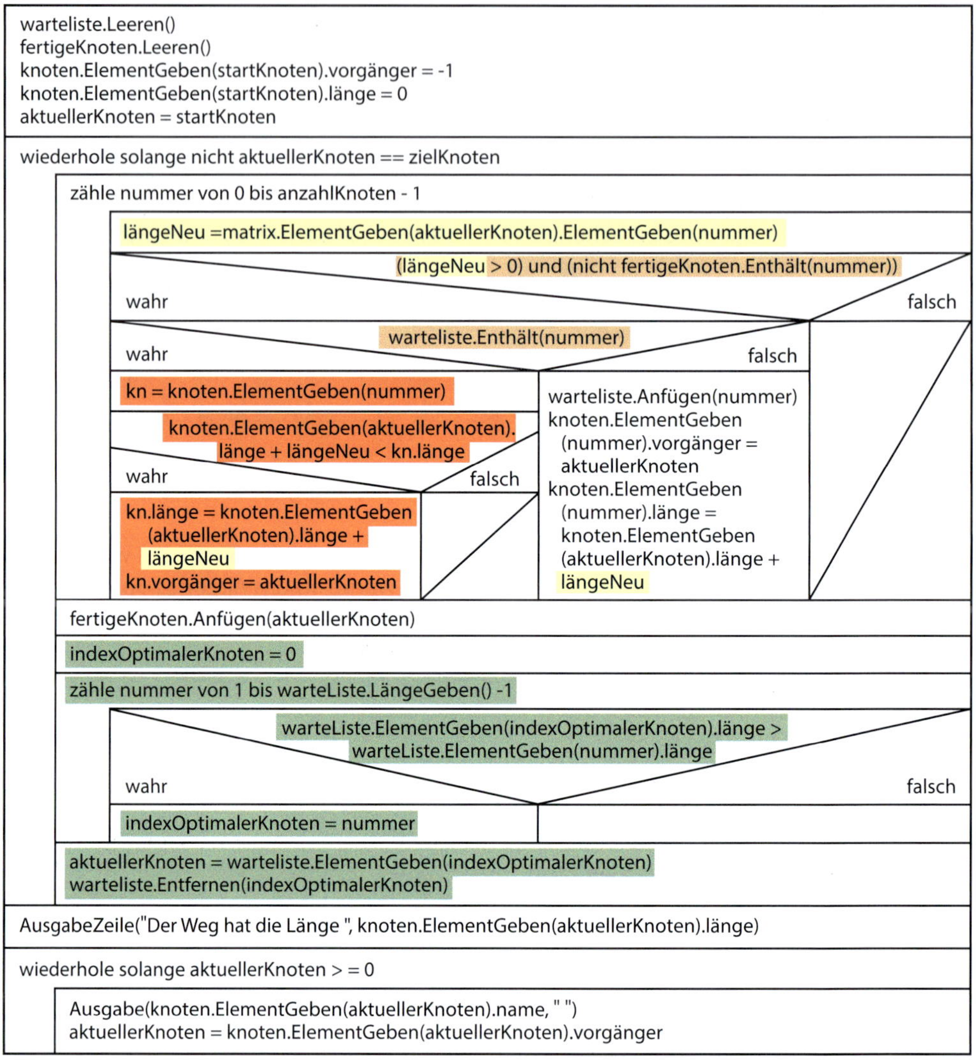

a Die gelb hinterlegten Teile holen und verwenden den Gewichtswert der Adjazenzmatrix. Geben Sie an, welcher Wert hier bei der Breitensuche impliziert wurde und warum die Variable längeNeu in der Breitensuche nicht verwendet wurde.

b Die beiden orange hinterlegten Bedingungen waren in der Breitensuche zu einer Bedingung zusammengefasst. Begründen Sie kurz, welche neu hinzugekommene Möglichkeit diese Aufteilung nötig macht.

c Geben Sie an, welche Aufgabe der rot hinterlegte Algorithmusteil erledigt, und erläutern Sie die Bedeutung jeder Codezeile.

d Der grün hinterlegte Teil des Algorithmus bestimmt den neuen aktuellen Knoten. Erläutern Sie die Vorgehensweise.

***8 Für Schnelle: Dijkstra-Algorithmus implementieren**

Ergänzen Sie in dem gegebenen Projekt die Methode *BreitensucheAusführen* zum vollständigen Dijkstra-Algorithmus und benennen Sie die Methode entsprechend um. Die Teilaufgaben geben dabei die notwendigen Schritte an. Nutzen Sie auch das in Aufgabe 7 angegebene Struktogramm.

- **a** Ergänzen Sie in der Zählwiederholung das Attribut längeNeu und setzen Sie es auf den korrekten Wert (gelbe Hinterlegung).
- **b** Erweitern Sie die Bedingung der bedingten Anweisung und fügen Sie die zweite bedingte Anweisung ein (orange Hinterlegung).
- **c** Ergänzen Sie den wahr-Teil der zweiten bedingten Anweisung, in dem überprüft wird, ob der Knoten mit dem aktuellen Knoten auf einem kürzeren Weg erreicht werden kann und in dem dann der neue Vorgänger und die neue Länge gesetzt werden (rote Hinterlegung).
- **d** Der neue aktuelle Knoten ist nun nicht mehr einfach der erste Knoten der To-Do-Liste, sondern der Knoten, der bisher auf dem kürzesten Weg erreicht werden kann. Ergänzen Sie auch diesen Teil (grüne Hinterlegung).
- **e** Testen Sie den Algorithmus mit dem gegebenen Beispiel aus Aufgabe 2.
- **f** Für Schnelle: Erstellen Sie den Graphen für Aufgabe 3 als Datenbank und testen Sie damit wieder.

***9 Schnelle Flussüberquerung**

In der Aufgabe 11c) aus Kapitel 1.1 müssen vier Studenten einen Fluss überqueren. Ergänzen Sie das gegebene Projekt, so dass mit Hilfe des Dijksta-Algorithmus sowohl die Schritte zur kürzesten Flussüberquerung als auch die kürzeste Überquerungszeit ermittelt werden.

***10 Klasse GRAPHLISTE mit Adjazenzlisten – Version 4**

- **a** Implementieren Sie den Dijkstra-Algorithmus auch für die Darstellung des Graphen über Adjazenzlisten.
- **b** Für ganz Schnelle: Der Graph kann auch nach der Grundmodellierung aus Kapitel 1.1 (je ein Feld mit Referenzen auf Objekte der Klassen KNOTEN bzw. KANTE) implementiert werden.
  Führen Sie diese Implementierung durch. Bewerten Sie anschließend die drei Implementierungsvarianten bezüglich Speicherbedarf, vermuteter Programmlaufzeit und Einfachheit/Übersichtlichkeit der Umsetzung im Programm.

Teste dich selbst

T1 Richtig oder falsch?

Beurteilen Sie, ob folgende Aussagen richtig oder falsch sind. Begründen Sie Ihre Meinung bei falschen Aussagen und geben Sie eine berichtigte Aussage an:

a Ein Graph wird durch Kanten und Knoten vollständig beschrieben.
b Ein gerichteter Graph kann nicht gewichtet sein.
c Mit der Breitensuche kann nach einem erreichbaren Knoten mit bestimmten Eigenschaften gesucht werden.
d Die Breitensuche ermittelt den kürzesten Weg zu einem gegebenen Knoten.
e Bei der Breitensuche wird immer in Richtung zum Zielknoten gearbeitet.
f Der Dijkstra-Algorithmus basiert auf der Breitensuche.
g Der Dijkstra-Algorithmus ist nur für gewichtete Graphen verwendbar.

T2 Eine gute Erklärung ist alles!

Jan war in der letzten Stunde krank und braucht daher eine gute Erklärung, was genau sich beim Dijkstra-Algorithmus gegenüber der Breitensuche geändert hat. Erläutern Sie ihm detailliert,

- warum die Breitensuche nicht notwendigerweise den kürzesten Weg in einem gewichteten Graphen findet,
- an welcher Stelle im Algorithmus berücksichtigt werden muss, dass das Kantengewicht anstelle der Anzahl der Kanten verwendet wird, und
- wie der nächste Knoten aus der To-Do-Liste ausgewählt wird.

T3 Programmieren

Gegeben ist der rechts stehende Graph.

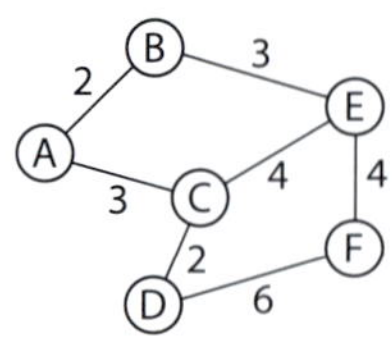

a Erstellen Sie eine Klasse, in der der Graph mit Hilfe einer als zweidimensionales Feld realisierten Adjazenzmatrix gespeichert wird.
b Ergänzen Sie eine Methode *BreitensucheDurchführen(start, ziel)*, die einen Weg vom Start- zum Zielknoten findet und ausgibt, wie viele Kanten benutzt werden.
c Ergänzen Sie die Methode *BreitensucheDurchführen* so, dass der gefundene Weg als Knotenfolge ausgegeben wird.
d Ändern Sie den Graphen so ab, dass er nicht mehr zusammenhängend ist. Sie können dazu Knoten ergänzen und/oder Kanten entfernen. Ändern Sie Ihre Methode *BreitensucheDurchführen* so ab, dass im Fall eines vom Startknoten aus nicht erreichbaren Zielknotens eine entsprechende Meldung statt des Wegs ausgegeben wird.

Zusammenfassung

Graphen und Bezeichnungen

Ein **Graph** besteht aus einer endlichen Menge von **Knoten** und einer endlichen Menge von **Kanten**; eine Kante ist eine Verbindung zwischen zwei Knoten. Graphen können als Diagramme mit Knoten als Kreisen und Kanten als Verbindungslinien dargestellt werden.

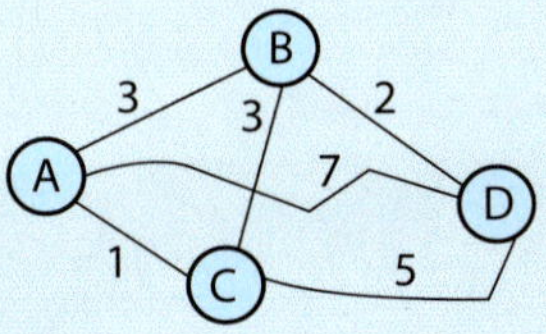

Bei **gewichteten Graphen** wird jeder Kante ein Wert zugeordnet, das **Gewicht**. Bei **zusammenhängenden Graphen** gibt es von jedem Knoten einen Pfad zu jedem anderen Knoten. Gibt es mindestens einen Knoten, von dem aus ein Pfad wieder zu ihm zurückführt, heißt der Graph **zyklisch**.
Bei **gerichteten Graphen** hat jede Kante eine Richtungsangabe.

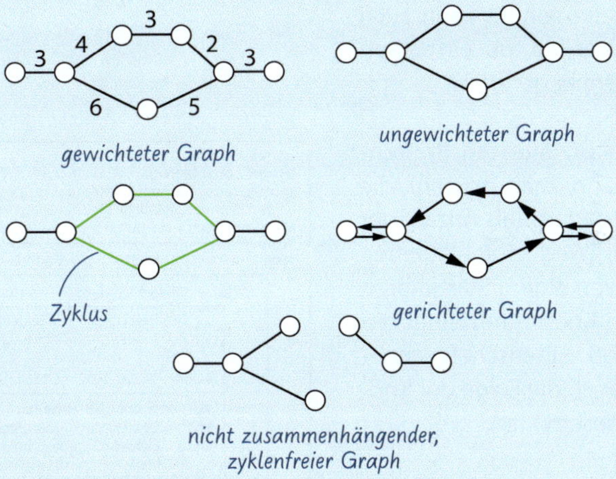

Die Adjazenzmatrix

Eine **Adjazenzmatrix** ist eine spezielle Tabelle, deren Zeilen- und Spaltenindizes jeweils durch die Knoten und deren Reihenfolge festgelegt sind. In den Zellen der Tabelle werden die Kanten vermerkt.
Verbindet eine Kante zwei Knoten, so wird in der zugehörigen Zelle bei ungewichteten Graphen eine 1 eingetragen und bei gewichteten Graphen die Gewichtung der Kante.

Entfernung in km	Bologna	Innsbruck	München	Nürnberg	Salzburg
Bologna					
Innsbruck			150		
München		150		170	145
Nürnberg			170		
Salzburg			145		

Tabellarische Darstellung der Entfernungen

Eine Adjazenzmatrix kann durch ein zweidimensionales Feld implementiert werden.

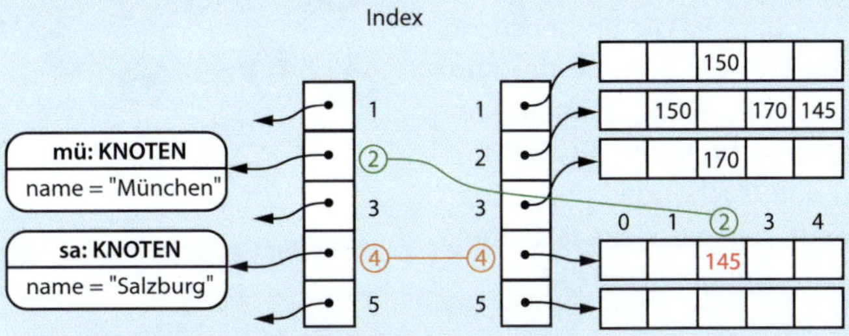

Weglänge von Salzburg nach München:
matrix.ElementGeben(4).ElementGeben(2) hat den Wert 145

Breitensuche

Die **Breitensuche** besucht von einem Startknoten aus systematisch in konzentrischen Bereichen um den Startknoten alle (erreichbaren) Knoten eines Graphen.
Mit der Breitensuche kann ein bestimmter Knoten gesucht werden; dieser Knoten wird auf dem Weg mit der geringsten Kantenanzahl gefunden. Es kann auch geprüft werden, ob ein Graph zusammenhängend ist.

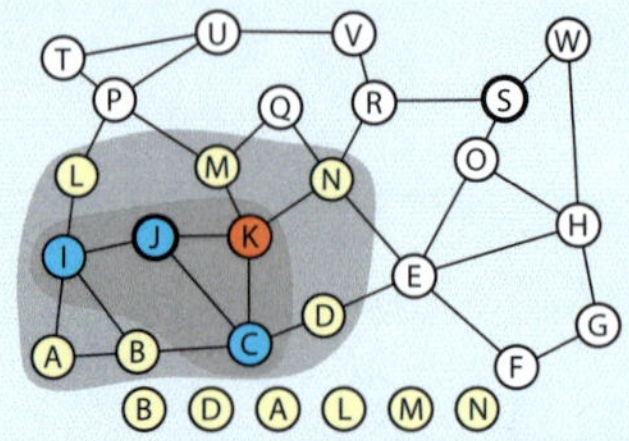

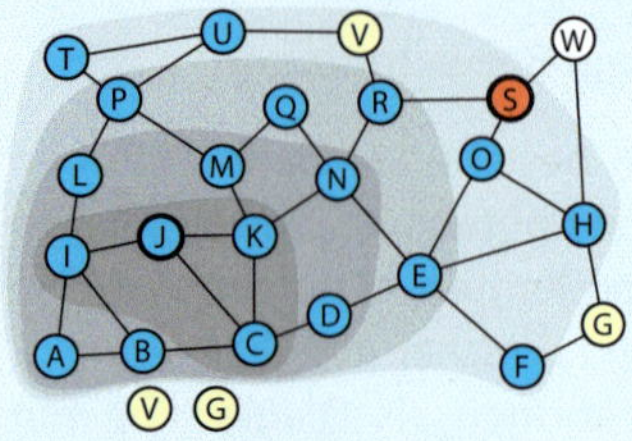

Mit einer **erweiterten Breitensuche** kann man sowohl die Länge des Pfads (als Anzahl der auf dem Weg durchlaufenen Kanten) von einem Startknoten zu einem Knoten mit einer gewünschten Eigenschaft angeben, als auch die Folge der Knoten auf diesem Pfad.

```
warteliste.Leeren()
fertigeKnoten.Leeren()
knoten.ElementGeben(startKnoten).vorgänger = -1
knoten.ElementGeben(startKnoten).länge = 0
aktuellerKnoten = startKnoten
wiederhole solange nicht aktuellerKnoten == zielKnoten
    zähle nummer von 0 bis anzahlKnoten - 1
        (matrix.ElementGeben(aktuellerKnoten).ElementGeben(nummer) > 0) und
        (nicht fertigeKnoten.Enthält(nummer)) und
        (nicht warteliste.Enthält(nummer))
        wahr
            warteliste.Anfügen(nummer)
            knoten.ElementGeben(nummer).vorgänger = aktuellerKnoten
            knoten.ElementGeben(nummer).länge =
                    knoten.ElementGeben(aktuellerKnoten).länge + 1
        falsch
    fertigeKnoten.Anfügen(aktuellerKnoten)
    aktuellerKnoten = warteliste.ElementGeben(0)
    warteliste.Entfernen(0)
AusgabeZeile("Der Weg führt über", knoten.ElementGeben(aktuellerKnoten).länge, "Kanten")
wiederhole solange aktuellerKnoten > 0
    Ausgabe(knoten.ElementGeben(aktuellerKnoten).name, " ")
    aktuellerKnoten = knoten.ElementGeben(aktuellerKnoten).vorgänger
```

Dijkstra-Algorithmus

Der **Dijkstra-Algorithmus** ermittelt den kürzesten Pfad von einem Startknoten zu einem Zielknoten in einem gewichteten Graphen, d. h. den Pfad mit der minimalen Summe von Kantengewichten.
Er modifiziert die Breitensuche, indem er die Summe der Kantengewichte bis zu jedem Knoten berechnet und als nächsten zu untersuchenden denjenigen wählt, der die kleinste Summe der Kantengewichte hat.

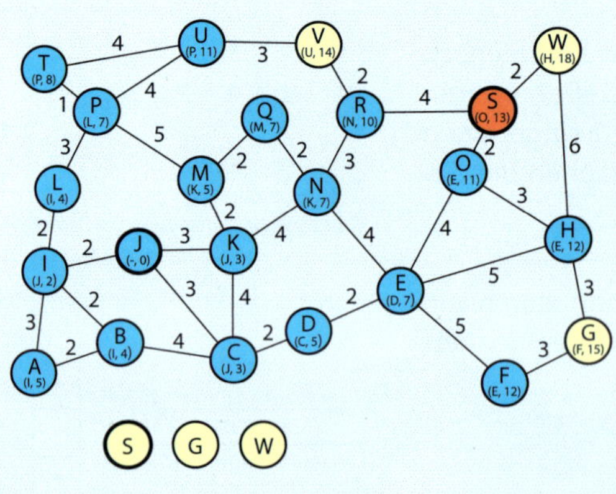

Zum Weiterlesen

L1 Navigationssysteme

Als →Navigation bezeichnet man das Bestimmen der geografischen Position und das Halten des Kurses. Das Angebot an Navigationssystemen ist riesig und reicht von der Schiffs- oder Flugzeugnavigation bis hin zum Einsatz beim Autofahren, Radfahren oder Zufußgehen. Bei allen Systemen kann die Navigation in drei Teilschritte unterteilt werden:

- Berechnung einer Route zwischen Start und Ziel,
- Bestimmung der aktuellen Position,
- Führung des Fahrzeugs oder der Person zum Ziel.

→ lat. navigare: segeln

Routenplanung

Um den Weg von einem Startpunkt zu einem Zielpunkt zu finden, muss zunächst das gesamte Netz in ein geeignetes Modell übertragen werden, zum Beispiel in einen gewichteten Graphen mit Straßenstücken (Kanten) und Kreuzungen (Knoten). Der Graph des deutschen Verkehrsnetzes umfasst circa 5 Millionen Kreuzungen und 6 Millionen Straßen.
Als Gewichtung der Kanten kommen durchschnittliche Fahrzeit bzw. Entfernung infrage und für jede Kante werden unter anderem Straßenart, Name der Straße und Fahrspurenanzahl vermerkt. Die Knoten bekommen Zusatzinformationen: Ortsname, geografische Koordinaten, Art der Kreuzung, ...
Nach der Eingabe von Start und Ziel (jeweils Straße, Hausnummer, Ortschaft) wird in einer Datenbank nach dem passenden Start- und Zielknoten gesucht. Bei der Suche nach dem Weg werden verschiedene Algorithmen verwendet, wie etwa der Dijkstra-Algorithmus. Eine Abwandlung davon ist der A*-Algorithmus, der die Anzahl der untersuchten Knoten mithilfe →heuristischer Überlegungen möglichst klein hält. Bei sehr großen Graphen wird der Dijkstra-Algorithmus weiter optimiert, indem das Netz hierarchisch eingeteilt wird. So werden z. B. bei Straßennetzen erst Autobahnen, dann Bundesstraßen und dann Landstraßen betrachtet. Das Ergebnis einer Routenplanung ist eine textuelle Beschreibung des Fahrweges (siehe Abbildung).

Ihre Route: 579,26 km

» Rosenheimer Straße 147
81671 München

X Mecklenburgische Straße 53 — 579,26 km
14197 Berlin — 05:51 h

Beschreibung

» Sie starten in der **Rosenheimer Straße** in **München** und fahren 80 m in Richtung Anzinger Straße.

↱ Verlassen Sie die **Rosenheimer Straße** und biegen scharf rechts in die **Anzinger Straße** ein. Folgen Sie dem Straßenverlauf 474 m. — 1 min, 554 m

↑ Verlassen Sie die **Anzinger Straße** und fahren weiter geradeaus auf die **Anzinger Straße, Bad-Schachener-Straße**. Folgen Sie dem Straßenverlauf für 18 m. — 1 min, 572 m

↰ Verlassen Sie die **Anzinger Straße, Bad-Schachener-Straße** und biegen links in die **Aschheimer Straße, Melusinenstraße** …

→ gr. εύρίσκειν *heurískein*: auffinden, entdecken; Lösungsstrategie auf der Basis unvollständiger Information mit logisch begründeteten Annahmen

Digitalisierte Karten

Für die Berechnung einer Route spielt die geometrische Anordnung der Kanten und Knoten eines Graphen keine Rolle. Die Benutzer einer Routenplanungssoftware möchten jedoch ihre Route auf einer Landkarte dargestellt sehen. Hierzu muss die Landkarte in digitalisierter Form vorliegen: Die Straßen und Kreuzungen müssen mit Ortskoordinaten versehen sein. Um die Umgebung möglichst wiedererkennbar anzuzeigen, muss zusätzlich die Nutzungsart der Flächen zwischen den Straßen erfasst sein (geografisches Informationssystem, Kurzform GIS).

Lokalisation

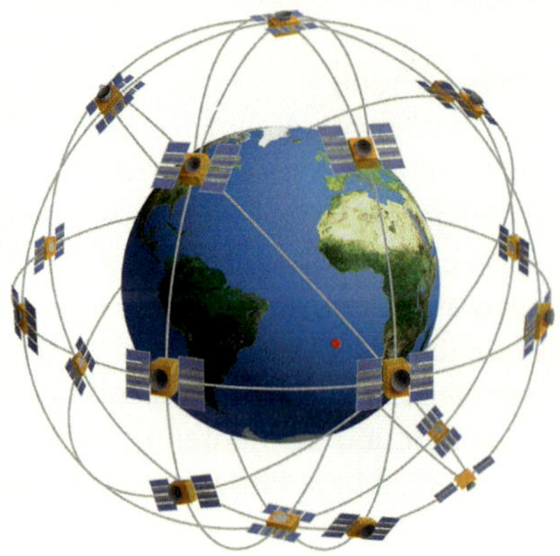

Die aktuelle Position eines Objektes kann auf vielfältige Weise ermittelt werden. Neben historischen Instrumenten wie dem Sextanten sind heute vor allem funk- und satellitengestützte Systeme im Einsatz. Das GPS (Global Positioning System) basiert auf 24 Satelliten, die die Erde umkreisen und dabei ständig ihre Position und ihre Uhrzeit senden. Der GPS-Empfänger empfängt diese Daten und berechnet aus den Positionsangaben und Signallaufzeiten von mindestens vier Satelliten seine eigene geografische Position. Die aktuelle Position des Objekts kann auf der Basis dieser geografischen Koordinaten in das digitale Kartenmaterial eingetragen werden.

Führung zum Ziel

Mittels der aktuellen Position und des digitalen Wissens über den Straßenverlauf kann das Navigationssystem jederzeit Auskunft über den weiteren Verlauf der Fahrt geben. Diese Information wird grafisch in einem Display angezeigt und oft von einer Stimme akustisch unterstützt. Um für optimale Verständlichkeit und wenig Ablenkung zu sorgen, ist diese Stimme möglichst angenehm gehalten.

2 Codierung

In diesem Kapitel erfahren Sie, wie ...

... Information digital gespeichert und übertragen wird.

... Information zum Schutz vor unbefugtem Zugriff verschlüsselt werden kann.

... sichergestellt werden kann, dass hinter digitalen Produkten auch tatsächlich der angegebene Urheber steckt.

2.1 Informationen geeignet darstellen: Codierung

Informationen lassen sich in vielen verschiedenen Formen speichern und übertragen.

a nebierhcseB eiS enie eniemeglla legeR, eiw reseid txeT ni enie lamron erabsel mroF tztesrebü nedrew nnak.

b DDDiiissskkkuuutttiiieeerrreeennn SSSiiieee VVVooorrr--- uuunnnddd NNNaaacchhhttteeeiiilleee dddiiieeessseeerrr DDDaaarrrsssttteeellllluuunnnggg sss-fffooorrrmmm eeeiiinnneeesss TTTeeexxxttteeesss...

c Die Abbildung links zeigt die Rückseite eines Milchkartons. Beschreiben Sie, auf welchen Wegen die Information „Dies ist Biomilch der Firma Biogut Infohausen" dargestellt ist und geben Sie Stärken und Schwächen der jeweiligen Darstellungsweise an.

Informationen mittels Codierung speichern und übertragen

Die oben gezeigte Grafik illustriert, wie ein und dieselbe Information auf drei verschiedene Arten übermittelt werden kann: In deutscher gesprochener Sprache, in Schrift- und Bildform und in Form einer bekannten Melodie. Der Begriff „**Information**" beschreibt also lediglich ein abstraktes Konzept. Soll eine Information an Andere weitergegeben oder für den späteren Abruf gespeichert werden, so muss zunächst eine physische Repräsentation der Information geschaffen werden. Für die Erzeugung einer solchen Repräsentation stehen verschiedene →**Medien** zur Verfügung, etwa Tinte und Papier, Farben und Leinwand oder auch die Luft zum Transport der Schallwellen der eigenen Stimme. Ohne ein solches Medium kann keine Informationsübertragung oder -speicherung stattfinden.

→Medium: von lat. *medium*, Mitte, dazwischenliegend

Damit die Kommunikationspartner die gegenseitigen Botschaften auch verstehen können, ist es nötig, dass beide die genutzte Sprache sprechen, beide die verwendete Schrift oder Symbolik kennen oder beide einer Melodie die gleiche Bedeutung zuordnen. Die zu übertragenden Informationen müssen gemäß beidseitig bekannter Regeln dargestellt/repräsentiert werden (ein auf Chinesisch verfasster Liebesbrief wäre für eine ausschließlich deutschsprachige Empfängerin beispielsweise unverständlich). Eine Übersetzung gemäß solcher Regeln bezeichnet man als →**Codieren.**

→von lat. *codex*, Schreibtafel, (Regel-)Buch

Bestimmte Regeln für die Informationsdarstellung gelten auch bei der Informationsverarbeitung mit einem Computer. Nicht jede Darstellungsform einer Information kann unmittelbar von einem Computer verarbeitet werden. Die Übersetzung einer Information in eine Form, die der Computer versteht, muss exakt festgelegten Regeln folgen. Information in einer Form, die der Computer verarbeiten kann, werden als **Daten** bezeichnet.

Eine kompakte Codierung birgt Vor- und Nachteile

Bereits Teilaufgabe b) der Einstiegsaufgabe zeigt, dass durch entsprechende Codierungsregeln auch unnötig umfangreiche Informationsdarstellungen entstehen können. Der gleiche Informationsgehalt ist hier ohne die Buchstabenwiederholungen mit insgesamt wesentlich weniger Zeichen darstellbar. In der normalen deutschen Schriftsprache lassen sich ebenfalls unterschiedlich kompakte Codierungen realisieren. Eine taggenaue Datumsangabe kann z. B. wie folgt codiert werden:

a Dreiundzwanzigster September im Jahr zweitausendsiebenundzwanzig
b 23.09.2027

Beide Darstellungen repräsentieren genau die gleiche Information, Darstellung a) benötigt dafür jedoch wesentlich mehr Zeichen als Darstellung b). In Fällen, in denen Speicherplatz oder Übertragungskapazitäten knapp sind, wird oft versucht, durch eine geschickte Codierung Informationen möglichst kompakt zu codieren. In Situationen, bei denen Speicher- oder Übertragungsfehler nicht ausgeschlossen werden können, kann dies jedoch auch von Nachteil sein: Überträgt man beispielsweise die oben genannten Datumsdarstellungen über ein Medium, bei dem es zu Signalstörungen kommt, könnte die auf Empfängerseite erhaltene Darstellung wie folgt aussehen:

a Dreicndzwaneigster Septa3ber im Jahr zoeitausendsiebehjudzwanzig
b 23.09.2023

Während bei Darstellung b) bereits ein einziges falsch übertragenes Zeichen genügt, um die Datumsangabe unbemerkbar zu verfälschen, ist bei Darstellung a) sogar trotz vieler Übertragungsfehler für einen der deutschen Schriftsprache mächtigen Menschen noch eindeutig feststellbar, welches Datum gemeint ist. Codierung a) ist zwar umfangreicher, aber dafür fehlertoleranter als Codierung b).

Prüfsummen decken Übertragungsfehler auf

Um zu verhindern, dass Fehler bei der Datenübertragung oder -speicherung unerkannt bleiben, können sogenannte Prüfsummen erzeugt und zu den eigentlichen Nutzdaten hinzugefügt werden. Soll beispielsweise ein Rechnungsbetrag übermittelt werden, kann neben dem Betrag zusätzlich die Summe aller Ziffern übertragen werden. Auf der Empfängerseite kann nun die Ziffernsumme des empfangenen Betrages mit der ebenfalls erhaltenen **Prüfsumme** verglichen werden. Damit können unerkannte Fehler zwar nicht ganz ausgeschlossen werden und auch absichtliche Manipulationen sind problemlos möglich; viele einfache Übertragungsfehler fallen beim Vergleich der Prüfsummen aber sofort auf, sodass z. B. eine Neuübertragung der Daten angefordert werden kann.

Information kann nicht direkt gespeichert oder übertragen werden, sondern muss mit Hilfe eines **Mediums** (Papier, Luft, ...) dargestellt werden. Information ist der (abstrakte) Bedeutungsgehalt dieser Darstellung. Die Übertragung in eine Darstellungsform nach genau festgelegten Regeln nennt man **Codieren**. Wenn Information so dargestellt ist, dass ein Computer sie verarbeiten kann, spricht man auch von **Daten**.
Zentrale Ziele einer Codierung sind u. a., Informationen möglichst kompakt und fehlertolerant (z. B. mit Hilfe von **Prüfsummen**) zu speichern oder zu übertragen.

Aufgaben

1 Richtig oder falsch?

Entscheiden Sie: sind die Aussagen richtig oder falsch? Berichtigen Sie falsche Aussagen.

- **a** Information kann direkt gespeichert und übertragen werden.
- **b** Codieren ist das Schreiben von Computerprogrammen.
- **c** Eine kompakte Codierung kann auch Nachteile haben.

2 Komplexe Texte über ein primitives Medium übertragen: Der Morsecode

Eines der ersten Verfahren zur „elektronischen Kommunikation" war die Telegraphie. Die dabei verwendete Schaltung kann vereinfacht wie folgt beschrieben werden:
Der Sender konnte auf der Empfängerseite somit nur zwei unterschiedliche Zustände, „Lampe an" und „Lampe aus", erzeugen.

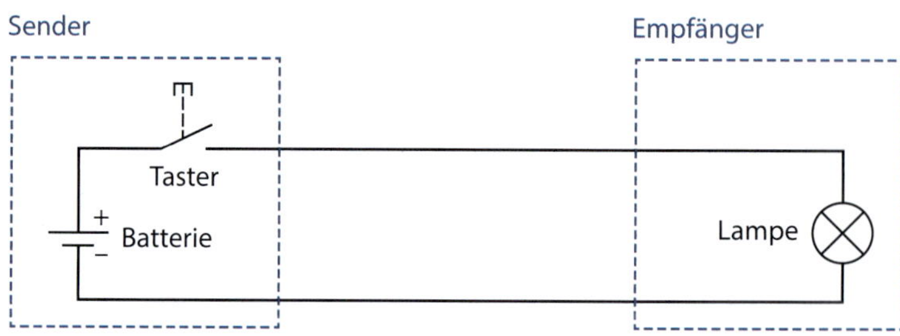

Um trotz dieser Einschränkungen des Mediums komplexe Informationen übertragen zu können, kann der nach Samuel Morse benannte Morsecode verwendet werden. Die Buchstaben eines Textes werden dabei durch eine Abfolge kurzer (·) und langer (–) Signalimpulse mit dazwischenliegenden Pausen repräsentiert. Eine Tabelle des Morsecodes ist als Vorlage verfügbar. Im Internet sind ebenfalls Morsecode-Tabellen zu finden.

- **a** Schreiben Sie die Nachricht der Figur oben links in normaler Buchstabendarstellung.
- **b** Formulieren Sie eine begründete Vermutung über die Hintergründe der Zuordnung von Buchstaben zu Signalimpulsen und beurteilen Sie, wie sich die Zuordnung auf die durchschnittlich benötigte Übertragungszeit bei morsecodierten Texten auswirkt.
- **c** Morsecode durch elektrische Signale zu übertragen erscheint zunächst einfach. Eine Codierungsvorschrift könnte z. B. lauten:
  Langer Signalimpuls (–) -> Lampe an
  Kurzer Signalimpuls (·) -> Lampe aus
  Versuchen Sie mit dieser Codierungsvorschrift die durch die Sequenz „aus an an aus an aus aus an" repräsentierte Zeichenkette eindeutig zu ermitteln und beschreiben Sie das hierbei auftretende Problem und dessen Ursache.
- **d** Für Schnelle: Entwerfen Sie eine alternative Codierungsvorschrift für die Darstellung elektrisch übertragener Morsecodes, die das Problem aus Teilaufgabe c) vermeidet.

3 Music-XML

Eine mögliche Codierung von Melodien bzw. Noten allgemein ist Music-XML.

- **a** Öffnen Sie die Vorlage in einem Texteditor und in einem Browser.
  - i Beschreiben Sie knapp Unterschiede und Gemeinsamkeiten.
  - ii Nennen Sie enthaltene Informationen, die über die Melodie hinaus gehen.
  - iii Geben Sie den Titel des Liedes und die erste Note der Melodie an.

b Recherchieren Sie ein Programm, das Music-XML Dateien darstellen und eventuell abspielen kann. Öffnen Sie damit die Datei und überprüfen Sie Ihre Antwort aus a).

c Codieren Sie die Melodie auf weitere zwei Arten.

4 Barcodes und QR-Codes

Barcodes und QR-Codes sind mittlerweile allgegenwärtig.

a Erstellen Sie in Kleingruppen je eine Liste mit Situationen, bei denen Ihnen bereits Barcodes und QR-Codes begegnet sind.

b Beschreiben Sie allgemein, welchem Zweck die Verwendung dieser Codierungsformen in der Regel dient.

c Betrachten Sie einen Barcode (z. B. auf der Rückseite dieses Buches) und versuchen Sie ohne Zuhilfenahme des Internets zu beschreiben, auf welche Weise die Information bei einem Barcode repräsentiert wird.

d Recherchieren Sie für QR-Codes sowie für die in Europa weit verbreiteten EAN-13 Barcodes, wie viel Information (angegeben in einer Einheit Ihrer Wahl) diese maximal enthalten können.

e Diskutieren Sie die Vor- und Nachteile von Barcodes im Vergleich mit QR-Codes und formulieren Sie für die Einsatzgebiete aus a) je eine Vermutung, weshalb sich dort das eine oder andere Format durchgesetzt hat.

5 Zauberhafte Prüfsummen

Zauberer Zampano lässt seine Zuschauer auf einem rechteckigen Feld im blauen Bereich Karten mit Kaninchen und Spatzen auslegen. Im grünen Bereich legt er selbst anschließend weitere Karten hinzu. Danach verlässt er den Raum und die Zuschauer drehen eine beliebige Karte um, die Zampano erkennen muss.

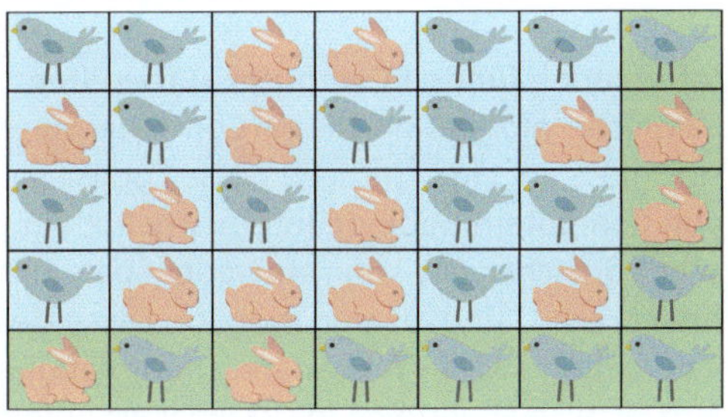

a Finden Sie die Karte, die von den Zuschauern umgedreht wurde.

b Beschreiben Sie die Idee des Zaubertricks.

6 Prüfsummen im Alltag: IBAN

a Bei Überweisungen innerhalb der EU werden Bankkonten mittels der IBAN (*International Bank Account Number*) identifiziert. Da Tippfehler hier gravierende Folgen haben könnten, enthält jede IBAN an Position 3 und 4 (direkt nach der zweistelligen Länderkennung) eine zweistellige Prüfsumme. Recherchieren Sie das Verfahren, mittels dem die IBAN-Prüfsummen gebildet werden, und erläutern Sie Schritt für Schritt, wie die Gültigkeit der IBAN DE42 8327 3829 0032 8800 00 überprüft werden kann.

b Notieren Sie eine gültige IBAN (z. B. eines öffentlichen Spendenkontos). Versuchen Sie anschließend durch gezielte „Tippfehler" eine davon abweichende IBAN zu erzeugen, welche die gleiche gültige Prüfsumme besitzt.
Hinweis: Durchlaufen Sie das Berechnungsverfahren aus Teilaufgabe a) schrittweise rückwärts, um herauszufinden, wie die IBAN verändert werden kann, ohne dass sich die Prüfziffer dadurch ändert.

c Beschreiben Sie basierend auf b) allgemein, welche Arten von Verfälschungen durch das verwendete Prüfsummenverfahren nicht erkannt werden können. Beurteilen Sie, wie wahrscheinlich derartige nicht erkennbare Fehler im Alltag sind.

d Für Schnelle: Implementieren Sie ein kleines Programm, mittels welchem die Gültigkeit der Prüfsumme für beliebige IBANs überprüft werden kann.

2.2 Was der Computer versteht: Bits, Bytes & Zahlensysteme

Bei einer Show des Wahlkurses Zaubertricks sollen Zahlen per „Gedankenübertragung“ übermittelt werden. In Wirklichkeit aber verraten kleine Strahler in der Bühnenbeleuchtung dem „Zauberer“ die jeweiligen Werte. Das System ist in der Vorlage dargestellt: Durch Klicken auf die einzelnen Leuchten kann man sie an- bzw. ausschalten. Die dadurch heimlich übermittelte Zahl wird darunter angezeigt.

a Finden Sie heraus, nach welchem System die Zahlen dargestellt werden und wie viele Werte mit den vier Leuchten insgesamt beschrieben werden können.

b Folgern Sie, wie die Zahlen 32 und 47 nach diesem System dargestellt werden müssten, und geben Sie beide Darstellungen an. (Hinweis: Der Zahlenbereich wird erweitert.)

c Für Schnelle: Die Leuchtmittel werden durch LEDs ausgetauscht, die neben gelb auch noch in rot leuchten können. Erschließen Sie sich das veränderte System und geben Sie eine Darstellung der Zahlen 17 und 64 an. Wie viele Werte könnte man mit den vier vorhandenen Leuchten nun insgesamt darstellen?

Information für den Computer aufbereiten

Sämtliche Information, die ein Computer verarbeiten (also speichern, darstellen, übertragen, …) soll, muss auf eine spezielle Weise codiert werden. Dies ist durch den grundsätzlichen Aufbau von Computern bedingt: Intern arbeitet ein Computer mit Speicherzellen. An einer elektronischen Speicherzelle kann entweder Spannung anliegen oder nicht; nur diese beiden Zustände, notiert als „1“ und „0“, sind möglich. Diese kleinste Informationseinheit bei der digitalen Datenverarbeitung wird →**Bit** genannt. Information, die vom Computer gespeichert werden soll, muss also letztlich als Bitfolge (darstellbar als Abfolge von Nullen und Einsen) codiert werden.

→ Bit: Kunstwort („Kofferwort“) aus binary und digit, also Binärstelle

Bitfolge codiert durch Spannung ein/aus in elektronischen Speicherzellen (Speichermedium)

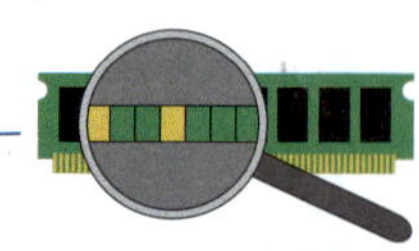

Auch für die Übertragung einer solchen Codierung werden üblicherweise nur zwei Zustände genutzt, z. B. wechselnde hohe und niedrige Spannung in einem Kupferkabel. Um die Codierung einer Information als Bitfolge möglichst systematisch und nachvollziehbar festzulegen, wird jede Information nach festgelegten Regeln als Zahl ausgedrückt. Beispielsweise werden allen Zeichen gemäß einer Tabelle fortlaufende Zahlen eindeutig zugeordnet. Der Clou: Die Zahlen werden in einem Zahlensystem codiert, das nur mit Nullen und Einsen auskommt: Das Binärsystem.

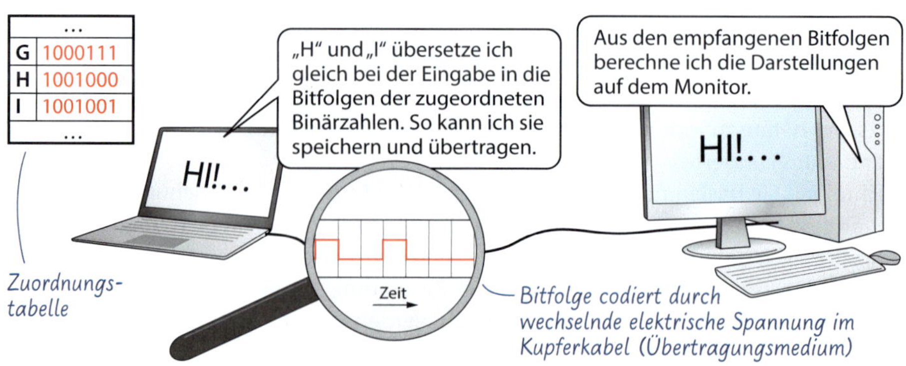

Dezimalsystem vs. Binärsystem

Wir nutzen im Alltag üblicherweise das →Dezimalsystem, ein sogenanntes Stellenwertsystem mit der Basis 10. Bei einem Stellenwertsystem hängt es von der Position einer Ziffer ab, für welchen Wert sie steht.

→ lat. decem: zehn, also Zehnersystem

→ lat. bina: doppelt, paarweise, also Zweiersystem

Dezimalzahl:	**4**	**3**	**0**	**3**
Stellenwerte:	**10^3** = 1000	**10^2** = 100	**10^1** = 10	**10^0** = 1

Den Umgang mit den Dezimalzahlen sind wir gewohnt; wir können mit so codierten Zahlen ohne weitere Umrechnung sofort umgehen. Dabei entsteht der Zahlenwert, indem man die Produkte aus Stellenwert und zugeordneter Ziffer addiert:

→ lat. dualis: zwei enthaltend, also Zweiersystem

$$\mathbf{4} \cdot 1000 + \mathbf{3} \cdot 100 + \mathbf{0} \cdot 10 + \mathbf{3} \cdot 1 = \mathbf{4303}$$

Beim →**Binärsystem** (→Dualsystem) können an jeder Stelle nicht zehn verschiedene Ziffern wie beim Dezimalsystem stehen (0 bis 9), sondern nur zwei (0 oder 1). Damit kann jede Stelle genauso viel Information speichern wie ein Bit. Wegen der anderen Basis 2 sind die Stellenwerte hier verändert:

Binärzahl:	**1**	**0**	**0**	**1**
Stellenwerte:	**2^3** = 8	**2^2** = 4	**2^1** = 2	**2^0** = 1

Die Umcodierung ins Dezimalsystem funktioniert genau nach demselben Prinzip:

$$1001_2 = \mathbf{1} \cdot 8 + \mathbf{0} \cdot 4 + \mathbf{0} \cdot 2 + \mathbf{1} \cdot 1 = \mathbf{9_{10}}$$

Umgekehrt zerlegt man eine Dezimalzahl in die Stufenzahlen des Binärsystems:

$$22_{10} = \mathbf{1} \cdot 16 + \mathbf{0} \cdot 8 + \mathbf{1} \cdot 4 + \mathbf{1} \cdot 2 + \mathbf{0} \cdot 2 = \mathbf{10110_2}$$

Vom Bit zum Byte

Würde man zwei Binärzahlen unterschiedlicher Länge direkt hintereinander in den Speicher schreiben, könnte ein Computer nicht feststellen, an welcher Stelle die eine Zahl endet und die andere Zahl beginnt. Es ist daher erforderlich, Zahlenblöcke mit festgelegter Stellenanzahl zu verwenden und kürzeren Zahlen führende Nullen voranzustellen.

Damit allen wichtigen Zeichen (etwa Großbuchstaben, Kleinbuchstaben, Sonderzeichen) eine Zahl als Codierung eindeutig zugeordnet werden kann, muss ein Zahlenblock aus ausreichend vielen Speicherzellen bestehen:

Anzahl Stellen	1	2	3	…	7	8	…	n
darstellbare Werte	0 1	00 01 10 11	000 001 010 011 100 101 110 111	…	…	…	…	…
	2	4	8		128	256	…	2^n

(+1 Stelle jeweils; ·2 Werte jeweils)

Mit 8 Bit lassen sich $2^8 = 256$ Zahlen und damit auch 256 Zeichen codieren. Diese Menge schien in den 1950er und 1960er Jahren ausreichend; zudem ist 8 eine Zweierpotenz. Beides waren maßgebliche Kriterien dafür, dass sich diese Stellenanzahl durchsetzte. Die Datenmenge von 8 Bit nannte man 1 →**Byte.**

→ Byte: Kunstwort, urspr. Schreibweise bite („Bissen") in Abgrenzung zu bit (verstanden als „Häppchen")

→ Hexadezimalsystem von von griech. hexa „sechs“ und lat. decem „zehn“, also Sechzehnersystem

Hexadezimalsystem

Digitale Farbangaben – etwa für Webseiten oder in Bildverarbeitungsprogrammen – erfolgen häufig im RGB-Farbraum: Eine Farbe wird darin aus den Anteilen der drei Grundfarben Rot, Grün und Blau „gemischt“. Für jeden Anteil steht oft 1 Byte (also 256 Werte von 0 bis 255) zur Verfügung.
Die drei Farbanteile werden häufig wie rechts im Beispiel im sog. →**Hexadezimalsystem**, einem Stellenwertsystem mit Basis 16, codiert. Für die hierzu nötigen 16 Ziffern benutzt man neben den Ziffernsymbolen 0 bis 9, die aus dem Dezimalsystem vertraut sind, die Buchstaben A bis F für die Wertigkeiten 10 bis 15.

#FBE589 „gemischte“ Farbe

dezimal	binär	hexa-dezimal
0_{10}	0000_2	0_{16}
1_{10}	0001_2	1_{16}
2_{10}	0010_2	2_{16}
3_{10}	0011_2	3_{16}
4_{10}	0100_2	4_{16}
5_{10}	0101_2	5_{16}
6_{10}	0110_2	6_{16}
7_{10}	0111_2	7_{16}
8_{10}	1000_2	8_{16}
9_{10}	1001_2	9_{16}
10_{10}	1010_2	A_{16}
11_{10}	1011_2	B_{16}
12_{10}	1100_2	C_{16}
13_{10}	1101_2	D_{16}
14_{10}	1110_2	E_{16}
15_{10}	1111_2	F_{16}

Zahlen bis 15 codiert in drei Stellenwertsystemen

Hex-Zahl:	D	2	E
Stellenwerte:	$16^2 = 256$	$16^1 = 16$	$16^0 = 1$

$$D2E_{16} = \mathbf{13} \cdot 256 + \mathbf{2} \cdot 16 + \mathbf{14} \cdot 1 = \mathbf{3374_{10}}$$

Erfahrene Benutzer, Programmentwicklerinnen oder Hacker kommen häufiger mit dem Hexadezimalsystem in Berührung: Sie öffnen Dateien bei Bedarf in einem sogenannten Hex-Editor. Die Dateien sind hier beliebig veränderbar, während Standardprogramme oft nur einen eingeschränkten Funktionsumfang bieten. Die Werte der binär gespeicherten Daten werden im Hex-Editor byteweise angezeigt (und nicht z. B. als Bild- oder Textdokument interpretiert) und können einzeln verändert werden. Das Hexadezimalsystem zeigt die Binärdaten außerdem deutlich verkürzt in übersichtlichen Byte-Blöcken.

Einfache Umrechnung zwischen Binär- und Hexadezimalsystem

Die Information eines Bytes ($2^8 = 256 = 16^2$ Werte) wird im Hexadezimalsystem also nur durch zwei Zeichen ausgedrückt. Zur Umrechnung zwischen den Codierungen ist lediglich die Kenntnis der jeweiligen Zahlendarstellung von 0 bis 15 erforderlich (vgl. Tabelle):

$$1110\,0111_2 = E7_{16} \qquad 2A_{16} = 0010\,1010_2$$

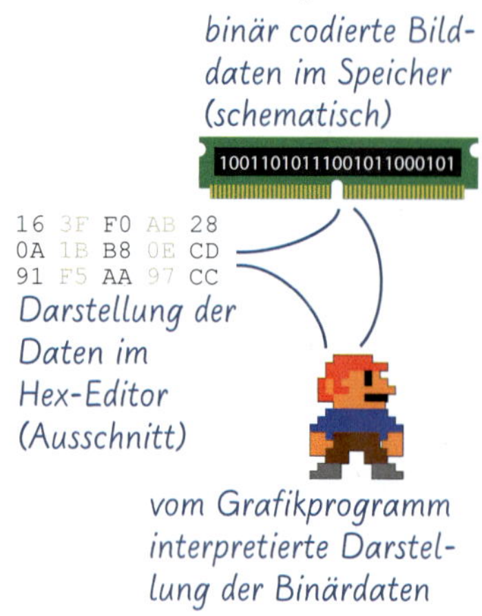

Information muss für die digitale Verarbeitung durch Bitmuster ausgedrückt werden. Dazu wird sie im **Binärsystem** codiert (Basis 2). Eine kürzere und einfach ins Binärsystem übertragbare Darstellung der Werte kann mit dem **Hexadezimalsystem** erreicht werden (Basis 16). Beide Systeme sind Stellenwertsysteme.
Ein **Bit** ist die kleinste digitale Informationseinheit und kann zwei Werte darstellen; acht Bit bilden ein **Byte**.

Aufgaben

1 Richtig oder falsch?

Entscheiden Sie, ob die Aussagen wahr oder falsch sind, und berichtigen Sie falsche Aussagen.

- **a** Der höchste Wert der Einerstelle beim Hexadezimalsystem ist 16.
- **b** Mit einer vierstelligen Binärzahl können $2^4 = 16$ verschiedene Werte dargestellt werden.
- **c** Mit einem Byte können acht verschiedene Werte dargestellt werden.
- **d** Dass ein binär codiertes Zeichen endet und ein neues beginnt, erkennt ein Computer an einem besonderen Trennzeichen im Speicher.
- **e** Ein Byte kann hexadezimal mit zwei Zeichen dargestellt werden.
- **f** Um eine Zahl im Dezimalsystem zu codieren, multipliziert man die Summen aus Stellenwert und zugehöriger Ziffer.

2 Zum Geburtstag viel Glück – und wenige Kerzen

Mina ist irritiert, als sie zum 17. Geburtstag die abgebildete Torte mit nur fünf Kerzen erhält – und drei davon brennen nicht einmal … Ihre Gäste können sie aber schnell beruhigen: „Auf diese Weise werden wir nie das Problem haben, dass nicht genügend Kerzen auf die Torte passen. Und das dargestellte Alter stimmt trotzdem!"

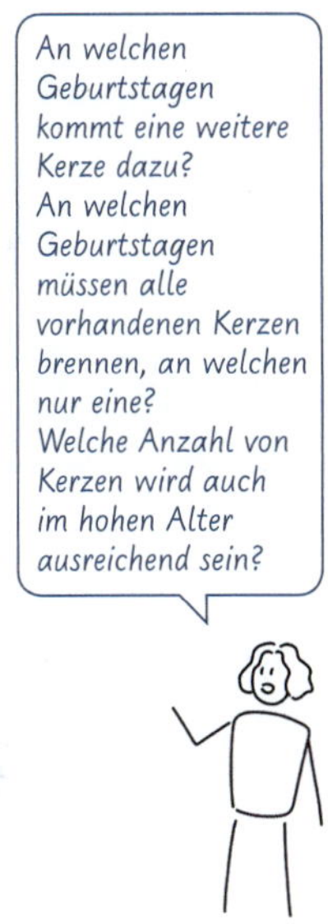

- **a** Ermitteln Sie zu zweit, nach welchem Prinzip Minas Gäste ihr Alter dargestellt haben, und beantworten Sie Minas Fragen aus der Sprechblase.

Minas Eltern sind verschieden alt, haben aber am selben Tag Geburtstag. Mina ist überzeugt vom Kerzensystem und schenkt beiden Eltern eine Torte nach demselben Konzept.

- **b** Diskutieren Sie anhand des Beispiels zu zweit, woran man sofort erkennen kann, wer von den beiden älter ist, ohne jeweils das Alter tatsächlich zu bestimmen. Formulieren Sie dazu ein allgemeines Prinzip.
- **c** Für Schnelle: Minas Vater ist doppelt so alt wie Minas älterer Bruder Ben, Minas Oma ist doppelt so alt wie Minas Vater. Überlegen Sie anhand der Grafiken, wie man aus einer Zahl die Darstellung ihres Doppelten folgern kann, und schreiben Sie dann eine allgemeingültige Regel dafür mit kurzer Erklärung auf.

3 Umwandlungen ins Dezimalsystem

Ein Teil einer ASCII-codierten Datei ist in a) wie im Speicher abgelegt dargestellt, ein anderer Teil ist in b) dargestellt, wie er beim Öffnen im Hex-Editor erscheint.
Wandeln Sie die Werte ins Dezimalsystem um und ermitteln Sie dann mit Hilfe einer ASCII-Tabelle, was sich hinter den Codierungen verbirgt.

- **a** 00111010_2, 00101101_2, 01110000_2
- **b** $3A_{16}$, 27_{16}, $7D_{16}$
- **c** Für Schnelle: Überprüfen Sie, indem Sie die Werte aus a) ins Hexadezimalsystem übertragen und die Hex-Zahlen aus a) und b) dann in einen Hex-Editor eintragen.

4 1 + 1 = 10

Erklären Sie die Pointen von Sprechblase und Aufgabentitel.

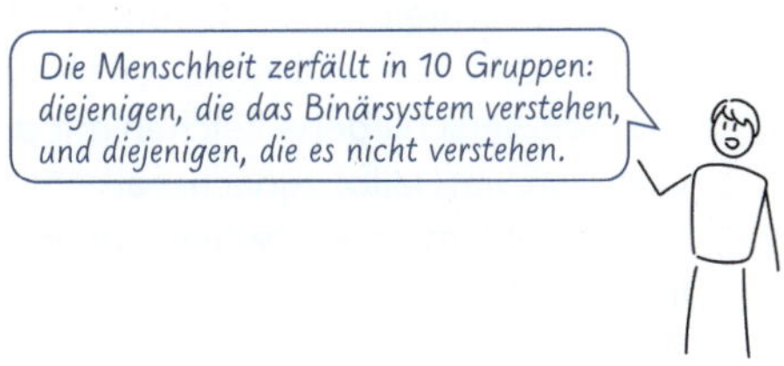

5 Umwandlungen vom Dezimalsystem

Der folgende Algorithmus beschreibt die Umcodierung einer Zahl n vom Dezimalsystem ins Binärsystem:

```
wiederhole solange n > 0
  dividiere n durch 2, bestimme Ergebnis und Rest
  notiere den Rest als nächste Binärziffer (von rechts nach links!)
  speichere das Ergebnis als neues n
endewiederhole
```

a Vollziehen Sie zu zweit mit Hilfe des Algorithmus nach, dass sich für 13 die Binärdarstellung 1101 ergibt. Notieren Sie die Einzelschritte strukturiert.

b Wandeln Sie durch (schriftliche) Anwendung des Algorithmus die Dezimalzahlen 29, 93 und 748 ins Binärsystem um.

c Beschreiben Sie, welche Veränderungen am Algorithmus vorgenommen werden müssen, damit man ihn zur Umcodierung ins Hexadezimalsystem benutzen kann. Wandeln Sie dann die Zahlen aus b) ins Hexadezimalsystem um.

d Setzen Sie den gegebenen Algorithmus am Computer um.

6 Umrechnen leicht gemacht

Zahlen zwischen verschiedenen Zahlensystemen umzurechnen, ist auf Dauer mühsam. Entwickeln Sie daher einen Umrechner, der Ihnen diese Arbeit abnimmt:

a Übertragen Sie den folgenden Algorithmus, welcher eine erhaltene Binärzahl in eine Dezimalzahl umcodiert, in Ihre Programmiersprache:

```
methode BinärInDezimalUmrechnen(binärzahl: ZEICHENKETTE)
    Variable dezimalzahl mit 0 initialisieren
    Variable stellenwert mit 1 initialisieren
    wiederhole solange Länge(binärzahl) > 0
      letztes Zeichen der Zeichenkette in Ziffer umwandeln, als ↩
                                            aktuelleZiffer speichern
      letztes Zeichen der Zeichenkette entfernen
      aktuelleZiffer mit stellenwert multiplizieren, Ergebnis zu ↩
                                            dezimalzahl addieren
      stellenwert verdoppeln
    endewiederhole
endemethode
```

b Ergänzen Sie eine Möglichkeit, um eine hexadezimale Zahl in eine Dezimalzahl umzucodieren. Hinweis: Beachten Sie, dass Hex-Ziffern als Dezimalziffern und Buchstaben vorliegen können. Die zu einer Hex-Ziffer gehörige Dezimalzahl muss also vorab zugeordnet werden.

c Für Schnelle: Passen Sie Ihren Algorithmus für eine weitere Basis an.

7 Zeichen mit dem ASCII-Code codieren

→ ASCII: American Standard Code for Information Interchange

Damit Texte mit ihren Buchstaben, Satzzeichen usw. digital gespeichert oder übertragen werden können, müssen die einzelnen Zeichen zunächst binär codiert werden. Ein für diesen Zweck weit verbreitetes Codierungsverfahren ist der →ASCII-Code.

a Beim ASCII-Code wird jedes Zeichen zunächst durch 7 Bit repräsentiert. Berechnen Sie, wie viele verschiedene Zeichen mit diesem System darstellbar sind.

b Codieren Sie „Hallo" zunächst als ASCII-Zeichencodes im Dezimalsystem und übertragen Sie die Zahlenwerte anschließend ins Binärsystem. Nutzen Sie eine ASCII-Codetabelle im Internet.

Moderne Computer arbeiten mit Einheiten von 8 Bits (=1 Byte). Ein ASCII-Zeichen wird daher heutzutage in der Regel durch 8 Bits dargestellt. Das vom ursprünglichen ASCII-Code nicht genutzte achte Bit kann dabei als sogenanntes Paritätsbit zur Fehlererkennung verwendet werden. Beispielsweise kann an die 7 Datenbits ein weiteres Bit angefügt werden, sodass die Anzahl der Bits mit Wert 1 für ein Zeichen stets ungerade ist. Beispiele:

- 0101 1101 – Anzahl der Bits mit Wert 1 gerade → 1 anhängen
- 0101 1000 – Anzahl der Bits mit Wert 1 ungerade → 0 anhängen

c Erweitern Sie die Binärdarstellung aus Teilaufgabe b) um die entsprechenden Paritätsbits.

d Erläutern Sie, wie mithilfe des Paritätsbits Fehler bei der Übertragung eines Zeichens erkannt werden können, und gehen Sie dabei auch auf die Grenzen dieses Fehlererkennungssystems ein.

e Bei der ASCII-Codierung des Wortes „schön" tritt ein Problem auf. Beschreiben Sie das Problem und seine Ursache und recherchieren Sie verschiedene Möglichkeiten, um das Problem zu lösen.

f Für Schnelle: Heutzutage wird der weltweite Standard Unicode benutzt. Recherchieren Sie Vorteile von Unicode gegenüber ASCII und wie beide zusammenhängen.

8 Speicherplatz

Auf unterster Ebene ist die Betrachtung einzelner Bits zwar relevant, im Alltag werden aber größere Einheiten für Speicherkapazitäten verwendet.

a Recherchieren Sie mindestens die vier nächstgrößeren Einheiten nach Bit und notieren Sie die Einheiten in einer Tabelle. Sortieren Sie dann die folgenden Daten aufsteigend nach durchschnittlicher Dateigröße.
Für Schnelle: Ordnen Sie auch jeweils eine realistische Dateigröße in einer passenden Einheit zu.

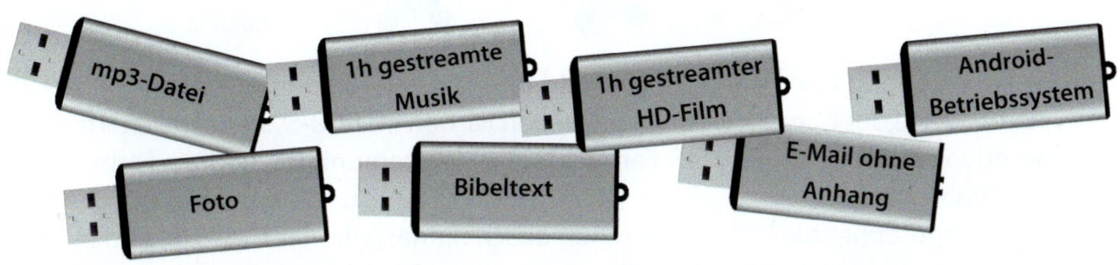

b Kreszentia kauft eine Festplatte, die laut Herstellerangabe eine Kapazität von „2 Terabyte" hat. Nachdem sie die Festplatte eingebaut hat, zeigt ihr Computer allerdings nur 1,86 TB Kapazität an. Recherchieren und erklären Sie die Ursache des Unterschieds (Stichwort: Dezimal- bzw. Binärpräfixe). Überlegen Sie sich anschließend eine mögliche Erklärung für die Einheitenwahl der Firma.

c Für Schnelle: Welche Variante der Einheiten auf einem Computer benutzt wird, ist vom Betriebssystem abhängig. Untersuchen Sie die Eigenschaften Ihrer Festplatte und schließen Sie aus z. B. einer Angabe von Bytes und Gigabytes, welche Variante verwendet wird.

9 Farben im RGB-System codieren

Im RGB-System können Farben auf Basis dreier Grundfarben durch additive Farbmischung erzeugt werden. Dazu ist die Angabe ihrer jeweiligen **R**ot-, **G**rün- und **B**lauanteile notwendig. Häufig stehen zum Speichern jedes Farbanteils 8 Bit zur Verfügung. Damit lassen sich pro Farbe $2^8 = 256$ Abstufungen (von 0 bis 255) darstellen. 0 steht für eine komplett ausgeschaltete Farbe, 255 für 100%ige Sättigung. Die Beschreibung ist in verschiedenen Codierungen möglich:

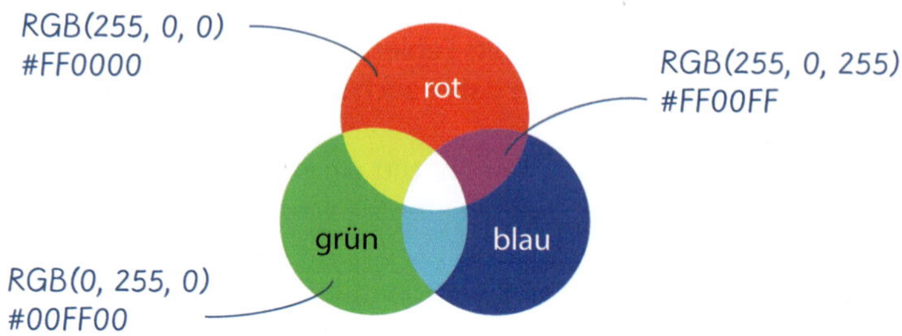

a Geben Sie je zwei Codierungen der vier Farben, die nicht mit einer Legende versehen sind, in dezimaler bzw. in hexadezimaler Codierung an.
Erklären Sie dann, welche Art Codierungsfehler bei einer Farbangabe im Hex-Format im Vergleich zur Angabe im Dezimalformat (unter Berücksichtigung der jeweils gültigen Zeichen!) ausgeschlossen ist.

b Ordnen Sie den abgebildeten Farbklecksen je eine der gegebenen Codierungen zu.

#EF59A1

#0B090C

#00B036

c Von Ihrer Lehrkraft erhalten Sie eine Bilddatei mit zwei Farben. Ermitteln Sie, welche binären Werte der Computer für diese beiden Farben im RGB-System speichern muss. Verwenden Sie zur Ermittlung der Farbwerte die Pipettenfunktion und die Farbpalette eines Grafikprogramms.

d Ein Computer hat die Farben der schematisch dargestellten Flaggen gespeichert. Finden Sie heraus, für welches Land die Flagge jeweils steht. (Hinweis: Für die erste Flagge ist das im Kopf möglich!)

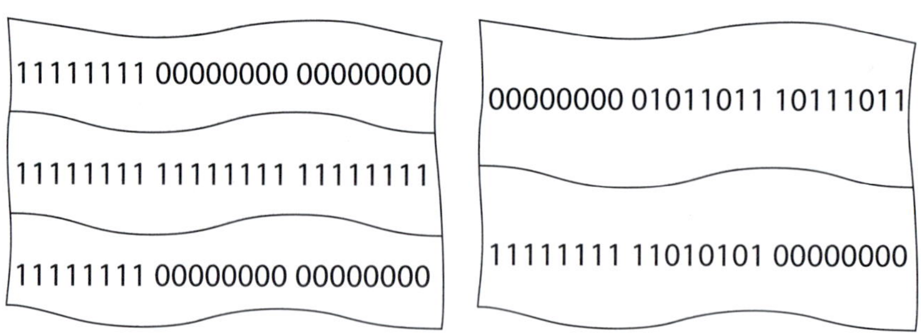

10 What the hex?!

Vertiefen Sie Ihre Kenntnisse über das RGB-System und das Hexadezimalsystem, indem Sie beim Spiel "What the hex?!" versuchen, die gegebenen Farbcodes einer der dargestellten Farben korrekt zuzuordnen.

11 Farbverlaufspaletten programmieren

Für die Gestaltung digitaler Inhalte findet man im Internet Farbpaletten: Darin sind für unser Auge gut zusammenpassende Farben aufgeführt. Oft folgt unser ästhetisches Empfinden hier mathematischen Regeln. Am Beispiel einer Farbverlaufspalette lässt sich dies gut nachvollziehen:

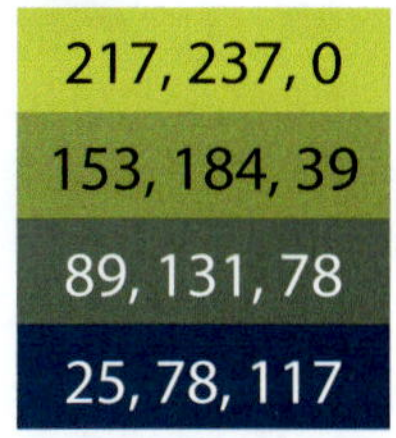

a Vollziehen Sie für die abgedruckte Beispielpalette nach, um wie viel sich die Rot-, Grün- und Blauanteile von Balken zu Balken jeweils unterscheiden.

b Eine Vorlage zum Zeichnen eines einzelnen Farbbalkens ist bereits gegeben. Analysieren Sie den Quelltext.

c Entwickeln Sie einen Algorithmus zum Zeichnen einer vierstufigen Farbpalette gemäß folgenden Anforderungen:
- Die Nutzerinnen und Nutzer können eine Start- und eine Zielfarbe eingeben.
- Eine Methode *BerechneFarbunterschied(Startfarbe, Endfarbe)* berechnet für die einzelnen Farbwerte die Differenz zwischen den benachbarten Balken.
- Die vier Balken werden so positioniert, dass sie direkt aneinander anschließen.

d Erweitern Sie Ihr Programm so, dass die Nutzerinnen und Nutzer in einem sinnvollen Rahmen die Anzahl der gewünschten Balken wählen können.

12 Pixelbilder codieren

Digitale Raster-Bilder bestehen aus einzelnen, meist quadratischen Bildpunkten (→Pixeln), die jeweils eine eindeutige Farbe haben.

Ein einfaches Dateiformat für die Speicherung von Pixelgrafiken ist Portable Anymap. Damit wird der grafische Inhalt der Datei zunächst im Dateikopf wie folgt codiert:

Verwenden Sie für diese Aufgabe ein Grafikprogramm, das das Format Portabel Anymap beherrscht und bei dem die Anzeigeoption „Resampling beim Zoomen" deaktivierbar ist, damit die Pixel klar abgegrenzt erkennbar sind.

→ Pixel, das: gebildet aus ugs. Begriff für pictures →pics→**pix** und **el**ement, also ~[kleinstes] Bilderelement

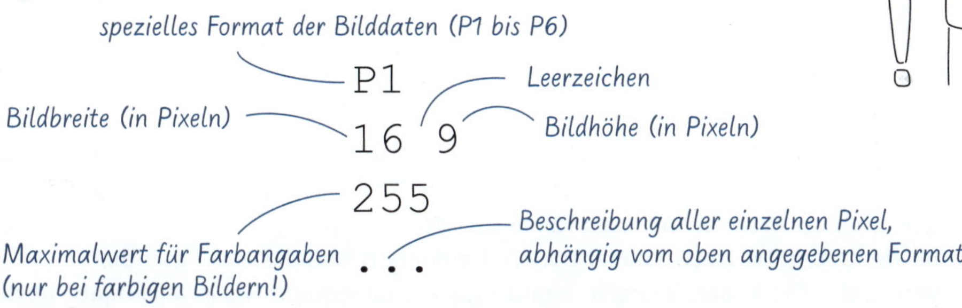

a Öffnen Sie den bereitgestellten Smiley mit einem Grafikprogramm und zoomen Sie so weit hinein, bis Sie die einzelnen Bildpunkte gut erkennen.
Öffnen Sie die Datei dann in nichtinterpretierter Form mit einem Texteditor. Analysieren Sie zu zweit die Bedeutung aller Zeichen und ergänzen Sie eine Nase für den Smiley. (Für Schnelle: Erstellen Sie eine neue Bilddatei im Texteditor und codieren Sie Ihre Initialen.)

b Für bunte Bilder muss die bisherige Codierung erweitert werden. Die Farbe eines Pixels wird durch drei Zahlen (hier zwischen 0 und 255 im RGB-Modus) beschrieben. (Hinweis: siehe dazu Vortext von Aufgabe 9!)
Das vorliegende 8x8 Pixel-große Icon der Webseite einer Aufzuchtstation für Papageienwaisen ist noch nicht vollständig. Analysieren Sie zu zweit den Dateiaufbau und modifizieren und ergänzen Sie die Datei im Texteditor so, dass das abgebildete Icon entsteht.

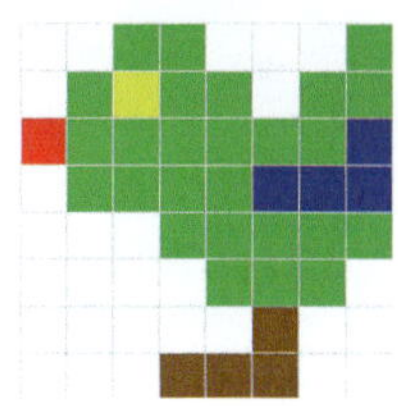

c Für Schnelle: Das Format aus der vorigen Teilaufgabe existiert auch in Binärcodierung. Zur Bearbeitung der Datei wird nun ein Hex-Editor benötigt. Analysieren Sie den Dateikopf zu zweit. Modifizieren Sie dann eine Kopie des Bilds im Stil des Popart-Künstlers Andy Warhol, indem Sie Hintergrund- und Hautfarbe austauschen.
(Hinweise: Analysieren Sie die Farben zuerst mit Hilfe der Pipettenfunktion eines Grafikprogramms. Nutzen Sie im Hex-Editor dann die Funktion Suchen und Ersetzen und vergessen Sie nicht, anschließend zu speichern!)
Bewerten Sie Ihr Vorgehen im Vergleich zur Funktion „Fülleimer" eines Grafikprogramms und beurteilen Sie, für welche Anwendung welches der vorgestellten Dateiformate besser geeignet ist.

d Für ganz Schnelle: Erstellen Sie weitere Variationen und setzen Sie alle zu einer Collage zusammen.

13 Daten im Kabel übertragen: Leitungscodierung

Ein weit verbreitetes Übertragungsmedium für digitale Daten sind Kupferkabel. Dabei werden die Binärziffern „1" und „0" in der Regel durch unterschiedlich hohe Spannungspegel repräsentiert. Die Umwandlung der Daten in ein für das Medium geeignetes Format bezeichnet man auch als Leitungscodierung.

→ NRZ (non-return to zero) bedeutet, dass es keinen neutralen Zustand gibt, sondern jeder Zustand eine Information trägt.

a Eine sehr einfache Leitungscodierung ist das unten gezeigte →NRZ-Verfahren. Beschreiben Sie die Codierungsregeln für dieses Verfahren und ermitteln Sie die im Beispiel übermittelte Bitsequenz.

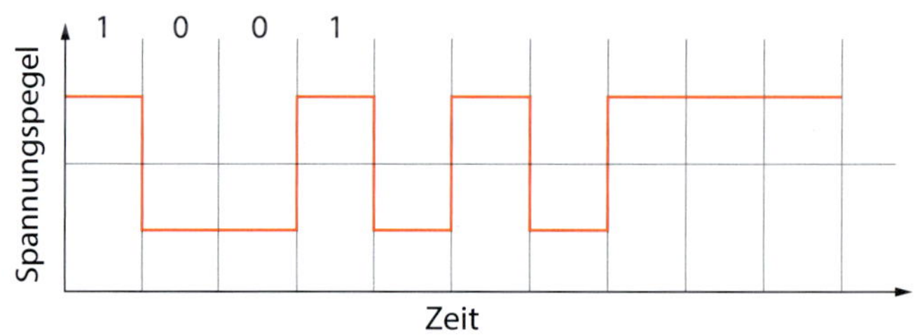

b Bei Bitsequenzen mit vielen aufeinander folgenden Nullen oder Einsen kommt es beim Einsatz von NRZ leicht zu Übertragungsfehlern. Beschreiben Sie aus Sicht des Empfängers, welches Problem in diesen Fällen auftritt.

c Bei der Datenübertragung über USB-Verbindungen wird die Leitungscodierung NRZI verwendet. Die folgende Grafik zeigt die gleiche Bitsequenz wie in Teilaufgabe a), diesmal als NRZI codiert.
Geben Sie auch für NRZI die allgemeinen Codierungsregeln an und beurteilen Sie, inwieweit damit die Probleme aus Teilaufgabe b) vermieden werden.

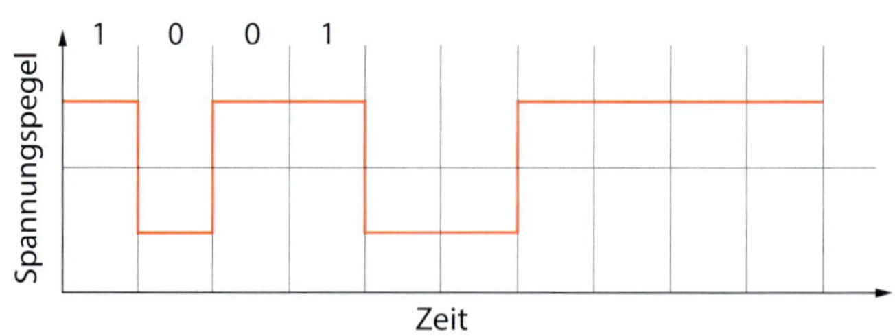

d Für Schnelle: Der USB-Standard verwendet sogenanntes „bit stuffing", um eine trotz NRZI verbleibende Gefahrenquelle für Übertragungsfehler zu unterbinden. Recherchieren Sie, wie „bit stuffing" bei USB funktioniert, und geben Sie eine Beispielbitsequenz an, bei der es zum Einsatz kommt.

14 Die Binärdarstellung ausnutzen: Hacken für Einsteiger

a Starten Sie das Spiel, indem Sie die mitgelieferte class-Datei (z. B. wie von der Figur beschrieben) ausführen. Probieren Sie das Spiel kurz aus.

Da für das Spiel nur die bereits in unleserlichen Code übersetzte class-Datei vorliegt, kann der Quellcode eigentlich nicht mehr sinnvoll bearbeitet werden … Als Möglichkeit, den Code nachträglich noch zu modifizieren, können Sie die Datei allerdings in einem Hex-Editor öffnen!

b Beim Einsammeln einer Münze erhält man 200 Taler. Um schneller an mehr Geld zu kommen, wäre es praktisch, pro Münze 210 (für Profis: immer gleich das Doppelte) zu erhalten. Codieren Sie den fraglichen Wert hexadezimal und suchen Sie im Hex-Editor, wo der Wert auftritt. Manipulieren Sie ein Auftreten des Werts entsprechend und überprüfen Sie, ob sich die Änderung wie gewünscht auswirkt (ansonsten müssen Sie ein anderes Auftreten manipulieren).

c Beim Klick auf den Button „Extra Level" darf man eine andersfarbige Welt betreten – vorausgesetzt, man hat sich das richtige Passwort gekauft.
Analysieren Sie den Programmcode im Hex-Editor und suchen sie dort nach menschenlesbaren Zeichenketten, die das gesuchte, eigentlich geheime Passwort sein könnten.

15 Binäres Zählen

a Schneiden Sie zu zweit die Karten einer Vorlage aus, legen Sie die Karten absteigend sortiert nebeneinander und drehen Sie beliebige Karten um, so dass sie deren Punkte nicht sehen können. Notieren Sie für eine Karte, deren Punkte Sie sehen, eine 1, für eine umgedrehte Karte eine 0. Zählen Sie dann den Dezimalwert der so entstandenen Binärzahl an den Punkten ab. Reflektieren Sie zu zweit, warum das System funktioniert.

b Zählen Sie von 1 an aufwärts, indem Sie Karten jeweils entsprechend umdrehen. Beobachten Sie genau und folgern Sie allgemeine Regeln, gemäß derer das Zählen im Binärsystem abläuft.

c Testen Sie sich gegenseitig, indem Sie sich wechselweise (ohne die Karten) eine willkürliche Binärzahl vorgeben und von dieser nach dem ermittelten System 1 hochzählen. Überprüfen Sie z. B. mit Hilfe eines Online-Tools.

d Diskutieren Sie zu zweit in Bezug auf die Zeichnung rechts, wie weit Sie mit zehn Fingern zählen können.

16 Wie rechnet man in Entenhausen?

Vermutlich hat sich das Dezimalsystem entwickelt, weil die Menschen seit jeher ihre zehn Finger als Zähl- und Rechenhilfe benutzt haben. Viele Comicfiguren wie die Ducks haben nur vier Finger pro Hand (einer gängigen Annahme zufolge, um in den Anfängen des Trickfilms Zeit beim Zeichnen zu sparen).
Überlegen Sie, welches Zahlensystem daher eigentlich in Entenhausen gelten müsste, und bestimmen Sie, wie Onkel Dagobert sein Vermögen in diesem System angeben muss, wenn er sagen möchte, dass er 50 Geldspeicher (für Schnelle: 123000 Talersäcke) besitzt.

2.3 Im Geheimen kommunizieren: Symmetrische Verschlüsselung

Klara ahnt, dass ihre beiden jüngeren Brüder etwas aushecken, da sie ihre Nachrichten untereinander verschlüsseln und jeden Buchstaben durch ein bestimmtes Symbol ersetzt haben. Gut, dass Klara die Codierungsvorschrift bereits herausgefunden hat.

A	B	C	D	E	F	G	H	I	J	K	L	M
△	❍	◻	⊙	★	↓	▽	+	−	×	☝	❄	☺
N	**O**	**P**	**Q**	**R**	**S**	**T**	**U**	**V**	**W**	**X**	**Y**	**Z**
◁	♦	♎	⌘	▷	←	☹	♓	↑	→	☺	⚐	❖

a Entschlüsseln Sie die folgende Nachricht, die Klara im Flur gefunden hat:
☹ ▷ ★ ↓ ↓ ★ ◁ ☺ − ☹ ☹ ★ ▷ ◁ △ ◻ + ☹

b Nutzen Sie das System, um sich gegenseitig eine kurze Nachricht zu schreiben.

c Die beiden Brüder vermuten, dass Klara ihre Nachrichten entschlüsseln kann, und scheinen daher den Buchstaben andere Figuren zugeordnet zu haben. Untersuchen Sie die Häufigkeiten aller Figuren in der geheimen Nachricht (siehe Datei) und vergleichen Sie diese mit den Buchstabenhäufigkeiten in Goethes Faust (siehe Abbildung nächste Seite). Schaffen Sie es, die Nachricht zu entschlüsseln?

Die Beispiele beschränken sich auf die 26 Großbuchstaben ohne Satz- und Leerzeichen. Das Verfahren kann genauso auf andere Zeichenvorräte erweitert werden. Gelangt man beim Verschieben zum letzten Buchstaben, beginnt man wieder von vorne.

Codierung zur Verschlüsselung nutzen

Egal, ob Ablage wichtiger Daten, Chats mit Freundinnen und Freunden oder Onlinebanking: Es gibt Informationen, die nur für bestimmte Personen, nicht aber für neugierige Dritte bestimmt sind. Um solche Informationen sicher abzulegen oder im Geheimen zu übertragen, kann man Codierungsregeln nutzen. Den Vorgang, eine Nachricht so zu codieren, dass Unbefugte die Information nicht einfach mitlesen können, nennt man **Verschlüsselung**. Zum Ver- bzw. Entschlüsseln wird eine bestimmte Information benötigt, der sogenannte **Schlüssel**. Ohne den passenden Schlüssel ist eine Entschlüsselung nicht ohne weiteres möglich.

Cäsar-Verschlüsselung

Die Notwendigkeit, Informationen zu verschlüsseln, existiert nicht erst seit den Tagen des Internets. Angeblich verwendete schon der römische Feldherr Gaius Julius Cäsar ein Verschlüsselungsverfahren, um geheime Nachrichten mit seinen Offizieren auszutauschen. Bei der nach ihm benannten Cäsar-Verschlüsselung wählt man einen Buchstaben als geheimen Schlüssel und verschiebt jeden Buchstaben der Nachricht entsprechend der Stelle des Buchstabens im Alphabet weiter. Aus dem **Klartext** „ANGRIFF" wird mit dem Schlüssel C – C ist der dritte Buchstabe im Alphabet! – beispielsweise der um drei Buchstaben verschobene **Geheimtext** „DQJULII" . Der Empfänger muss lediglich im Besitz dieses Schlüssels sein, um den Text wieder zu entschlüsseln.

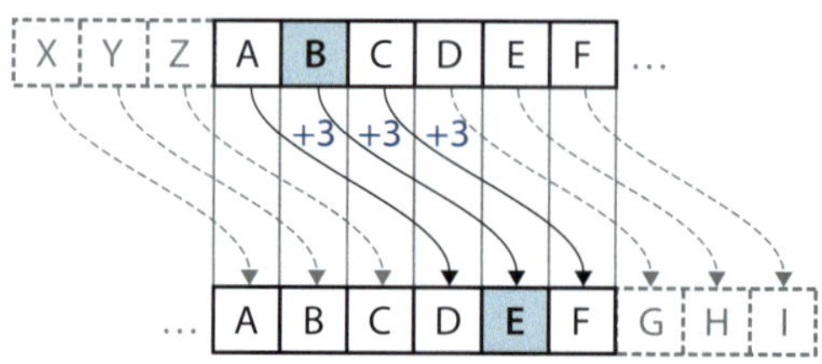

Cäsar-Verschlüsselung knacken

Bei Verfahren wie der Cäsar-Verschlüsselung wird nur eine Zuordnung von Klartext- zu Geheimtextbuchstabe für die Verschlüsselung verwendet (→monoalphabetische Verschlüsselung). Dadurch wird jeder Klartextbuchstabe immer durch denselben Geheimtextbuchstaben ersetzt. Man kann deshalb versuchen, den Schlüssel zu bestimmen, indem man die Häufigkeiten der einzelnen Buchstaben im Geheimtext zählt und mit Statistiken zur Buchstabenhäufigkeit in der jeweiligen Sprache vergleicht. Beispielsweise ist der häufigste Buchstabe in deutschsprachigen Texten das E. Ist der häufigste Buchstabe im Geheimtext nun K, ergibt sich als Schlüssel mit hoher Wahrscheinlichkeit 6 – der Abstand zwischen E und K. Damit eine solche **Häufigkeitsanalyse** funktioniert, muss der Text jedoch hinreichend lang sein.

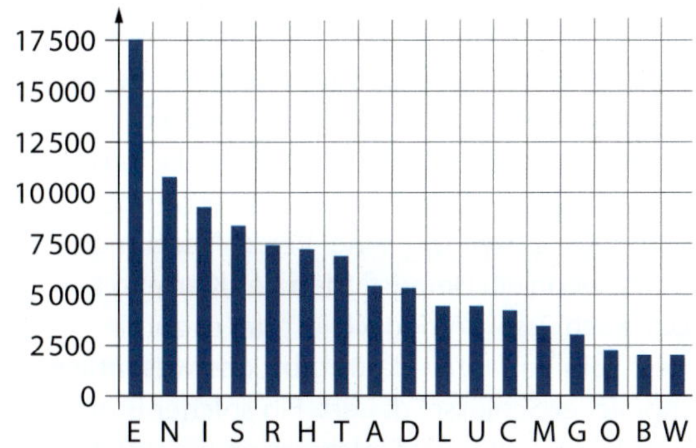

Buchstabenhäufigkeiten in Goethes Faust

→ von griechisch μόνο (mono) = „einzig"

Die Cäsar-Verschlüsselung ist aber noch aus einem anderen Grund leicht zu knacken, denn es existieren insgesamt nur 26 mögliche Schlüssel, die sich relativ schnell durchprobieren lassen. Einen solchen Angriff, bei dem man versucht, den Schlüssel durch Ausprobieren aller Möglichkeiten zu ermitteln, nennt man →**Brute-Force-Angriff**.

→ Brute Force heißt wörtlich übersetzt „rohe Gewalt"

Vigenère-Verschlüsselung

Der Franzose Blaise de Vigenère griff die Idee der Cäsar-Verschlüsselung auf und verbesserte sie, indem er mehr als eine Zuordnung von Klartext- zu Geheimtextbuchstabe verwendete, damit ein Klartextbuchstabe nicht stets durch denselben Geheimtextbuchstaben ersetzt wird (→polyalphabetische Verschlüsselung). Schreibt man alle Alphabete, die mit der Cäsar-Verschlüsselung möglich sind, systematisch untereinander, erhält man das Vigenère-Quadrat, das zur Ver- und Entschlüsselung verwendet wird. Als Schlüssel wird nicht mehr nur ein Buchstabe, sondern ein ganzes Wort verwendet.

Schlüsselbuchstaben (Zeilen) – *Klartextbuchstaben* (Spalten) – *Geheimtextbuchstaben* (Felder)

	A	B	C	D	E	F	G	H	I	J	K	L	M	N	O	...
A	A	B	C	D	E	F	G	H	I	J	K	L	M	N	O	...
B	B	C	D	E	F	G	H	I	J	K	L	M	N	O	P	...
C	C	D	E	F	G	H	I	J	K	L	M	N	O	P	Q	...
D	D	E	F	G	H	I	J	K	L	M	N	O	P	Q	R	...
E	E	F	G	H	I	J	K	L	M	N	O	P	Q	R	S	...
F	F	G	H	I	J	K	L	M	N	O	P	Q	R	S	T	...
G	G	H	I	J	K	L	M	N	O	P	Q	R	S	T	U	...
H	H	I	J	K	L	M	N	O	P	Q	R	S	T	U	V	...
⋮	⋮	⋮	⋮	⋮	⋮	⋮	⋮	⋮	⋮	⋮	⋮	⋮	⋮	⋮	⋮	⋱

Ausschnitt aus Vigenère-Quadrat

→ von griechisch πολύς (polýs) = „viel"

Die Buchstaben aus Schlüssel und Klartext geben zusammen das Feld im Vigenère-Quadrat an, das den Geheimtextbuchstaben darstellt: Aus Schlüsselbuchstabe C und Klartextbuchstabe G ergibt sich Zeile **C** und Spalte **G** und damit Geheimtextbuchstabe **I**.

Schlüssel	C A F E C A F E C A F	*Verschlüsselung mit dem Schlüssel CAFE*
Klartext	G E H E I M E I N F O	
Geheimtext	I E M I K M J M P F T	

Im 16. Jahrhundert galt Vigenères Verschlüsselungsverfahren als kaum entschlüsselbar. Aus heutiger Sicht lässt sich das allerdings nicht mehr behaupten: Ist der verschlüsselte Text lang genug, lässt sich die Schlüssellänge herausfinden und das Problem auf das Knacken einer monoalphabetischen Verschlüsselung zurückführen.

Symmetrische Verschlüsselungsverfahren
Beide vorgestellten Verfahren gehören zu den sogenannten **symmetrischen Verschlüsselungsverfahren**. Bei solchen gibt es nur einen Schlüssel, der sowohl für die Ver- als auch für die Entschlüsselung verwendet wird. Als sicher gilt eine Verschlüsselung dann, wenn ein Herausfinden des Klartextes ohne Schlüssel unmöglich ist oder es zumindest kein Verfahren dafür gibt, das wesentlich schneller arbeitet als das Durchprobieren aller möglicher Schlüssel dauert. Ein solcher Brute-Force-Angriff sollte mindestens so lange dauern, wie die verschlüsselte Information geschützt werden soll.

Verschlüsseln ist das Codieren eines **Klartextes** mit Hilfe eines **Schlüssels** in einen **Geheimtext**, um Informationen geheim zu speichern oder zu übertragen. Eine Entschlüsselung ist nur mit einem passenden Schlüssel möglich. Bei der **symmetrischen Verschlüsselung** gibt es nur einen Schlüssel, der sowohl für die Ver- als auch Entschlüsselung verwendet wird. Bei einer **Häufigkeitsanalyse** werden Buchstabenhäufigkeiten im Geheimtext analysiert, um Rückschlüsse auf den Klartext zu ziehen. Bei einem **Brute-Force-Angriff** werden verschiedene Zahlen- bzw. Zeichenkombinationen systematisch ausprobiert, um z. B. den richtigen Schlüssel zur Entschlüsselung eines Geheimtextes zu finden.

Aufgaben

1 Entdecken – Verstehen
Im Text wurden mit der Cäsar- und der Vigenère-Verschlüsselung zwei Verschlüsselungsverfahren vorgestellt. In dieser Aufgabe werden Sie die beiden Verfahren selbst anwenden.

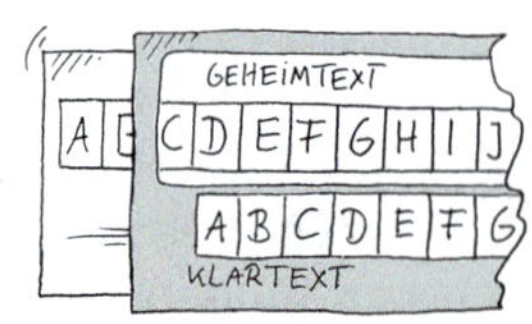

- **a** Nehmen Sie sich Stift und Papier und tauschen Sie eine mit dem Cäsar-Verfahren verschlüsselte Nachricht aus.
  Tipp: Suchen Sie online eine Cäsar-Scheibe oder basteln Sie aus der Dateivorlage einen Cäsar-Schieber (vgl. Bild). Dabei werden Klar- und Geheimtextalphabet auf zwei unterschiedlich großen Kreisen oder Streifen angetragen und übereinandergelegt. Durch Drehen bzw. Verschieben wird der Schlüssel eingestellt.
- **b** Suchen Sie online nach einem Vigenère-Quadrat und tauschen Sie mit Stift und Papier eine mit dem Vigenère-Verfahren verschlüsselte Nachricht aus.

2 Selbst verschlüsseln
Mit geeigneter Software können Sie beliebige Dateien auf Ihrem System ver- und entschlüsseln.

- **a** Im Download-Angebot finden Sie Informationen über für Ihr Betriebssystem geeignete Verschlüsselungssoftware für Dateien. Öffnen oder installieren Sie eine passende Software und verschlüsseln Sie ein Foto, ein Textdokument oder eine andere persönliche Datei.
- **b** Diskutieren Sie, welche Arten von Dokumenten auf diese Weise ausgetauscht werden sollten.
- **c** Fachleute empfehlen möglichst komplexe Passwörter zu verwenden. Diese sind allerdings schwer zu merken. Eine Lösung sind Passwortmanager, die Passwörter in einer verschlüsselten Datenbank ablegen, sodass diese nur nach Eingabe eines Masterpassworts zu-

gänglich sind. Richten Sie sich eine Passwortdatenbank auf Ihrem privaten Gerät ein und nutzen Sie diese mindestens für die nächsten vier Wochen. Richten Sie für jeden Dienst ein zufällig generiertes, ausreichend langes Passwort ein. Wägen Sie Mehraufwand bzw. Praktikabilität und die Sicherheit im Vergleich zu Ihrem bisherigen Verfahren gegeneinander ab.

3 Vigenère-Verfahren brechen

Es ist wesentlich schwieriger, das Vigenère-Verfahren zu knacken als die Cäsar-Verschlüsselung, aber es ist durchaus möglich. Gehen Sie dazu wie folgt vor:

a Bestimmen Sie rechnerisch, wie viele Schlüssel durchprobiert werden müssen, wenn der Vigenère-Schlüssel 5, 10 bzw. 20 Zeichen lang ist. Gehen Sie davon aus, dass der Schlüssel nur aus den 26 Großbuchstaben besteht und kein sinnvolles Wort ergeben muss.

b Begründen Sie, warum die Sicherheit des Vigenère-Verfahrens mit steigender Schlüssellänge zunimmt und warum die verwendete Schlüssellänge nicht offen kommuniziert werden sollte.

c Mit dem Kasiski-Verfahren kann man Nachrichten, die mit dem Vigenère-Verfahren verschlüsselt wurden, ohne Kenntnis des Schlüssels dechiffrieren. Zu diesem Zweck muss die Länge des Schlüssels bestimmt werden. Dazu sucht man nach sich wiederholenden Buchstabenfolgen, bestimmt deren Abstand wie im Beispiel gezeigt und zerlegt diese Zahl in ihre Primfaktoren. Die Primfaktoren und alle Vielfachen sind dann Kandidaten für die Schlüssellänge:

Schlüssel	K E Y K E Y K E Y K E Y K E Y K E Y K E Y K E Y K E Y K E Y
Klartext	T R E F F E N V O N S O N **N T A G** A U F M O **N T A G** V E R S C H O B E N
Geheimtext	D V C P J C X Z M X W M X **R R K K** Y E J K Y **R R K K** T O V Q M L M L I L

Abstand 9 = 3 · 3

Gesetzt den Fall, dass man von einem Schlüssel der Länge 3 ausgeht, kann der Text (genügend Zeichen vorausgesetzt) in mehrere Teile mit gleicher Zuordnung von Geheimtext- zu Klartextbuchstaben zerlegt (rot, blau und schwarz in obiger Grafik) und mit drei voneinander unabhängigen Häufigkeitsanalysen entschlüsselt werden. Verschlüsseln Sie einen längeren Text und probieren Sie das Kasiski-Verfahren aus. Liefert das Verfahren stets die richtige Schlüssellänge? Begründen Sie Ihre Antwort.

d Ist der Schlüssel mindestens so lang wie der zu verschlüsselnde Klartext, so spricht man von einem One-Time-Pad. Lässt sich auch das One-Time-Pad mit dem Kasiski-Verfahren knacken? Geben Sie eine begründete Antwort.

4 Zugriff von Staatsseite: Key-Escrow

Von →Key-Escrow spricht man dann, wenn der geheime Schlüssel bei einem unabhängigen Dritten hinterlegt wurde und staatliche Stellen bei Vorliegen festgelegter Voraussetzungen Zugriff auf die Schlüssel erhalten und so die Verschlüsselung aufheben können. Eine Regierung möchte Key-Escrow bei der Verschlüsselung von Messenger-Apps vorschreiben. Beziehen Sie Stellung zu diesem Vorhaben.

→ Key-Escrow lässt sich mit Schlüsselhinterlegung übersetzen

→ Skytale von altgriechisch „σκυτάλη“ = „Stab“

→ Transpositionsverfahren von lateinisch transponere= „versetzen“

→ Substitutionsverfahren von lateinisch substituere = „ersetzen“

5 Skytale

Die griechische Stadt Sparta verwendete zur Kommunikation sog. →Skytale. Eine Skytale ist ein einfacher Holzstab, auf den die auf einen Lederstreifen niedergeschriebene Nachricht zur Ver- und Entschlüsselung wie im Bild gezeigt aufgerollt wird. Sender und Empfänger benötigten lediglich einen Holzstab mit demselben Durchmesser, um mithilfe von Skytalen zu kommunizieren.

Beispiel einer Skytale

a Erläutern Sie, welche Information bei diesem Verfahren den Schlüssel darstellt.

b Bauen Sie selbst eine Skytale und ver- und entschlüsseln Sie damit Nachrichten.

c Bei den Skytalen handelt es sich um ein sog. →Transpositionsverfahren. Erläutern Sie (und recherchieren Sie ggf.), inwiefern sich das Verfahren von der Cäsarverschlüsselung – einem →Substitutionsverfahren – unterscheidet. Berücksichtigen Sie dabei auch mögliche Angriffsverfahren (Häufigkeitsanalyse, Brute Force, …).

6 Eine eigene Verschlüsselung entwickeln

Entwickeln Sie ein eigenes Verschlüsselungsverfahren. Setzen Sie es ein, um sich gegenseitig verschlüsselte Nachrichten zu schicken. Beurteilen Sie anschließend, inwiefern Ihr Verfahren anfällig für eine Häufigkeitsanalyse und einen Brute-Force-Angriff ist.

7 Manche Daten sind schützenswerter als andere

Die Anzahl möglicher Schlüssel bestimmt, wie leicht ein Schlüssel durch Ausprobieren erraten werden kann. Bei nur wenigen möglichen Schlüsseln benötigen schnelle Rechner nur wenige Sekunden. Um ein unbefugtes Dechiffrieren möglichst lange zu verhindern, müssen also besonders viele Schlüssel möglich sein. Das wiederum erhöht oft den Rechenaufwand.

a Bestimmen Sie, wie viele verschiedene Schlüssel möglich sind bei einer Auswahl aus 26 Zeichen (z. B. Alphabet in Klein- oder Großbuchstaben) und unterschiedlichen Passwortlängen von 6, 10 bzw. 20 Zeichen. Bestimmen Sie auch, wie lange ein Computer jeweils zum Ausprobieren aller möglichen Schlüssel benötigt, wenn pro Sekunde 10.000 bzw. 500.000 Schlüssel ausprobiert werden können.

b Manche Informationen müssen nur für wenige Stunden, andere für Jahre geschützt werden; wie lange, hängt von der Relevanz der Daten ab. Ordnen Sie die folgenden Daten nach ihrem Schutzbedarf und begründen Sie Ihre gewählte Reihenfolge.

- Geheimdienstinformationen
- getätigte Banküberweisungen des heutigen Tags
- persönliche Patientenakte
- Aufstellung für das Fußballspiel am Wochenende
- Kreditkarteninformationen im Onlineshopping
- Chatnachrichten mit dem besten Freund/der besten Freundin

8 Cäsar-Verschlüsselung implementieren

Im Lehrtext haben Sie die Cäsar-Verschlüsselung kennengelernt. In dieser Aufgabe werden Sie diese nun implementieren.

a Ein wichtiger Bestandteil der Cäsar-Verschlüsselung ist das Verschieben innerhalb des Alphabets. Implementieren Sie eine Methode *verschiebe(buchstabe, abstand)*, die einen gegebenen Buchstaben buchstabe um abstand verschiebt. Achten Sie dabei darauf, dass der Abstand auch negativ sein kann, wenn im Alphabet rückwärts verschoben werden soll. Informieren Sie sich dazu für Ihre Programmiersprache, wie Sie Buchstaben in Zahlen (und umgekehrt) umwandeln.

b Nutzen Sie die in a) entwickelte Methode und implementieren Sie eine Methode *verschiebeSatz(satz, abstand)*, um jeden Buchstaben eines Satzes um einen festgelegten Abstand zu verschieben.

c Ver- und Entschlüsseln ist nun lediglich das Vor- bzw. Zurückschieben des Satzes um einen gegebenen Abstand. Verwenden Sie Ihre Implementierung aus b), um je eine Methode zum Ent- und Verschlüsseln umzusetzen.

9 Brute-Force-Angriff auf die Cäsar-Verschlüsselung

In dieser Aufgabe implementieren Sie selbst einen Brute-Force-Angriff, bei dem man versucht, den Schlüssel durch Ausprobieren aller Möglichkeiten zu ermitteln.

a Implementieren Sie eine Methode, die alle möglichen Schlüssel für die Cäsar-Verschlüsselung ausprobiert und die resultierenden Klartexte in einer Liste zurückgibt. In der Vorlage findet sich bereits eine Implementierung von Methoden zur Ver- und Entschlüsselung, Sie können aber auch eine eigene verwenden, wenn Sie bereits eine solche entworfen haben.

b Die Suche nach dem Schlüssel könnte bereits abgebrochen werden, wenn die Entschlüsselung einen sinnvollen Klartext liefert. Ergänzen Sie Ihre Methode aus a) um eine Abbruchbedingung, die lediglich den richtigen Klartext zurückgibt. Dabei können Sie davon ausgehen, dass der Text mindestens einen der folgenden Ausdrücke beinhaltet: „Guten Tag", „Hi", „Hallo", „Grüße", „Servus".

c Bei der Cäsar-Verschlüsselung werden die Buchstaben des Geheimtextes gegenüber dem Klartextalphabet verschoben. Damit ergeben sich je nach Zeichensatz beispielsweise 26 (nur Großbuchstaben) oder 128 (7 Bit ASCII) verschiedene Möglichkeiten. Es ist auch möglich, jedem Klartextbuchstaben einen beliebigen anderen (noch nicht vergebenen) Geheimtextbuchstaben zuzuordnen, z. B.:

Klartextbuchstabe	A	B	C	D	E	F	G	H	...
Geheimtextbuchstabe	C	X	V	M	H	J	A	F	...

Berechnen Sie, wie viele mögliche Schlüssel sich dann ergeben, wenn jedem Klartextbuchstaben ein beliebiger Geheimtextbuchstabe zugeordnet wird im Falle, dass nur Großbuchstaben bzw. alle 7-Bit-ASCII-Zeichen verwendet werden.

d Implementieren Sie eine Methode, die auch eine solche beliebige Zuordnung durch einen Brute-Force-Angriff knacken kann. Nutzen Sie dieselbe Abbruchbedingung wie in Aufgabe b).

e Implementieren Sie eine Methode, die die Buchstabenhäufigkeiten im Geheimtext zählt, und nutzen Sie das Diagramm auf S. 61, um mit Ihrer Methode daraus den Schlüssel zu rekonstruieren.

f Für Schnelle: Vergleichen Sie die Laufzeit Ihrer Methoden aus d) und e).

2.4 Zwei Schlüssel: Asymmetrisch verschlüsselte Nachrichten

Bob hat Alice angekündigt, ihr ein streng vertrauliches Paket zu schicken. Allerdings befürchten die beiden, dass die eifersüchtige Eve versuchen wird, das Paket abzufangen und zu öffnen. Daher haben sie vorab ein Konzept ausgeklügelt, wie Bobs Paket so an Alice versendet werden kann, dass es vor Eve sicher ist und nur Alice es öffnen kann. Für die Umsetzung stehen den beiden jeweils genau die dargestellten Gegenstände zur Verfügung.

Beschreiben Sie zu zweit eine Abfolge von Schritten, die einen sicheren Versand ermöglicht. Für Schnelle: Reflektieren Sie Ihren Ablauf noch einmal kritisch und überlegen Sie, welchen Angriffspunkt er für Eve noch bietet.

Die Namen Alice, Bob und Eve werden oft bei Erklärungen in der Kryptographie verwendet. Die Rollen von Alice und Bob sind Sender und Empfänger. Eve versucht als Lauscherin (engl. eavesdropper) die ausgetauschten Nachrichten mitzuhören.

Das Schlüsselverteilungsproblem

Ein zentraler Nachteil der symmetrischen Verschlüsselung von Nachrichten liegt auf der Hand: Selbst, wenn ein Verfahren verwendet wird, das bewiesenermaßen nicht zu knacken ist, steht und fällt die Sicherheit der Kommunikation mit der Geheimhaltung des Schlüssels. Wird dieser bekannt, können alle Botschaften, die damit verschlüsselt wurden, entschlüsselt und gelesen werden. Möchte Bob eine verschlüsselte Mitteilung an Alice schicken, dann muss ein gemeinsam verwendeter Schlüssel vorab ausgetauscht werden. Gerade bei der Kommunikation über das Internet ist das problematisch, denn dabei könnten Angreifer wie Eve versuchen, den im Klartext übertragenen Schlüssel heimlich abzufangen. Diese Problematik heißt Schlüsselverteilungsproblem.

Lösungskonzept: Zwei Schlüssel statt einem

Um das Problem zu lösen, wurde das Konzept der asymmetrischen Verschlüsselung entwickelt. Dabei verfügen alle, die wie Alice eine Nachricht empfangen wollen, über zwei verschiedene Schlüssel: einen **öffentlichen Schlüssel**, den andere zum Verschlüsseln einer Nachricht an Alice benutzen können, und einen **privaten Schlüssel**, den nur Alice selbst hat und der zum Entschlüsseln dient. Ihren öffentlichen Schlüssel macht Alice überall bekannt. Man kann ihn sich als ein geöffnetes Vorhängeschloss vorstellen, das man nur noch zuschnappen lassen muss; Kopien dieses Schlosses kann man auf jedem Postamt erhalten und damit Nachrichten an Alice verschließen. Den Schlüssel, mit dem das Schloss wieder geöffnet werden kann (privater Schlüssel), hat aber nur Alice selbst.

Umsetzung des Lösungskonzepts mit zwei Schlüsseln

Um Nachrichten nach diesem Konzept zu übermitteln, sind mathematische Funktionen und zwei digitale Schlüssel (Zeichenketten) nötig. Verschlüsselt Bob eine Nachricht an Alice mit ihrem öffentlichen Schlüssel, dann darf Eve die Verschlüsselung beim Abfangen der Nachricht nicht rückgängig machen können. Für die Kriterien einer (allgemein bekannten!) Verschlüsselungsfunktion heißt das:

1. Verschlüsselung des Eingabewerts mit geringem Aufwand
2. extrem großer Aufwand für den Rückschluss von Ausgabe- auf Eingabewert, auch wenn Funktionsvorschriften und öffentlicher Schlüssel bekannt sind
3. Umkehrfunktion zum einfachen Entschlüsseln der Nachricht funktioniert nur mit dem privaten Schlüssel

Die ersten beiden Anforderungen erfüllt eine sog. Einwegfunktion – die einfache Berechnung geht nur in eine Richtung (auf „einem Weg"). Gibt es zusätzlich einen schnellen Weg für die Umkehrung (Anforderung 3), wird sie Falltürfunktion genannt.

Primzahlmultiplikation ist eine Einwegfunktion: 31 · 89 zu berechnen ist einfach, die Teiler von 2759 zu ermitteln ist aber vergleichsweise aufwändig!

Die Funktionen arbeiten mit Zahlen, nicht mit Zeichen: Die Zeichen der Botschaften und der Schlüssel werden vor der Verarbeitung durch Zahlen codiert.

→RSA steht für die Namen der drei Erfinder Rivest, Shamir und Adleman.

***RSA**

Das wohl bekannteste Beispiel für die Umsetzung des asymmetrischen Verschlüsselungsprinzips ist das →RSA-Verfahren: Dessen Falltürfunktion basiert darauf, dass es zwar leicht möglich ist, zwei (sehr große) Primzahlen miteinander zu multiplizieren, es aber keinen effizienten Algorithmus dafür gibt, eine Zahl wieder in ihre Primfaktoren zu zerlegen.

Für eine **asymmetrische Verschlüsselung** benötigt der Empfänger von Nachrichten ein zusammengehöriges Schlüsselpaar:
Bei der Verschlüsselung erzeugt eine Falltürfunktion aus einem Klartext und dem **öffentlichen Schlüssel** des Empfängers einen Geheimtext.
Bei der Entschlüsselung erzeugt die Umkehrung der Falltürfunktion aus dem Geheimtext und dem **geheimen Schlüssel** des Empfängers wieder den Klartext.

Aufgaben

1 Richtig oder falsch

Entscheiden Sie, ob die Aussagen wahr oder falsch sind, und berichtigen Sie falsche Aussagen.

- **a** Wenn ich eine asymmetrisch verschlüsselte Nachricht verschicken möchte, dann verschlüssele ich sie mit meinem öffentlichen Schlüssel.
- **b** Die Funktion „Quersumme bilden" ist eine Falltürfunktion.
- **c** Wenn man sich das Konzept der asymmetrischen Verschlüsselung vorstellt, ist der öffentliche Schlüssel ein Vorhängeschloss, das man mit dem privaten Schlüssel zusperrt.
- **d** Zum Entschlüsseln einer erhaltenen Nachricht benötige ich die Umkehrung der Falltürfunktion mit der verschlüsselten Nachricht und meinem privaten Schlüssel als Eingabewerten.

2 Symmetrische vs. asymmetrische Verschlüsselung

- **a** Recherchieren Sie drei Vorteile asymmetrischer Verschlüsselung gegenüber einer symmetrischen Verschlüsselung und formulieren Sie sie kurz aus.
- **b** Recherchieren Sie drei Nachteile der asymmetrischen Verschlüsselung gegenüber der symmetrischen Verschlüsselung und formulieren Sie auch diese kurz aus.
- **c** Die Länge (und damit Sicherheit) eines Schlüssels wird in der Regel in Bits angegeben. Für einen 128 Bit-Schlüssel existieren also verschiedene Möglichkeiten. Recherchieren Sie, wie viele Bits aktuell für Schlüssel beim asymmetrischen Verschlüsselungsverfahren RSA empfohlen werden und wie es sich beim symmetrischen AES-Verfahren verhält.

3 In der Gruppe kommunizieren

Tomasz, Sophie, Jelka, Emma und Torben wollen untereinander geheime Nachrichten austauschen. Dazu wollen sie zunächst eine symmetrische Verschlüsselung verwenden. Sie haben sich mehrere Schlüssel angelegt und wie in der Grafik dargestellt untereinander verteilt.

a Kann Sophie eine Nachricht an Torben schicken, ohne dass jemand anderes als die fünf die Nachricht mitlesen kann? Begründen Sie Ihre Antwort.

b Wie viele zusätzliche Schlüssel werden bei Verwendung der symmetrischen Verschlüsselung benötigt, damit jeder jedem anderen eine geheime private Nachricht schicken kann? Begründen Sie Ihre Antwort.

c Nachdem die fünf das System unter sich getestet haben, wollen sie der ganzen Klasse Zugriff auf ihr System geben. Wie viele Schlüssel brauchen sie insgesamt, wenn sie 15 weitere Mitschülerinnen und Mitschüler haben? Begründen Sie Ihre Antwort. (Tipp: Überlegen Sie zunächst, wie viele Schlüssel für jede weitere Person hinzukommen.)

Tomasz schlägt vor, anstelle der symmetrischen Verschlüsselung ein asymmetrisches Verfahren zu nutzen.

d Erklären Sie im Beispiel knapp, welchen Vorteil er sich davon verspricht und welche Nachteile damit einhergehen.

4 Einweg- und Falltürfunktionen

a Beschreiben Sie, ob bzw. inwiefern die folgenden Vorgänge mit Einweg- oder Falltürfunktionen verglichen werden können.
- i Erbsen und Linsen mischen
- ii flüssige Farben mischen
- iii Sand und Kies mischen
- iv schriftliches Quadrieren einer großen Zahl

b Erläutern Sie knapp, inwiefern …
- … ein gedrucktes Telefonbuch als Metapher für eine Einwegfunktion betrachtet werden kann.
- … der abgebildete Briefkasten als Metapher für eine Falltürfunktion betrachtet werden kann und was geschehen muss, damit man ihn als Bild für eine Einwegfunktion ansehen kann.
- … das abgebildete Straßenschild als Metapher für eine Einweg- bzw. Falltürfunktion angesehen werden kann.

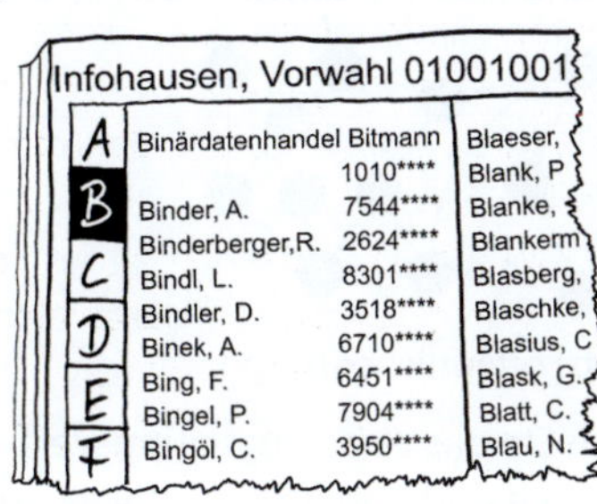

5 Sichere E-Mails (Teil 1): Verschlüsselung gemäß OpenPGP

OpenPGP ist ein gängiger Standard für die Verschlüsselung von E-Mails. Richten Sie auf Ihrem privaten Rechner bei Ihrem Webmail-Dienst im Browser für Ihre E-Mail-Adresse eine Verschlüsselung nach dem OpenPGP-Standard ein. Recherchieren Sie ggf. online. Die folgenden Schritte geben Ihnen dabei Orientierung:

OpenPGP verschlüsselt nicht die ganze Nachricht asymmetrisch, das wäre zu rechenintensiv. Stattdessen wird hybride Verschlüsselung eingesetzt: Die Nachricht wird symmetrisch verschlüsselt mit einem dafür zufällig erzeugten Schlüssel. Dann wird nur dieser Schlüssel asymmetrisch verschlüsselt.

1 Verschlüsselungssoftware als Browser-Add-on installieren
2 Schlüsselpaar erstellen, privaten Schlüssel durch zusätzliche Passphrase schützen
3 öffentliche Schlüssel auf einem sicheren Kanal austauschen und in den Schlüsselbund der Software importieren
4 verschlüsselte E-Mails schreiben

6 Symmetrisch + Asymmetrisch = Hybrid

Asymmetrische Verschlüsselungsverfahren arbeiten deutlich langsamer als symmetrische, bringen aber den Vorteil mit, dass ein Schlüsselaustausch nicht nötig ist. Daher wird in der Praxis, z. B. bei der Verschlüsselung von E-Mails, oft eine hybride Verschlüsselung eingesetzt, die die beiden Vorteile vereint.

Im Folgenden sind die einzelnen Schritte beim Versenden einer Nachricht notiert, allerdings in falscher Reihenfolge:

1 Nachricht symmetrisch verschlüsseln
2 symmetrischen Schlüssel für diese eine Anwendung zufällig erzeugen
3 verschlüsselte Nachricht und verschlüsselten Schlüssel versenden
4 symmetrischen Schlüssel mit öffentlichem Schlüssel des Empfängers verschlüsseln

a Diskutieren Sie zu zweit und geben Sie die Schritte in der richtigen Reihenfolge an; begründen Sie, inwiefern die genannten Vorteile vereint werden.

b Formulieren Sie den Ablauf auf Empfängerseite.

7 Die Antwort auf alle Fragen

Alice möchte Bob eine streng geheime Zahl übermitteln, die die „Frage nach dem Leben, dem Universum und allem“ beantwortet. Alice und Bob verwenden dafür einen Graphen.

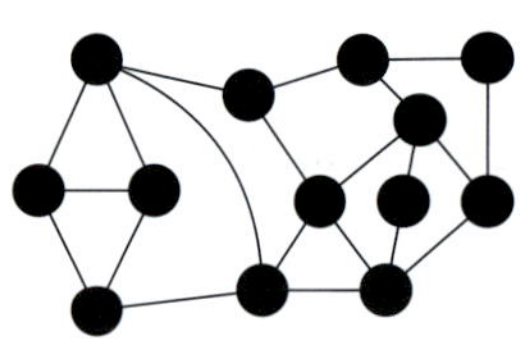

Bobs öffentlicher Graph

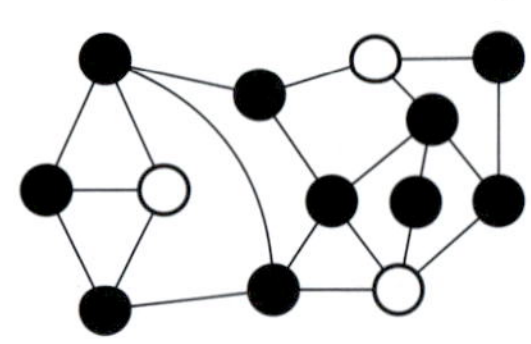

Bobs privater Graph mit markierten Knoten

a Vollziehen Sie das Verschlüsselungsverfahren nach, indem Sie zu zweit die Beschreibungen von Alice und Bob für die Zahl 42 auf den bereitgestellten Graphen ausführen. Es ist bei dieser Aufgabe sehr wichtig, dass Sie gewissenhaft und genau arbeiten, denn ein einziger Rechenfehler macht eine anschließende Entschlüsselung unmöglich.

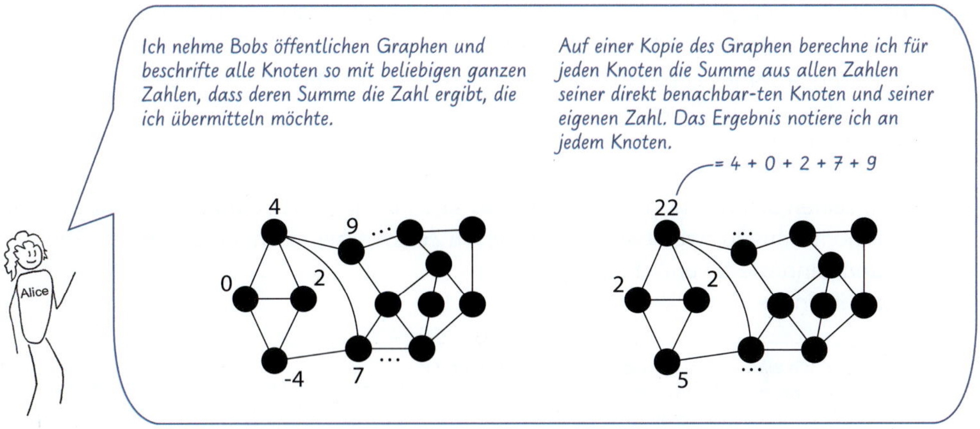

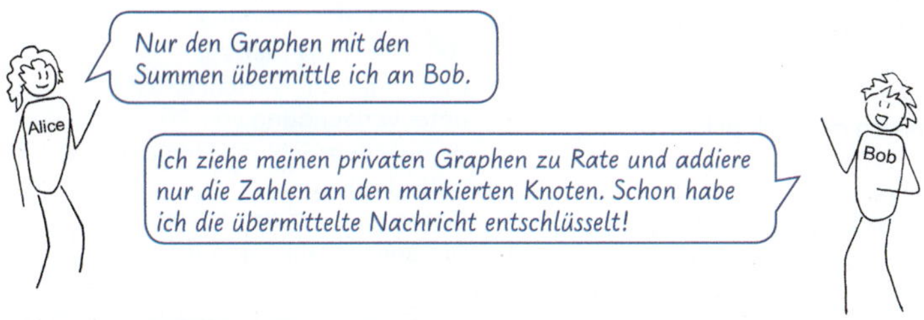

b Um die Funktionsweise des Verfahrens nachzuvollziehen, muss man eine Besonderheit des Graphen erkennen: Jeder nicht markierte Knoten ist direkter Nachbar von genau einem markierten Knoten. Die entstandenen Teile überschneiden sich nicht.
Begründen Sie, weshalb Bob deshalb nur die drei Zahlen der markierten Knoten addieren muss. Begründen Sie außerdem, weshalb die Kenntnis der Besonderheit des Graphen nicht genügt, um das Geheimnis von Alice und Bob zu lüften. Sie können dazu am bereitgestellten Graphen experimentieren.

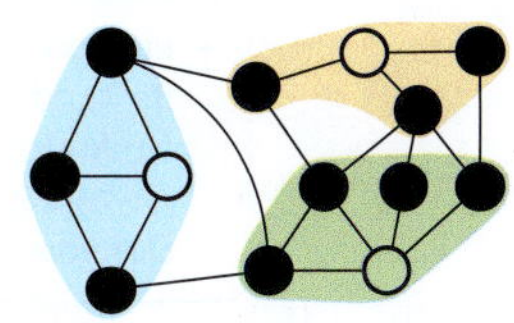

c Entwickeln Sie einen eigenen Verschlüsselungsgraphen und lassen Sie sich mit dessen Hilfe eine streng geheime Botschaft übermitteln.
(Tipp: Beginnen Sie mit den markierten Knoten und deren Nachbarn und verbinden Sie anschließend Nachbarn – aber nicht markierte Knoten – beliebig untereinander.)

***8 Der RSA-Algorithmus**

Um die Schritte des RSA-Algorithmus ausführen zu können, ist die Kenntnis zweier Rechentechniken notwendig. Diese werden in den Teilaufgaben a) und b) thematisiert.

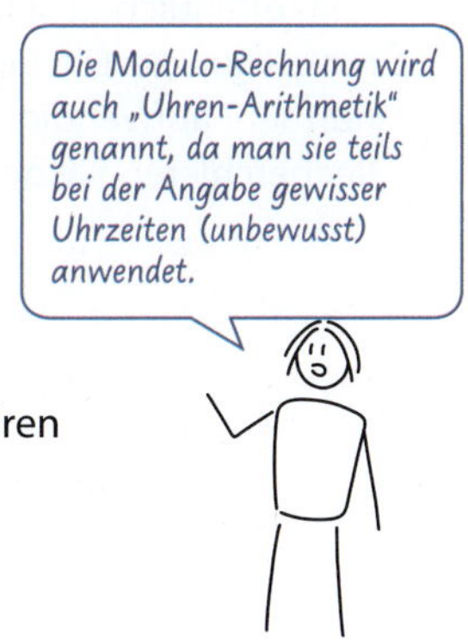

a **Modulo-Rechnung**: Durch die Modulo-Operation wird der Rest der ganzzahligen Division bestimmt, beispielsweise gilt 33 mod 15 = 3 oder 8 mod 2 = 0.
Geben Sie die Ergebnisse der folgenden Ausdrücke an und erklären Sie am Beispiel, was die Figur meint.

17 mod 9   174 mod 25   100 mod 1   20 mod 20

$b=1$:
$(11 \cdot 1)$ *mod* $4=3$ ✗
$b=2$:
$(11 \cdot 2)$ *mod* $4=2$ ✗
$b=3$:
$(11 \cdot 3)$ *mod* $4=1$ ✓

b **Multiplikatives Inverses modulo m:** Um einen passenden Wert für b in einer Gleichung der Form $(11 \cdot b)\ mod\ 4 = 1$ zu finden, setzt man üblicherweise den sog. erweiterten Euklidischen Algorithmus ein. Zum Nachvollziehen des Algorithmus mit kleinen Zahlen genügt es aber, wie die Figur systematisch auszuprobieren.
Finden Sie jeweils ein multiplikatives Inverses der folgenden Ausdrücke:
$(16 \cdot b)\ mod\ 3 = 2$ $\quad$ $(14 \cdot b)\ mod\ 5 = 0$ $\quad$ $(27 \cdot b)\ mod\ 6 = 4$

c Die einzelnen Schritte des RSA-Algorithmus sind im Folgenden dargestellt. Vollziehen Sie den Algorithmus zu zweit nach, indem Sie ein Zeichen (repräsentiert durch eine Zahl) erst ver- und dann wieder entschlüsseln.
Tipp: Wählen Sie kleine Werte für p, q und a!

- Ich wähle zwei beliebige Primzahlen **p** und **q**.
- Deren Produkt nenne ich **n.**
- Ich berechne **m** als $(p-1) \cdot (q-1)$.
- Ich wähle **a** teilerfremd zu m (also z. B. eine Primzahl, die m nicht teilt).
- **n und a** veröffentliche ich als meinen öffentlichen Schlüssel.
- Nun bestimme ich das multiplikative Inverse **b**:
  $(a \cdot b)\ mod\ m = 1$
- **b und n** benötige ich als **privaten Schlüssel.** b muss ich streng geheim halten!
- (p, q und m werden nicht weiter benötigt, dürfen aber auch nicht verraten werden!)

- Meinem geheimen Zeichen, das ich an Alice schicken möchte, ordne ich durch einen Zeichencode eine feste Zahl zu.
- Diese „Klarzahl" verschlüssele ich unter Verwendung von Alice' öffentlichem Schlüssel mit der Falltürfunktion:
  Geheimzahl = *(Klarzahl*^{a}*) mod n*
- Die Geheimzahl übermittle ich an Alice.

- Eine erhaltene Geheimzahl entschlüssele ich, indem ich sie mit den beiden Bestandteilen meines privaten Schlüssels in die allgemein bekannte Umkehrfunktion einsetze:
  Klarzahl=(Geheimzahl^b*) mod n*
- Der vereinbarte Zeichencode verrät mir nun das übermittelte Zeichen.

d Bob hat Alice eine geheime Zahl geschickt. Eve hat die verschlüsselte Zahl 5 abgefangen. Zudem ist Alice' öffentlicher Schlüssel (n=35, a=5) bekannt.
Knacken Sie die Codierung und finden Sie heraus, welche Zahl übermittelt wurde.

e Für Schnelle: Begründen Sie, warum es keine gute Idee ist, eine Nachricht zeichenweise zu verschlüsseln, und überlegen Sie sich Alternativen (recherchieren Sie ggf.).

f Für ganz Schnelle: Eve fängt eine weitere verschlüsselte Zahl ab: 147. Diese wurde mit dem öffentlichen Schlüssel (n=247, a=11) verschlüsselt. Knacken Sie auch hier die Codierung. Hinweis: Die Bestimmung des multiplikativen Inversen b durch Ausprobieren ist nun sehr aufwändig. Nutzen Sie stattdessen den erweiterten Euklidischen Algorithmus. Recherchieren Sie dessen Funktionsweise oder nutzen Sie einen Onlinerechner.

***9 Der Aufwand, RSA zu knacken**

Der RSA-Algorithmus basiert darauf, dass die Suche nach Primfaktoren einer Zahl sehr aufwändig ist. Ein einfacher Algorithmus zum Finden des kleinsten Teilers, bei dem probehalber durch die ungeraden Zahlen dividiert wird, ist in der Blocksprache beschrieben:

findeKleinstenTeiler(zahl) - > GANZZAHL

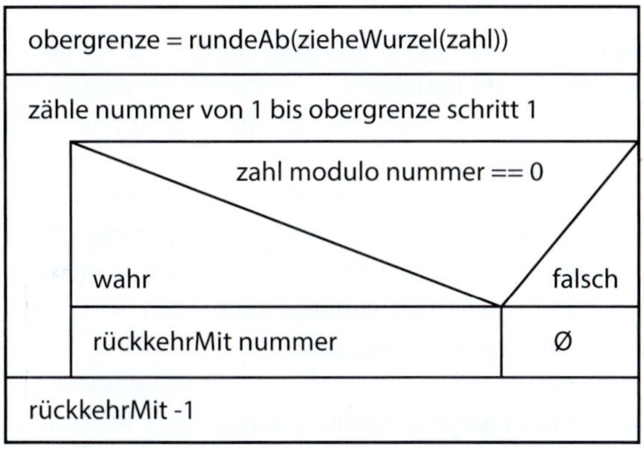

a Vollziehen Sie die Arbeitsweise des Algorithmus für den Eingabewert 91 nach: Füllen Sie dazu für jeden Durchlauf der Wiederholung eine Tabelle mit den Spalten „nummer" und „Bedingung erfüllt" aus. Geben Sie außerdem zu Beginn den Wert von obergrenze und am Ende den Rückgabewert an.

b Setzen Sie den Algorithmus in Ihrer Programmiersprache um.

c Speichern Sie vor und nach Ausführung des Algorithmus die aktuelle →Systemzeit und geben Sie die Differenz als Dauer des Rechenvorgangs aus.
Testen Sie die Laufzeit des Algorithmus systematisch für die gegebenen Primzahlen, die sich jeweils etwa um den Faktor 10 unterscheiden. Stellen Sie in einer übersichtlichen Tabelle gegenüber, um welchen Faktor die Laufzeit des Algorithmus jeweils ansteigt.

→Systemzeit: Die Uhrzeit, die im Betriebssystem des Computers eingestellt ist.

d Für Schnelle: Reflektieren Sie, warum es sinnvoll sein kann, statt einer Laufzeitmessung die Anzahl von Rechenoperationen zu zählen.

e Für ganz Schnelle: Recherchieren Sie, wie der Euklidische Algorithmus arbeitet, und setzen Sie ihn ebenfalls um. Vergleichen Sie dann die Laufzeiten Ihrer beiden Algorithmen.

10 Referatstipp: Geheime Botschaften

Lesen Sie „Geheime Botschaften. Die Kunst der Verschlüsselung von der Antike bis in die Zeiten des Internet" von Simon Singh und vertiefen Sie so Ihr Wissen über Kryptographie. Möglicherweise können Sie das Buch in der Schulbibliothek ausleihen. Stellen Sie das Buch anschließend in einem kurzen Referat vor.

11 Forschungsauftrag: Grenzen der Sicherheit

Recherchieren Sie, was Quantencomputer sind, wie sie prinzipiell funktionieren und inwieweit Sie die Sicherheit von Verschlüsselungsverfahren bedrohen.

2.5 Digital unterschreiben: Signaturen und Zertifikate

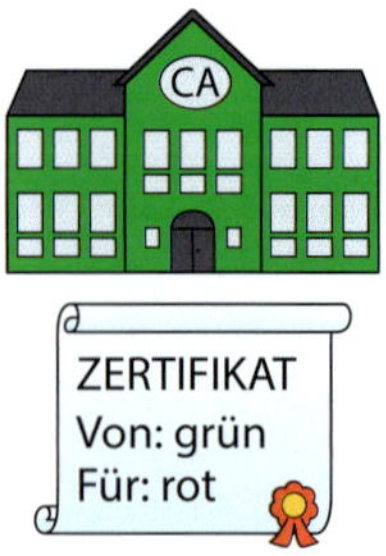

Alice ist Schulleiterin des Gymnasiums Infohausen. Sie erzeugt ein Schlüsselpaar für ein asymmetrisches Verschlüsselungsverfahren. Den privaten Schlüssel hält sie geheim, den öffentlichen Schlüssel macht sie im Internet für alle verfügbar.
Bob ist Schüler am Gymnasium Infohausen. Eines Nachmittags erhält er eine E-Mail der Schulleiterin Alice, dass die Schule aufgrund von Bauarbeiten ab morgen geschlossen bleibe. Bob ist misstrauisch und vermutet zunächst, dass sich jemand einen Spaß erlaubt hat und die E-Mail nicht wirklich von der Schulleiterin stammt.

a Bisher ist bekannt, dass Nachrichten mit einem öffentlichen Schlüssel verschlüsselt und mit dem zugehörigen privaten Schlüssel entschlüsselt werden können, der öffentliche und der private Schlüssel bilden ein sogenanntes Schlüsselpaar. Bei den meisten asymmetrischen Verschlüsselungsverfahren ist es egal, welcher der beiden Schlüssel eines Paares zum öffentlichen Schlüssel und welcher zum privaten Schlüssel wird. Grundsätzlich gilt: Wird eine Nachricht mit einem Schlüssel des Paares verschlüsselt, kann sie nur mit dem anderen Schlüssel des Paares entschlüsselt werden. Dies kann in Situationen wie der oben beschriebenen von Nutzen sein. Übernehmen Sie die abgebildete Tabelle auf Papier und ergänzen Sie in den noch leeren Feldern, wer ver- bzw. entschlüsseln kann:

	Verschlüsselung einer Nachricht mit **privatem** Schlüssel von Alice.	Verschlüsselung einer Nachricht mit **öffentlichem** Schlüssel von Alice.
Wer kann verschlüsseln?	...	...
Wer kann entschlüsseln?	...	...

b Beschreiben Sie basierend auf Teilaufgabe a) ein Verfahren, mit dem Alice beim Versand ihrer E-Mails einen „Beweis" beifügen kann, dass die jeweilige E-Mail tatsächlich nur von ihr stammen kann und nicht verfälscht worden ist.

Integritätssicherung schützt gegen Manipulationen

Bei vielen Kommunikationssituationen, wie z. B. einer Rundmail der Schulleiterin, ist Vertraulichkeit nicht das oberste Schutzziel, da die übermittelten Inhalte nicht geheim sind. Wichtiger ist hier, die unbemerkte Manipulation einer Nachricht durch Dritte auszuschließen: Nach dem Versenden könnte die Nachricht der Schulleiterin abgefangen, abgeändert und dann weitergeschickt werden. Als **Integritätssicherung** bezeichnet man ein Verfahren, welches sicherstellt, dass derartige Manipulationen vom Empfänger erkannt werden können, also die →**Integrität** der Nachricht absichert.

→von lat. integer, unbeschädigt, heil

Überprüfung der Authentizität verhindert gefälschte Absenderadressen

Ein weiteres wichtiges Schutzziel ist die Sicherung der →**Authentizität** einer Nachricht. Damit ist gemeint, dass die Empfänger einer Nachricht überprüfen können, ob die Nachricht tatsächlich vom angegebenen Absender stammt. Umgekehrt darf der Absender oder die Absenderin das Senden einer Nachricht im Nachhinein nicht leugnen können. Die **Nichtabstreitbarkeit** ist somit ein eng mit der Authentizität verknüpftes Schutzziel.

→von altgr. *αὐθεντικός*, authentikos: richtig, zuverlässig

Asymmetrische Verschlüsselung umgekehrt: Digitale Signaturen

Bei der normalen asymmetrischen Verschlüsselung wird eine Nachricht mit dem öffentlichen Schlüssel des Empfängers verschlüsselt; nur dieser kann die Nachricht anschließend erfolgreich entschlüsseln. Bei der **digitalen Signatur** wird dieses Prinzip umgekehrt: Verschlüsselt Alice ihre Nachricht mit ihrem geheimen Schlüssel, kann jeder den resultierenden Geheimtext mit ihrem öffentlichen Schlüssel entschlüsseln und mit der Nachricht auf Übereinstimmung prüfen. So kann der Empfänger sichergehen, eine Nachricht von Alice erhalten zu haben, da nur sie im Besitz des passenden privaten Schlüssels ist.

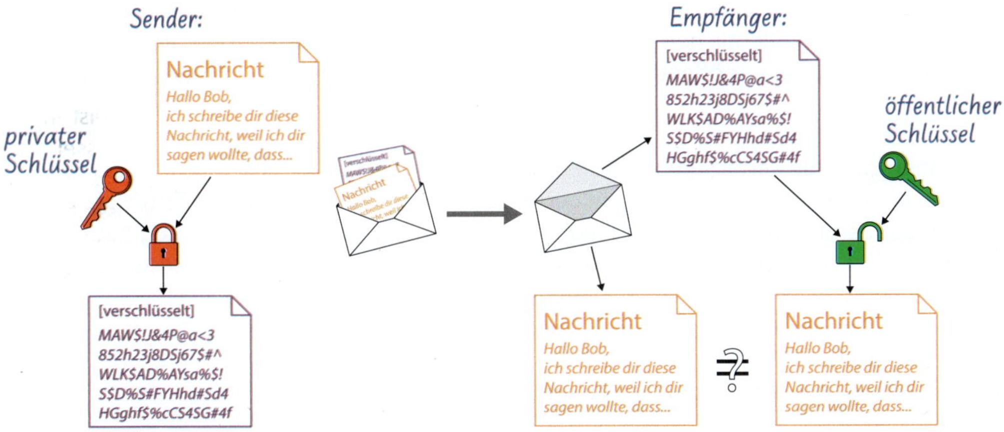

Kryptografische Hashfunktionen ermöglichen kompakte Signaturen

Um nicht den gesamten Nachrichtentext ver- und entschlüsseln zu müssen, werden bei der digitalen Signatur in der Regel kryptographische Hashfunktionen eingesetzt. Eine **Hashfunktion** bildet lange Zeichenketten auf kürzere, die sogenannten Hashes ab. Aus einem beliebig langen Text wird so ein vergleichsweise kurzer Hashwert. Bei **kryptographischen Hashfunktionen** handelt es sich um eine spezielle Sorte von Hashfunktionen, bei denen es mit vertretbarem Aufwand nicht möglich ist, zu einem gegebenen Paar aus Nachricht und dazugehörigem Hashwert einen zweiten Eingabetext zu finden, der den gleichen Hashwert produziert. Ein so erzeugter Hashwert kann deshalb als „Stellvertreter" für die Nachricht eingesetzt werden, aus der er erzeugt wurde. Somit reicht es, den in der Regel wesentlich kürzeren Hashwert einer Nachricht digital zu signieren.

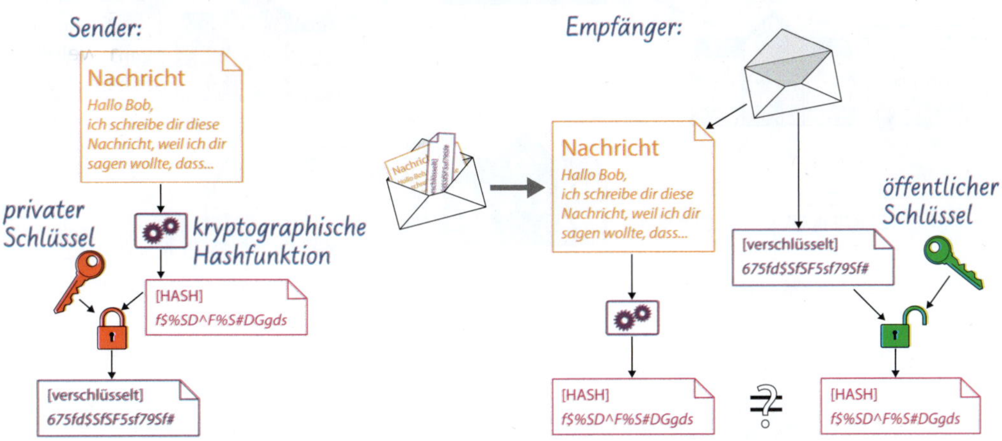

Zertifikate schaffen Vertrauen – auch zwischen Unbekannten

Ein verbleibendes Sicherheitsrisiko bei der digitalen Signatur ist die Vertrauenswürdigkeit des öffentlichen Schlüssels. Beim Nachrichtenaustausch zwischen untereinander bekannten Personen können die öffentlichen Schlüssel ggf. über einen anderen sicheren Kommunikationskanal wie z. B. per Brief oder bei einem persönlichen Treffen ausgetauscht werden. Im Internet findet aber häufig auch Kommunikation zwischen zuvor unbekannten Kommunikationspartnern statt, etwa bei der erstmaligen Bestellung in einem Onlineshop. Hier müsste bei jedem erstmaligen Besuch einer Webseite vorab ein sicherer Austausch der Signaturschlüssel stattfinden. Da dies viel zu aufwändig und nicht immer auf sicherem Wege möglich wäre, kommt hier eine hierarchische Public-Key-Infrastruktur (PKI) zum Einsatz: Voraussetzung dabei ist, dass alle Kommunikationsteilnehmer dem öffentlichen Schlüssel einer Zertifizierungsstelle (engl. Certificate Authority, CA) vertrauen. Nur dieser öffentliche Schlüssel muss vorab allen Nachrichtenempfängern bekannt sein.

→ von lat. *certificare*, gewiss machen, beglaubigen

Auf Antrag stellt die Zertifizierungsstelle elektronische →**Zertifikate** aus, welche bescheinigen, dass ein öffentlicher Schlüssel zu einem bestimmten Eigentümer gehört. Das Zertifikat wird dabei von der Zertifizierungsstelle mit ihrem Schlüssel signiert, sodass dessen Integrität und Authentizität leicht überprüft werden kann. Damit die Zertifizierungsstelle vertrauenswürdig bleibt, muss sichergestellt sein, dass sich kein Angreifer ein Zertifikat für einen falschen Namen erschleichen kann. Deshalb müssen sich alle Antragsteller für ein Zertifikat zunächst bei der Zertifizierungsstelle **authentifizieren**, also durch Vorlage geeigneter Dokumente beweisen, dass sie genau die Person sind, die sie vorgeben zu sein.

Die Inhaber eines Zertifikates können ihre Nachrichten signieren und dabei dem Empfänger ebenfalls das erhaltene Zertifikat übermitteln. Der Empfänger kann dann mit dem öffentlichen Schlüssel der Zertifizierungsstelle zunächst die Signatur des Zertifikates prüfen. Anschließend lässt sich mit dem im Zertifikat enthaltenen öffentlichen Schlüssel des Absenders die Signatur der eigentlichen Nachricht verifizieren. In der unten abgebildeten Grafik ist die Verwendung von Zertifikaten für die sichere Kommunikation mit Webservern beispielhaft dargestellt.

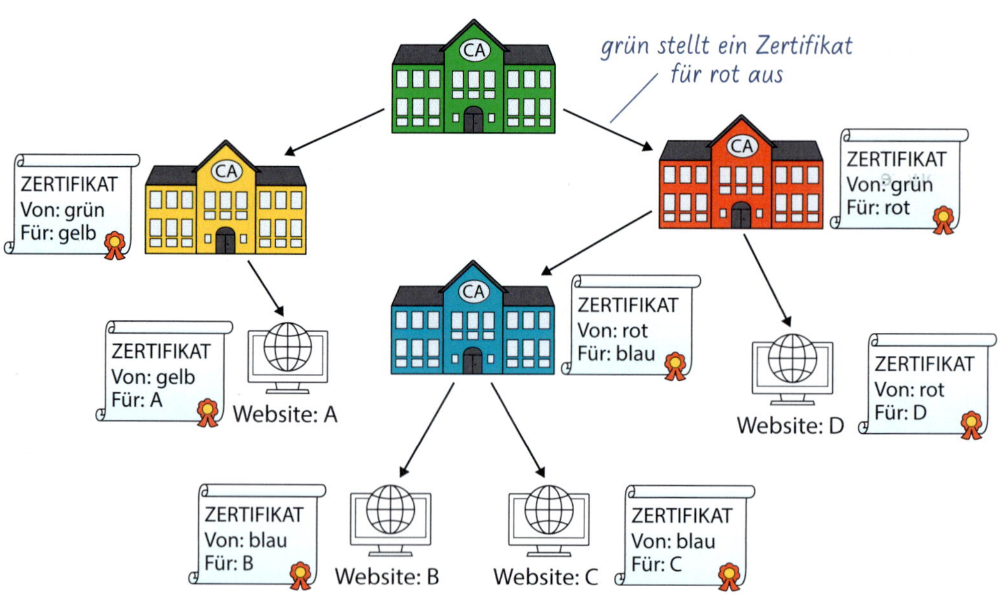

Viele Webbrowser beinhalten bereits eine Liste vertrauenswürdiger Zertifizierungsstellen, hier etwa der grün dargestellten CA. Wird nun beispielsweise die Webseite A aufgerufen, kann der Webserver seine Kommunikation signieren und neben seinem eigenen Zertifikat auch das Zertifikat der gelb dargestellten CA mitschicken. Der Browser kann damit die komplette Zertifikatskette (oft engl. *Chain of Trust*) bis zur grün dargestellten CA überprüfen. Sind alle beteiligten Zertifikate (von A, gelb und grün) gültig, kann der Browser der Kommunikation mit dem Webserver A vertrauen, ohne jemals zuvor mit ihm in Kontakt gestanden zu haben.

Die **Integrität**, **Authentizität** und **Nichtabstreitbarkeit** von Kommunikation kann mittels **digitaler Signaturen** abgesichert werden. Häufig werden dabei nicht die kompletten Nachrichten, sondern nur deren **Hashwerte** signiert, um kürzere Signaturen zu erhalten. Durch die Verwendung **kryptographischer Hashfunktionen** wird dabei die Zugehörigkeit eines Hashwertes zu einer bestimmten Nachricht sichergestellt. Die Vertrauenswürdigkeit der verwendeten öffentlichen Schlüssel kann dabei über **Zertifikate** sichergestellt werden, die nach erfolgreicher **Authentifizierung** von einer Zertifizierungsstelle ausgestellt werden.

Aufgaben

1 Digitale Signaturen bei E-Mails

Auch beim E-Mail-Versand könnten Integrität und Authentizität durch eine digitale Signatur sichergestellt werden.

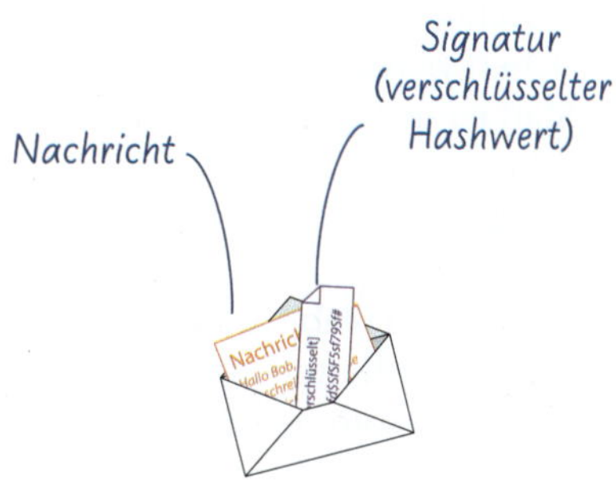

a Beschreiben Sie mögliche Gründe dafür, dass sich digital signierte E-Mails dennoch bis heute nicht flächendeckend durchsetzen konnten.

b „Müssten alle E-Mails zwingend digital signiert sein, gäbe es keine unerwünschten Spammails mehr." Diskutieren Sie, inwieweit diese Aussage in Ihren Augen zutrifft.

2 Sichere E-Mails (Teil 2): Digitale Signatur mit OpenPGP

Diese Aufgabe ist eine Fortsetzung der Aufgabe *Sichere E-Mails (Teil 1)* in Kapitel 2.4. Das dort erzeugte Schlüsselpaar soll nun zur digitalen Signatur einer Nachricht verwendet werden. In der Regel bieten Programme zur E-Mail-Verschlüsselung auch die Möglichkeit, digitale Signaturen zu erzeugen.

a Signieren Sie mit der in Teil 1 eingerichteten Software eine Nachricht mit Ihrem privaten Schlüssel.

b Erläutern Sie, weshalb Sie beim Signieren einer Nachricht zur Eingabe eines Passwortes aufgefordert werden, beim Verschlüsseln einer Nachricht jedoch nicht.

c Tauschen Sie die signierte Nachricht aus a) mit einem Mitschüler oder einer Mitschülerin und überprüfen Sie die Signatur der erhaltenen Nachricht auf ihre Gültigkeit.

3 Verschiedene Hashfunktionen

Eine der einfachsten Hashfunktionen arbeitet analog zur Bildung einer Quersumme. Hierzu wird jedes Zeichen der Nachricht zunächst in eine Zahl umgewandelt (z. B. wie beim ASCII-Code) und diese Zahlen anschließend aufsummiert.

Zeichen	H	I	!
ASCII-Code	72	73	33

a Bilden Sie auf diese Weise den Hashwert der Nachricht „Bitte signiere mich!" (Tipp: Im Internet gibt es viele Webseiten, welche die Umwandlung von Zeichen in ASCII-Codes automatisch erledigen).

b Entscheiden Sie, ob es sich bei der beschriebenen Hashfunktion um
- i eine Einwegfunktion (vgl. Kapitel 2.4),
- ii eine Falltürfunktion (vgl. Kapitel 2.4),
- iii eine kryptographische Hashfunktion

handelt, und begründen Sie Ihr Urteil angemessen.

4 Digitale Signatur vs. Verschlüsselung

Diskutieren und bewerten Sie folgende Aussagen:

a Statt einer digitalen Signatur kann die Integrität einer Nachricht auch durch die normale Verschlüsselung der Nachricht mit einem **asymmetrischen** Verschlüsselungsverfahren gesichert werden.

b Statt einer digitalen Signatur kann die Integrität einer Nachricht auch durch die Verschlüsselung der Nachricht mit einem **symmetrischen** Verschlüsselungsverfahren gesichert werden.

5 Zertifikate im Webbrowser

Bei der gesicherten Kommunikation mit Webservern kommen Zertifikate zum Einsatz.

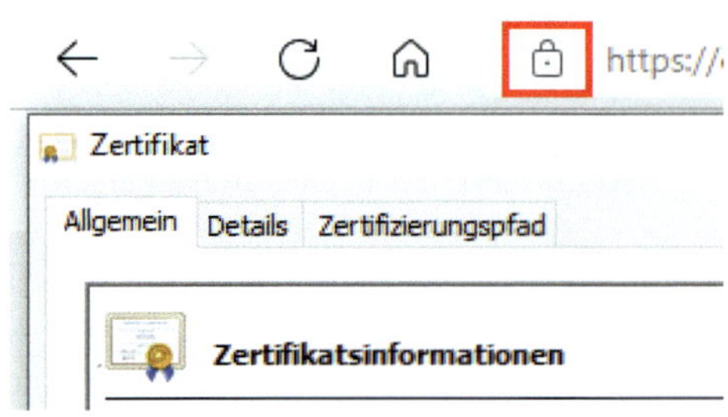

a Lassen Sie sich das Zertifikat für eine Webseite im Browser anzeigen. Bei den meisten Browsern ist dieses Zertifikat nach Aufruf der Webseite über ein Schlosssymbol nahe der Adressleiste erreichbar.

b Ermitteln Sie das Ablaufdatum des Zertifikats und erläutern Sie, weshalb Zertifikate allgemein stets mit einem Ausstellungs- und einem Ablaufdatum versehen sind.

c Beschreiben Sie mögliche Konsequenzen, falls der private Schlüssel einer CA von Unbefugten erbeutet würde.

d Für Schnelle: Recherchieren Sie die Funktionsweise des Online Certificate Status Protocol (OCSP) und erläutern Sie, wie es im Fall von Teilaufgabe c) zur Schadensbegrenzung eingesetzt werden könnte.

6 Internetfilter in der Schule

An Ihrer Schule soll ein neuer Jugendschutzfilter installiert werden. Dabei werden sämtliche Webseitenaufrufe von Schul-PCs für den Unterricht zunächst durch den Jugendschutzfilter geleitet, welcher ungeeignete Inhalte blockiert.

a Nach der Inbetriebnahme des Jugendschutzfilters beschweren sich die Schülerinnen und Schüler darüber, dass sie beim Surfen im Internet ständig Warnungen über ungültige Zertifikate angezeigt bekommen. Erklären Sie, wie es dazu kommt.

b Der Administrator des Schulnetzes hat neben dem Jugendschutzfilter auch volle Kontrolle über die von den Schülerinnen und Schülern genutzten PCs. Beschreiben Sie, was getan werden müsste, damit trotz Filterung des Internetverkehrs keine Zertifikatwarnungen mehr angezeigt werden.

7 Forschungsauftrag: Weitere Verwendungsmöglichkeiten für Hashwerte

Werden auf einer Webseite größere Dateien zum Download angeboten, so wird häufig neben dem Downloadlink auch ein Hashwert angegeben.

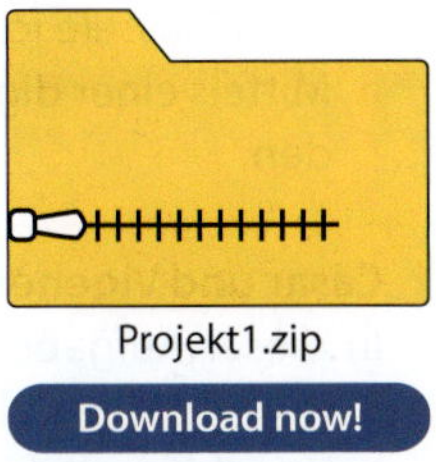

a Beschreiben Sie, welchem Zweck die Angabe des Hashwertes in diesen Fällen dient.

b Erläutern Sie, weshalb die Hashwerte bei Downloadangeboten in der Regel direkt angegeben werden und nicht wie bei einer digitalen Signatur verschlüsselt sind.

c Formulieren Sie eine Vermutung, weshalb bei kleineren Downloadangeboten häufig auf die Angabe eines Hashwertes verzichtet wird.

Teste dich selbst

T1 Richtig oder falsch?

Beurteilen Sie, ob folgende Aussagen richtig oder falsch sind. Begründen Sie Ihre Meinung bei falschen Aussagen und geben Sie eine berichtigte Aussage an:

- **a** Mittels Prüfsummen können viele Übertragungsfehler zwar erkannt, aber nicht korrigiert werden.
- **b** Mit vier Bit lassen sich 2+2+2+2=8 verschiedene Werte darstellen.
- **c** Der Stellenwert der dritten Stelle des Hexadezimalsystems ist 4096.
- **d** Während die Cäsar-Verschlüsselung gegenüber Häufigkeitsanalysen anfällig ist, kann eine Häufigkeitsanalyse zum Knacken des Vigenère-Verfahrens nicht eingesetzt werden.
- **e** Um sicher mit symmetrischen Verschlüsselungen Nachrichten austauschen zu können, müssen sich die Beteiligten vorher persönlich getroffen haben.
- **f** Die Funktion „Quersumme bilden" ist eine Falltürfunktion.
- **g** Wenn ich eine Nachricht mit asymmetrischer Verschlüsselung verschicken möchte, dann verschlüssele ich sie mit meinem öffentlichen Schlüssel.
- **h** Mittels einer digitalen Signatur kann die Vertraulichkeit einer Nachricht gesichert werden.

T2 Cäsar und Vigenère anwenden

In dieser Aufgabe wenden Sie die Cäsar-Verschlüsselung und das Vigenère-Verfahren an. Verwenden Sie dabei nur die 26 Großbuchstaben.

- **a** Verschlüsseln Sie das Wort „INTERNET" mithilfe der Cäsar-Verschlüsselung und dem Schlüssel k=7.
- **b** Verschlüsseln Sie den Satz „ADA LOVELACE WAR INFORMATIKERIN" mithilfe des Vigenère-Verfahrens mit dem Schlüssel „ALAN". Entfernen Sie vorab die Leerzeichen.

T3 Mögliche Schlüssel

Bestimmen Sie die Anzahl der möglichen Schlüssel im Vigenère-Verfahren bei Schlüsseln der Länge 6, 8 und 10, wenn 26 bzw. 80 verschiedene Zeichen zur Verfügung stehen. Bestimmen Sie außerdem, wie lange ein Brute-Force-Angriff für das Durchprobieren aller Möglichkeiten benötigen würde, wenn sich 700.000 Schlüssel pro Sekunde ausprobieren lassen.

T4 Symmetrische und asymmetrische Verschlüsselung

Stellen Sie die Unterschiede und Einsatzgebiete von asymmetrischer und symmetrischer Verschlüsselung gegenüber, indem Sie die folgenden Aspekte betrachten:

- Anzahl der notwendigen Schlüssel bei Nachrichtenaustausch unter mehreren Personen,
- notwendige Vorbereitung, um Kommunikation durchführen zu können, und
- Berechnungsaufwand.

T5 Digitale Signaturen

Alice möchte eine Nachricht an Bob schicken.

Beschreiben Sie, welche Schritte notwendig sind, um den Inhalt der Nachricht mit einer möglichst kurzen, aber dennoch sicheren Signatur zu versehen, und welche Schritte auf Bobs Seite beim Überprüfen der Signatur durchgeführt werden müssen.

Zusammenfassung

Um **Informationen** speichern, verarbeiten oder übertragen zu können, muss je nach verwendetem **Medium** eine geeignete physische Repräsentation der Information geschaffen werden. Der Begriff **Daten** beschreibt in der Regel Informationen in einer maschinenlesbaren Repräsentationsform. Der Vorgang des Umwandelns einer Repräsentationsform in eine andere wird **Codieren** genannt. Durch **Prüfsummen** können Fehler bei der Datenübertragung oder -speicherung erkannt werden.

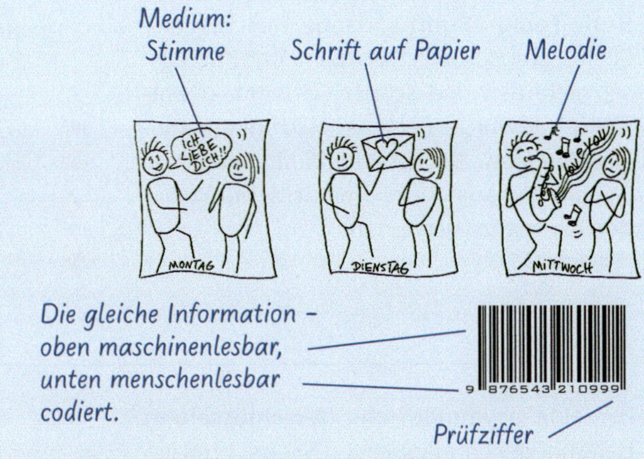

Informationen, die digital verarbeitet werden sollen, werden im **Binärsystem** codiert. Eine kürzere und einfach ins Binärsystem übertragbare Darstellung der Werte kann mit dem **Hexadezimalsystem** erreicht werden.
Ein **Bit** ist die kleinste digitale Informationseinheit und kann zwei Werte darstellen; acht Bit bilden ein **Byte**.

Binärzahl:	**1**	**0**	**0**	**1**	
Stellenwerte:	2^3 = 8	2^2 = 4	2^1 = 2	2^0 = 1	
1001_2	= **1** · 8	+ **0** · 4	+ **0** · 2	+ **1** · 1	= 9_{10}

Hex-Zahl:	**D**	**2**	**E**	
Stellenwerte:	16^2 = 256	16^1 = 16	16^0 = 1	
$D2E_{16}$ =	**13** · 256 +	**2** · 16 +	**14** · 1	= 3374

Verschlüsseln ist das Codieren eines **Klartextes** mit Hilfe eines **Schlüssels** in einen **Geheimtext**, um Informationen geheim zu speichern oder zu übertragen. Eine Entschlüsselung ist nur mit einem passenden Schlüssel möglich. Bei der **symmetrischen Verschlüsselung** gibt es nur einen Schlüssel, mit dem ver- und entschlüsselt wird.

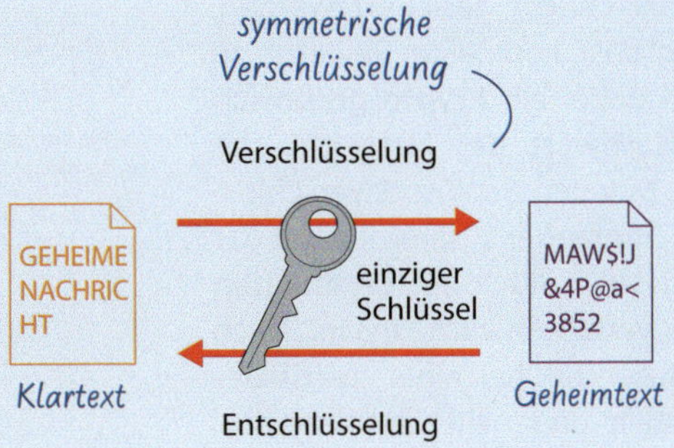

Um eine **Verschlüsselung** ohne Kenntnis des Schlüssels zu knacken, werden bei einem **Brute-Force-Angriff** so lange verschiedene Schlüssel ausprobiert, bis der richtige Schlüssel gefunden und so der Geheimtext entschlüsselt wurde. Bei einer **Häufigkeitsanalyse** werden Buchstabenhäufigkeiten im Geheimtext analysiert, um Rückschlüsse auf den Klartext zu gewinnen.

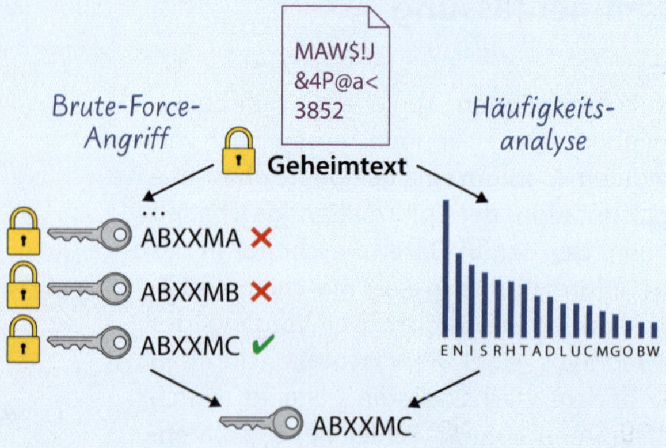

Für eine **asymmetrische Verschlüsselung** benötigt der Empfänger von Nachrichten ein zusammengehöriges Schlüsselpaar:
Bei der Verschlüsselung erzeugt eine Falltürfunktion aus einem Klartext und dem **öffentlichen Schlüssel** des Empfängers einen Geheimtext.
Bei der Entschlüsselung erzeugt die Umkehrung der Falltürfunktion aus dem Geheimtext und dem **geheimen Schlüssel** des Empfängers wieder den Klartext.
Das Knacken der Verschlüsselung ist trotz Kenntnis der Funktionen (und des öffentlichen Schlüssels) extrem aufwändig.

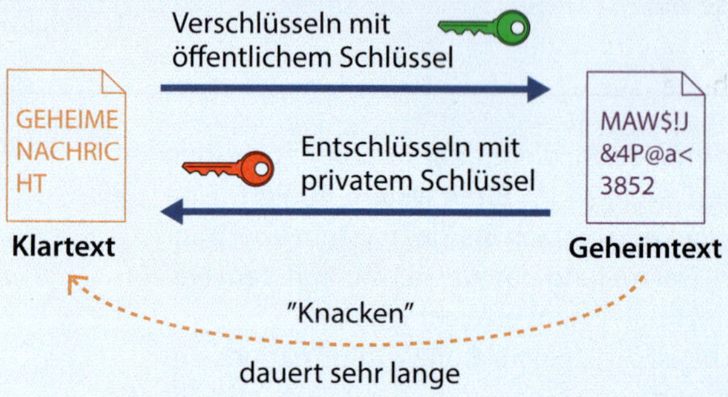

Mittels einer **digitalen Signatur** kann die **Integrität**, **Authentizität** und **Nichtabstreitbarkeit** einer Nachricht gesichert werden. Um eine möglichst kompakte Signatur zu erhalten, wird dabei ein **krypto-graphisch gesicherter Hashwert** der Nachricht mit dem eigenen privaten Schlüssel verschlüsselt und dem Empfänger zusammen mit der Nachricht zugestellt. Auch bei **Zertifikaten** kommt dieses Verfahren zum Einsatz. Nach der Authentifizierung bei einer **Zertifizierungsstelle**, stellt diese ein Zertifikat aus, welches die Identität des Inhabers bestätigt.

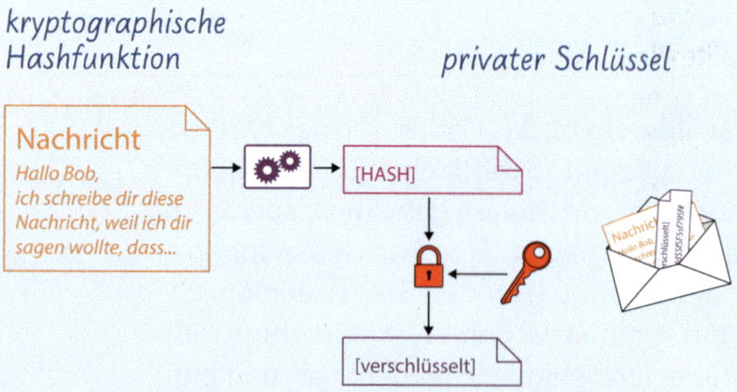

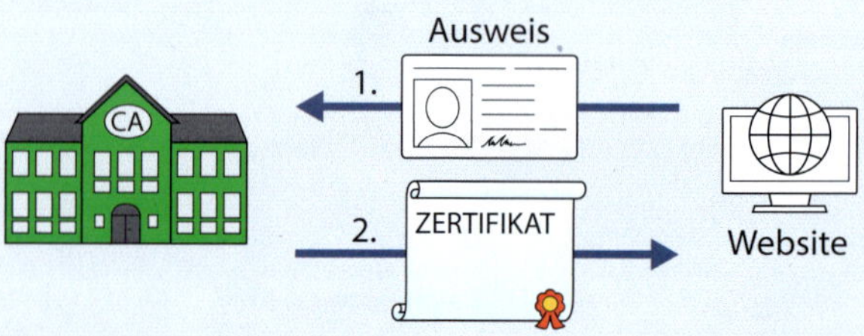

Zum Weiterlesen

L2 Alan Turing und die Enigma

Gerade im Krieg ist der geheime Austausch von Nachrichten von enormem Interesse für alle Parteien. Genauso groß ist aber auch das Interesse daran, die Verschlüsselung des Feindes zu knacken und so strategische Vorteile zu erlangen. Im zweiten Weltkrieg verwendete die deutsche Wehrmacht zur Verschlüsselung die sogenannte →Enigma.

→Griechisch: αἴνιγμα (enigma): Rätsel

Diese eigentlich schon im Jahre 1918 zum Patent angemeldete Erfindung verwendete mehrere austauschbare, rotierende Walzen (1). Damit wurden Eingaben über die Tastatur (3) verschlüsselt. Der Geheimtextbuchstabe wurde über Lampen (2) angezeigt.
Über die Steckverbindungen (4) wurden Ersetzungen (Substitutionen) umgesetzt, sodass bei aktiver Verbindung der Buchstaben A und B eine Ersetzung von A durch B bzw. andersrum vorgenommen wurde.
Kern der Enigma waren die Walzen, die ihrerseits 26 Kontakte auf der linken und rechten Seite hatten und so jedem der 26 Buchstaben einen anderen Buchstaben zuordnen konnten. Ein zu verschlüsselndes Zeichen musste alle Walzen nacheinander „durchlaufen". Auf diese Weise wurde das eingegebene Zeichen in mehreren Schritten durch ein Geheimtextzeichen ersetzt. Gleichzeitig drehten sich die Walzen mit jedem eingegebenen Zeichen weiter, wobei die rechte Walze sofort, die mittlere Walze nach 26 und die linke Walze nach 676 (26*26) Eingaben rotiert wurde. Mithilfe einer zufälligen Auswahl von 3 der 5 insgesamt verfügbaren Walzen und den Steckerverbindungen konnten tagesaktuelle Schlüssel eingestellt werden, die über ein geheimes Codebuch allen beteiligten Kommunikationspartnern mitgeteilt und täglich um Mitternacht gewechselt wurden.

Bei der Enigma handelt es sich wie bei der Vigenère-Verschlüsselung um ein polyalphabetisches Verschlüsselungsverfahren. Über das System aus Walzen und Steckerverbindungen bot sie annähernd $1{,}6 \cdot 10^{20}$ verschiedene Schlüssel.
Unter enormen Anstrengungen und unter Mitarbeit des englischen Mathematikers Alan Turing und Vorarbeiten des polnischen Mathematikers Marian Rejewski konnten die Alliierten den Code der Enigma knacken und waren so in der Lage, feindliche Funksprüche zu entschlüsseln – ein Vorteil, der unter anderem im U-Boot-Krieg enorm wichtig war.

Dabei nutzten sie eine Schwäche der Enigma, nämlich dass ein Buchstabe im Klartext nie auf denselben Buchstaben im Geheimtext abgebildet wurde (aus A wurde also nie A), und die Tatsache, dass die deutsche Marine jeden Tag pünktlich den Wetterbericht durchgab. Da dieser immer wieder die gleichen Begriffe enthielt, war ein Anhaltspunkt für die Entschlüsselung

gefunden. Um tiefere Einblicke in die Funktionsweise des Verschlüsselungssystems zu erlangen, provozierten die Alliierten außerdem zusätzliche Funksprüche, über deren Inhalt sie Kenntnis hatten, etwa indem sie Seeminen an bestimmten Stellen platzierten. So konnten sie Klartext und Geheimtext gegenüberstellen und Eigenschaften des Verhaltens ableiten.
Hier kamen verschiedene technische Eigenschaften der Enigma ins Spiel. Aufgrund der Tatsache, dass Funksprüche selten sonderlich lang waren, waren beispielsweise durch Rotationen der linke Walze hervorgerufene Veränderungen im Schlüssel eher selten. Durch ihr Geschick gelang es den Wissenschaftlerinnen und Wissenschaftlern um Alan Turing, die Anzahl der möglichen Schlüssel auf circa 1 Million zu reduzieren. Mit ihrem Einsatz schafften sie es, den Krieg früher zu beenden und dadurch eine Vielzahl an Menschenleben zu retten.

3 Kommunikation in Netzwerken

Nach diesem Kapitel können Sie ...

...erklären, wie das Internet aufgebaut ist.

...den Weg einer Nachricht im Internet im Schichtenmodell nachvollziehen.

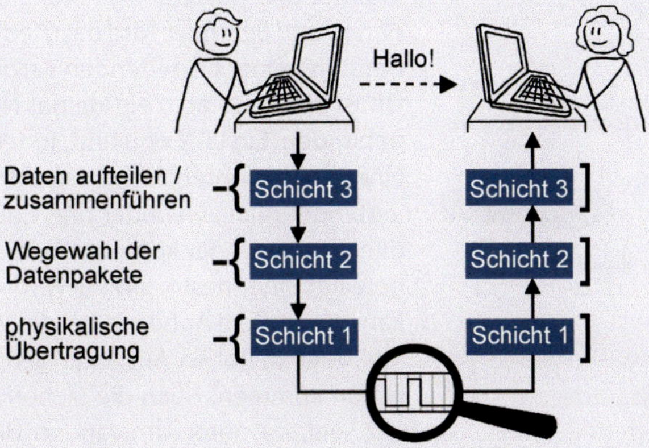

...Chancen des Internets nutzen und Risiken verantwortungsvoll begegnen.

3.1 Erfolgreich weltweit kommunizieren: Das Internet

Analysieren Sie einen für Sie normalen Tagesablauf unter folgenden Gesichtspunkten:

a Notieren Sie die Geräte, mit welchen Sie über den Tag verteilt online sind.

b Notieren Sie alle Programme/Apps, die Sie mit einer Verbindung zum Internet verwenden.

c Schätzen Sie die Zeit ab, die Sie online sind, d. h. dass eines Ihrer Geräte mit dem Internet (via Kabel, WLAN, mobilen Daten, etc.) verbunden ist.

d Schätzen Sie die Zeit ab, in der Sie aktiv an einem Gerät sind, das online ist.

Stellen Sie sich nun vor, Sie hätten einen ganzen Tag kein Internet zur Verfügung:

e Beschreiben Sie die Emotionen, die mit der Vorstellung verbunden sind, keine Verbindung zum Internet zu haben.

f Überlegen Sie, welche Handlungen Sie nicht ausführen können.

g Geben Sie an, welche Handlungen von f) für Sie „überlebenswichtig" sind, und überlegen Sie, wie Sie diese stattdessen offline ausführen können.

Struktur des Internets

Ob bei der Verwendung eines Messengerdienstes, beim Streamen eines Films, beim Verwenden von Social Media oder bei der Onlinerecherche, stets befindet man sich „im" Internet und nutzt „seine" Dienste. Aus Sicht der Benutzerinnen und Benutzer wird dazu lediglich ein internetfähiges Gerät mit einer bestehenden Verbindung benötigt.

→ LAN: local area network

8-Port Switch

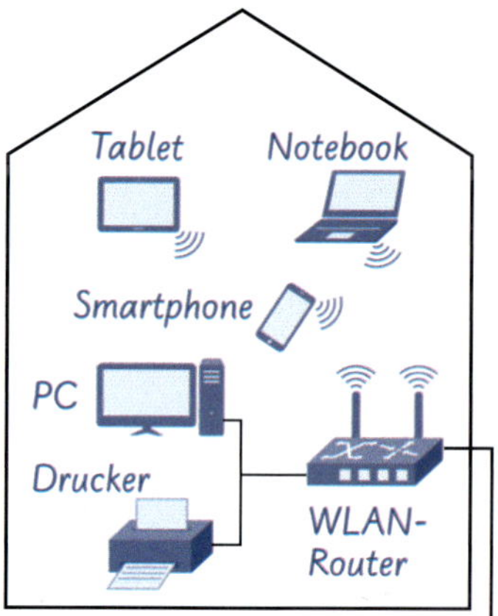

Oft ist dieses Gerät in ein kleines Netz zu Hause (→LAN) eingebunden. Ein LAN entsteht, indem mehrere Geräte durch einen sogenannten **Switch** verbunden werden.

Verbindet man zwei oder drei Computer, so können diese direkt miteinander kommunizieren. Je mehr Geräte jedoch beteiligt sind, desto größer wird das Rechnernetz und es kann zu großem Aufwand bei der Verbindung der Geräte oder zu hohen Auslastungen bei der Kommunikation kommen. Auch die Sicherheit könnte gefährdet sein, da unter Umständen die Kommunikation innerhalb des Netzes mitgehört werden kann. Um diesen Problemen vorzubeugen, werden lokale Netze gebildet. Sie sind über spezielle Vermittlungsrechner (**Router**) zu größeren Netzen miteinander verbunden.

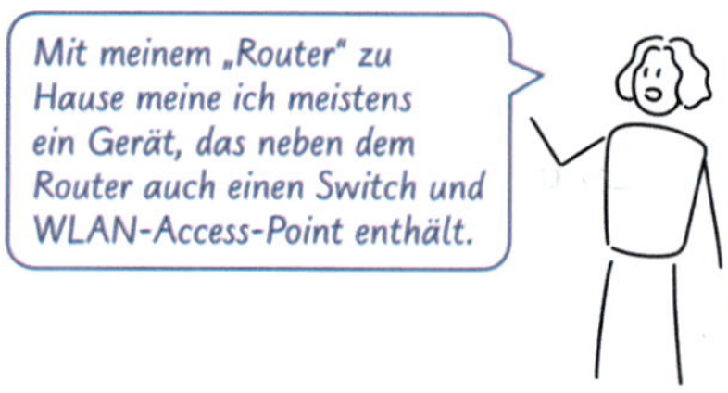

Für Privathaushalte und kleinere Unternehmen stellt ein sogenannter Internet Service Provider (ISP, oft auch nur Provider oder Internetanbieter genannt) eine Verbindung zwischen dem privaten LAN und dem Netz des Providers zur Verfügung.

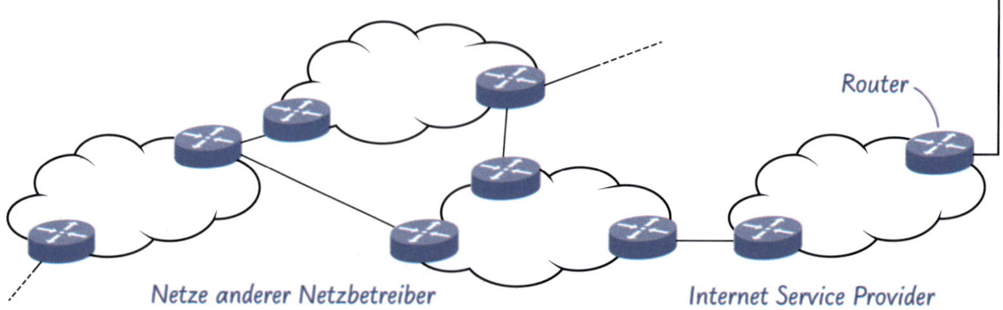

Eine solche Verbindung ist z. B. über eine Glasfaserleitung, über eine Funkverbindung (insbesondere bei Mobiltelefonen) oder über bereits bestehende Leitungen für Telefon oder Kabelfernsehen möglich.

Um alle Geräte im Internet erreichen zu können, ist auch das Netz des Internet Service Providers mit anderen Netzen verbunden. Dabei unterscheidet man zwischen verschiedenen Hierarchiestufen: Große Provider (→Tier 1) haben in der Regel weltumspannende Netze. Sie kooperieren untereinander, indem sie ihre Netze zusammenschließen. So können sie das gesamte Internet erreichen. Mittlere Provider (Tier 2) bezahlen große Provider, um Zugang zu deren Netzen zu erhalten. Sie verkaufen ihre so aufgebaute Infrastruktur an kleine Provider (Tier 3), welche Verbindungen für Endanwender bereitstellen. Auf diese Weise werden viele kleine Netze zu einem großen Netz.

→ engl. tier: Rang

Protokolle definieren Regeln für die Kommunikation

Das Internet verbindet diverse Geräte (von der smarten Armbanduhr bis zum Supercomputer) verschiedenster Hersteller miteinander. Damit all diese Geräte sich gegenseitig „verstehen" und erfolgreich Informationen austauschen können, müssen einheitlich festgelegte Regeln bei der Kommunikation eingehalten werden. Eine präzise Beschreibung dieser Kommunikationsregeln wird **Protokoll** genannt.

Typische Bestandteile eines Protokolls sind:

- Ablaufschema der Kommunikation (z. B. wer fängt an),
- Codierung der zu übertragenden Daten (z. B. Ergänzung von Prüfsummen)
- und Reaktion auf Fehler (z. B. bei Verlust eines Teils der Daten).

→ 2.1

Dabei unterscheidet man bei den Kommunikationspartnern oft zwischen zwei Rollen, wie sie auch im Alltag häufig vorkommen:

Ein Pizzaservice verhält sich zunächst passiv und wartet auf eingehende Bestellungen der Kundinnen und Kunden; er muss während der Öffnungszeiten ständig telefonisch erreichbar sein, ruft jedoch selbst in der Regel niemanden an. Bei vielen elektronischen Kommunikationsvorgängen ist dies ähnlich, wobei die englischen Rollenbezeichnungen →**Server** für den Anbieter eines Dienstes und →**Client** für den Nutzer eines Dienstes verwendet werden. Da Serverdienste in der Regel ständig und für viele Clients erreichbar sein sollen, werden sie oft in Rechenzentren betrieben, welche besondere Vorkehrungen treffen, um eine dauerhafte Erreichbarkeit der Server zu garantieren (z. B. Vorhalten eines Notstromaggregats).

Clients können sich dann je nach Bedarf zu einem Zeitpunkt ihrer Wahl mit dem gewünschten Server verbinden und dessen angebotene Dienste in Anspruch nehmen.

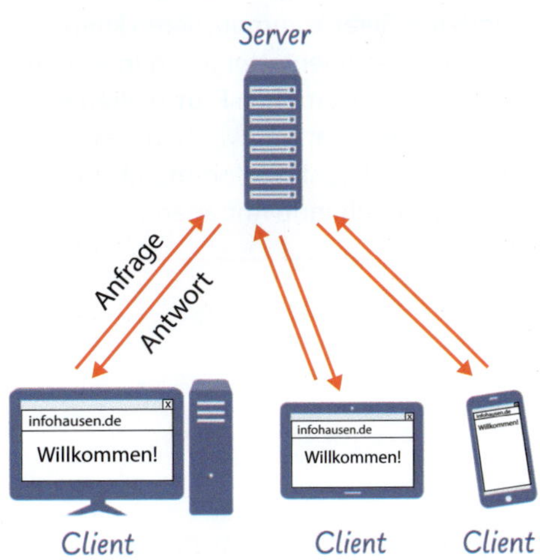

→ Server: engl. „Diener", hier im Sinne von Dienstanbieter

→ Client: engl. „Kunde"

Ein Webbrowser ist demnach ein spezieller Client, mittels welchem beliebige Webserver kontaktiert werden können, um von dort die Inhalte einer Webseite abzurufen. Die Regeln zum Abrufen von Webinhalten werden dabei durch das HTTP-Protokoll festgelegt, an welches sich Client und Server bei der Kommunikation halten müssen. Da das herkömmliche HTTP-Protokoll jedoch eine unverschlüsselte und damit ungeschützte Kommunikation vorsieht, kommt heutzutage meist die Protokollvariante HTTPS zum Einsatz. Bei dieser erfolgt die Kommunikation zusätzlich verschlüsselt.

Das „S" in HTTPS steht für „secure", also eine verschlüsselte HTTP-Verbindung.

Moderne digitale Endgeräte können aber zumeist nicht nur Webseiten abrufen, sondern auch mit einer Vielzahl weiterer Servertypen kommunizieren. Verschiedene Anwendungsfälle haben oft auch ganz spezielle Anforderungen hinsichtlich Übertragungssicherheit, akzeptablen Verzögerungszeiten, anfallender Datenmenge usw. Daher haben sich hier jeweils eigene Protokolle etabliert:

- E-Mails können mit entsprechender Clientsoftware über das Simple Mail Transfer Protocol (SMTP) verschickt und z. B. über das Post Office Protocol (POP) abgerufen werden.
- Die im Gerät eingestellte Uhrzeit kann mittels des Network Time Protocol (NTP) mit den Atomuhren von zentralen Zeitservern synchronisiert werden.
- Videostreams können mittels des Real Time Streaming Protocols (RTSP) übertragen werden.
- Druckaufträge können über das Internet Printing Protocol (IPP) an einen Drucker gesendet werden, welcher als Druckerserver agiert.

→ RFC = request for comment

→ lat. *proprius*: eigen, persönlich

Die oben genannten Protokolle (und noch viele weitere) sind in sogenannten →RFCs spezifiziert. Dies sind frei zugängliche Dokumente, in denen die Bestandteile der Protokolle festgelegt werden. Vereinzelt gibt es auch Softwarehersteller, deren Programme über →proprietäre, d. h. nicht öffentlich bekannte Protokolle, kommunizieren. Programme anderer Hersteller sind mit dieser Software dann in der Regel nicht kompatibel. Die freie Verfügbarkeit der Protokollbeschreibungen in RFCs erleichtert hingegen die Entwicklung kompatibler Client- und Serverprogramme, weshalb sich im Internet fast ausschließlich diese offenen Protokolle durchgesetzt haben.

Mehrere Geräte können zu Netzen zusammengeschlossen werden. Ein **Switch** dient darin als Verbindungselement. Ein **Router** vermittelt in der Kommunikation zwischen Netzen. Das Internet besteht aus der Verbindung von unzähligen kleinen, mittleren und großen Netzen zu einem riesigen, weltumspannenden Netz, in dem theoretisch jedes Gerät mit jedem anderen Gerät kommunizieren kann.
Damit Maschinen erfolgreich Informationen austauschen können, müssen die Regeln für die Kommunikation in **Protokollen** eindeutig festgelegt werden.
Die Kommunikation zwischen Maschinen erfolgt oft nach dem **Client/Server-Prinzip**. Dabei initiiert der Client die Kommunikation, während der Server als Dienstanbieter zunächst passiv auf eingehende Anfragen von Clients wartet.

Aufgaben

1 Kommunikation mit einfachsten Mitteln

Nachrichten zwischen Europa und Amerika wurden mehrere Jahrhunderte mit dem Schiff über das Meer und an Land mit Kutschen und Boten transportiert. Eine Übertragungsdauer von mehreren Wochen war dabei normal.

Heute kann man jederzeit mit einer Videokonferenz (fast) in Echtzeit von Angesicht zu Angesicht sprechen. Ein erster Meilenstein für den Nachrichtenaustausch zwischen Europa und Amerika war Mitte des 19. Jahrhunderts das Verlegen eines Kabels zwischen den beiden Kontinenten. Damit wurde die Voraussetzung geschaffen, physikalische Signale zu übertragen. Seekabel haben auch noch heute eine wichtige Rolle in der interkontinentalen Nachrichtenübertragung.

Inspektionsschiff für Seekabel

Bauen Sie in einer Kleingruppe selbst mit einfachsten Mitteln (Schnüren, Klangstäben, …) eine physikalische Übertragungsmöglichkeit von Signalen auf. Ziel ist es, damit eine Uhrzeit ohne Sichtkontakt zum Empfänger zu übertragen. Hinterfragen Sie folgende Aspekte und dokumentieren Sie dazu schriftlich Ihr Vorgehen bzw. Ihre Lösung:

i Bestandteile des Kommunikationssystems und deren Zweck
ii Ablauf einer Nachrichtenübertragung
iii Codierung der Information
iv Für Schnelle: mögliche Fehlerquellen bei der Übertragung und Reaktionen darauf

2 Das Pizzaprotokoll

a Die beiden folgenden Diagramme zeigen jeweils den Beginn eines Telefonats zwischen Alice und dem Pizzaservice „Peppones Pizza". Beschreiben Sie für jedes der Diagramme, weshalb die Pizzabestellung fehlschlägt.

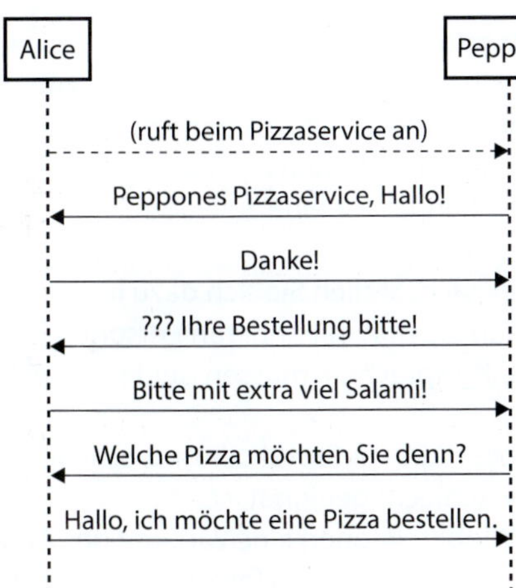

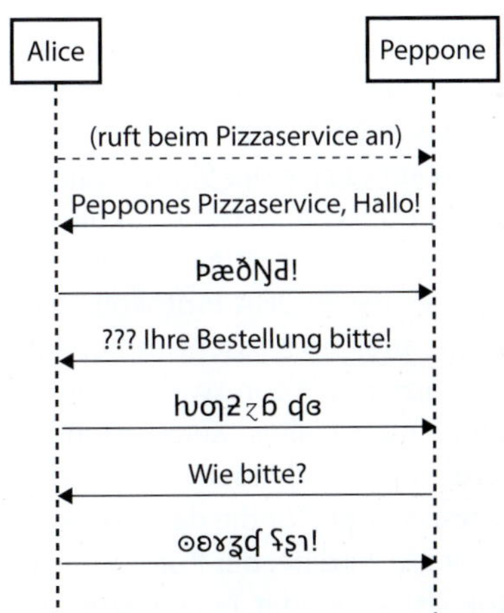

b Zeichnen Sie selbst ein Diagramm, in dem eine erfolgreiche Pizzabestellung dargestellt ist.

c Ein hungriger Außerirdischer vom Planeten Melmac fragt Sie, wie das telefonische Bestellen einer Pizza funktioniert. Formulieren Sie für ihn eine detaillierte Protokolldefinition. Diese soll alle notwendigen Kommunikationsschritte und deren vorgesehene Reihenfolge beschreiben und auch vorgeben, wie bei unvorhergesehenen Abweichungen von diesem Schema vorgegangen werden sollte (z. B. Verbindungsabbruch, unverständliche Antwort, usw.).

3 Übersicht über unterschiedliche Protokolle

Verteilen Sie in der Klasse die unten angegebenen Protokolle. Recherchieren Sie in Zweierteams zu jedem Protokoll den vollständigen Namen und geben Sie den Einsatzzweck in wenigen Sätzen an. Für Schnelle: Notieren Sie sich auch eine Beispielkommunikation, welche auf dem jeweiligen Protokoll beruht.

Stellen Sie Ihre Ergebnisse anschließend in der Klasse vor oder tragen Sie diese in ein von der Lehrkraft erstelltes Dokument ein.

SMTP, POP3, IMAP, HTTP, HTTPS, NTP, RTSP, SSH, ARP, FTP, SFTP, IPP, DHCP, MQTT, LDAP

4 Verbindungsorientiert oder verbindungslos kommunizieren

Viele Protokolle spezifizieren eine verbindungsorientierte Kommunikation mit einem expliziten Verbindungsauf- und -abbau vor bzw. nach der eigentlichen Nutzdatenübertragung. Beim Telefonieren gehört es beispielsweise zum Protokoll, dass man sich zu Beginn begrüßt, um sicherzustellen, dass die Telefonverbindung funktioniert und man die richtige Person erreicht hat (Verbindungsaufbau). Ebenso wird gemäß dem Protokoll erwartet, dass man sich vor dem Auflegen verabschiedet (Verbindungsabbau). Für andere Kommunikationssituationen kann aber auch eine verbindungslose Kommunikation sinnvoll sein, da so der Aufwand des Verbindungsauf- und -abbaus eingespart wird.

a Diskutieren Sie jeweils, ob es sich bei den folgenden Beispielen um verbindungsorientierte oder verbindungslose Kommunikation handelt.

- i Fahrscheinkontrolle im Zug
- ii Absetzen eines Notrufs
- iii Unterrichtsstunde in der Schule
- iv Lautsprecherdurchsage der Schulleitung

b Ordnen Sie für die Beispiele aus Teilaufgabe a) den jeweils kommunizierenden Personen/Parteien die Rollen „Client" und „Server" zu.

5 ALOHA

Um verschiedene Forschungsstandorte auf der Inselgruppe Hawaii mit der Universität in Honolulu zu verbinden, kam bereits in den 1970er Jahren ein Funk-Computernetz zum Einsatz, welches das ALOHA-Protokoll verwendete. Dabei sendeten alle Stationen auf der gleichen Frequenz; kam es zu einer Signalkollision, weil mehrere Stationen zufällig gleichzeitig sendeten, so schrieb das ALOHA-Protokoll vor, dass alle Sender für eine zufällige Zeit lang warten mussten, bevor sie die Übertragung erneut versuchten.

a Spielen Sie das ALOHA-Protokoll im Rollenspiel nach. Stellen Sie sich dazu in einer beliebigen Formation im Klassenzimmer auf. Versuchen Sie nun mit anderen Personen laut zu kommunizieren. Wenn zwei Personen gleichzeitig sprechen, müssen beide abbrechen und für eine (zufällige) Zeit warten.

b Erläutern Sie verschiedene Vor- und Nachteile des ALOHA-Protokolls und beschreiben Sie Einsatzszenarien, für die das Protokoll gut bzw. schlecht geeignet ist.

c Noch heute wird bei der Kommunikation von Mobiltelefonen eine Variante des ALOHA-Protokolls verwendet, bei der Übertragungen nur zu einheitlich festgelegten Zeitslots beginnen und maximal einen Zeitslot lang andauern dürfen („slotted ALOHA"). Beschreiben Sie den Vorteil dieser zusätzlichen Regeln.

6 HTTP Statuscodes

Das HTTP-Protokoll sieht vor, dass ein Server auf die Anfrage eines Clients unter anderem mit einem sogenannten Statuscode antwortet.

a Verschaffen Sie sich einen Überblick über Abschnitt 6 von RFC 7231 und informieren Sie sich über die Bedeutung der Statuscodes 200, 301, 401, 403 und 404.

b Nennen Sie Statuscodes, die Ihnen beim Surfen im Web bereits begegnet sind.

c Erläutern Sie, wie ein Webbrowser auf eine HTTP-Antwort mit dem Statuscode 200, 301, 401, 403, oder 404 sinnvollerweise reagieren sollte.
d Für Schnelle: Recherchieren Sie die Bedeutung des Statuscodes 418 in RFC 2324. Achten Sie dabei auch auf das Veröffentlichungsdatum dieses RFCs.

7 Wireshark: Einführung in die Protokollanalyse
Das frei verfügbare Programm Wireshark kann verschiedenste Formen elektronischer Kommunikation mitschneiden, speichern und analysieren. Die bereitgestellte Datei wireshark_http enthält den Mitschnitt eines Webseitenabrufs mittels HTTP-Protokoll.
a Öffnen Sie den Mitschnitt und machen Sie sich mit dem Hauptfenster von Wireshark vertraut. Beschreiben Sie kurz die Funktion der oberen und unteren Fensterhälfte.
b Tippen Sie im Wireshark-Hauptfenster „http“ (ohne Anführungszeichen, gefolgt von der Entertaste) in die Anzeigefilterzeile direkt unterhalb der Menüleisten ein, um lediglich dem HTTP-Protokoll zugeordnete Datenpakete anzuzeigen. Lösen Sie anschließend selbstständig die folgenden Aufgaben:
i Analysieren Sie die Spalten „Source“ und „Destination“ in der oberen Fensterhälfte und finden Sie heraus, hinter welcher Adresse sich der HTTP-Client bzw. -Server verbirgt. Begründen Sie Ihre Zuordnung kurz.
ii Betrachten Sie für die verschiedenen Datenpakete den Abschnitt „Hypertext Transfer Protocol“ in der unteren Fensterhälfte, um weitere Details einzusehen (hierzu den entsprechenden Abschnitt „aufklappen“). Nennen Sie die Datei(en), die der Client beim Server anfragt, und beschreiben Sie kurz allgemein, um welche Art von Nutzerinteraktion es sich hierbei vermutlich handelt.
iii Öffnen Sie parallel in einem zweiten Wireshark-Fenster die Datei wireshark_https, vergleichen Sie den Kommunikationsverlauf und beschreiben Sie den wesentlichen Unterschied beim Datenaustausch. Beurteilen Sie, inwiefern der Einsatz von HTTPS für die gezeigte Nutzerinteraktion sinnvoll erscheint.

8 Netzneutralität
a Recherchieren Sie die Definition des Begriffs „Netzneutralität“.
b Recherchieren Sie im Internet nach Fällen von Verletzung der Netzneutralität. Finden Sie heraus, wie dies von den jeweiligen Befürwortern und Gegnern dargestellt wurde.
c Diskutieren Sie gemeinsam in Ihrer Klasse: Sollte die Netzneutralität im Internet gesetzlich vorgeschrieben werden?

9 Rechnernetze simulieren – Teil 1
Mit der Lernanwendung Filius können Rechnernetze virtuell aufgebaut und simuliert werden.
a Öffnen Sie die Vorlage und analysieren Sie das dargestellte Netz. Geben Sie jeweils an, wie viele Geräte, Switches und Router eingesetzt sind.
b Für Schnelle: Erweitern Sie das Netz individuell.

10 Forschungsauftrag: Tier
Beantworten Sie durch eine Recherche folgende Teilaufgaben:
a Geben Sie jeweils ein Beispiel für einen Tier 1- und Tier 2-Provider in Deutschland an.
b Erklären Sie den Begriff Peering in Zusammenhang mit Tier 1.
c Die Verbindung großer Netze erfolgt oft über sogenannte Internetknoten. Geben Sie einen Internetknoten für Deutschland an.
d Viele Internetknoten stellen Statistiken über ihren Datenverkehr online. Vergleichen Sie die Statistiken zweier Knoten hinsichtlich Datenmenge, Minima und Maxima der Übertragung.

3.2 Aufgaben sinnvoll verteilen: Das Schichtenmodell

Noch in der ersten Hälfte des 20. Jahrhunderts wurde Fracht auf Schiffen oder Güterzügen ausschließlich als Stückgut, d. h. einzeln in Säcken, Netzen, Fässern etc. verladen und transportiert. Ab den 1960er Jahren begannen sich dann mehr und mehr die heute gängigen standardisierten Frachtcontainer durchzusetzen.

a Erläutern Sie die Vorteile des Containertransports gegenüber dem Transport als Stückgut.

b Oma Erna möchte ihrer Enkelin Amelie zu Weihnachten einen Brief schicken. Da Amelie aktuell in Chicago studiert, lässt sich der Weg des Briefes wie folgt darstellen:

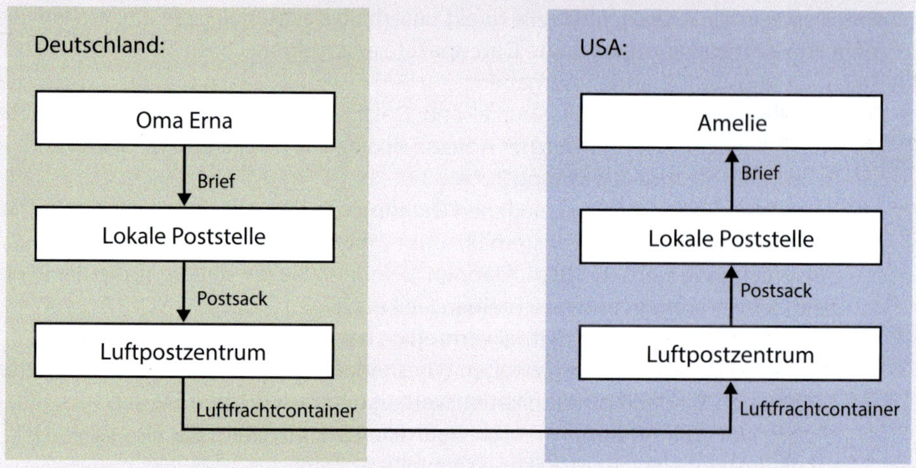

Beschreiben Sie, welche Elemente des gezeigten Diagramms angepasst werden müssten, um folgenden Veränderungen gerecht zu werden:

i Der Transport in die USA erfolgt per Schiff statt per Flugzeug.
ii Erna schickt eine Postkarte anstelle eines Briefs.
iii Amelie studiert in Australien.

c Formulieren Sie eine Vermutung, weshalb sich das in b) dargestellte Verfahren beim Brieftransport international durchgesetzt hat.

Das Diagramm in der Einstiegsaufgabe beschreibt das Kommunikationssystem Post in mehreren Schichten (Schichtenstapel). Logisch betrachtet kommuniziert Oma Erna direkt mit Amelie, da niemand sonst den Inhalt ihres Briefes liest. Tatsächlich durchläuft der Brief jedoch zunächst den Schichtenstapel auf der Absenderseite, wobei auf jeder Schicht eine Umhüllung (Briefumschlag, Postsack, Container) hinzugefügt wird. Für den weiteren Transport sind dann nur die Adressinformationen auf diesen Umhüllungen relevant. Für den Transport des Containers muss beispielsweise nur der Zielflughafen, nicht jedoch die Hausnummer des Briefempfängers bekannt sein. Auf der Empfängerseite werden diese Umhüllungen dann Schicht für Schicht wieder entfernt, bis die ursprünglichen „Nutzdaten" (der Brief) ihre Empfängerin erreichen.

Schichten schaffen Flexibilität

Ein wichtiger Vorteil bei diesem **Schichtenmodell** ist die einfache **Austauschbarkeit** der konkreten Umsetzung einzelner Schichten, ohne dass dafür die übrigen Teile des Systems geändert werden müssen. Stellt die Post beispielsweise intern von Postsäcken auf Postkisten um, so hat dies keine Auswirkungen für Erna und Amelie oder den Frachtflugverkehr, bei dem weiterhin

Container transportiert werden. Lediglich die **Schnittstellen** zwischen zwei aufeinanderfolgenden Schichten müssen einheitlich definiert werden, die internen Abläufe innerhalb einer Schicht sind für andere Schichten dann nicht relevant. Erna muss beispielsweise nur das erlaubte Briefformat (Schnittstelle zum Postsystem) kennen, aber nichts über die Details des Posttransports wissen. Man spricht daher auch von einem „Blackbox"-Modell.

Das Rad nicht neu erfinden

Ein weiterer Vorteil ist die **Wiederverwendbarkeit** bereits existierender Schichten für andere Zwecke. Beim Postsystem könnte die Infrastruktur der lokalen Poststellen auch für das Austragen von Zeitungen genutzt werden, obwohl die darunterliegende Zulieferstruktur eine andere ist. Umgekehrt könnte die vorhandene Luftfrachtinfrastruktur auch für den Transport von Paketen genutzt werden, auch wenn auf der darüber liegenden Schicht dann keine Postsäcke zum Einsatz kommen.

Schichten bei der digitalen Kommunikation

Die Kommunikation zwischen Rechnern kann durch das →**TCP/IP-Modell** als Stapel aus insgesamt vier Schichten dargestellt werden. Wie beim Postbeispiel übernimmt jede Schicht bestimmte Aufgaben, wobei je nach Einsatzzweck verschiedene Protokolle zur Verfügung stehen. Die Endnutzer interagieren, ebenfalls wie bei der Post, lediglich mit der obersten Schicht (**Anwendungsschicht**). Diese entspricht in der Regel dem jeweils genutzten Dienst (WWW, E-Mail, etc.). Die dort anfallenden Daten werden dann an die darunter liegenden Schichten gegeben, welche jeweils spezifische Aufgaben übernehmen:

→ TCP/IP: Benannt nach zwei wichtigen Protokollen der Transport- bzw. Internetschicht (auch Vermittlungsschicht genannt).

TCP/IP-Modell	Wichtige Protokolle
Anwendungsschicht	HTTP(S), SSH, NTP, IMAP, IPP, SMTP, POP3, RTSP …und viele weitere
Transportschicht	TCP, UDP
Internetschicht	IP
Netzzugangsschicht	1000Base-T (Kupferkabel) 1000Base-SX/LX (Glasfaserkabel) IEEE 802.11 (Funk)

Die **Transportschicht** stellt der eigentlichen Anwendung einen Ende-zu-Ende-Kommunikationskanal bereit, sodass die Client- und die Serveranwendung direkt Daten austauschen können. Der von der jeweiligen Anwendung kommende Datenstrom wird dabei in Segmente aufgeteilt, welche nacheinander übertragen werden. Bei →**TCP** erfolgt die Kommunikation **verbindungsorientiert**: Vor dem Austausch von Nutzdaten wird durch einen sogenannten Handshake zunächst die gegenseitige Erreichbarkeit der Kommunikationspartner überprüft. Beim darauf folgenden Datenaustausch wird weiterhin dafür Sorge getragen, dass die Segmente auf der Empfangsseite in der richtigen Reihenfolge wieder zusammengesetzt werden und ggf. fehlerhaft übertragene Segmente anhand von Prüfsummen erkannt und neu angefordert werden. Erst danach wird die Verbindung abgebaut. Um all dies zu ermöglichen, müssen bei TCP jedoch viele Steuerungsdaten zusätzlich zu den eigentlichen Nutzdaten übertragen werden. Verwendet man dagegen →**UDP**, erfolgt die Kommunikation **verbindungslos**, das heißt, es findet keine weitere Absicherung der Datenübertragung statt. Es ist somit durchaus möglich, dass einige Segmente unterwegs verloren gehen oder den Empfänger in falscher Reihenfolge erreichen.

→ TCP: Transmission Control Protocol

→ UDP: User Datagram Protocol

Die zentrale Aufgabe der **Internetschicht** ist die **Wegewahl** (engl. *routing*). Insbesondere in großen Netzen wie dem Internet erreichen die Datensegmente der Transportschicht ihr Ziel in der Regel nicht direkt. Stattdessen werden sie von Vermittlungsrechnern (engl. router) schrittweise bis ins Zielnetz weitergeleitet. Das *Internet Protocol* (**IP**) sorgt dabei dafür, dass die Datenpakete über verschiedene Wegpunkte ihr Ziel erreichen, auch wenn dieses in einem anderen Netz liegt und nur über einen oder mehrere Router erreichbar ist.

Damit die Datenpakete der Internetschicht von einer Station zur nächsten geleitet werden können, muss ein möglichst störungsfreier Kommunikationspfad zwischen diesen Stationen geschaffen werden. Dies ist die Aufgabe der **Netzzugangsschicht**. Je nach Übertragungsmedium müssen verschiedene Arten von Übertragungsfehlern erkannt und ggf. der Zugriff auf ein gemeinsames Kommunikationsmedium (z. B. einen gemeinsamen Funkkanal) gesteuert werden. Schließlich müssen die als Bitfolge vorliegenden Daten durch ein physisches Übertragungsmedium (Kabel, Luft, etc.) transportiert werden. Dabei muss durch das verwendete Protokoll unter anderem die Codierung der Daten, aber z. B. bei Kabelverbindungen auch die Form und Belegung der verwendeten Stecker spezifiziert werden.

→2

Auf ihrem Weg vom Sender zum Empfänger durchlaufen die zu versendenden Daten somit stets zunächst vertikal den Schichtenstapel auf der Senderseite. Dabei können die eigentlichen Nutzdaten auf jeder Schicht durch protokollspezifische Adressierungs- und Steuerinformationen, Prüfsummen usw. ergänzt werden. Oft werden diese Zusatzinformationen den eigentlichen Nutzdaten vorangestellt und deshalb auch als →Protokollheader bezeichnet. Nach der Ankunft beim Empfänger wird der Schichtenstapel dann von unten nach oben durchlaufen und die Nutzdaten schließlich an die Applikation der Anwendungsschicht übergeben. Aus logischer Sicht kann so beispielsweise ein Webclient direkt mit einem Webserver auf der Anwendungsschicht kommunizieren.

→ Header: abgeleitet von engl. head: Kopf

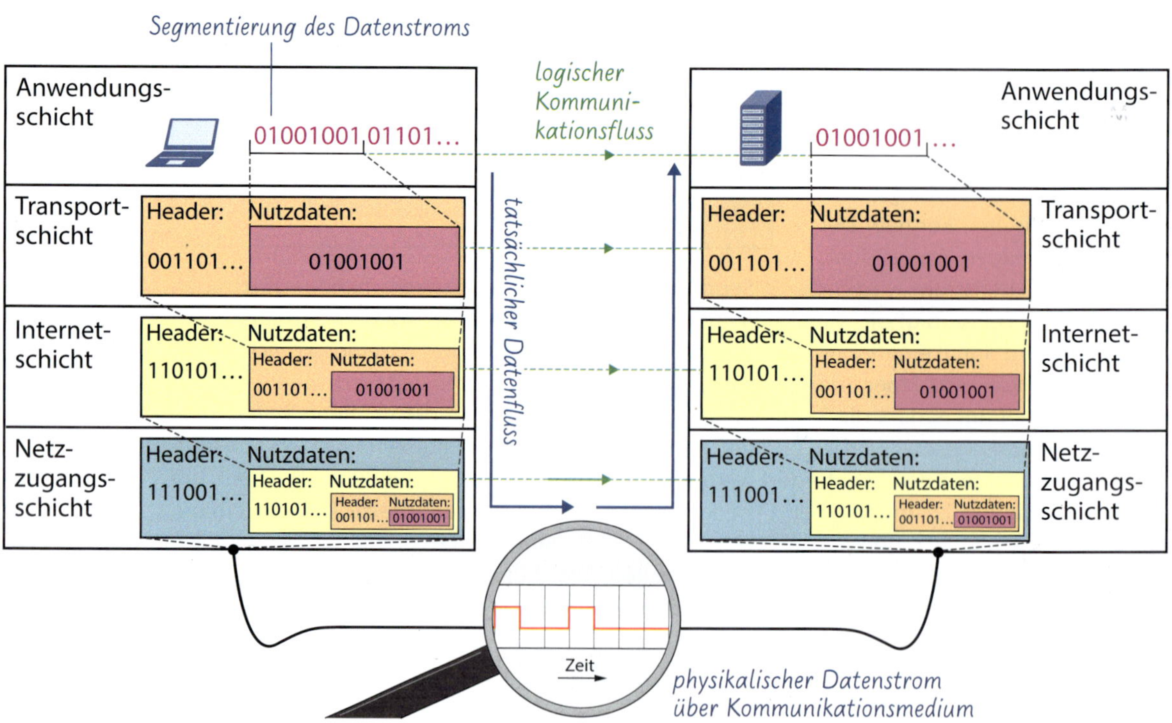

Diese Protokollschichtung ermöglicht Flexibilität. Wechselt man beispielsweise von einer Glasfaserverbindung zu WLAN, muss lediglich das Protokoll der Netzzugangsschicht ausgetauscht werden; die Software der Anwendungsschicht (z. B. Webbrowser) und auch die Implementierungen der Internet- und Transportschicht müssen dafür nicht verändert werden.

Bei der Modellierung des Informationsaustausches im **Schichtenmodell** übernimmt jede Schicht eine Teilaufgabe des Kommunikationsprozesses. Die konkrete Umsetzung wird dann durch schichtspezifische Protokolle festgelegt, welche je nach Anforderungen und Rahmenbedingungen untereinander **austauschbar** und **wiederverwendbar** sind.

Auf der **Anwendungsschicht** anfallende Daten durchlaufen den Schichtenstapel auf der einen Seite der Kommunikation vertikal nach unten und auf der anderen Seite wieder nach oben. Aus logischer Sicht kann so eine direkte Kommunikation auf der Anwendungsschicht realisiert werden.

Wichtige Protokolle der **Transportschicht** sind **TCP** und **UDP**, welche einen verbindungsorientierten (TCP) oder verbindungslosen (UDP) Ende-zu-Ende-Kommunikationskanal bereitstellen und den Datenstrom der Anwendungsschicht in Segmente unterteilen.

Auf der **Internetschicht** (auch Vermittlungsschicht genannt) kommt in der Regel das Internet Protocol (**IP**) zum Einsatz, welches insbesondere die Wegewahl von Datenpaketen in großen Netzen wie dem Internet übernimmt.

Die darunterliegenden Schichten (**Netzzugangsschicht** bei TCP/IP) übernehmen den eigentlichen Datentransport über ein physisches Medium. Das verwendete Protokoll hängt dabei auch vom verwendeten Medium (Funk, Kabel, ...) ab.

Aufgaben

1 Kommunikationsmedien

Maschinen können über diverse Medien miteinander kommunizieren. Gängig ist dabei z. B. die Kommunikation über Funksignale oder elektrische Signale (via Kupferkabel).

- **a** Nennen Sie möglichst viele weitere denkbare Kommunikationsmedien.
- **b** Geben Sie für jedes Kommunikationsmedium aus Teilaufgabe a) die spezifischen Vor- und Nachteile des jeweiligen Mediums an, die für bzw. gegen dessen Verwendung sprechen.
- **c** Für Schnelle: Informieren Sie sich über das erstmals in RFC 1149 spezifizierte IPoAC-Protokoll und bewerten Sie auch das dort genannte Medium analog zu Teilaufgabe b).

2 Wer implementiert was?

Die zentrale Softwarekomponente moderner Endgeräte ist das Betriebssystem (z. B. Windows, MacOS usw.). In der Regel erlaubt dieses die Installation diverser Anwendungsprogramme und verwaltet im Hintergrund die Zuteilung gemeinsam genutzter Ressourcen wie etwa Zugriff auf den Speicher oder auch an das Kernsystem angeschlossene Zusatzgeräte, wozu auch Schnittstellenadapter für die Kommunikation in Rechnernetzen gehören. Damit das Betriebssystem die vielen verschiedenen erhältlichen Zusatzgeräte steuern kann, stellen die Gerätehersteller in der Regel sogenannte „Treibersoftware" bereit. Diese ermöglicht dem Betriebssystem die Ansteuerung gerätespezifischer Funktionen über eine einheitliche Schnittstelle.

- **a** Ordnen Sie die Schichten des TCP/IP-Modells den Bereichen Anwendungssoftware, Betriebssystem und Gerätetreiber zu und erklären Sie jeweils, weshalb es sinnvoll ist, die Protokolle der jeweiligen Schicht dort zu implementieren.

b Nennen Sie verschiedene Funktionen, die der Gerätetreiber für
i ein WLAN-Modul,
ii eine kabelgebundene Netzanbindung (LAN)
dem Betriebssystem bereitstellen muss, und erläutern Sie, in welchen Punkten sich die beiden Funktionsauflistungen aufgrund von physikalischen Eigenheiten der verwendeten Übertragungstechnologien unterscheiden müssen.

3 Routing im Internet

Das Internet ist ein Zusammenschluss vieler lokaler Rechnernetze, die über Router miteinander verbunden sind. Die Aufgabe eines Routers besteht dabei allein darin, eingehende Datenpakete in das richtige Teilnetz weiterzuleiten.

a Ein neues Protokoll der Anwendungsschicht wird standardisiert. Erläutern Sie, inwiefern die Konfiguration der Router im Internet daraufhin angepasst werden muss, um auch die Daten dieses neuen Protokolls korrekt weiterleiten zu können.

b Erklären Sie, weshalb die folgenden Aussagen so nicht korrekt sind, und verbessern Sie sie:
i Um erfolgreich arbeiten zu können, muss ein Router lediglich ein geeignetes Protokoll der Internetschicht verstehen, da Routing bzw. Wegewahl Aufgabe der Internetschicht ist.
ii Damit alle Geräte im Internet erfolgreich miteinander kommunizieren können, müssen sie auf der Netzzugangs- und Internetschicht alle die gleichen Protokolle unterstützen.

4 Wireshark: Analyse des Protokollstapels

Bei der Kommunikationsanalyse mit dem Programm Wireshark kann der in einzelnen Datenpaketen enthaltene „Protokollstapel" im unteren Teil des Hauptfensters aufgeschlüsselt und analysiert werden. Die Auflistung der Protokolle beginnt dabei jedoch mit der untersten Schicht, sodass etwaige Protokolle der Anwendungsschicht als letztes aufgeführt werden. Die Einträge in dieser Protokollliste können zudem „aufgeklappt" werden, um Details zu den übertragenen Protokollinformationen zu erhalten.

a Öffnen Sie die Datei wireshark_smarthome. Ermitteln Sie, welche Transportschichtprotokolle für welche Art von Datenübertragung zum Einsatz kommen, und beurteilen Sie jeweils die Sinnhaftigkeit der Protokollauswahl.

b Versuchen Sie eigenständig anhand der vorliegenden Kommunikationsmitschnitte herauszufinden, auf welche Weise bei TCP der korrekte Empfang aller versendeten Segmente sichergestellt wird. Überprüfen Sie Ihre Vermutung anschließend anhand der Protokolldefinition (RFC 793, Abschnitt 3.3).

c Öffnen Sie die Datei wireshark_pptp und analysieren Sie den mitgeschnittenen Datenaustausch mit besonderem Augenmerk auf die verwendeten Kommunikationsprotokolle. Nennen Sie mögliche Anwendungsfälle für diese besondere Art der Protokollschichtung.

5 Die oberen Schichten des ISO/OSI-Modells

Das ISO/OSI-Modell sieht im Gegensatz zum TCP/IP-Modell sieben statt nur vier Schichten vor. Ein Teil der Aufgaben der Anwendungsschicht wird dabei auf zwei zusätzliche unter der Anwendungsschicht eingefügte Schichten verteilt (Darstellungs- und Kommunikationssteuerungsschicht). Außerdem werden die Aufgaben der Netzzugangsschicht auf zwei Schichten (Bitübertragungs- und Sicherungsschicht) aufgeteilt.

a Recherchieren Sie die Aufgaben, die den Schichten im ISO/OSI-Modell zugeordnet werden, und erläutern Sie insbesondere die Aufgaben der zusätzlichen Schichten mit eigenen Worten.

b Beim TCP/IP-Modell werden die Aufgaben der Darstellungs- und Kommunikationssteuerungsschicht als Teil der Anwendungsschicht aufgefasst. Diskutieren Sie am Beispiel der Anwendungen „Webbrowser" und „E-Mail-Client", inwieweit diese Zusammenfassung gerechtfertigt erscheint.

6 Vorteile des Schichtenmodells im Alltag

Der Internetanschluss bei Ihren Großeltern soll von DSL über die Telefonleitung zu einem echten Glasfaseranschluss bis ins Haus umgestellt werden. Daraufhin werden Sie von Ihren Großeltern gefragt: „Brauchen wir deswegen jetzt einen komplett neuen Tablet-Computer?". Erklären Sie Ihren Großeltern nachvollziehbar, weshalb dies nicht der Fall ist.

7 Vertrauliche Kommunikation im Internet schützen

→2

Um vertrauliche Daten vor fremden Zugriffen während der Übertragung im Internet zu schützen, können diese verschlüsselt werden.

a Eine neue Software soll maximale Sicherheit bieten, indem sie sich in die Kommunikation des Rechners, auf dem sie läuft, einklinkt und sämtliche IP-Pakete vor der Übertragung komplett verschlüsselt. Erklären Sie, weshalb dies so nicht funktionieren kann.

b Ein Ansatz, der das Problem aus Teilaufgabe a) umgeht, besteht darin, die komplett verschlüsselten IP-Pakete in einem weiteren IP-Paket zu „verpacken" und dieses an einen speziellen Rechner im Zielnetz zu senden, der das ursprüngliche IP-Paket „auspackt", entschlüsselt und anschließend unverschlüsselt im lokalen Netz überträgt. Stellen Sie dieses Vorgehen grafisch dar. Orientieren Sie sich dabei an der Darstellung zum Schichtenmodell auf S. 94.

8 Online-Shop (aus Abitur 2017)

Ein Online-Shop für Bücher nutzt zur Auslieferung der bestellten Ware an seine Kunden den Paketdienst: Der Kunde bestellt ein Buch, der Online-Shop verpackt das Buch in ein Paket zulässiger Größe und übergibt es einem Mitarbeiter des Paketdienstes, der es in das nächstgelegene Verteilerzentrum bringt. Dort werden ankommende Pakete entsprechend ihrer Zielbestimmung sortiert und schließlich an das dem Zielort nächstgelegene Verteilerzentrum transportiert. Von dort wird das Paket durch einen weiteren Mitarbeiter des Paketdienstes in der betreffenden Paketstation deponiert, von der es der Kunde abholen kann.

a Stellen Sie das gegebene Szenario in einem Schichtenmodell mit wenigstens drei Schichten dar. Machen Sie für jede Schicht deutlich, welche Aufgabe sie hat.

b Beschreiben Sie einen Vorteil der Aufteilung eines Vorgangs in Schichten.

3.3 Den Weg finden: Adressierung

a Finden und notieren Sie Ihre IP-Adresse. Öffnen Sie dazu entweder die Eigenschaften Ihrer Verbindung (Windows) bzw. die Systemeinstellungen zu Netzwerken (Mac) oder öffnen Sie die Eingabeaufforderung (Windows) bzw. ein Terminal (Mac, Linux) und geben Sie den Befehl ipconfig (Windows) bzw. ifconfig (Mac, Linux) ein.
Hinweis: Falls Sie mehrere Adressen finden, notieren Sie die IPv4-Adresse.

b Finden Sie mit einer Webseite („Wie ist meine IP“) heraus, welche IP-Adresse von Ihnen nach außen sichtbar ist.

c Vergleichen Sie zu zweit gegenseitig die Resultate von a) und b).

Mit dem Befehl tracert *URL* (Windows) bzw. traceroute *URL* (Mac, Linux) kann man sich den Weg anzeigen lassen, welches ein Datenpaket zu einem bestimmten Webserver zurücklegt.

d Lassen Sie sich die Wege zu zwei verschiedenen Webservern (z. B. einer Suchmaschine, Homepage der Schule, …) anzeigen.

e Vergleichen Sie die beiden Wege hinsichtlich der einzelnen Stationen.

f Finden Sie einen Online-Dienst, mit dem eine whois-Abfrage für eine IP-Adresse durchgeführt werden kann. Geben Sie die IP-Adressen der einzelnen Stationen ein und vollziehen Sie so den Weg nach.

Adressierung auf der Anwendungsschicht

→ URL: Uniform Resource Locator

Wie beim Versenden eines Briefes muss man auch beim Datenaustausch in Rechnernetzen die Adresse des Kommunikationspartners kennen. Da die Kommunikation in Schichten verläuft, werden unterschiedliche Adressen für die unterschiedlichen Schichten verwendet. Der Anwender gibt auf der Anwendungsschicht beispielsweise im Browser eine →URL (z. B. informatikschulbuch.de) ein, um eine Webseite aufzurufen.

Für häufig verwendete Dienste sind verbindliche Ports festgelegt. Dafür ist der Bereich von 0 bis 1023 reserviert. Beispiele sind Port 80 für HTTP, 443 für HTTPS, 110 für POP3.

Adressierung auf der Transportschicht

Auf der Transportschicht besteht eine Ende-zu-Ende-Verbindung zwischen den Kommunikationspartnern. Zwei so verbundene Geräte können parallel mehrere Kommunikationsstränge eröffnen. Zur Unterscheidung dieser werden sogenannte **Ports** herangezogen. Ein Port ist eine Nummer von 0 bis 65535 (2^{16}-1). Beim Download einer Datei von einem Server kann dieser beispielsweise die einzelnen Segmente einer Datei an einen Port adressieren. Wird gleichzeitig ein weiterer Download gestartet, so kann ein anderer Port verwendet werden. Ports werden aber auch dazu verwendet, um bestimmte Dienste und damit verbundene Protokolle zu identifizieren. Ein E-Mail-Server wartet beispielsweise auf Port 25 auf eingehende SMTP-Verbindungen.

Adressierung auf der Internet- und Netzzugangsschicht

→IP: Internet Protocol

→ 2.2

Damit das Zustellen von Datenpaketen über mehrere Netze hinweg und das dafür benötigte Routing auf der Internetschicht möglich ist, werden Rechner hier mit sogenannten →IP-Adressen identifiziert. IP-Adressen kommen in den Versionen IPv4 und IPv6 zum Einsatz. In lokalen Netzen werden bisher IPv4 Adressen häufiger genutzt. Diese sind 32 Bit lang und werden zur besseren Lesbarkeit in vier Dezimalblöcken geschrieben (z. B. 192.168.1.2). Der sogenannte **Netzanteil** einer IP-Adresse gibt an, in welchem Netz sich ein Gerät befindet. Große Firmen oder Einrichtungen haben eigene Netze und einen eigens definierten IP-Adressen-Bereich. Das Bundesministerium des Inneren hat beispielsweise IP-Adressen von **153.93.0.0** bis **153.93.255.255**. Ein Gerät mit einer IP-Adresse, die mit 153.93 beginnt, befindet sich im Behördennetz. Der sogenannte **Hostanteil** der Adresse ist im LAN einmalig für ein Gerät vergeben. Anhand einer IP-Adresse kann schnell herausgefunden werden, in welchem Land und in welchem Netz sich ein Gerät befindet.

Auf der Netzzugangsschicht werden Geräte mithilfe der →**MAC-Adresse** identifiziert. Sie ist 48 Bit lang und wird üblicherweise hexadezimal geschrieben (z. B. 12:34:DE:AD:BE:EF). Im Gegensatz zur IP-Adresse kann aus der MAC-Adresse nicht abgelesen werden, in welchem Land oder Netz sich ein Gerät befindet.

→ MAC: Media-Access-Control

Routing

Router können ein oder mehrere Rechnernetze miteinander verbinden. Anhand einer sogenannten Routing-Tabelle trifft der Router Entscheidungen darüber, auf welchem Weg er ein Datenpaket weiterleitet. Der hierarchische Aufbau der IP-Adressen trägt dazu bei, dass nicht für jede Adresse ein Eintrag angelegt werden muss, sondern nur für ganze Bereiche. Zudem kann die Tabelle eine Metrik, d. h. eine Angabe über die Länge des Wegs bis zum Ziel, enthalten.

Routing-Tabelle für Router 1 (s. unten).

Ziel-Adressbereich	nächste Routeradresse	versendete Routeradresse	Metrik
10.43.3.*	10.43.3.1	10.43.3.1	0
153.93.*	12.15.3.1	12.15.3.2	1
192.168.0.*	12.15.3.1	12.15.3.2	2
0.0.0.0	12.15.3.1	12.15.3.2	1

Für alle Datenpakete, welche nicht zugeordnet werden können.

** steht für beliebige Zahlen.*

Beispielkommunikation in einem LAN – Zuordnung von IP-Adressen zu MAC-Adressen

Gerät 1 möchte mit Gerät 2 kommunizieren und kennt zwar dessen IP-Adresse (10.43.3.8), nicht jedoch dessen MAC-Adresse. Um die MAC-Adresse eines Kommunikationspartners zu ermitteln, wird das Address Resolution Protocol (ARP) verwendet. Gerät 1 schickt hierzu über den Switch an alle Teilnehmer des Netzes die Frage, wie die MAC-Adresse von 10.43.3.8 lautet. Der Switch leitet die Frage an alle Teilnehmer im Netz weiter. Gerät 2 sendet seine MAC-Adresse als Antwort über den Switch zurück zu Gerät 1. Dieses kann nun mit Gerät 2 kommunizieren. Die Zuordnung der IP-Adressen zu den MAC-Adressen kann in sogenannten ARP-Tabellen der Geräte gespeichert werden.

IP-Adresse	MAC-Adresse
10.43.3.8	AF:C7:32:40:DD:30
10.43.3.1	B4:00:79:26:A2:34
10.43.3.20	44:30:AA:CC:E5:AA

Beispiel für eine ARP-Tabelle

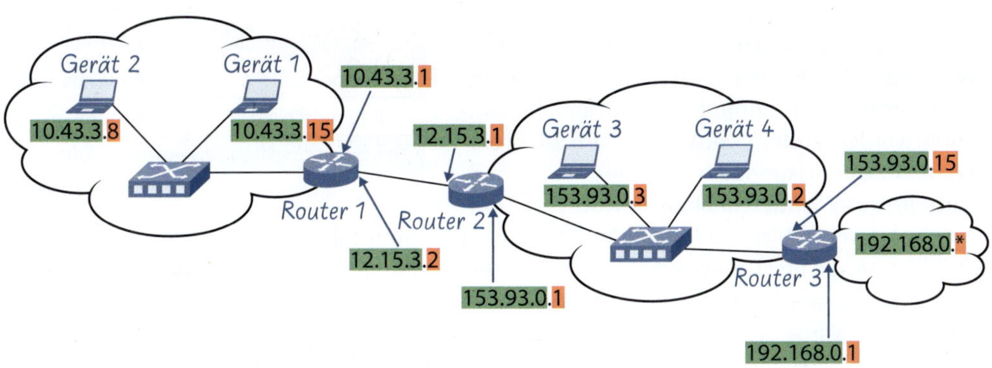

Beispielkommunikation über Netzwerkgrenzen hinaus

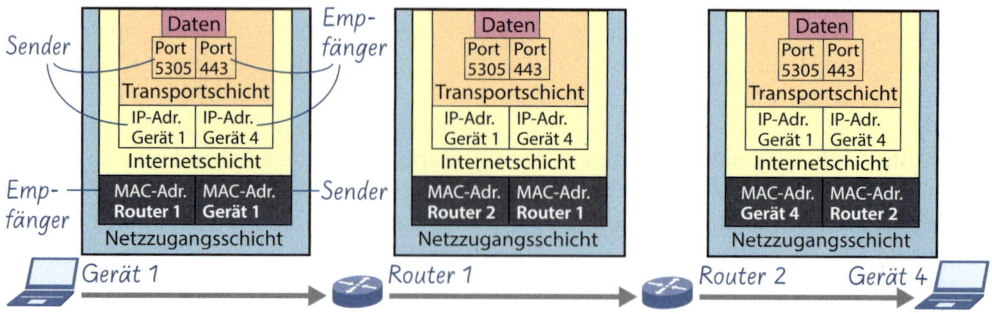

Gerät 1 möchte mit Gerät 4 kommunizieren und kennt dessen IP-Adresse sowie den Port, welcher für die Kommunikation verwendet wird. Auf der Transport- und Internetschicht werden daher der Zielport und die IP-Adresse von Gerät 4 angegeben. Da Gerät 1 am Netzanteil der IP-Adresse erkennt, dass Gerät 2 nicht im gleichen Netz ist, wird auf der Netzzugangsschicht an Router 1 adressiert und (über den Switch) dorthin gesendet. Router 1 erkennt anhand seiner Routingtabelle (s. vorherige Seite), dass er die Nachricht an Router 2 weiterleiten muss. Er ersetzt daher auf der Netzzugangsschicht die Empfängeradresse durch die von Router 2 und gibt seine eigene MAC-Adresse als Absenderadresse an. Router 2 erkennt durch seine Routingtabelle, dass die Zieladresse im eigenen Netz ist, und adressiert auf Netzzugangsschicht an Gerät 4. Als Absender-MAC-Adresse gibt er seine eigene Adresse an. So gelangt das Paket (über den Switch) zu Gerät 4. Dieses erhält ein Datenpaket, das auf der Vermittlungsschicht die IP-Adresse von Gerät 1 als Absender enthält, auf Netzzugangsschicht die MAC-Adresse von Router 2. Dadurch kann eine Antwort auf die Nachricht wieder zurückgeschickt werden.

Namen statt IP-Adressen

IP-Adressen sind lange Zahlen und für Menschen daher schwer zu merken. Deshalb kann man jedem Gerät einen Namen geben. Über eine Art Telefonbuch kann dann zu jedem Namen die IP-Adresse herausgefunden werden. Zur schnelleren Suche sind diese Namen hierarchisch in so genannten Domains strukturiert (z. B. schule.infohausen.de). Der Anwender kann im Browser den vollständigen Rechnernamen eingeben. Das **Domain Name System** (**DNS**) ermittelt dann zu diesem Namen die IP-Adressen.

Für die Kommunikation im Internet müssen die beteiligten Geräte mit Adressen identifiziert werden. In den verschiedenen Schichten des TCP/IP-Modells werden verschiedene Adressen verwendet. Auf der Transportschicht verwenden Server **Ports**, um bestimmte Dienste anzubieten. Ports werden zudem verwendet, um mehrere Kommunikationsstränge zwischen gleichen Partnern auseinanderzuhalten. **IP-Adressen** sind auf der Internetschicht zu finden. Zusammen mit Routing-Tabellen verwenden Router die IP-Adressen, um für Datenpakete einen Weg über verschiedene Netze hinweg zu finden. Auf der Netzzugangsschicht wird ein Gerät über die **MAC-Adresse** identifiziert.

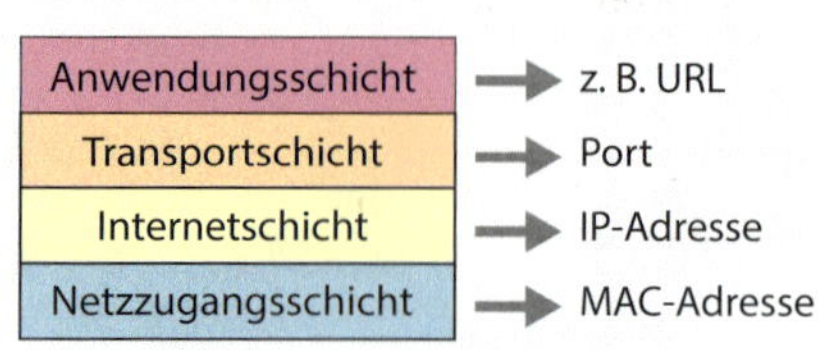

Das Domain Name System (**DNS**) ordnet Domains IP-Adressen zu und ermöglicht so auf der Anwendungsschicht die Verwendung von Namen anstatt IP-Adressen.

Aufgaben

1 Datenpakete
Die Abbildung zeigt stark vereinfacht einen Ausschnitt aus der Kommunikation zwischen zwei Geräten.

a Geben Sie an, welcher Teil der Internet- und welcher Teil der Netzzugangsschicht zugeordnet werden kann. Begründen Sie Ihre Meinung.

b Geben Sie die IP-Adressen und die MAC-Adressen von Gerät 1 und Gerät 2 an.

c Erklären Sie sich gegenseitig den Austausch von Daten über zwei Netze hinweg an diesem Beispiel. Gehen Sie bei Ihrer Erklärung insbesondere auf die farbig hinterlegten Teile ein. Verwenden Sie folgende Begriffe: IP-Adresse, MAC-Adresse, Routing.

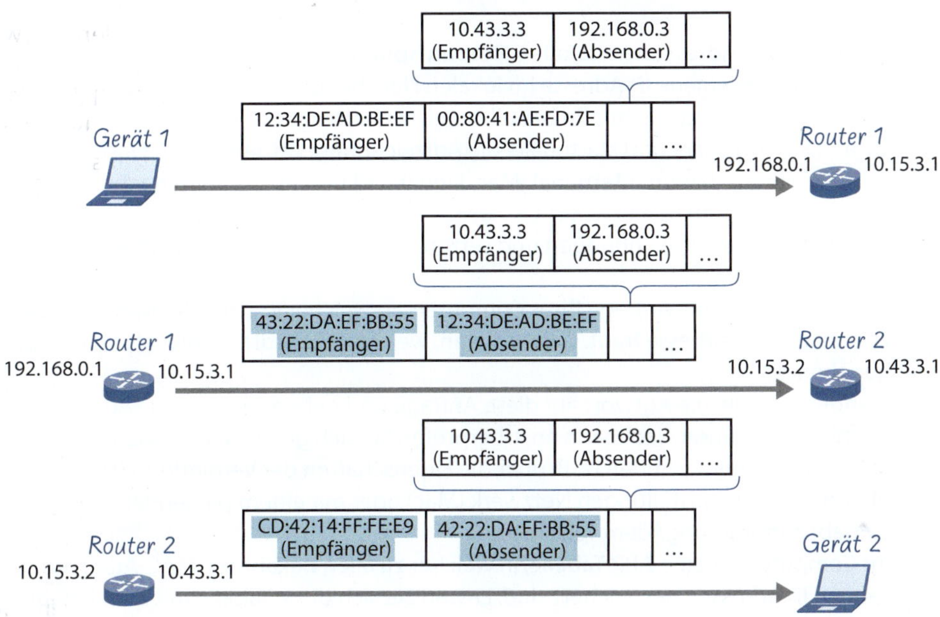

2 Wo wohnst du, wie heißt du? – Adressen im Vergleich
Zur Veranschaulichung von Adressen in Netzen werden oft Postadressen herangezogen. Eine IP-Adresse in einem Netz wird dabei z. B. mit einer Adresse bestehend aus Land, Postleitzahl, Straße mit Hausnummer und Namen verglichen.

a Beurteilen Sie, welche Aspekte dieses Vergleichs stimmig, welche unpassend sind, und diskutieren Sie Ihre Ergebnisse in der Gruppe.

b Eine andere Analogie betrachtet den Namen als MAC-Adresse und den Rest der Postadresse als IP-Adresse. Zeigen Sie Stärken und Schwächen dieses Vergleichs auf.

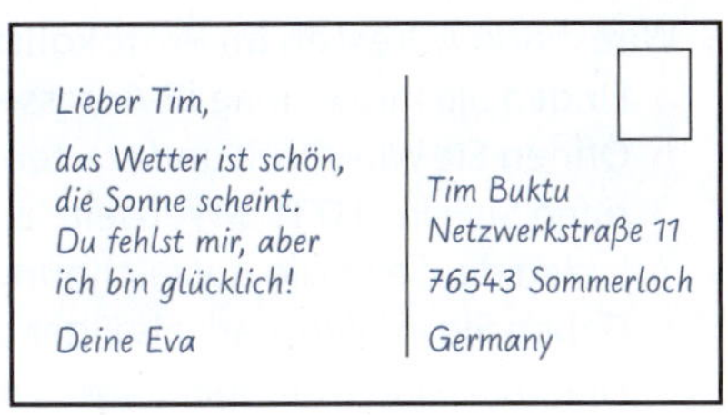

c Eine Postkarte wird aus dem Ausland nach Deutschland versendet. Geben Sie an, welcher Teil der Adresse für die folgenden Stationen von Bedeutung sind: Verteilungszentrum im Ausland, zentrales Verteilungszentrum in Deutschland, Postamt vor Ort.

d Erläutern Sie eine Analogie zwischen den in c) genannten Stationen und den Begriffen Absender, Router, Empfänger.

e Ports werden oft mit Abteilungsnamen in einer Firma verglichen. Erklären Sie diese Analogie.

3 Mangelware IP-Adressen

- **a** Eine IPv4-Adresse besteht aus 32 Bit. Berechnen Sie, wie viele verschiedene IPv4-Adressen es geben kann.
- **b** Recherchieren Sie die Anzahl der internetfähigen Geräte und vergleichen Sie sie mit dem Ergebnis aus a).
- **c** Eine IPv6-Adresse besteht aus 128 Bit. Berechnen Sie, wie viele verschiedene Adressen es hier geben kann.
- **d** Berechnen Sie, wie viel IPv6-Adressen man für einen Quadratmillimeter der Erdoberfläche zur Verfügung stellen könnte, wenn man die Adressen gleichmäßig verteilen würde. Gehen Sie von einer Oberfläche von 510 Millionen Quadratkilometern aus.
- **e** Für Schnelle: Recherchieren Sie die übliche Darstellung einer IPv6-Adresse und vergleichen Sie diese mit dem Aufbau einer IPv4-Adresse.

4 Wireshark: MAC-Adressen im lokalen Netz aufspüren

- **a** Finden Sie Ihre eigene IP-Adresse im lokalen Netz heraus (siehe Einstiegsaufgabe). Teilen Sie die Adresse Ihrer Nachbarin bzw. Ihrem Nachbarn mit.
- **b** Öffnen Sie Wireshark und starten Sie die Aufzeichnung. Öffnen Sie die Eingabeaufforderung (Windows) bzw. ein Terminal (Mac, Linux) und pingen Sie Ihren Nachbarn oder Ihre Nachbarin mit dem Befehl `ping IP-Adresse` an.
  Stoppen Sie die Aufzeichnungen und setzen Sie den Filter auf ARP (Address Resolution Protocol).
- **c** Identifizieren Sie die Anfrage Ihres Computers, in welcher er nach der MAC-Adresse zur angefragten IP-Adresse fragt. Geben Sie an, welche MAC-Adresse hier als Empfänger angegeben ist.
- **d** Identifizieren Sie die Antwort auf diese Anfrage und geben Sie die MAC-Adresse Ihres Nachbarn bzw. Ihrer Nachbarin an. Überprüfen Sie sich gegenseitig, indem Sie Ihre eigene MAC-Adresse herausfinden (z. B. über die Eigenschaften der Verbindung (Windows) bzw. über die Systemeinstellungen Netzwerk (Mac) oder mit einem passenden Befehl auf der Eingabeaufforderung/ dem Terminal).
- **e** Ihr Computer hat eine ARP-Tabelle, in welcher zu allen bekannten MAC-Adressen die passenden IP-Adressen gespeichert sind. Lassen Sie sich diese Tabelle mit dem Befehl `arp -a` anzeigen und überprüfen Sie, ob der Eintrag passend zu Aufgabe d) vorhanden ist.
- **f** Für Schnelle: Bei Verwendung von IPv6-Adressen kommt das Address Resolution Protocol nicht mehr zum Einsatz. Recherchieren Sie den Namen und die Funktionsweise des passenden Protokolls, welches hier stattdessen angewendet wird.

5 Wireshark: Adressen im Protokollstapel

- **a** Finden Sie Ihre eigene IP-Adresse im lokalen Netz heraus (s. Einstiegsaufgabe).
- **b** Öffnen Sie Wireshark und starten Sie die Aufzeichnung. Öffnen Sie einen Browser und rufen Sie eine HTTPS-Webseite auf (z. B. informatikschulbuch.de). Stoppen Sie nach dem Laden der Seite die Aufzeichnung in Wireshark.
- **c** Geben Sie in Wireshark als Filter „dns“ ein. Nennen Sie die Bedeutung dieser Abkürzung.
- **d** Finden Sie ein Datenpaket, welches Ihre IP-Adresse als Absender hat, und eines, welches die Antwort auf diese Anfrage ist. Geben Sie anhand dieser Antwort die IP-Adresse an, welche zur im Browser aufgerufenen Domain gehört.
- **e** Finden Sie im Protokollstapel auf Ebene der Transportschicht die in d) verwendeten Ports. Recherchieren Sie den Standardport für DNS und vergleichen Sie.
- **f** Entfernen Sie den eingestellten Filter und filtern Sie stattdessen nach Datenpaketen mit der Ziel-IP-Adresse der aufgerufenen Webseite (ip.dst == [IP-Adresse]). Überlegen Sie sich zunächst, welche verwendeten Ports, Empfänger-IP-Adressen und MAC-Adressen Sie in diesem Kommunikationsausschnitt kennen könnten. Überprüfen Sie Ihre Vermutung an-

schließend, indem Sie den Protokollstapel von einzelnen Datenpaketen durchgehen. Geben Sie dabei auch die MAC-Adresse des Webservers an, der die aufgerufene Webseite zur Verfügung stellt.

6 Rechnernetze simulieren – Teil 2

a Verwenden Sie eine Simulationssoftware wie z. B. die Lernanwendung Filius, um das abgebildete Rechnernetz aufzubauen.

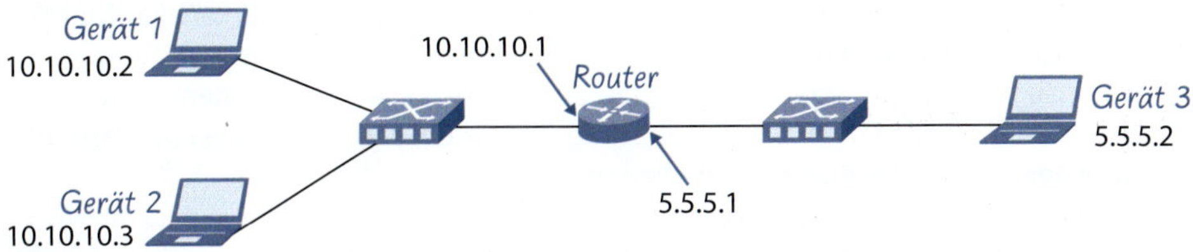

b Installieren Sie auf Gerät 1 die Befehlszeile. Lassen Sie sich die ARP-Tabelle vor und nach dem Anpingen von Gerät 2 anzeigen. Versuchen Sie Gerät 3 anzupingen.

c Damit eine Kommunikation zwischen den Teilnetzen möglich ist, muss an den Geräten der richtige →Gateway eingestellt werden. Setzen Sie den Gateway für alle Geräte passend und testen Sie mittels ping die Erreichbarkeit der Geräte.

d Installieren Sie auf Gerät 1 eine Firewall sowie einen Echo-Server und auf Gerät 3 einen einfachen Client. Versuchen Sie eine Verbindung zum Echo-Server aufzubauen. Erklären Sie anhand der Log-Files der Firewall, warum kein Verbindungsaufbau möglich ist.

e Fügen Sie auf der Firewall eine neue Regel mit dem passenden Port ein. Testen Sie.

f Versuchen Sie weitere Komponenten (z. B. DNS-Server, Webserver und Webbrowser) auf den Geräten zu installieren und zu verwenden. Erweitern Sie das Netz.

→ engl. gateway (Zugangsweg, Torweg): Router in einem lokalen Netz, über welchen das Netz an andere Netze oder das Internet angebunden ist

7 Netzwerkadressübersetzung (→NAT)

In kleinen Netzen werden häufig private IP-Adressen verwendet. Diese sind nicht im öffentlichen Teil des Internets vergeben. In Heimnetzen werden beispielsweise sehr häufig Adressen ab 192.168.0.0 verwendet.

a Beim Versenden von Daten von einer privaten Adresse zu einer öffentlichen Adresse tritt zunächst kein Problem auf. Auf der Transportebene ist die private IP-Adresse als Absender angegeben. Erklären Sie, welches Problem entsteht, wenn eine Antwort auf die Anfrage gesendet werden soll.

b Moderne Router können Source-NAT einsetzen: Sie ersetzen die IP-Adresse des privaten Absenders durch ihre eigene öffentliche. Zusätzlich ersetzen Sie auch den ursprünglich verwendeten Port. In einer Tabelle des Routers wird die Zuordnung von privater IP zu öffentlicher IP sowie der verwendeten Ports gespeichert. Geben Sie an, wie sich die Datenpakete aus dem Beispiel im Lehrtext bei der Kommunikation über Netzwerkgrenzen hinweg ändern.

c Erklären Sie, warum durch NAT IP-Adressen „gespart" werden können.

d Für Schnelle: Recherchieren Sie den Unterschied zwischen Source-NAT und Destination-NAT und stellen Sie diesen der Klasse vor.

→ NAT:
Network Address Translation

3.4 Webseiten aus dem Internet abrufen: HTTP

Viele moderne Webbrowser enthalten sogenannte Entwicklerwerkzeuge, mittels derer das Abrufen und der Aufbau von Webseiten im Detail analysiert werden kann.

a Führen Sie eine Analyse der Netzkommunikation zwischen Client (Browser) und Webserver beim Laden der Seite informatikschulbuch.de durch. Verwenden Sie dafür die vom Browser in den Entwicklerwerkzeugen bereitgestellte Netzwerkanalysefunktion. Anleitungen zur Bedienung dieser Funktion stehen als Download zur Verfügung.

b Untersuchen Sie das Ergebnis der Netzwerkanalyse von a): Beschreiben Sie, welche Dateien beim Abrufen der Webseite übertragen wurden, und äußern Sie eine Vermutung, welchem Zweck diese vermutlich dienen.

c Durch Anklicken der übertragenen Dateien in der Ausgabe der Netzwerkanalyse erhalten Sie weitere Details zur Übertragung. Ermitteln Sie auf diesem Weg folgende Informationen.
- Wie meldet der Server dem Client, dass er die angefragte Datei liefern kann?
- Wie erkennt der Client, in welchem Format die gelieferte Datei codiert ist?

Ein Anwendungsprotokoll genau betrachtet: Ablauf einer HTTP-Anfrage

Unter all den Anwendungsprotokollen, welche im Internet verwendet werden, spielt das zum Abrufen von Webseiten verwendete Hypertext Transfer Protocol (HTTP) eine besonders zentrale Rolle. Der Nachrichtenaustausch zum Abruf einer Seite von einem Server folgt dabei einem recht einfachen Schema.

Eine einfache Anfrage des Clients hat z. B. folgenden Aufbau:

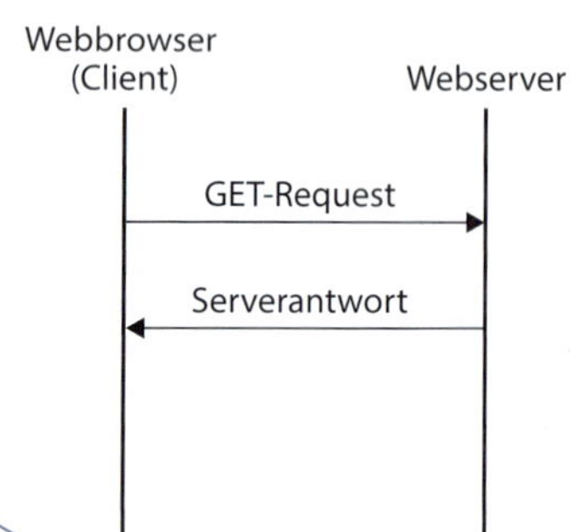

GET-Request — relativer Pfad zur angefragten Datei — Protokoll-version

```
GET /index.php HTTP/2
Host: informatikschulbuch.de
[…hier ggf. noch weitere Parameterangaben…]

```

Eine komplett leere Zeile markiert das Ende der Anfrage.

Der Parameter „Host" gibt die Adresse der Stammwebseite an.

Die Antwort des Servers besteht aus einem sogenannten **Header**, gefolgt von den angefragten **Nutzdaten**. Im Header kann der Server dem Client dabei verschiedene Zusatzinformationen mitteilen, beispielsweise ob die Anfrage erfolgreich war, oder auch, in welchem Format die Nutzdaten codiert sind.

Statuscode des Servers (hier: erfolgreiche Anfrage)

Header:
```
HTTP/2 200 OK
server: Apache/2.4.48 (Unix)
content-type: text/html; charset=UTF-8
[…hier ggf. noch weitere Parameter…]

```

Nutzdaten:
```
<!DOCTYPE html>
[…]
```

Eine komplett leere Zeile trennt Header und Nutzdaten.

Verschlüsselter Datenaustausch mit HTTPS
Um die Vertraulichkeit der Kommunikation zu gewährleisten, erfolgt der Datenaustausch beim Protokoll **HTTPS** in verschlüsselter Form. Der eigentliche Nachrichtenaustausch zwischen Client und Server findet innerhalb dieses gesicherten Kanals auf die gleiche Weise statt wie bei HTTP.

→2

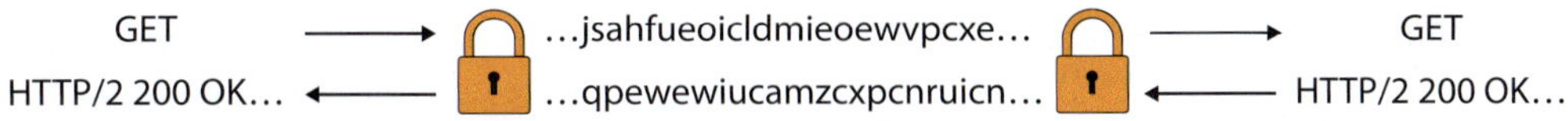

Cookies identifizieren Clients
Einzelne HTTP(S)-Anfragen sind voneinander unabhängige Vorgänge. Meldet sich ein Nutzer oder eine Nutzerin bei einem Onlineportal an und klickt anschließend auf einen Link, um beispielsweise das eigene Profil anzusehen, so kann der Webserver nicht ohne weiteres feststellen, ob die zwei Anfragen vom gleichen, bereits angemeldeten Client stammen. Es könnte sich auch um eine Anfrage eines böswilligen Angreifers handeln, der es auf das Ausspähen nicht für ihn bestimmter Daten abgesehen hat.
Damit Zugangsdaten oder Einstellungen nicht bei jeder Anfrage neu eingegeben werden müssen, können sogenannte **Cookies** eingesetzt werden. Ein Cookie ist eine kleine Textdatei, die vom Server generiert, an den Client übermittelt und dort gespeichert wird. Bei späteren Anfragen wird der Client dann aufgefordert, den Inhalt dieser Textdatei als Teil der Anfrage mit zu senden. So ist beweisbar, dass es sich immer noch um den gleichen Client handelt.
In der Praxis wird dieses Verfahren jedoch häufig auch von Werbeanbietern eingesetzt, um die Aktivitäten von Nutzern im Internet verfolgen zu können (sog. →Tracking-Cookies). Da große Werbeanbieter in der Regel auf vielen verschiedenen Webseiten mit ihrer Werbung präsent sind, können sie mittels geeigneter Cookies das Surfverhalten einzelner Nutzer auch über die Grenzen einzelner Webseiten hinaus detailliert nachvollziehen.

→ Engl. *to track*: nachverfolgen

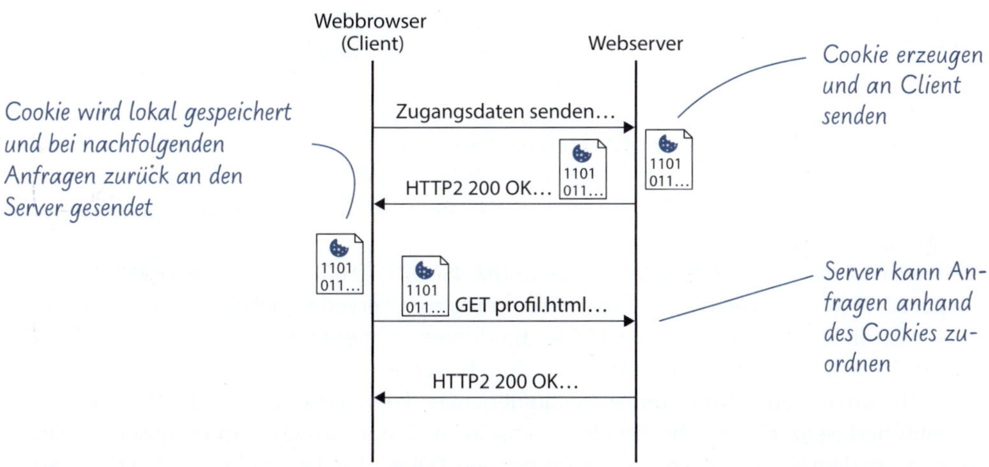

Zum Abrufen von Webseiten im Internet wird in der Regel das Hypertext Transfer Protocol (**HTTP**) eingesetzt. Heutzutage wird die Kommunikation dabei zusätzlich verschlüsselt (**HTTPS**). Wie auch bei anderen Protokollen, muss bei der Übertragung zwischen dem **Header**, welcher protokollspezifische Steuerinformationen enthält, und den eigentlichen **Nutzdaten** unterschieden werden. Eine Identifikation von Nutzern über einzelne Anfragen hinweg wird durch die Verwendung von **Cookies** möglich.

Aufgaben

1 Implementierung eines HTTP(S)-Clients

In dieser Aufgabe soll ein einfacher HTTP(S)-Client implementiert werden, welcher den zuvor beschriebenen einfachen Abruf einer Datei beherrscht. Aufgrund der Protokollstapelung im Schichtenmodell (siehe S. 93) kann für die Verwaltung der Ende-zu-Ende Kommunikationsverbindung auf eine bereits vorhandene TCP/IP-Implementierung zurückgegriffen werden. In der bereitgestellten Projektvorlage ist bereits folgende Grundstruktur angelegt:
Mittels der Methode *nameAufloesen* kann die zu einem Domainnamen gehörige IP-Adresse ermittelt werden. Über die Klassen TRANSPORTSCHICHT_TCP bzw. TRANSPORTSCHICHT_TCP_TLS kann eine TCP-Verbindung aufgebaut werden. Bei TRANSPORTSCHICHT_TCP werden die Nutzdaten im Klartext übertragen; bei TRANSPORTSCHICHT_TCP_TLS erfolgt die Kommunikation TLS-verschlüsselt.

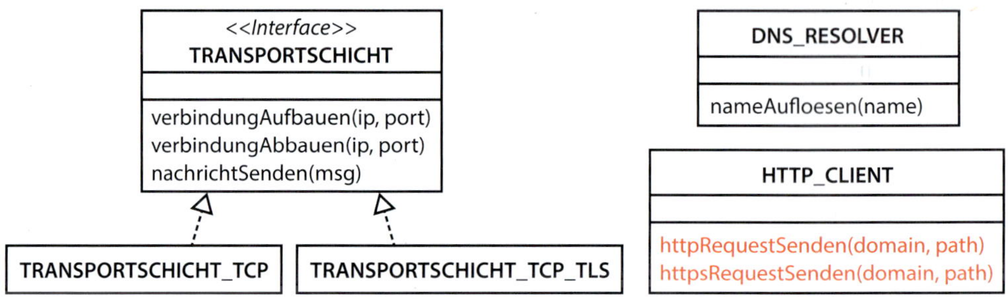

Ergänzen Sie jeweils den Rumpf der Methoden *httpRequestSenden* und *httpsRequestSenden*, sodass die Methodenaufrufe

1) *httpRequestSenden("test.informatikschulbuch.de", "/login.php")*
2) *httpsRequestSenden("test.informatikschulbuch.de", "/login.php")*

eine Antwort des Servers mit einem Statuscode < 400 bewirken. Dafür sind folgende Einzelschritte notwendig:

- **a** Zunächst muss mittels einer DNS-Abfrage die zu der als Parameter übergebenen Domain gehörige IP-Adresse ermittelt und in einer lokalen Variable zwischengespeichert werden. Erstellen Sie hierfür ein Objekt der Klasse DNS_RESOLVER und verwenden Sie die Methode *namenAufloesen*.
- **b** Anschließend muss ein Objekt der Klasse TRANSPORTSCHICHT_TCP bzw. TRANSPORTSCHICHT_TCP_TLS erzeugt und die Verbindung zum Server aufgebaut werden. Für unverschlüsselte und verschlüsselte HTTP-Verbindungen gibt es jeweils standardisierte Ports, welche sich durch eine kurze Internetrecherche schnell herausfinden lassen.
- **c** Nachdem die Verbindung zum Server aufgebaut ist, kann direkt mit dem HTTP-Server kommuniziert werden. Zum Abrufen einer Webseite muss nun ein GET-Request gesendet werden, um dem Server diesen Wunsch mitzuteilen. Dabei ist zu beachten, dass bei HTTP jede Zeile mit den unsichtbaren Steuerzeichen \r\n enden muss und am Ende des Requests eine komplett leere Zeile (erzeugt durch \r\n\r\n am Ende der letzten Textzeile) stehen muss.
- **d** Testen Sie die oben genannten Methodenaufrufe und prüfen Sie, ob der Server auf geeignete Weise (mit einem Statuscode < 400) antwortet. Der Abbau der Verbindung muss nicht explizit implementiert werden: Die Verbindung wird entweder durch den Server oder beim Beenden des Programms automatisch geschlossen.
- **e** Analysieren und vergleichen Sie die Antwort des HTTP-Servers bei den Requests 1) und 2) (vgl. oben). Achten Sie dabei insbesondere auf die übermittelten Nutzdaten und den im Header übertragenen Statuscode. Die Bedeutung der Statuscodes kann via Internetrecherche oder z. B. in RFC 2616 nachgeschlagen werden.
- **f** Erläutern Sie einen möglichen Grund für die unterschiedlichen Antworten des Servers.

g Die HTTP-Antwort zu Abfrage 2) enthält im Header unter anderem die folgende Zeile:
`Set-Cookie: PHPSESSID=xxxxxxxxxxxxxxxxxxxxxxxxxx;`
Erklären Sie die Bedeutung dieser Zeile.

2 Weitere HTTP-Headerparameter

Viele internationale Internetplattformen sind über eine .com-Adresse erreichbar. Deutsche Nutzerinnen und Nutzer bekommen beim Aufruf dieser Webseiten jedoch automatisch eine deutsche Version der Webseite angezeigt, während z. B. britische Nutzerinnen und Nutzer ebenso automatisch eine englischsprachige Version der Webseite angezeigt bekommen.

a Rufen Sie eine solche Webseite im Webbrowser auf und analysieren sie mithilfe der Entwicklerwerkzeuge (vgl. Einstiegsaufgabe) die bei der Anfrage übertragenen HTTP-Headerparameter. Ermitteln Sie den für die automatische Sprachenwahl relevanten Headerparameter.

b Verwenden Sie den HTTP-Client aus Aufgabe 1 und versuchen Sie, die Webseite aus a) nacheinander in verschiedenen Sprachen abzurufen.

c Für Schnelle: Versuchen Sie dem Webserver durch eine geeignete Parameterwahl vorzuspielen, dass es sich bei Ihrem Client um ein Mobilgerät handelt, und überprüfen Sie, inwieweit dies Einfluss auf das ausgelieferte Webseitenformat hat.

3 Webservices

Neben dem Abrufen von Webseiten kann das HTTP(S)-Protokoll auch für den internen Datenaustausch zwischen Anwendungen verwendet werden. Ein Serverprogramm, das eine solche festgelegte Schnittstelle bereitstellt, wird Webservice genannt. Clientprogramme, wie z. B. eine Smartphone-App, können diese Schnittstelle nutzen, um im Hintergrund via HTTP(S) Daten abzurufen und zu manipulieren oder anderweitige Aktionen auf der Serverseite anzustoßen. Um diese Art des Datenaustausches vom klassischen „Websurfen" abzugrenzen, spricht man in diesem Kontext auch von sogenannter Maschine-zu-Maschine-Kommunikation.

a Erläutern Sie Vor- und Nachteile, die sich bei der Maschine-zu-Maschine-Kommunikation aus der Verwendung des etablierten HTTP(S)-Protokolls anstelle eines eigens für diesen Zweck entwickelten Protokolls ergeben.

b Neben dem zum Webseitenabruf benutzten GET-Befehl unterstützt das HTTP(S)-Protokoll noch eine Reihe weiterer Befehle. Formulieren Sie eine Hypothese, welche Datenmanipulationsoperationen jeweils durch die Befehle POST, PUT, PATCH und DELETE angestoßen werden, und überprüfen Sie Ihre Vermutung durch eine kurze Internetrecherche.

c Webseiten werden in der Regel im HTML-Format codiert übertragen und anschließend in einem Browser angezeigt. Bei Webservices sollen die übertragenen Daten hingegen vom empfangenden Programm weiterverarbeitet werden. Hierfür kommen oft die Codierungsformate XML und JSON zum Einsatz. Beschreiben Sie nach einer kurzen Internetrecherche den Aufbau dieser Formate anhand selbst gewählter Beispiele und diskutieren Sie Vor- und Nachteile der beiden Codierungsformen.

→ 2
→ L3

d Beschreiben Sie eine mögliche Webservice-Schnittstelle für einen Essenslieferdienst. Mittels einer App, welche auf den Webservice zugreift, sollen Essensbestellungen aufgegeben und storniert werden können. Weiterhin soll der aktuelle Status einer Bestellung jederzeit abgefragt werden können.

e Für Schnelle: Recherchieren Sie die Kernaussagen des REST-Paradigmas und erläutern Sie, weshalb dieses Programmierparadigma insbesondere bei der Umsetzung von Webservices von Bedeutung ist.

3.5 Dienste des Internets verwenden: Chancen und Risiken

Ein Gedankenexperiment: Sie wollen Ihre Schulnoten auf unlautere Art und Weise durch die Ausnutzung von Sicherheitslücken „aufbessern". An Ihrer Schule erfolgt die Notenverwaltung durch ein Webportal, in welchem die Lehrkräfte Noten eintragen und auch ändern können. Der Zugang ist nur mit korrektem Benutzernamen und Passwort möglich.

a Erläutern Sie, auf welchem Weg Sie sich als unbefugte Person Zugriff auf die Notenverwaltung verschaffen könnten, und schildern Sie das dafür notwendige Vorgehen im Detail.

b Alternativ wäre denkbar, dass die Noten sämtlicher Schülerinnen und Schüler auf Papier in einem Aktenordner im Schulsekretariat verwaltet werden. Vergleichen Sie diese Vorgehensweise mit der zuvor beschriebenen Online-Notenverwaltung hinsichtlich Datensicherheit und Zugriffsschutz.

c Für Schnelle: Recherchieren Sie, welche strafrechtlichen Konsequenzen ein unerlaubter Zugriff auf die Notenverwaltung sowie die Änderung von Noten haben könnte.

Gemeinsam stark

Rechnernetze sind in vielen Alltagssituationen mittlerweile unersetzlich geworden: Ein Geldautomat kann z. B. nur funktionieren, solange er eine Verbindung zum Rechenzentrum der Bank hat. Auch viele Apps auf Smartphones und Tablets (Messenger, Online-Kartendienste, soziale Netzwerke, usw.) können ohne Internetverbindung nicht sinnvoll genutzt werden. Zweifellos bietet die Vernetzung einzelner Rechner miteinander viele Vorteile, weshalb es heute kaum noch Firmen und Privathaushalte ohne Anschluss an das Internet gibt.

Globale Ressourcen lokal verfügbar

Eine wichtige Kategorie internetbasierter Dienste sind sogenannte **Cloud**-Dienste. Dabei können Kunden Rechenleistung, Online-Dienste und Speicherkapazität in Rechenzentren auf der ganzen Welt kurzfristig und nach Bedarf anmieten. Wo die Rechenzentren stehen, wer sie betreibt und wie diese aufgebaut sind, wird dabei aus technischer Sicht zunehmend unwichtig, was durch das Bild der diffusen „Wolke" zum Ausdruck gebracht wird. Wegen der weltweiten Verfügbarkeit von Cloud-Diensten, die es auch ermöglicht von unterschiedlichen Standorten an gemeinsamen Dokumenten zu arbeiten, entschließen sich mehr und mehr Unternehmen dazu, ihre kompletten Datenverarbeitungsprozesse „in die Cloud" auszulagern. Auch im privaten Bereich finden Cloudspeicherdienste und andere cloudbasierte Dienstleistungen zunehmend Verbreitung.

Gefahren aus dem Internet

Doch auch die Verbreitung von Schadsoftware und das unbefugte Ausspähen oder Manipulieren von Daten wird durch das Internet wesentlich leichter möglich. Eine erhebliche Rolle spielen dabei nicht geschlossene **Sicherheitslücken** in der verwendeten Software (weil entsprechende Sicherheitsupdates entweder nicht verfügbar sind oder aufgrund von Nachlässigkeit nicht eingespielt wurden). Ebenso kann die Spezifikation der verwendeten Kommunikationsprotokolle Schwachstellen enthalten, z. B. wenn das Protokoll die Verwendung unsicherer Verschlüsselungsverfahren vorsieht.

Schutzmechanismen

Um die Angriffsmöglichkeiten aus dem Internet zu reduzieren, kann eine sogenannte **Firewall** am Verbindungspunkt eines lokalen Netzes mit dem Internet oder auf individuellen Geräten verwendet werden. Dabei handelt es sich um spezielle Software, welche den Datenverkehr vom und ins Internet überwacht und nach zuvor festgelegten Regeln filtert. Auf diese Weise kann der Datenverkehr auf bestimmte Protokolle oder explizit festgelegte Adressen beschränkt werden. Bei einem Geldautomaten wäre z. B. denkbar, nur das zur Kommunikation mit der Bank verwendete Protokoll und nur die Geräte im Rechenzentrum der Bank als Zielrechner zu gestatten.

Weitere Schutzmechanismen gegen Missbrauch sind Virenscanner, Verschlüsselungen sowie zur Wahrung der Privatsphäre Datensparsamkeit und entsprechende Datenschutz-Einstellungen bei Browsern und Apps. In Firmennetzen sind zudem oft sogenannte Intrusion Detection Systeme (IDS) installiert, welche den Datenverkehr im lokalen Netz analysieren und unbefugte Aktivitäten erkennen sollen. Häufig kommen dabei auch KI-gestützte Verfahren zur Erkennung von Unregelmäßigkeiten zum Einsatz. Regelmäßige Backups können zudem dabei helfen, einen größeren Datenverlust im Schadensfall zu vermeiden.

→2

→4

Risikofaktor Mensch

Neben rein technischen Sicherheitslücken wird oft auch die Schwachstelle Mensch ausgenutzt: Die Verwendung unsicherer Passwörter ist eine häufige Ursache für unbefugte Zugriffe. Weitere Probleme entstehen beispielsweise durch die Verbreitung von Fake News, durch Cybermobbing und ähnlichem. Auch Angriffe mittels →**Social Engineering** sollten nicht unterschätzt werden. Dabei werden der Nutzer oder die Nutzerin eines Systems durch psychologische Tricks dazu verleitet, selbst kompromittierende Handlungen auszuführen (wie z. B. die Installation von Schadsoftware, die Weitergabe von Zugangsdaten oder die Übertragung von Nutzerkonten). Das Internet spielt beim Social Engineering häufig eine wichtige Rolle, da es den Angreifern ermöglicht, unter falscher Identität Ziele auf der ganzen Welt anzugreifen. Oft geschieht dies mit betrügerischen E-Mails, bei denen Schadsoftware im Anhang z. B. als Rechnung getarnt an potentielle Opfer versendet wird. Ebenfalls gängig ist sogenanntes →**Phishing** bei dem die Opfer auf gefälschte Anmeldeseiten gelockt werden. Geben sie dort ihre Zugangsdaten ein, so landen diese unmittelbar bei den Angreifern.

→engl. „soziale Manipulation"

→Kunstwort abgeleitet vom englischen *fishing*

Die Vernetzung von technischen Geräten und deren Anbindung an das Internet eröffnet viele Chancen im privaten und beruflichen Umfeld. Beispielsweise bieten **Cloud**dienste den Vorteil von weltweitem und verteiltem Zugriff auf Speicher- und Rechnerkapazität. Aber auch kriminelle Menschen profitieren vom Internet, indem sie **Sicherheitslücken** oder Fehler bei der Benutzung von Diensten für ihre Zwecke ausnutzen. Auf technischer Seite können beispielsweise **Firewalls**, **Virenscanner**, **Sicherheitsupdates** und **Datenschutz-Einstellungen** bei Browsern und Apps einen gewissen Schutz vor ungewollten Zugriffen bieten. Im Rahmen von **Social Engineering** werden aber auch menschliche Schwachstellen ausgenutzt. Durch die Verwendung von **sicheren Kennwörtern**, **Datensparsamkeit** und Prüfung der **Authentizität** von Nachrichten kann die Sicherheit erhöht werden.

Aufgaben

1 Würmer, Viren und Trojaner
Im Kontext von Schadsoftware, welche über das Internet ungewollt verschiedenste Geräte befallen kann, unterscheidet man oft zwischen Computerviren, Würmern und Trojanern.
a Recherchieren Sie die Definitionen dieser Begriffe und grenzen Sie sie voneinander ab.
b Recherchieren Sie ebenfalls die Definition des Begriffs „Botnet" und erläutern Sie, weshalb von dieser Konstellation eine besonders große Gefahr ausgehen kann.

2 Motive krimineller Handlungen und wie man sich dagegen schützt
Kriminelle Handlungen im Internet lassen sich oft in eine der folgenden Kategorien einteilen:
i eigentlich kostenpflichtige Leistungen kostenfrei erschleichen
ii Schaden bei möglichst vielen unspezifischen Opfern anrichten
iii größtmöglichen Schaden bei einem spezifischen Opfer anrichten
iv geheime Informationen ausspähen
a Versuchen Sie nachzuvollziehen, wie und warum es zu diesen Handlungen kommt und wie sich potentielle Opfer dagegen schützen können. Übernehmen Sie dazu die folgende Tabelle in Ihr Heft und vervollständigen Sie diese:

	Motivation	Mittel und Wege	Schutzmaßnahmen
i	Finanzieller Vorteil	Phishing zur Erlangung von fremden Zugangsdaten	…
ii	…	…	…
⋮	⋮	⋮	⋮

b Eine weitere Kategorie krimineller Aktivität im Internet umfasst die Verbreitung sog. „Ransomware" (abgeleitet von englisch *ransom* für „Lösegeld"). Beschreiben Sie die Funktionsweise dieses Typs Schadsoftware allgemein und an einem konkreten Beispiel (ggf. nach einer kurzen Internetrecherche).
c Diskutieren Sie in Kleingruppen die Wirksamkeit von Antivirensoftware, Firewalls und regelmäßigen Backups als Schutz vor einem Angriff mit Ransomware.
d Vergleichen Sie Ihre Antworten für die Teilaufgaben a) und c) im Klassenverband und erstellen Sie gemeinsam eine Liste mit „best practices" für einen bestmöglichen Schutz gegen Angriffe aus dem Internet.

3 IT-Sicherheitsvorfälle in den Medien
a Suchen Sie in den Medien nach Berichten über IT-Sicherheitsvorfälle bei Unternehmen oder öffentlichen Einrichtungen. Versuchen Sie dabei herauszufinden:
- Was war der Auslöser?
- Welche unmittelbaren Folgen hatte der Vorfall?
- Wurden Gegenmaßnahmen ergriffen, um ähnliche Angriffe zukünftig zu verhindern? Wenn ja, welche?

b Diskutieren Sie, inwieweit die betroffenen Einrichtungen in Ihren Augen leichtfertig gehandelt haben und durch nicht ausreichende Sicherheitsvorkehrungen eine Mitschuld am Sicherheitsvorfall tragen.

4 DNS-Amplification-Angriffe
Mittels des DNS-Protokolls können die zu einem Domainnamen gehörenden IP-Adressen ermittelt werden. Die verbindungslose Kommunikation zwischen DNS-Client und -Server läuft dabei wie folgt ab: Der Client sendet ein wenige Byte großes Datenpaket mit seiner Anfrage

an den Server, welcher daraufhin ein Antwortpaket an die in der Anfrage enthaltene Absenderadresse sendet. Die Antwort des Servers kann dabei unter Umständen mehrere Kilobyte umfassen.

a DNS-Amplification-Angriffe gehören zu den Denial-of-Service-Angriffen. Dabei versucht der Angreifer die Erreichbarkeit seines Ziels (z. B. ein Webshop) für andere Nutzer zu verhindern. Beschreiben Sie, wie ein Angreifer vorgehen muss, um unter Ausnutzung des DNS-Protokolls einen Zielserver derart zu überlasten, dass dieser nicht mehr erreichbar ist.

b Diskutieren Sie mögliche Gegenmaßnahmen, um einen Webserver vor den Folgen derartiger Angriffe zu schützen.

5 Wireshark: Man in the Middle

Öffnen Sie das Programm Wireshark und starten Sie eine neue Aufzeichnung. Wählen Sie dafür die Schnittstelle aus, über die Ihr Rechner mit dem Internet verbunden ist. Bearbeiten Sie anschließend die folgenden Teilaufgaben:

a Führen Sie zunächst keine weiteren Aktionen am Rechner aus und beobachten Sie die Aufzeichnung des Datenverkehrs. Versuchen Sie Art und Ursprung der aufgezeichneten Datenpakete falls möglich zu identifizieren.

b Öffnen Sie nun einen Webbrowser und rufen Sie eine Webseite Ihrer Wahl auf. Beenden Sie den Aufzeichnungsvorgang in Wireshark, sobald die Webseite vollständig geladen wurde.

c Analysieren Sie den Wireshark-Mitschnitt unter der Annahme, dass dieser von einem böswilligen Hacker oder Geheimdienst im Rahmen einer sogenannten Man-in-the-Middle-Attacke ohne Wissen des Opfers angefertigt wurde. Beurteilen Sie in diesem Kontext, welche Informationen über das Surfverhalten des Opfers durch das Mitschneiden des Datenverkehrs ermittelt werden können und welche Informationen auf diese Weise nicht einsehbar sind. Sammeln und diskutieren Sie Ihre Ergebnisse anschließend gemeinsam in der Klasse.

d Vergleichen Sie Ihre Ergebnisse aus Teilaufgabe c) mit den Informationen, die durch eine Analyse des Datenverkehrs direkt mit den Entwicklerwerkzeugen im Browser ermittelt werden können (vgl. Einstiegsaufgabe des Kapitels). Formulieren Sie eine Vermutung, weshalb bestimmte Informationen nur bei Wireshark und wiederum andere nur mit den Entwicklerwerkzeugen im Browser angezeigt werden können.

6 Schicht-8-Sicherheitslücken

Obwohl das TCP/IP-Modell (vgl. S. 93) nur vier Schichten enthält und auch das ISO/OSI-Schichtenmodell lediglich sieben Schichten vorsieht (mit Schicht 7 als Anwendungsschicht), findet man gelegentlich auch die Angabe, dass die Ursache eines Sicherheitsproblems auf „Schicht 8" zu finden sei. Erläutern Sie, was mit dieser Beschreibung vermutlich gemeint ist.

7 Schutzmechanismen im digitalen Alltag

Beantworten Sie die folgenden Fragen ehrlich und reflektieren Sie am Ende, ob Sie den Schutz Ihrer persönlichen Daten erhöhen können. Sollten Sie auf eine der Fragen keine Antwort wissen, überprüfen bzw. recherchieren Sie, bis Sie die Antwort haben.

a Haben Sie auf Ihrem Handy einen Virenscanner installiert?

b Gibt es in Ihrem Heimnetzwerk eine Firewall?

c Haben Sie mindestens eine zweite E-Mail-Adresse, die Sie bewusst bei Registrierungen einsetzen?

d Verwendet der von Ihnen genutzte Messenger eine Ende-zu-Ende-Verschlüsselung?

e Achten Sie bei der Eingabe von Nutzerdaten im Browser darauf, dass das Protokoll HTTPS verwendet wird?

f Beträgt die Standardlänge Ihrer Kennwörter über zehn Zeichen und enthalten sie Sonderzeichen?

g Verwenden Sie ein Kennwort mehrfach?

h Haben Sie in Ihrem Browser und Messenger Ihre Datenschutzeinstellungen manuell überprüft und ggf. angepasst?

8 Werbetracker entlarven

Auf vielen kommerziellen Webseiten werden Analysewerkzeuge eingesetzt, um das Surfverhalten der Besucherinnen und Besucher aufzuzeichnen. Wird das Analysewerkzeug eines Anbieters auf verschiedenen Webseiten eingesetzt, so kann der Anbieter erkennen, welche dieser Webseiten ein Nutzer oder eine Nutzerin in welcher Reihenfolge und für wie lange besucht hat. Mittels einer entsprechenden Browsererweiterung können diese webseitenübergreifenden Analysewerkzeuge aufgespürt und visualisiert werden.

a Verwenden Sie einen Webbrowser mit aktivierter Analyseerweiterung und besuchen Sie verschiedene Webseiten Ihrer Wahl (z. B. Schulhomepage, Nachrichtenportale, etc.). Untersuchen Sie, welche externen Inhalte die verschiedenen Webseiten verwenden, und vergleichen Sie Ihre Beobachtungen mit denen von anderen.

b Oft sind die Bereitsteller von Analysewerkzeugen auch Vermarkter von Werbeanzeigen im Internet. Erklären Sie, weshalb diese Werbevermarkter großes Interesse an Daten über das Surfverhalten der Webseitenbesucher haben.

c Erläutern Sie an einem konkreten Beispiel, wie ein großer Werbevermarkter, dessen Analysewerkzeug auf sehr vielen populären Webseiten zum Einsatz kommt, intime Details über Ihr Leben in Erfahrung bringen kann.

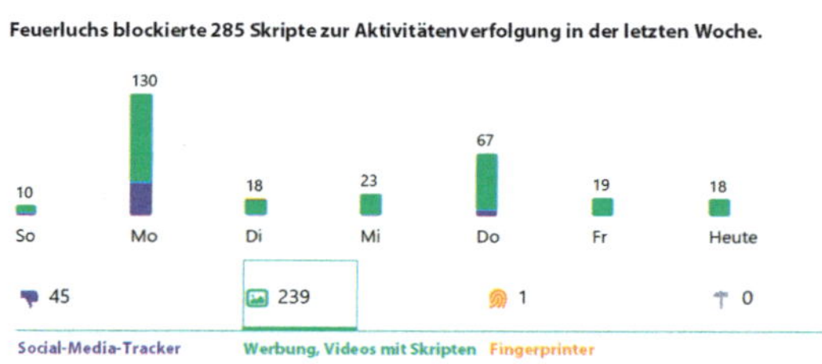

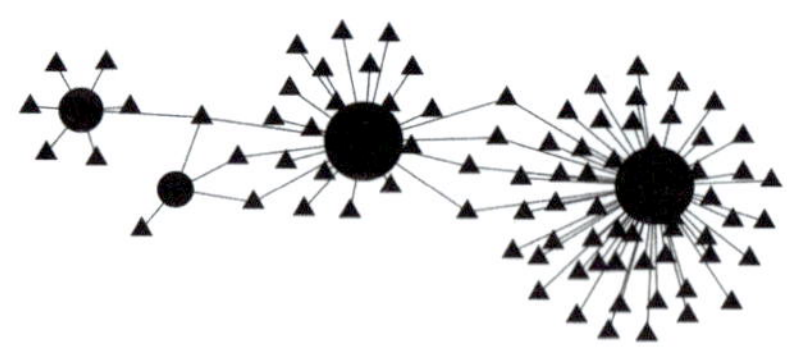

9 Metadaten

Durch eine sichere Verschlüsselung, wie sie etwa bei HTTPS zum Einsatz kommt, wird es für potentielle Angreifer nahezu unmöglich, den Inhalt einer Datenübertragung mitzulesen. Neben den eigentlichen Nutzdaten (z. B. Inhalt einer besuchten Webseite) fallen bei der Kommunikation aber auch stets sogenannte Metadaten an. Dies sind Daten, welche den eigentlichen Kommunikationsvorgang beschreiben oder einordnen (etwa Ort und Zeitpunkt der Kommunikation).

a Erläutern Sie am Beispiel eines Webseitenabrufs mittels HTTPS, welche Metadaten einem böswilligen Hacker oder Geheimdienst durch das Mitschneiden des Datenverkehrs trotz Verschlüsselung in die Hände fallen können.

b Der ehemalige US-Geheimdienstchef Michael Hayden sagte im Jahr 2014 „We kill people based on metadata." Recherchieren Sie, in welchem Zusammenhang dieses Zitat entstanden ist.

c Diskutieren Sie in Gruppen, ob und wenn ja wie es möglich wäre, auch die Metadaten einer vertraulichen Kommunikation vor potentiell mitlesenden Dritten zu verbergen.

10 Paper Days

Bei vielen Abläufen im Berufsleben ist das Internet heute nicht mehr wegzudenken. Um dennoch für einen möglichen Ausfall der digitalen Infrastruktur gewappnet zu sein, gibt es in manchen Firmen regelmäßig sogenannte Paper Days. An diesen Tagen soll sämtliche Arbeit ohne digitale Hilfsmittel erledigt werden – als Übung für den Ernstfall, wenn es tatsächlich einmal zu einem Ausfall kommen sollte.

a Stellen Sie sich einen solchen Paper Day für einen normalen Schultag sowie drei Berufe Ihrer Wahl vor und beschreiben Sie, welche Abläufe von einem Ausfall der digitalen Infrastruktur betroffen wären und wie dies kompensiert werden könnte.

b Diskutieren Sie die Sinnhaftigkeit derartiger Paper Days für verschiedene Berufe oder Berufsgruppen. Beziehen Sie in Ihre Überlegungen neben der Eintrittswahrscheinlichkeit für einen Ausfall sämtlicher digitaler Infrastruktur auch die potentielle Schadenshöhe im Falle eines Ausfalls mit ein.

c Für Firmen mit internetbasierten Angeboten als Kerngeschäft, wie etwa Onlinehändler ohne Ladenlokale, erscheint das Umstellen auf papierbasiertes Arbeiten als Vorsorgemaßnahme wenig sinnvoll. Entwickeln und beschreiben Sie alternative Vorsorgestrategien, mit denen sich diese Firmen vor Umsatzeinbußen im Falle eines Internetverbindungsausfalls schützen können.

11 Forschungsauftrag: Datenspuren überall!

Bei der Nutzung mobiler Endgeräte (Tablets, vernetzte Uhren und Fitnessgeräte etc.) fallen unterschiedliche Nutzungsdaten an. Der Hersteller des verwendeten Betriebssystems hat dabei in der Regel einen sehr umfassenden Zugriff auf die anfallenden Daten und kann so leicht verschiedene Nutzungsdaten verknüpfen.

a Informieren Sie sich über ein mobiles Endgerät Ihrer Wahl (z. B. Ihr Smartphone):
- Welches Betriebssystem kommt auf dem Gerät zum Einsatz?
- Welche Nutzungsdaten werden vom Hersteller des Betriebssystems gesammelt (inkl. vom Hersteller bereitgestellter Apps)?
- Durch welche eindeutigen Schlüssel kann der Hersteller die anfallenden Daten verknüpfen und eindeutig einer Person bzw. einem Nutzerkonto zuordnen?
- Welche Möglichkeiten gibt es, die Weiterleitung dieser Nutzungsdaten einzuschränken?

b Paul Maduschen war kürzlich in der Fußgängerzone, um in einer Parfümerie persönlich nach einem Valentinstagsgeschenk für seine Frau Isolde zu suchen. Nun bemerkt er, dass auf vielen Webseiten, die er besucht, Werbeanzeigen für Blumenläden eingeblendet werden. Erklären Sie, wie es dazu gekommen sein könnte und welche Daten dabei im Hintergrund verknüpft wurden.

c Beschreiben Sie verschiedene potentielle Vor- und Nachteile, die Nutzerinnen und Nutzern entstehen können, wenn private Firmen Daten über sie sammeln und verknüpfen, sodass detaillierte Persönlichkeitsprofile entstehen.

d Tauschen Sie sich mit anderen über diese Form der zielgerichteten Werbung aus. Haben Sie selbst bereits ähnliche Situationen erlebt? Wie denken Sie über diese Art der Werbung? Beziehen Sie auch politische Werbung in die Überlegungen ein.

Teste dich selbst

T1 Richtig oder falsch?

Beurteilen Sie, ob folgende Aussagen richtig oder falsch sind. Begründen Sie Ihre Meinung bei falschen Aussagen und geben Sie eine berichtigte Aussage an:

a Die Kommunikation im Internet erfolgt oft nach dem Client/Slave-Prinzip.
b Ein Switch kann mehrere Netze miteinander verbinden.
c DNS steht für das Grundprinzip des Internets „do not suffer“.
d Das Schichtenmodell teilt die Kommunikation im Internet in Ober- und Unterschicht.
e IP-Adressen dienen zur eindeutigen Identifikation eines Rechners in einem Netz.
f Cookies dienen dazu, Daten der Anwender besser zu schützen.

T2 Ich check's, dank deiner Hilfe!

Ferdi hat im Unterricht nicht gut aufgepasst und braucht dringend Ihre Nachhilfe vor der alles entscheidenden letzten Prüfung. Helfen Sie ihm, indem Sie ihm die folgenden Begriffe an einem Beispiel erklären:

Client/Server-Prinzip, Router, Switch, Schichtenmodell, Port, IP-Adresse, MAC-Adresse, Protokolle, Cookies

T3 Kommunikation im Schichtenmodell

a Geben Sie die vier Schichten des im Lehrtext erläuterten TCP/IP-Modells an.
b Erläutern Sie kurz die Aufgabe jeder einzelnen Schicht.
c Erklären Sie den Begriff Protokollstapel im Zusammenhang mit dem Schichtenmodell und geben Sie Beispiele für Protokolle an.
d Geben Sie an, welche Adressen bei der Kommunikation im Schichtenmodell zur Identifikation in den einzelnen Schichten verwendet werden.

T4 Protokolle

a Geben Sie vier Beispiele für Protokolle an und erläutern Sie kurz, wozu diese eingesetzt werden.
b Viele Protokolle, welche bei der Kommunikation im Internet verwendet werden, sind in frei zugänglichen Dokumenten standardisiert und beschrieben. Erläutern Sie die Vorteile, welche sich hieraus im Vergleich zu nicht standardisierten und nicht frei zugänglichen Protokollen ergeben.
c Entwickeln Sie ein Protokoll, welches erlaubt, nur mit Klopfzeichen an eine geschlossene Tür aus einem Raum und dort hinein zu kommunizieren. Legen Sie dazu fest, wie die zu übertragenden Daten codiert werden, wie der allgemeine Ablauf einer Kommunikation ist und wie auf Fehler reagiert werden soll. Testen Sie das Protokoll anschließend.

T5 Firewalls

a Firewall kann wörtlich mit Brand(schutz)mauer übersetzt werden. Erläutern Sie die Bedeutung einer solchen Brandschutzmauer für die Kommunikation in Rechnernetzen.
b Erklären Sie, was man darunter versteht, einen Port zu öffnen.
c Finden Sie heraus, ob auf Ihrem Computer, Ihrem Handy, Ihrem Router und anderen Geräten eine Firewall installiert und aktiv ist.

Zusammenfassung

Aufbau des Internets

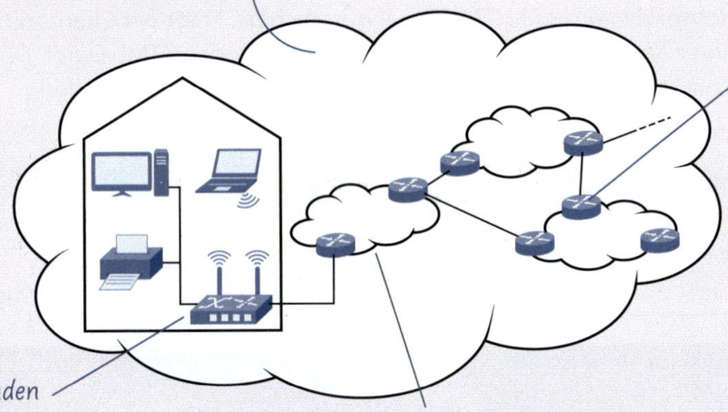

Kommunikation im Internet

Die Kommunikation zwischen Maschinen erfolgt oft nach dem Client/Server-Prinzip, bei welchem der Client die Kommunikation initiiert und der Server auf die eingehenden Anfragen wartet. Damit Maschinen erfolgreich Informationen austauschen können, müssen die Regeln für die Kommunikation in Protokollen eindeutig festgelegt werden.

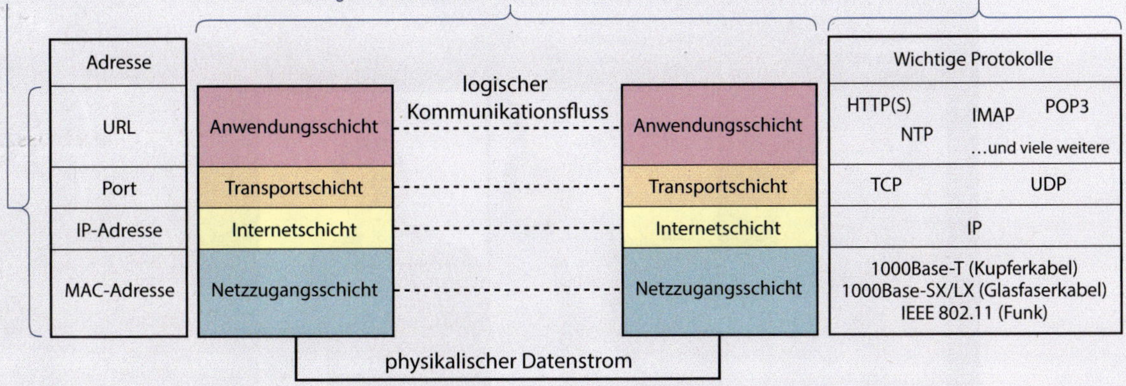

Abrufen von Webseiten (HTTP/ HTTPS)

Zum Abrufen von Webseiten im Internet wird in der Regel das Hypertext Transfer Protocol (HTTP) eingesetzt. Heutzutage wird die Kommunikation dabei zusätzlich verschlüsselt (HTTPS). Eine Identifikation von Nutzern über einzelne Anfragen hinweg wird durch die Verwendung von Cookies möglich.

Zum Weiterlesen

L3 Sprachen des Internets: HTML, CSS und Javascript

Die ersten Webseiten wurden ausschließlich in der Auszeichnungssprache HTML (Hyper Text Markup Language) erstellt. Über HTML-Auszeichnungen können einzelne Bestandteile eines Textes hinsichtlich ihres Aussehens (z. B. Schriftgröße, Absätze, Tabellendesign etc.) verändert werden. Auf dem Webserver wird die HTML-Datei gespeichert. Fragt ein Client mittels HTTP (oder HTTPS) beim Server an, so erhält er als Antwort den Inhalt der HTML-Datei. Der Browser kann diese HTML-Auszeichnungen interpretieren und den Text passend darstellen.

```
<h1>Webseite über mich</h1>
<p>Herzlich willkommen!</p>
```

h1 steht für eine Überschrift vom Typ 1.
p steht für einen Absatz.

Website über mich

Herzlich willkommen!

Darstellung im Browser

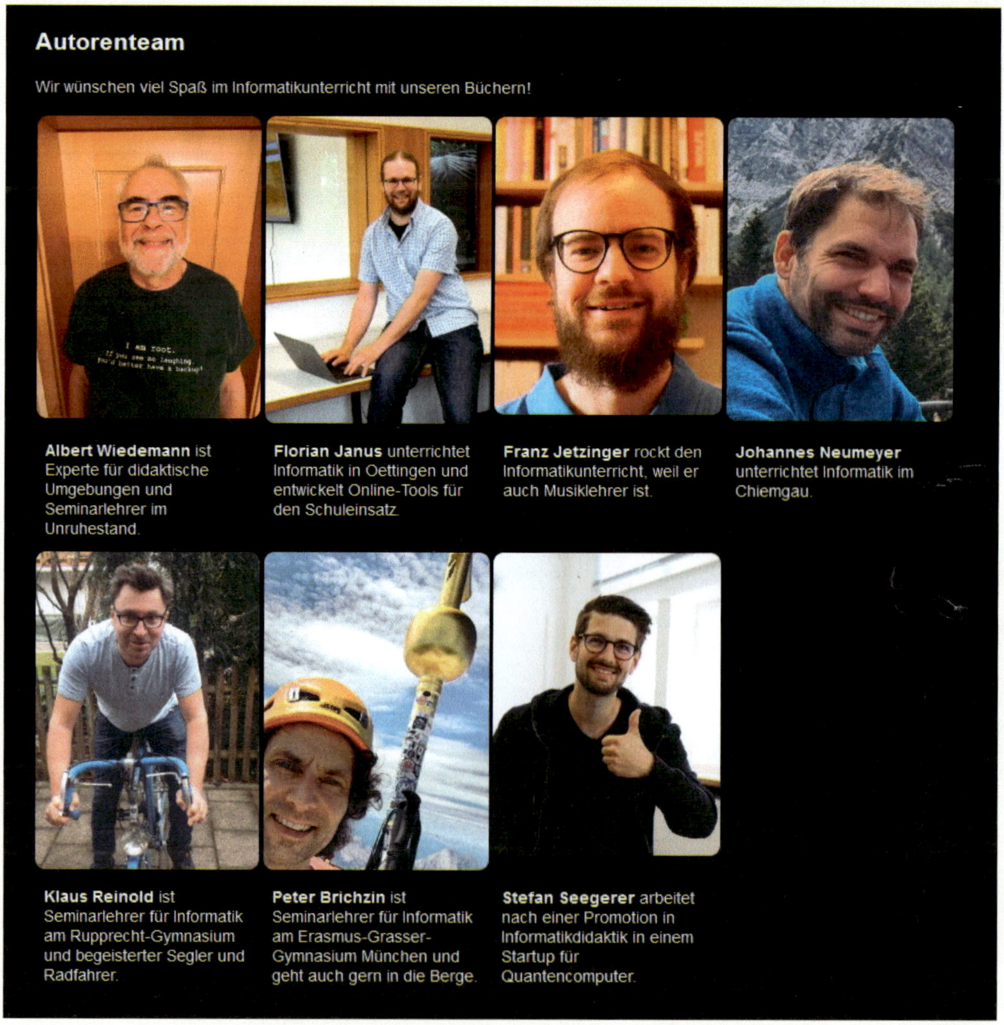

Sehr viel mehr Möglichkeiten, einen Text auf einer Webseite zu gestalten, sind mit der Definition von Layouts in einer CSS-Datei (Cascading Style Sheet) gegeben. Ähnlich einer Formatvorlage wird dort mit Werten zu bestimmten Attributen das Aussehen eines Textes festgelegt. Dadurch kann gleichzeitig der Inhalt (Text) vom eigentlichen Design getrennt werden. HTML wird dann dazu verwendet, auf ein in einer CSS-Datei festgelegtes Layout zu verweisen.

```
<h1>Webseite über mich</h1>
<p class="einstieg" id="Willkommen">Herzlich willkommen!</p>
```

Die Darstellung des Absatzes ist in der CSS-Klasse einstieg definiert.

In der CSS-Datei wird das Layout definiert.

```
p.einstieg {
   font-family: arial, sans-serif;
   margin-left: 2em;
   width: 20%
   border: 3px solid red;
}
```

Angaben können absolut (em oder px) oder relativ (%) gemacht werden.

Legt einen drei Pixel großen und roten Rand für den Absatz fest.

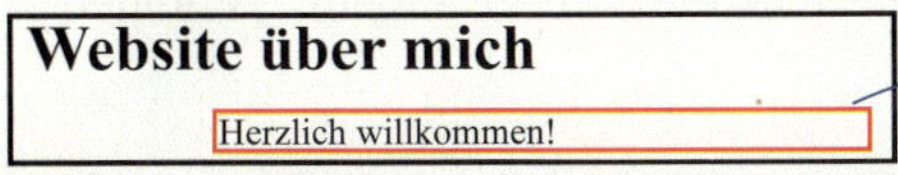

Darstellung im Browser

Eine Webseite, die rein auf HTML (mit CSS) basiert, nennt man statisch. Jede Änderung in der Darstellung oder des Inhalts der Webseite erfordert eine Anfrage beim Server, welche dann erneut den gesamten Inhalt der Seite an den Client senden muss. Das führt zu viel Datenverkehr zwischen Client und Server sowie zu einer hohen Auslastung des Servers. Auf der Benutzerseite kann es dabei zu Wartezeiten kommen.

Heutzutage beinhalten moderne Webseiten dynamische Elemente. Diese verändern Teile der Webseite bei einer Interaktion des Benutzers (z. B. Klick auf einen Button, Eingabe in einem Textfeld) scheinbar augenblicklich, ohne die gesamte Seite vollständig neu vom Server zu laden. Die Programmiersprache Javascript ermöglicht es, auf der Client-Seite Veränderungen an einer Webseite vorzunehmen, ohne dass eine Anfrage an den Server gestellt werden muss. Javascript wird im Browser ausgeführt. Mit Javascript kann im Prinzip auf jedes Element einer Webseite zugegriffen und dieses verändert werden.

In einer Variable absatz1 wird eine Referenz auf den Absatz gespeichert.

Anhand der oben mit HTML festgelegten ID kann der Absatz eindeutig im HTML-Dokument identifiziert werden.

```
var absatz1 = document.getElementById("Willkommen");
absatz1.style.backgroundColor = "red";
```

Mittels Punktnotation wird die Hintergrundfarbe des Absatzes verändert.

Darstellung im Browser nach Ausführung der Javascript-Befehle

In der Entwicklung der Webseite wird die gewünschte Reaktion in Javascript programmiert. Bei der Ausführung der Seite kann dann auf Client-Seite die passende Funktion aufgerufen und ausgeführt werden.
Javascript kann auch dazu verwendet werden, im Hintergrund eine sogenannte asynchrone Anfrage an den Server anzustoßen. Asynchron bedeutet dabei, dass während des Wartens auf eine Antwort vom Server die Webseite nicht vollständig blockiert ist. Nach der Anfrage kann die Benutzerin bzw. der Benutzer die Seite weiter bedienen. Sobald die Antwort vom Server kommt, wird der zuvor durch die Entwicklerin bzw. den Entwickler definierte Javascript-Quelltextausschnitt ausgeführt. Für die Anwenderinnen und Anwender ist von dieser internen Anfrage nur etwas zu sehen, wenn sich nach der Antwort die Webseite sichtbar ändert. Bietet ein Webserver beispielsweise eine Suchfunktion und speichert er die letzten Suchanfragen, so kann diese Art der Kommunikation wie folgt eingesetzt werden: Bei einer Suchanfrage fragt der Client bereits nach dem Eintippen des ersten Buchstabens beim Server an, welche Vorschläge für die Suche in Frage kommen. Der Server vergleicht den vom Client gesendeten Buchstaben mit den Anfangsbuchstaben aus seiner Liste der letzten Suchanfragen und schickt anschließend beispielsweise die ersten zehn Vorschläge mit dem selben Anfangsbuchstaben. Der Client kann nun diese Vorschläge in die Webseite einbinden und den Benutzerinnen und Benutzern sichtbar machen. Da nur sehr wenig Daten zwischen Client und Server ausgetauscht werden müssen, geht die Kommunikation sehr schnell. Dadurch und weil nur einzelne Bestandteile der Webseite geändert werden, sieht es auf Benutzerseite so aus, als würde die Reaktion ohne Verzögerung erfolgen.

Selber ausprobiert: HTML-Formatierung ändern
Finden Sie mit den Entwicklertools Ihres Browsers die ID eines Menüpunktes auf informatikschulbuch.de. Orientieren Sie sich am Codebeispiel oben und versuchen Sie über die Konsole des Entwicklertools die Hintergrundfarbe des Menüpunktes zu ändern. Versuchen Sie auch andere Attributwerte (z. B. marginLeft, fontSize, …) zu verändern. Warum gehen beim Neuladen der Seite die Änderungen wieder verloren? Nutzen Sie bei der Erklärung auch Ihr Wissen über das Client/Server-Konzept.

L4 Surfen, Telefonieren, Fernsehen – alles über das Internet

Bis in die 2010er Jahre waren in Privathaushalten üblicherweise nur Computer und vergleichbare Geräte zum Surfen im WWW mit dem Internet verbunden. Das Fernsehsignal wurde über eine Antenne oder einen Kabelfernsehanschluss empfangen und zum Telefonieren stand ein separater Festnetzanschluss zur Verfügung. Mittlerweile wandelt sich diese traditionelle Struktur mehr und mehr. Das Internet wird dabei zum zentralen Kommunikationsnetz, über das auch Telefonverbindungen und Videoübertragungen abgewickelt werden.

Da reine Sprechverbindungen nur wenig Übertragungsbandbreite benötigen, gab es schon früh Bestrebungen, das Internet auch für die Übertragung von Telefongesprächen zu nutzen. Dabei werden Sprachdaten über das im Internet verwendete IP-Protokoll übertragen, deshalb spricht man häufig von IP-Telefonie oder auch VoIP (Voice over IP). Diese Technik ist inzwischen so verbreitet, dass bei fast allen Telefonanschlüssen in Privathaushalten die Sprachdaten der Telefone zunächst digitalisiert und anschließend über einen Internetanschluss übertragen werden; „echte" Telefonanschlüsse gibt es kaum noch. Für die Dienstanbieter ergibt sich dadurch in erster Linie der Vorteil, nicht mehr zwei getrennte Infrastrukturen für die Vermittlung von Daten- und Sprechverbindungen betreiben zu müssen.

Im Bereich der Mobilkommunikation hat sich etwa zeitgleich ein ähnlicher Wandel vollzogen. Auch hier war die Technik von Handys und der dahinterstehenden Netzinfrastruktur zunächst primär auf die Abwicklung von Telefongesprächen ausgelegt; der Zugriff auf das Internet war umständlich und nur als teurer und entsprechend wenig genutzter Zusatzdienst vorgesehen. Mittlerweile steht wegen der großen Verbreitung von Smartphones hingegen eindeutig die Nutzung von Internetdiensten im Vordergrund, sodass die eigentliche Telefonfunktion dieser Handys mehr und mehr an Bedeutung verliert.
Auch der Empfang von Fernsehsendern ist seit längerem über das Internet möglich und wird allgemein als IPTV bezeichnet. Da beim klassischen Fernsehen das gleiche Fernsehbild gleichzeitig an viele Empfänger übertragen wird, ergibt sich bei der Übertragung über das Internet schnell das Problem, dass für jeden Empfänger eigene IP-Pakete mit dessen Empfängeradresse versendet werden müssten. Ein und dasselbe Fernsehbild müsste somit vielfach in identischer Form übertragen werden.

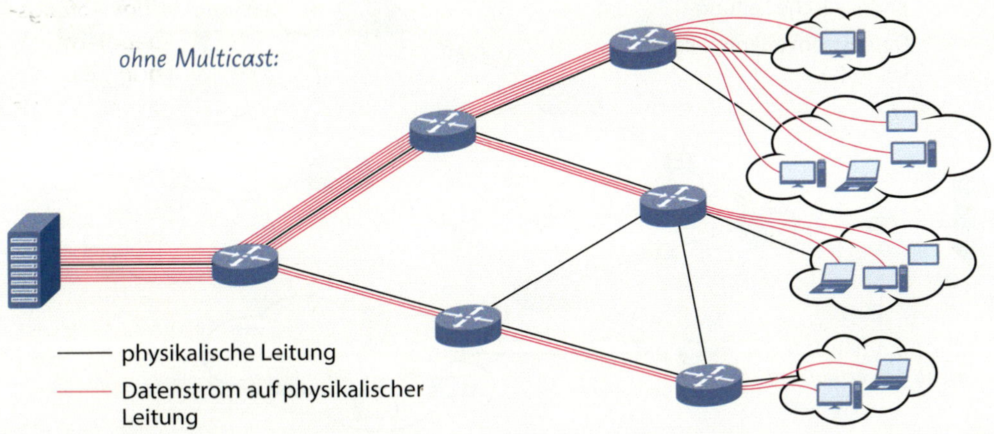

Eine Lösung für dieses Problem bietet die IP-Multicast-Technik. Dabei werden die Daten einmalig vom Sender an einen speziell für diesen Zweck reservierten IP-Adressbereich gesendet.

Potentielle Empfänger können den Empfang dieser Multicastpakete dann „abonnieren", indem Sie ihrem Verbindungsrouter ihr Interesse an den Paketen dieser Multicast-IP-Adresse mitteilen. Eingehende Multicastdaten werden vom Router dann an alle interessierten Empfänger weitergeleitet.

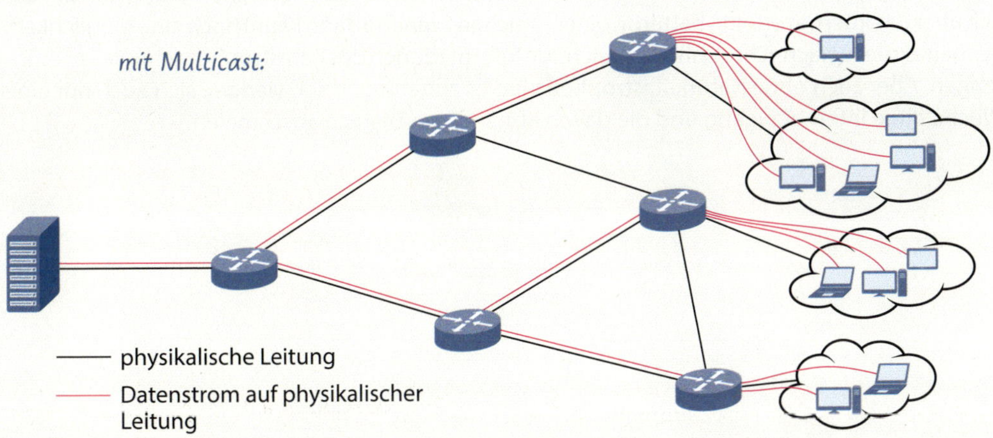

Ähnlich verhält es sich auch bei großen Videoportalen und Streamingdiensten. Auch hier wären die zentralen Verbindungsleitungen schnell überlastet, wenn alle Clients von einem einzelnen zentralen Rechenzentrum aus bedient würden. Allerdings kann in diesem Fall kein Multicast verwendet werden, da nicht alle Nutzer zeitgleich die gleichen Daten empfangen wollen. Stattdessen kommen hier sogenannte Content Delivery Networks (CDNs) zum Einsatz. Dabei werden die Daten des Dienstanbieters auf vielen weltweit verteilten Servern zwischengespeichert, von wo aus sie von den Nutzern abgerufen werden können. Da sich die gewünschten Daten dann bereits in der Nähe der Nutzer befinden, werden Verzögerungen beim Abruf und die Belastung der globalen Internet-Verbindungsnetze minimiert. Im Grunde entspricht dies dem lang etablierten Verfahren der klassischen Filmdistribution, bei dem die Filmstudios Kopien ihrer Filme an die lokal angesiedelten Kinobetreiber versenden, welche die Filme anschließend für die Öffentlichkeit verfügbar machen.

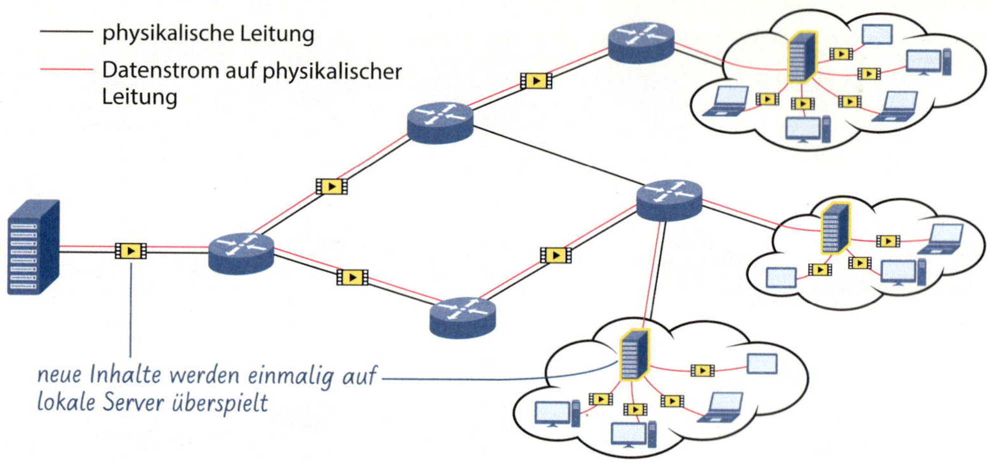

Alles in allem hat sich das Internet seit der Jahrtausendwende mehr denn je zu einem universellen Kommunikationsnetz entwickelt, über das beinahe jedes Medien- und Kommunikationsangebot realisiert werden kann. Hieraus ergeben sich aber auch Risiken. Zwar sind Totalausfälle des Internets aufgrund seiner verteilten und im Kern redundanten Struktur sehr unwahrscheinlich; käme es aber doch zu einem großflächigen Internetausfall in Deutschland, etwa durch eine Naturkatastrophe oder auch durch einen Hackerangriff, so wären in den betroffenen Gebieten auch die IP-Telefonanschlüsse ohne Funktion und wohl auch große Teile des Handynetzes zunächst nicht verfügbar. Haushalte, in denen zusätzlich auch der Radio- und Fernsehempfang ausschließlich über das Internet erfolgt, hätten in einem solchen Szenario dann kaum noch eine Möglichkeit, zeitnah aktuelle Nachrichten und ggf. wichtige Informationen des Katastrophenschutzes zu empfangen. Aber auch ohne Naturkatastrophen wird es zunehmend schwieriger, sich auch nur eine Woche ohne Internetzugang und die davon abhängigen Dienste auszumalen.

4 Künstliche Intelligenz

In diesem Kapitel erfahren Sie, ...

... was sich hinter dem Begriff künstliche Intelligenz verbirgt.

... wie Maschinen lernen.

... welchen Einfluss künstliche Intelligenz auf unser Leben hat.

4.1 Der Mensch als Vorbild: Künstliche Intelligenz

Alex ist begeistert von seiner Fotofilter-App: Das Programm sei ganz schön schlau, weil es beispielsweise Gesichter erkennt. Er vermutet, dass das Programm künstliche Intelligenz verwendet. Susi ist da skeptischer: Sie sagt, das Programm würde nur markante Punkte auf dem Bild suchen und dort eine Maske darüberlegen. Das sei aber noch lange nicht intelligent.

a Diskutieren Sie, ob die App „intelligent" ist.

b Bewerten Sie die Intelligenz von mindestens zwei der im Downloadangebot genannten Anwendungen auf einer Skala von 1 (dumm) bis 10 (hochintelligent).

KI ist bereits seit über 70 Jahren ein Forschungsgebiet der Informatik. Stetig zunehmende Datenmengen, höhere Rechenleistung und bessere Werkzeuge haben die jüngsten Fortschritte befeuert.

Künstliche Intelligenz in Alltag und Film

Roboter oder selbstdenkende Maschinen gibt es schon lange in Science-Fiction-Filmen oder -Büchern. Mittlerweile ist aber auch unser Alltag voll von intelligenten Softwareanwendungen, die in der Lage sind, Sprache zu erkennen oder qualitativ hochwertige Nachrichtentexte, Bilder oder Musikstücke zu erzeugen. Entsprechende Software bezeichnet man als **künstliche Intelligenz** oder kurz **KI**. Die Entwicklungen sind immer wieder verblüffend. So hätte man einem Computer Anfang der 2010er Jahre etwa die Erzeugung fotorealistischer Bilder noch nicht zugetraut.

Was ist künstliche Intelligenz?

Die Frage, was künstliche Intelligenz ist, lässt sich nicht einfach beantworten, weil es schon keine allgemein anerkannte Definition des Begriffs Intelligenz gibt. Folgende Definitionen zeigen einerseits die verschiedenen Dimensionen des Begriffs, andererseits auch die Schwierigkeiten, ihn in einem Satz zu beschreiben.

→ Smart Home: technische Systeme in Häusern, die mittels Sensordaten und Einstellungen Aktoren wie Lichter und Heizung über ein Programm steuern

→ lat. ratio: die Vernunft, der Verstand

„Bei künstlicher Intelligenz geht es darum, Maschinen zu entwickeln, die sich in einer Weise verhalten, die man bei Menschen als intelligent bezeichnen würde." – John McCarthy (1955)

Autonome Fahrzeuge, die Hindernissen ausweichen, erfüllen diese Definition. Abhängig von der Problemstellung kann dies im einen Fall durch einfachste elektronische Schaltungen ohne Steuerprogramm geschehen, im anderen Fall benötigt man modernste Sensorik in Kombination mit lernenden Algorithmen.

KI sind „Programme, die es ermöglichen, wahrzunehmen, logisch zu schließen und zu agieren." – Patrick H. Winston (1992)

In vielen intelligenten Systemen wie →Smart Home sind diese drei Schritte umgesetzt, daher wirken sie für Beobachter autonom handelnd.

KI ist „die Entwicklung mentaler Fähigkeiten durch die Nutzung von Computermodellen." – Eugene Charniak und Drew McDermott (1985)

Hinter dieser Definition steht das Ziel, →rational denkende Systeme zu schaffen, die stets nach bestem Wissen die optimale Option wählen.

Hier sind die Anforderungen an eine KI deutlich höher, spielen doch beim menschlichen Denken z. B. auch Emotionen und →Intuition eine Rolle.

„KI ist die Automatisierung von Aktivitäten, die wir dem menschlichen Denken zuordnen, Aktivitäten wie beispielsweise Entscheidungsfindung, Problemlösung, Lernen […]". – Richard Bellman (1978)

„KI ist die Wissenschaft, die der Frage nachgeht, wie man Computer dazu bringen kann, Dinge zu tun, bei denen ihnen momentan der Mensch noch überlegen ist." – Elaine Rich und Kevin Knight (1991)

Diese zeitlose Definition verdeutlicht, dass sich die drängendsten Fragestellungen von KI regelmäßig verändern und gelöste Probleme an Bedeutung verlieren.

→ Intuition beschreibt das Erkennen, Erfassen eines Sachverhalts oder komplizierten Vorgangs ohne bewusste, rationale Schlussfolgerungen.

Starke und schwache KI

Heutige Anwendungen künstlicher Intelligenz umfassen verschiedenste Facetten eigentlich typisch menschlicher Fähigkeiten. So wird bei virtuellen persönlichen Assistenten menschliches Denken nachgebildet oder bei der Routenplanung rationales Handeln durch den Computer umgesetzt. Aber alle diese Anwendungen künstlicher Intelligenz können ausschließlich eine bestimmte, vordefinierte Tätigkeit übernehmen wie Objekte auf Bildern zu erkennen, Nachrichtentexte zu schreiben oder Richterinnen und Richtern eine Bewährungsentscheidung zu empfehlen. Solche Anwendungen bezeichnet man als **schwache KI**. Im Gegensatz dazu nennt man Anwendungen, die dem Menschen hinsichtlich aller seiner Fähigkeiten ebenbürtig sind oder ihn sogar übertreffen, Vertreter einer **starken KI**. Solche Systeme gibt es (noch) nicht und sie sind deshalb nur in Science-Fiction-Filmen oder Büchern zu finden, wie z. B. →Vision und →Wall-E.

→ Vision und Wall-E sind Figuren aus Avengers bzw. Wall-E.

Turing-Test

Um eine tatsächlich überprüfbare Definition von der Intelligenz einer Maschine zu haben, schlug der Informatiker →Alan Turing bereits 1950 folgendes Verfahren vor:
Ein Computerprogramm gilt als intelligent, wenn eine testende Person es durch Beobachtung seines Verhaltens nicht von dem Verhalten eines Menschen unterscheiden kann. Dazu werden ein Computer und ein Mensch in zwei getrennte Räume gebracht. Die testende Person erhält die Aufgabe, herauszufinden, in welchem Raum sich der Computer befindet. Hierzu kann er oder sie Fragen in die beiden Räume schicken. Um physische Merkmale wie Stimme oder Aussehen auszuschließen, erfolgt die Kommunikation schriftlich. Kann die testende Person den Computer nicht identifizieren, hat dieser den sogenannten **Turing-Test** bestanden und dessen Programm gilt als intelligent.

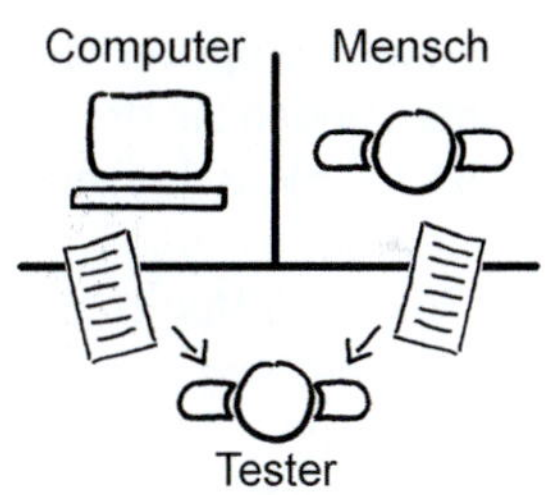

→ Alan Turing (1912-1954), britischer Logiker, Mathematiker, Kryptoanalytiker und Informatiker.

Schön, dass es mit dem Turing-Test ein Verfahren gibt. Aber alle Aspekte zur Intelligenz sind damit nicht abgedeckt.

Künstliche Intelligenz (KI) beschreibt Programme, die menschliches Denken und Handeln nachahmen bzw. in der Lage sind, rational zu denken und/oder zu handeln. Eine allgemeingültige Definition von KI gibt es jedoch nicht.
Alle heute existierenden Beispiele für KI sind Vertreter der sogenannten schwachen KI. **Schwache KI** beschreibt Systeme, die nur eine bestimmte Aufgabe lösen können. Eine **starke KI** hingegen würde über eine dem Menschen ebenbürtige Intelligenz verfügen oder diese sogar noch übertreffen.
Der Turing-Test beschreibt ein Verfahren, bei der ein Computerprogramm so agieren muss, dass es für eine Fragen stellende Person nicht von einem echten Menschen unterscheidbar ist.

Aufgaben

1 KI im Alltag

a Notieren Sie (ohne Absprache mit anderen) auf Klebezetteln oder Karteikarten Anwendungen, bei denen Ihrer Meinung nach künstliche Intelligenz eingesetzt wird.

b Gruppieren Sie nun die Ergebnisse aus a) gemeinsam nach Oberbegriffen wie Bildbearbeitung, autonome Systeme oder Ähnliches.

c Stellen Sie Chancen und Risiken des Einsatzes einer KI bei der Entscheidung, ob Verurteilte auf Bewährung freigelassen werden sollen, gegenüber.

2 Intelligente Software oder nicht?

a Bewerten Sie die Intelligenz der im Downloadangebot genannten Anwendungen auf einer Skala von 1 (dumm) bis 10 (hochintelligent).

b Begründen Sie knapp für ein Beispiel, weshalb es sich um eine schwache KI handelt.

3 Definitionen künstlicher Intelligenz

Analysieren Sie die Definitionen der künstlichen Intelligenz aus dem Lehrtext auf S. 122f. wie folgt.

a Think: Vergleichen Sie mindestens zwei Definitionen und beschreiben Sie Unterschiede und Gemeinsamkeiten.

b Pair: Tauschen Sie Ihre Ergebnisse aus und diskutieren Sie, welche der Definitionen Ihrer Meinung nach am geeignetsten ist.

c Share: Stellen Sie in knapper Form Ihr Ergebnis / Ihre Erkenntnis aus b) vor.

4 Können Computer Texte schreiben?

Unten finden Sie drei Textausschnitte abgebildet. Äußern Sie jeweils eine Vermutung, ob der Text von Menschen oder einem Computerprogramm verfasst wurde. Begründen Sie Ihre Vermutung.

i *FC Bayern Munich won against Augsburg with goals from Martinez and Alaba. Bayern Munich 4:3 Augsburg: Bastian Schweinsteiger (30), Manuel Neuer (70), Javi Martinez (66), David Alaba (85)*

ii *The EU passed a law on Wednesday (17 April) that says people who are not citizens of the EU must still pay into the EU's coffers to fund EU affairs, meaning that the EU tax-payer burden falls on the local population.*

iii *Towering waves on Hawaii's south shores crashed into homes and businesses, spilled across highways and upended weddings over the weekend.*

5 Menschliche versus künstliche Intelligenz

Nach Wolfgang Wahlster kann man die menschliche Intelligenz in vier Bereiche unterteilen: die kognitive Intelligenz, die sensomotorische Intelligenz, die emotionale Intelligenz, die soziale Intelligenz.

a Arbeiten Sie den Unterschied zwischen den einzelnen Bereichen durch je zwei Beispiele heraus.

b Bewerten Sie für jeden Bereich, ob er durch Informatiksysteme nicht, schlecht, gut oder sehr gut umgesetzt werden kann. Begründen Sie Ihre Entscheidung.

6 Wettbewerb künstliche Intelligenz

Der Loebner-Preis in Gold ist ein seit 1991 ausgeschriebener Preis, mit dem die Entwicklerin bzw. der Entwickler des ersten Computerprogramms ausgezeichnet werden soll, welches einem Turing-Test über 25 Minuten standhält. Bis 2022 wurde die „Goldmedaille" noch nie vergeben.

a Recherchieren Sie Anforderungen und Preisgelder der unterschiedlichen Kategorien.

b Rufen Sie einen Chatbot auf. Unterhalten Sie sich mit dem Bot ca. 5 Minuten. Zitieren Sie aus der Unterhaltung einen Ausschnitt, der menschenähnliches Verhalten zeigt, und einen Ausschnitt, der sehr deutlich macht, dass der Gesprächspartner ein Computerprogramm und kein Mensch ist.

7 Das chinesische Zimmer

Der Philosoph John Searle sah einen erfolgreich bestandenen Turing-Test nicht als Beweis für das Vorliegen von künstlicher Intelligenz an. Im Rahmen seiner Arbeit entwickelte er daher mit dem „chinesischen Zimmer" ein Gedankenexperiment, das sein Argument untermauern sollte.

a Recherchieren Sie den Aufbau des Gedankenexperiments und notieren Sie die Kernaussage in einem Satz.

b Diskutieren Sie, inwiefern John Searles Gedankenexperiment die Existenz starker KI ausschließt.

8 Fiktion oder Realität

Recherchieren Sie einen Science-Fiction-Film oder einen Roman, in dem eine künstliche Intelligenz ein zentraler Bestandteil der Handlung ist. Entscheiden und begründen Sie, ob es sich um eine starke oder schwache Intelligenz handelt.

9 Automatischer Turing-Test: CAPTCHA

Man kennt sie von den unterschiedlichsten Webseiten. Mal gilt es, verzerrte Buchstaben zu entziffern, mal müssen Objekte auf einem Bild markiert, mal Bilder mit bestimmten Objekten ausgewählt werden: Captchas sind kleine Aufgaben, die verwendet werden, um festzustellen, ob die Webseite gerade von einem Menschen oder einem Computer besucht wird.

a Recherchieren Sie die Bedeutung des →Akronyms CAPTCHA.

b Recherchieren Sie Vor- und Nachteile des Einsatzes von Captchas.

c Diskutieren Sie, inwiefern Captchas einen wirklichen Turing-Test darstellen.

→ Ein Akronym ist ein Kurzwort, das aus den Anfangsbuchstaben mehrerer Wörter gebildet wird.

10 Langzeitauftrag: Aktuelle Berichte zu künstlicher Intelligenz

Verfolgen Sie in den nächsten vier Wochen parallel zum Themenbereich KI im Informatikunterricht Artikel in Zeitungen bzw. Beiträge in den Nachrichten zu künstlicher Intelligenz. Notieren Sie Thema, Datum, Quelle und bewerten Sie, ob positiv oder negativ über KI berichtet wird. Spätestens am Ende des Kapitels wird diese Presseschau im Unterricht aufgegriffen.

4.2 Blick hinter die Kulissen: Wissens- und datenbasierte Ansätze

Dieses Kapitel gibt einen Überblick über die Vielfalt von KI und ermöglicht damit das Einordnen konkreter Systeme. Deine Lehrkraft wird eine Auswahl treffen. Vertieft wird in den folgenden Kapiteln das überwachte Lernen.

Bauernschach funktioniert ähnlich wie Schach: Jede Spielfigur wird wie ein Bauer bewegt, d. h. sie kann nur vorwärts gehen und gegnerische Figuren nur diagonal schlagen (siehe Abbildung der Zugmöglichkeiten der Roboterspielfiguren). Eine Seite gewinnt, wenn sie

- eine eigene Spielfigur an das andere Ende des Spielfeldes führt
- oder alle gegnerischen Spielfiguren schlägt
- oder dafür sorgt, dass der Gegner in der nächsten Runde blockiert ist und keinen Spielzug mehr ausführen kann.

a Öffnen Sie die Webseite und übernehmen Sie die Roboterfiguren. Wählen Sie in jeder Situation den Ihrer Einschätzung nach besten Zug aus. Spielen Sie anschließend mehrere Runden und beurteilen Sie Ihre Gewinnchance.

b Formulieren Sie als Bestandteil einer KI für die Roboterfiguren zwei Regeln nach folgendem Muster: Wenn die Ausgangssituation „Einstein auf den Feldern 2, 3, 4 und Roboter auf den Feldern 7, 8, 9" ist, dann ziehe Roboter von Feld 8 auf 4.

Wie funktioniert künstliche Intelligenz?
Schach spielen, Texte schreiben, Fragen beantworten, den Inhalt eines Bildes erkennen oder eine Route planen: So vielfältig wie die Aufgaben sind, die KI bewältigen soll, so unterschiedlich sind die Herangehensweisen bei der Erstellung von KI-Systemen.

Wissensbasierte Ansätze
Mit wissensbasierten Ansätzen wird versucht, Intelligenz durch die explizite Formulierung von Wissen, Regeln oder Strategien nachzuahmen. Die folgende Aufzählung zeigt verbreitete wissensbasierte Ansätze:

- Tabellenbasiertes Wissen

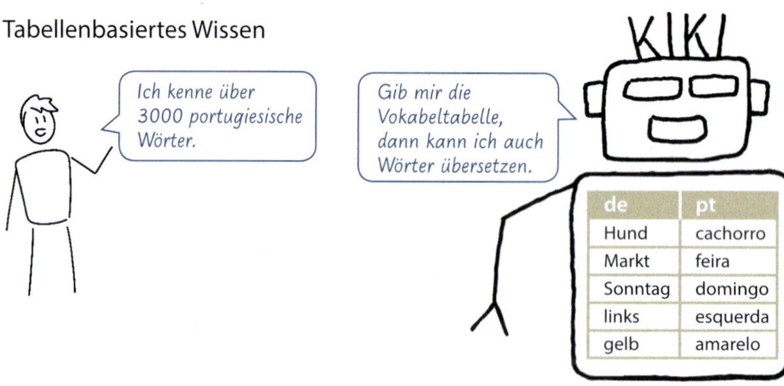

Das Abrufen von Fakten ist hilfreich bei vielen Aufgaben wie dem Übersetzen von Wörtern, der Erklärung von Fachbegriffen oder Preisvergleichen. Auch die passende Aktion für eine gegebene Situation kann mithilfe einer solchen Tabelle ausgewählt werden.

→ 1.3

→ 1.5

- Problemlösen durch Suche
  Auch Suchstrategien können bei der Problemlösung helfen. Suchalgorithmen sind nicht nur bei der Wegefindung in Navigationssystemen und Computerspielen zentral, sondern generell, wenn es darum geht, eine Abfolge von Schritten zu planen. Bei Spielen wie Schach kann ein KI-System dann etwa möglichst viele Züge im Voraus berechnen und nach der Aktion suchen, die die größte Gewinnwahrscheinlichkeit verspricht.

- Entscheidungsbaum

Entscheidungsbäume werden beispielsweise bei Bewerbungsverfahren und Chatbots im Kundenservice eingesetzt. Das Wissen basiert auf hierarchisch geordneten Regeln, die in einem Programm über bedingte Anweisungen gut abgedeckt werden können.

- Logisches Schließen

Expertenwissen kann auch über Fakten und Regeln in einer sog. Wissensbasis abgelegt werden. Mithilfe von Logik können die neuen Aussagen überprüft bzw. kombiniert werden. Solche Systeme werden beispielsweise beim Beweisen mathematischer Aussagen und zur Unterstützung medizinischer Diagnosen verwendet.

Grenzen wissensbasierter Ansätze

Wissensbasierte KI-Ansätze haben viel Potential, da u. a. Ergebnisse schnell und klar nachvollziehbar geliefert werden. Allerdings haben sie auch ihre Grenzen: Selbst vermeintlich leichte Aufgaben wie das Erkennen von Hunden und Katzen auf Bildern sind durch die explizite Formulierung von Wissen, Regeln und Strategien – egal ob als Tabelle, Entscheidungsbaum oder Suchverfahren – kaum zu lösen: Es gibt zu viele Einflussfaktoren wie verschiedene Aufnahmewinkel, unterschiedliche Fellfarben oder verdeckte bzw. abgeschnittene Körperteile. In solchen Situationen werden datenbasierte KI-Ansätze verwendet.

Spielen Sie nochmals das Spiel Bauernschach, jedoch in einer anderen Variante: Sie führen diesmal die Einstein-Figuren. Die Züge der Roboter-Figuren werden durch eine KI bestimmt. Die KI Ihres Gegners nutzt nun eine andere Herangehensweise: Mit jedem Sieg bekommt Ihr Gegner nicht nur einen Gewinnpunkt, sondern erhält an geeigneter Stelle auch eine farbige Marke bzw. gibt bei jeder Niederlage eine Marke ab.

a Spielen Sie gegen die KI und beschreiben Sie, wie die KI mithilfe von Belohnung und Bestrafung lernt, das Spiel zu spielen.

b Für Schnelle: Diskutieren Sie zu zweit, inwiefern Sie das System anpassen müssten, damit es lernt, andere Spiele wie Vier Gewinnt oder Schach zu spielen.

Datenbasierte Ansätze

Bei datenbasierten Ansätzen werden die Entscheidungsregeln nicht vom Menschen festgelegt und implementiert, sondern basierend auf Daten erstellt bzw. schrittweise angepasst. Das Gelernte wird z. B. in einer Tabelle oder einem Entscheidungsbaum gespeichert. Nach Abschluss der Trainingsphase kann das Gelernte wie jedes andere Programm für neue Entscheidungen eingesetzt werden. Bei datenbasierten Ansätzen spricht man auch von **maschinellem Lernen**, wobei drei zentrale Arten unterschieden werden:

- Verstärkendes Lernen
  Bei Spielen wie Tic-Tac-Toe kann **verstärkendes Lernen** eingesetzt werden. Dabei lernt das System in Interaktion mit seiner Umwelt durch wiederholte Belohnungen oder Bestrafungen die Erfolgsaussichten seiner Aktionen besser einzuschätzen und somit seine Strategie zu optimieren. Im Beispiel rechts hat das KI-System drei Aktionsmöglichkeiten: Eine führt direkt zum Sieg, eine direkt zur Niederlage. Bei der letzten bleibt die Entscheidung über Sieg bzw. Niederlage noch offen und muss nach weiteren Aktionen entschieden werden. Mit dem verstärkendem Lernen lassen sich auch Robotersteuerungen trainieren oder Optimierungsaufgaben lösen, wie das sinnvolle Schalten von Ampeln für einen möglichst hohen Verkehrsfluss.

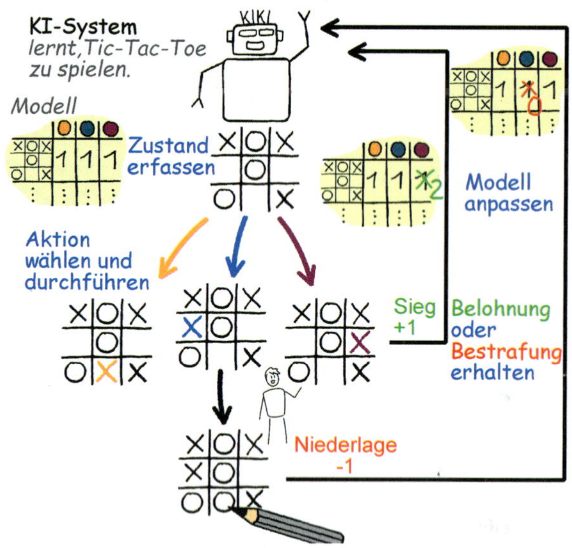

- Überwachtes Lernen
  Beim **überwachten Lernen** ist das Ziel, jedem Datum (Singular von Daten) ein Label zuzuordnen. Ein **Label** ist der Wert eines (Ziel-)attributs, z. B. ob ein Tumor gut- bzw. bösartig ist oder welche Tierart bei einer fest vorgegebenen Auswahl (z. B. Katze und Hund) abgebildet ist. Zum Lernen erhält das KI-System Daten mit korrekt zugeordneten Labeln als Eingabe. Im zweiten Schritt findet die KI eine Zuordnung zwischen Daten und deren gegebenen Labeln.
  Die gefundene Zuordnung kann dann auf neue Eingaben angewendet werden. Typische Anwendungsbereiche von überwachtem Lernen sind auch die Erkennung von Gesprochenem oder die maschinelle Übersetzung von Texten.

- Unüberwachtes Lernen
  Stehen lediglich Daten ohne Label als Eingabe zur Verfügung, so kann **unüberwachtes Lernen** angewendet werden. Ein unüberwachtes Lernverfahren identifiziert Ähnlichkeiten und Muster in den Eingabedaten selbstständig, etwa um die Daten zu gruppieren oder →Ausreißer zu finden. So kann ein KI-System Filme empfehlen, die Personen mit ähnlichem Filmgeschmack gefallen haben, und auch das Erkennen von Auffälligkeiten im Betrieb von Maschinen oder im Zahlungsverkehr ist so möglich.

→ Einzelwert, der von den übrigen Werten in auffälliger Weise abweicht

→ 4.3
→ 4.5

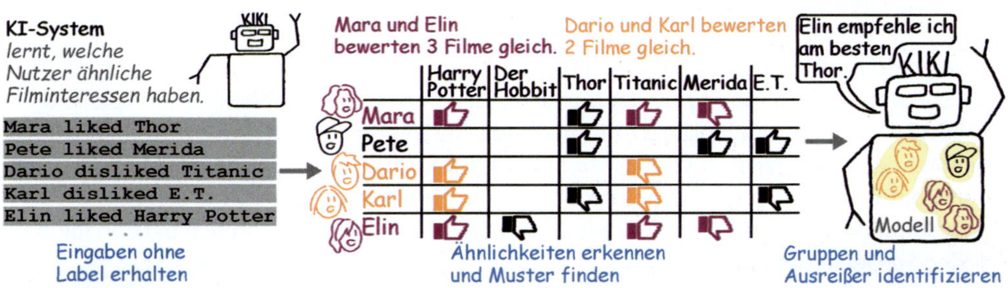

Kombinierte Verfahren

Im Jahre 2015 gewann ein KI-System erstmals gegen einen Profi im Spiel Go. Hier wurde das Problemlösen durch Suche mit verstärkendem und überwachtem Lernen kombiniert. So konnte sowohl ein Teil der Züge vorausberechnet werden als auch das KI-System die Bewertung von Spielsituationen lernen. Das Beispiel zeigt, dass in KI-Systemen häufig mehrere unterschiedliche Verfahren kombiniert werden, um Probleme zu lösen – ein Vorgehen, das auch für Menschen typisch ist.

Es gibt viele verschiedene Möglichkeiten KI zu realisieren: Bei **wissensbasierten Ansätzen** werden (Experten-)Wissen, Regeln oder Strategien z. B. in Tabellen und Entscheidungsbäumen gespeichert und angewendet bzw. gesucht. **Datenbasierte Ansätze** nutzen hingegen Datenbestände, um selbst z. B. Regeln für Label, Gruppierungen in den Daten oder vorteilhafte Aktionen zu finden. Man spricht daher auch von **maschinellem Lernen**.

Aufgaben

1 Wissenstest Autokennzeichen

Ein beliebtes Spiel mit Kindern bei langen Autofahrten ist das Kürzelraten. Ziel ist es, möglichst vielen Ortskürzeln den richtigen Ort zuzuordnen. Programmieren Sie ein KI-System, das zu allen Ortskürzeln eine Antwort geben kann. In der Vorlage ist das Wissen in Form einer Tabelle bereits enthalten. Als Hilfestellung gibt es auch Blöcke, die zeigen, wie man auf einzelne Zellen der Tabelle zugreifen kann.

2 Einladung zum Bewerbungsgespräch

Implementieren Sie eine Methode, die über bedingte Anweisungen den Entscheidungsbaum zur Bewerbungsauswahl aus dem Lehrtext umsetzt. Achten Sie auf geeignete Parameter. Für Schnelle: Welche Kriterien finden Sie wichtig? Erstellen Sie einen eigenen Entscheidungsbaum.

3 Mondzauber, ein Logikrätsel (Informatik Biber 2019)

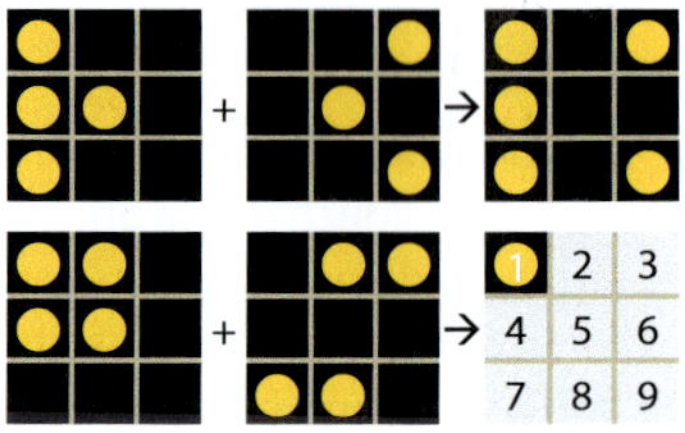

Der weise Anaxagoras besitzt Mondzauberkarten, die für jedes ihrer neun Felder nach einer festen Regel funktionieren. Bei zwei Karten gibt er in jedes Feld ein Mondsymbol ein: Neumond (schwarz) oder Vollmond. Sofort erscheinen auch Mondsymbole auf einer dritten Karte. (siehe Beispiel rechts)

- **a** Nennen Sie für das zweite Beispiel zu jedem der Felder 2 bis 9, ob dort nach der Regel ein Voll- oder Neumond erscheinen muss.
- **b** Formulieren Sie knapp die Regel.

4 Komplexität bei Brettspielen im Vergleich

Bei Bauernschach ist die Anzahl der Möglichkeiten begrenzt. So können für ein Spielfeld der Größe 3×3 insgesamt lediglich 37 unterschiedliche Spielstellungen erreicht werden. Mit zunehmender Komplexität des Spiels steigt jedoch auch die Anzahl der Möglichkeiten – einer der Gründe, warum Spiele wie Go lange Jahre als sehr komplex galten.

- **a** Bestimmen Sie näherungsweise, wie viele mögliche Spielsituationen sich bei den folgenden Spielen ergeben.
  - i 4×4 sowie 5×5 Bauernschach unter der vereinfachenden Annahme, dass auf jedem Feld eine der Situationen (Einsteinfigur, Roboterfigur, leeres Feld) zutreffen kann.
  - ii Schach unter der Annahme, dass auf jedem der 8×8 Spielfelder eine der 12 unterschiedlichen Spielfiguren stehen kann (ohne Unterscheidung der Läufer).
  - iii Go unter der vereinfachenden Annahme, dass jedes der 19×19 Felder leer, mit einem schwarzen oder weißen Stein belegt sein kann.
- **b** Nehmen Sie an, dass zum Laden und Bewerten einer Spielsituation fünf Operationen nötig sind. Gehen Sie weiterhin davon aus, dass ein Prozessor passend zur Taktrate von 5 GHz etwa $5 \cdot 10^9$ Operationen pro Sekunde ausführt. Schätzen Sie die Zeit ab, die der Prozessor für die Entscheidung eines Spielzugs in den Fällen i, ii bzw. iii benötigt unter der Annahme, dass 10% aller Spielzüge evaluiert werden müssen.

5 Ideen des maschinellen Lernens bei Menschen

Verstärkendes, überwachtes und unüberwachtes Lernen sind gar nicht so weit weg von der Art, wie Menschen lernen. Nennen Sie Beispiele, in denen Menschen und insbesondere Kleinkinder auf ähnliche Weise lernen.

6 Überwachtes Lernen: Bilderkennung

Systeme zur Bilderkennung werden meist über vorab gesammelte und gelabelte Daten überwacht trainiert. Da hier oft ähnliche Schritte zu erledigen sind, gibt es Werkzeuge, die diese Arbeit vereinfachen.

- **a** Öffnen Sie ein solches Werkzeug und führen Sie das Training für zwei Objekte Ihrer Wahl mit den gegebenen oder eigenen Bildern durch.
- **b** Testen Sie Ihr Bilderkennungssystem anschließend mit weiteren Bildern. Variieren Sie dabei beispielsweise Hintergründe und Rotationsrichtung. Äußern Sie bei fehlerhaften Vorhersagen Vermutungen über mögliche Ursachen.
- **c** Sammeln Sie basierend auf Ihren Vermutungen aus b) weitere Daten, führen Sie das Training erneut durch und prüfen Sie schließlich, ob diese Bilder nun ebenfalls richtig erkannt werden.

***7 Verstärkendes Lernen: Ein Affe lernt springen (aus SnAIp)**

Mit genau demselben Prinzip, mit dem der Computer selbstständig gelernt hat, Bauernschach zu spielen, lässt sich auch erlernen, einfache Videospiele zu spielen. In der Bananenjagd soll das Äffchen lernen, über anrollende Fässer zu springen.

- **a** Die Vorlage enthält bereits alle relevanten Blöcke, allerdings müssen diese noch passend verbunden werden. Orientieren Sie sich am Schaubild zu verstärkendem Lernen (Seite 128) und fügen Sie die Blöcke richtig zusammen.
- **b** Das Gelernte wird in einer Tabelle gespeichert. Inspizieren Sie die Tabelle mithilfe des gegebenen Blocks und beschreiben Sie, wie sich die Werte innerhalb der Tabelle während des Trainings verändern.
- **c** Übertragen Sie die Idee auf das Spiel Pong und spielen Sie gegen Ihre KI.

***8 Unüberwachtes Lernen (aus SnAIp)**

Unüberwachtes Lernen wird insbesondere für das Identifizieren von Gruppen oder Ausreißern eingesetzt. In dieser Aufgabe werden Sie mit der Vektorquantisierung ein unüberwachtes Lernverfahren kennenlernen. Arbeiten Sie zu zweit.

- **a** Zeichnen Sie auf eine DIN-A4-Seite im Querformat ein Koordinatensystem und verteilen Sie 25 Punkte so, dass drei Gruppen erkennbar sind (siehe Bild für ein Beispiel). Notieren Sie die Koordinaten auf Karteikarten oder kleinen Zetteln. Geben Sie diese Karten dann an Ihre Partnerin/Ihren Partner.

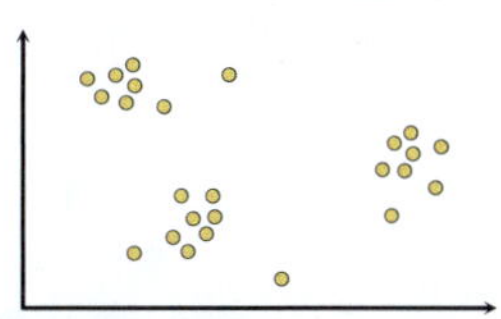

- **b** Nehmen Sie die Karten entgegen und legen Sie diesen Stapel umgedreht neben sich hin. Verteilen Sie drei Münzen (oder andere ähnlich große Objekte) auf Ihrem Koordinatensystem. Ziehen Sie nun nacheinander Karten vom Stapel und verarbeiten Sie jede Karte wie folgt:
  1. Finde die nächste Münze.
  2. Bewege die nächste Münze die halbe Distanz in Richtung der Koordinaten auf der Karte.
- **c** Vergleichen Sie Ihre Lösung mit der Lösung Ihrer Partnerin/Ihres Partners. Entwickeln Sie anschließend gemeinsam zwei Verbesserungen für diesen Algorithmus. Führen Sie den Algorithmus erneut durch, um Ihre Verbesserungen zu testen.

4.3 Alternative 1 Von den Nachbarn lernen: Überwachtes Lernen umsetzen

Amelie betreibt ein kleines Eiscafé. Sie stellt fest, dass die Lust auf Eis je nach Temperatur und Luftfeuchtigkeit stark unterschiedlich ist. Diese Erkenntnis will sie nutzen, um die Menge an Eis abzuschätzen, die sie produzieren muss. Dazu erfasst sie an 15 zufällig ausgewählten Tagen Temperatur, Luftfeuchtigkeit und, ob kein, wenig oder viel Eis konsumiert wurde. Ihre Daten trägt sie in ein Koordinatensystem ein.

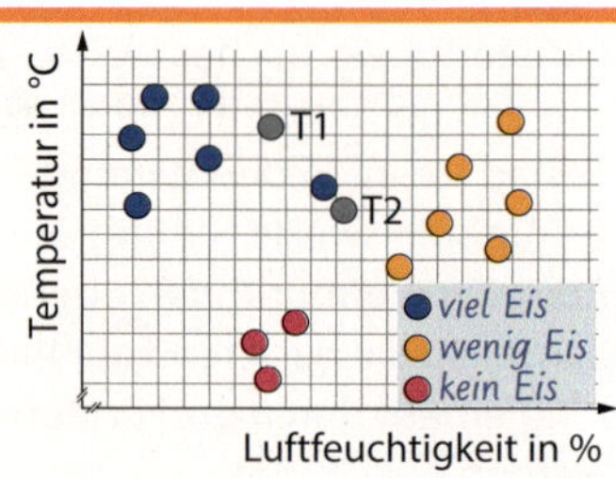

Geben Sie an, wie viel Eis Amelie an den Tagen T1 und T2 produzieren sollte. Beschreiben Sie Ihr Vorgehen bei der Entscheidungsfindung.

k-Nächste-Nachbarn

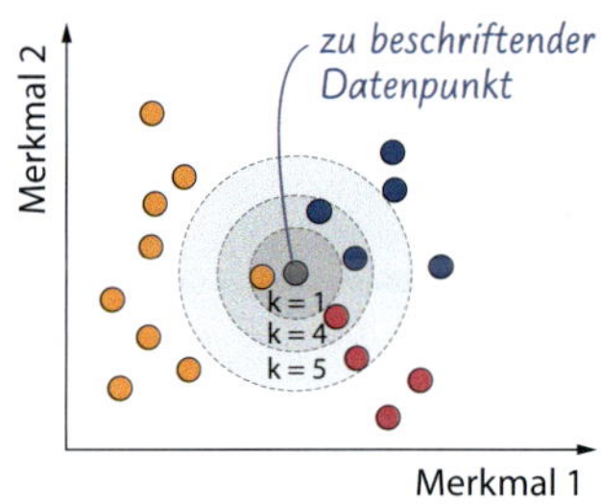

Der k-Nächste-Nachbarn-Algorithmus ist ein überwachtes Lernverfahren, das aus →numerischen Daten mit bekannten Labeln lernt, neuen Daten jeweils eines der bekannten Labels zuzuordnen (Klassifikation). Dazu werden die Label einer bestimmten Anzahl von nächsten Nachbarn – Parameter k – betrachtet und eine Mehrheitsentscheidung gefällt.

→ Numerische Daten können durch Zahlenwerte ausgedrückt werden, z. B. Alter, nicht aber die Telefonnummer.

Da das Lernen lediglich aus dem Abspeichern der verfügbaren Daten besteht, spricht man auch von einem „lazy learner" (faulen Lerner).

Wie lernt ein KI-System mit dem k-Nächste-Nachbarn-Algorithmus aus Daten?

Um mithilfe des k-Nächste-Nachbarn-Algorithmus Vorhersagen treffen zu können, muss das KI-System lediglich die zur Verfügung stehenden Daten abspeichern. Dabei wird jeder Datenpunkt durch seine Koordinaten beschrieben. Die Bestimmung des Labels eines neuen Datenpunkts läuft anschließend wie folgt ab:

1 Berechnen der Abstände des neuen Datenpunkts zu allen anderen Punkten

2 Bestimmen der nächsten Nachbarn (NN)

3 Entscheidung über Label via Mehrheitsentscheidung

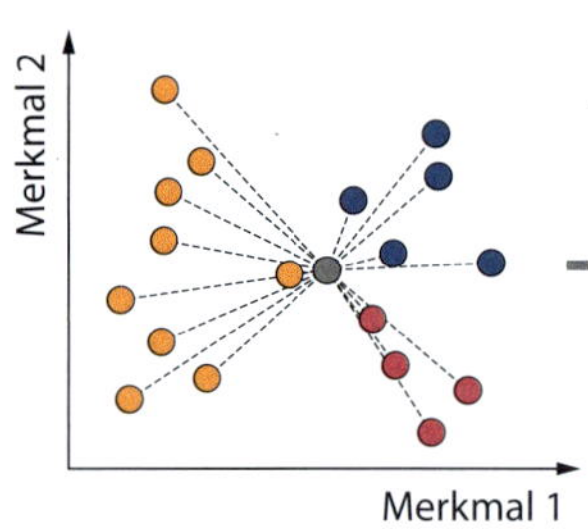

Punkt	Abstand	
●–● (orange)	13,8	→ Erster NN
●–● (blau)	22,1	→ Zweiter NN
●–● (rot)	29,2	→ Dritter NN
●–● (blau)	38,5	→ Vierter NN
●–● (rot)	46,3	→ Fünfter NN
…	…	

Label	Anzahl	
● (blau)	2	Der neue Datenpunkt erhält das häufigste Label. ●
● (orange)	1	
● (rot)	1	

Je nach Wahl von k werden die nächsten k Nachbarn berücksichtigt (hier: k = 4).

Ein neuer Datenpunkt erhält also das Label, das in seiner Nachbarschaft am häufigsten vorkommt. Sind mehrere Label gleich häufig (wäre im Beispiel oben bei k = 5 zutreffend), dann wird das Label zufällig gewählt. Entscheidend für die Vorhersagequalität ist die richtige Wahl von k, die in der Praxis stets vom zu lösenden Problem und den gegebenen Daten abhängt. Bei zu kleinem k könnten →Ausreißer das Ergebnis beeinflussen. Ist k zu groß, könnten zu viele Datenpunkte mit unpassendem Label für die Entscheidung berücksichtigt werden.

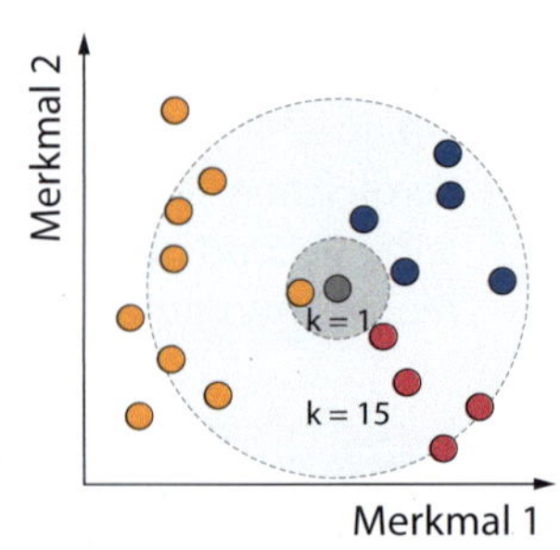

→ Einzelwert, der von den übrigen Werten in auffälliger Weise abweicht.

Der **k-Nächste-Nachbarn-Algorithmus** ist ein überwachtes Lernverfahren, das für einen Datenpunkt unter Berücksichtigung seiner k nächsten Nachbarn ein Label vorhersagt.

Aufgaben

1 Metriken und Abstände

Wie nah sich zwei Punkte sind, kann auf unterschiedliche Weise bestimmt werden. In dieser Aufgabe werden Sie die verschiedenen Möglichkeiten kennenlernen.

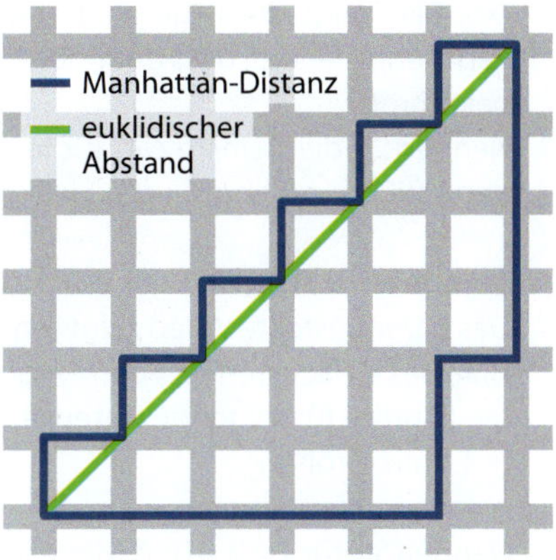

- **a** Zeichnen Sie auf einem karierten Blatt ein Koordinatensystem mit der Einheit 1 cm und tragen Sie dort die drei Punkte P(2|8), Q(6|12) und R(2|14) ein. Bestimmen Sie nun den Abstand von P zu Q und R, indem Sie ein Lineal verwenden. Nennen Sie den nächsten Nachbarn zu P.
- **b** Der mit dem Lineal gemessene Abstand lässt sich auch rechnerisch bestimmen. Nutzen Sie den Satz des Pythagoras, um auf Basis der x- und y-Koordinaten die beiden Abstände zu bestimmen. Dieses Abstandsmaß nennt man auch den **euklidischen Abstand** (grüne Linie).
- **c** Eine weitere Möglichkeit ist es, die Kästchenkanten zu zählen, die zwischen den beiden Punkten liegen (blaue Linie). Dieses Abstandsmaß hat seinen Namen von dem schachbrettartigen Straßennetz Manhattans und heißt daher **Manhattan-Distanz**. Bestimmen Sie wieder den Abstand von P zu Q und R und danach den nächsten Nachbarn von P.

2 Rollenspiel zu k-Nächste-Nachbarn

Zeichnen Sie mit Kreide ein Koordinatensystem mit den beiden Achsen „Körpergröße" und „Anzahl der Stifte in der Schultasche" auf den Schulhof. Acht Freiwillige stellen sich entsprechend auf. Eine neunte freiwillige Person positioniert sich und sagt ihr Geschlecht anhand ihrer i 2 ii 4 iii 8 nächsten Nachbarn vorher.

3 Richtig oder falsch?

Entscheiden Sie, ob die folgenden Aussagen richtig oder falsch sind. Korrigieren Sie falsche Aussagen.

- **a** Der k-Nächste-Nachbarn-Algorithmus gilt als fauler Lerner („lazy learner"), weil er den Trainingsprozess häufig wiederholen muss.
- **b** Je größer der Parameter k gewählt wird, desto besser werden die resultierenden Vorhersagen.
- **c** Der k-Nächste-Nachbarn-Algorithmus ist ein wissensbasierter Ansatz (für KIs).
- **d** Sind den Datenpunkten nur zwei Labels zuzuordnen, können Zufallsentscheidungen vermieden werden, indem für den Parameter k eine ungerade Zahl gewählt wird.

4 Neues Haus (Biber-Wettbewerb 2020)

In einem Dorf werden alle Häuser entweder blau oder rot angestrichen. Um über die Farbe eines neuen Hauses zu entscheiden, haben die Bewohner eine Zahl k und diese Regel festgelegt:

Ein neues Haus muss die Farbe bekommen, welche die Mehrheit der k nächstgelegenen Häuser hat. Wenn es keine Mehrheit gibt, entscheidet die Mehrheit der k + 1 nächstgelegenen Häuser. Nun wurde wieder ein neues Haus gebaut.

Das Bild zeigt die Lage aller Häuser im Dorf. Die Regel entscheidet, dass das neue Haus die Farbe Rot bekommt.

Nennen Sie die kleinste Zahl k, die zu dieser Entscheidung führt, und begründen Sie Ihre Antwort.

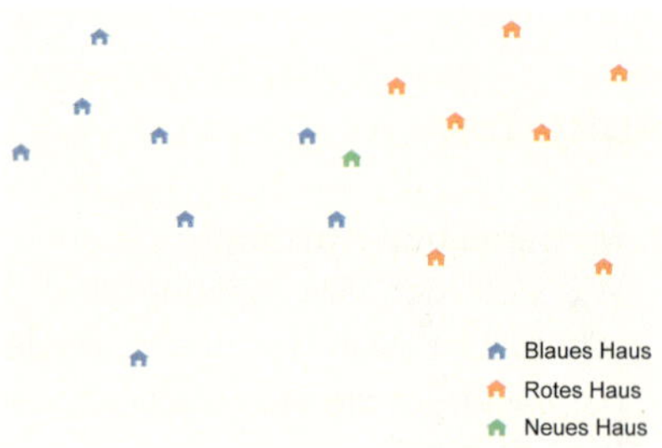

5 Computer als Werkzeug: k-Nächste-Nachbarn anwenden

Das bereitgestellte Video zeigt Ihnen, wie man mithilfe eines Programms neue Datensätze mit Hilfe des k-Nächste-Nachbarn-Algorithmus klassifizieren kann. Führen Sie die im Video gezeigten Schritte für folgende Datensätze durch:

a T-Shirt-Größen

b Lebererkrankungen

Nennen Sie für k = 2, 4 und 6 jeweils die Erfolgsquote für die gegebenen zusätzlichen Beispiele.

6 Computer als Werkzeug: k-Nächste-Nachbarn zur Sentiment-Erkennung

→ „Shitstorm“: Eine große Zahl negativer Äußerungen, die das Image nachhaltig beeinflusst.

Auch Texte können mithilfe des k-Nächste-Nachbarn-Algorithmus klassifiziert werden. Das möchte sich eine Firma zunutze machen und ein Frühwarnsystem für mögliche → „Shitstorms“ entwickeln. Dazu sammelt sie Feedback (sog. Sentiments) zu sich und der Konkurrenz in Social-Media-Kanälen und labelt diese als „positiv“, „negativ“ oder „neutral“. Ihre Aufgabe ist es nun, die Firma dabei zu unterstützen, ein Modell zu entwickeln, das in der Lage ist, auch neue Beiträge automatisch entsprechend zu labeln.

a Die Texte wurden bereits von Satzzeichen, störenden Zeichen und Wörtern wie „und“ sowie „also“ befreit, die für die Bestimmung des Sentiments nicht entscheidend sind. Da der k-Nächste-Nachbarn-Algorithmus nur mit Zahlen, nicht aber mit Texten umgehen kann, müssen Sie den Text noch in eine Liste von Zahlen umwandeln. Eine gängige Möglichkeit ist es, eine geordnete Liste / ein geordnetes Feld aller vorkommenden Wörter zu pflegen. Für einen gegebenen Text wird für jedes vorkommende Wort an der entsprechenden Stelle eine 1 eingetragen. In dem Softwarewerkzeug steht dafür das Widget „Bag of Words“ zur Verfügung. Wenden Sie das Widget „Bag of Words“ auf die gegebenen Eingabedaten an.

b Nutzen Sie das k-Nächste-Nachbarn-Widget, um ein Modell zu erzeugen. Testen Sie Ihr Modell anschließend mit eigenen Posts.

***7 k-Nächste-Nachbarn allgemein implementieren**

Der k-Nächste-Nachbarn-Algorithmus lässt sich mit unterschiedlichen Werkzeugen umsetzen. Die Teilaufgaben hier führen Sie bei der Umsetzung mit einer Programmiersprache.

a Analysieren Sie die Vorlage, in der Daten zufällig erzeugt und dargestellt werden. Begründen Sie, warum Anzahl der Wiederholungen und Zufallsbereiche unterschiedlich gewählt sind.

b Ein wichtiger Bestandteil des k-Nächste-Nachbarn-Algorithmus ist eine Methode zur Bestimmung des Abstands zwischen zwei gegebenen Punkten $(x_1 | y_1)$ und $(x_2 | y_2)$. Implementieren Sie eine solche Methode und verwenden Sie dabei den euklidischen Abstand $d = \sqrt{(x_2 - x_1)^2 + (y_2 - y_1)^2}$.

c Implementieren Sie eine Methode, die für einen neuen Datenpunkt alle Entfernungen zu den Daten aus a) speichert und der Reihe nach sortiert. Dabei darf auch nach dem Sortieren die Zuordnung der Entfernung zum entsprechenden Punkt nicht verloren gehen. Testen Sie die Methode geeignet.

d Vervollständigen Sie nun Ihr Programm zum k-Nächste-Nachbarn-Algorithmus. Das Schaubild im Lehrtext mag gegebenenfalls eine Hilfe sein. Testen Sie das Ergebnis.

*8 Implementierung des k-Nächste-Nachbarn-Algorithmus anwenden

Ziel dieser Aufgabe ist das Anwenden der Lösung aus Aufgabe 7 auf Datensätze mit Informationen zum Alter, dem Monatseinkommen und Beschäftigungsarten „angestellt", „Minijob" bzw. „selbstständig" als Label.

a Analysieren Sie die gegebenen Daten. Begründen Sie, warum bei der Abstandsberechnung das Attribut Monatseinkommen deutlich mehr Einfluss hat als das Alter.

b Damit beide „Koordinaten" bei der Abstandsberechnung den gleichen Einfluss haben, müssen die Werte x entsprechend der folgenden Formel standardisiert werden:

$$x_{\text{standardisiert}} = \frac{x - x_{\min}}{x_{\max} - x_{\min}}$$

Erweitern Sie das Programm aus Aufgabe 6 um eine Methode, die für alle Datensätze vor der Berechnung der Abstände eine Standardisierung (hier für das Alter und das Monatseinkommen) durchführt. Beschreiben Sie, in welchem Bereich sich die standardisierten Werte befinden.

c Wenden Sie mit Ihrem Programm den k-Nächste-Nachbarn-Algorithmus auf den Datenpunkt (35 Jahre | 6000 €) mit k = 2, 4 und 6 an.

9 Amelies Eisverkauf

Amelie möchte den Bedarf für ihr Eiscafé (siehe Einstiegsaufgabe) noch genauer ermitteln. Dazu notiert sie für jeden Datenpunkt, der aus der Temperatur in °C und der Luftfeuchtigkeit in % besteht, die exakt verkaufte Eismenge und nicht mehr nur, ob kein, wenig oder viel Eis verkauft wurde. Diskutieren Sie Möglichkeiten, wie Sie Ihr Vorgehen anpassen könnten, um die notwendige Eismenge in Litern vorherzusagen. Fassen Sie das Diskussionsergebnis knapp zusammen.

10 Forschungsauftrag: k-Nächste-Nachbarn für Verkehrsschilder

Viele Autos verfügen mittlerweile über die Funktion, Verkehrszeichen zu erkennen und der Fahrerin bzw. dem Fahrer diese Information mitzuteilen. Dieses Problem ist auch mithilfe des k-Nächste-Nachbarn-Verfahrens lösbar. Um die anfallende Datenmenge zu reduzieren, kann ein Bild in der Größe reduziert werden (in diesem Fall auf 4×4 Pixel). Da je Pixel 3 Farbwerte (RGB) zu erfassen sind, besteht ein Datensatz aus 48 Werten und einem zugehörigen Label wie zum Beispiel „STOP".

a Analysieren Sie die Methode in der Vorlage, die den Abstand bestimmt, und ergänzen Sie die fehlenden Stellen.

b Variieren Sie den Parameter k und rufen Sie Methoden mit weiteren Eingabebildern auf, um Ihr Modell zu testen.

4.3 Alternative 2 Entscheidungsbäume generieren: Überwachtes Lernen umsetzen

Roberts Eltern betreiben ein größeres Restaurant. Um die Anzahl der Servicekräfte dem Gästeaufkommen anpassen zu können, führen sie einige Wochen lang eine Statistik:

Datum	Werktag	Zeit	Wetter	Ferien	Events in der Stadt	Gästeaufkommen
28.4.	ja	abends	sonnig	ja	5	hoch
29.4.	ja	mittags	bewölkt	ja	3	normal
30.4.	ja	mittags	Regen	nein	10	normal
1.5.	nein	mittags	sonnig	nein	6	hoch
2.5.	ja	abends	Regen	nein	0	hoch
3.5.	nein	mittags	sonnig	nein	4	hoch
…	…	…	…	…	…	…
1.6.	ja	mittags	Regen	ja	12	normal
2.6.	ja	mittags	sonnig	ja	11	hoch
3.6.	nein	abends	bewölkt	nein	1	hoch

a Diese Daten möchte Robert nutzen, um das Gästeaufkommen vorherzusagen. Dazu notiert er sich eine erste Regel wie rechts abgebildet. Begründen Sie, warum diese eine Regel nicht ausreicht, um allen vorhandenen Daten die Label hoch/normal richtig zuzuordnen.

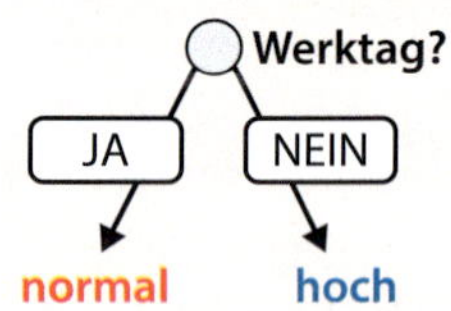

b Ergänzen Sie eine Regel, um zu entscheiden, ob an einem Werktag ein hohes Gästeaufkommen zu erwarten ist. Begründen Sie Ihre Ergänzung.

c Kombinieren Sie die Regeln aus a) und b), indem Sie den „JA"-Fall aus a) mit der Regel aus b) weiter untergliedern. Sagen Sie damit voraus, mit welchem Gästeaufkommen Roberts Eltern an einem sonnigen Mittwochabend außerhalb der Ferien mit 12 Events in der Stadt rechnen müssen.

→ Klassifikation bezeichnet die Einteilung in eine von zwei oder mehr Kategorien, etwa stabil oder instabil. Wird keine Klasse, sondern eine Zahl vorhergesagt, spricht man von Regression.

Entscheidungsbäume

Entscheidungsbäume sind eine einfache Form der Wissensrepräsentation, die gegebenen Daten ein Label zuordnen können (→Klassifikation). Jeder innere Knoten und die Wurzel repräsentiert eine Entscheidungsregel. Wertet man diese Regeln beginnend bei der Wurzel aus, gelangt man schrittweise im Baum absteigend zu einem Blatt. Jedes Blatt steht für ein konkretes Label (im Beispiel zur Stabilität von Teilchen etwa stabil/instabil). Entscheidungsbäume können von Fachleuten erstellt (wissensbasierte KI), aber auch durch einen Algorithmus automatisiert aus Daten generiert, also gelernt, werden (datenbasierte KI).

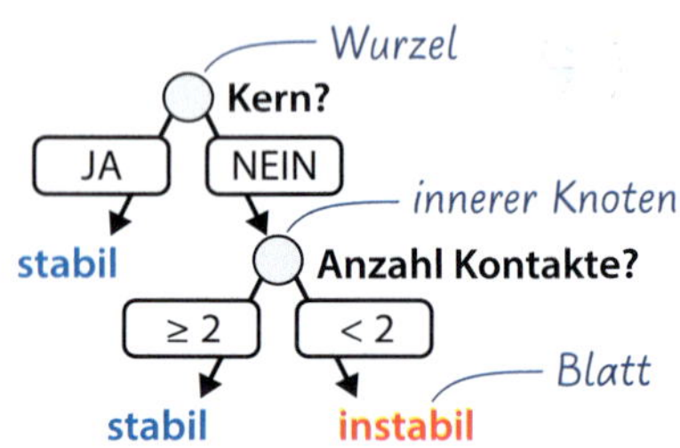

Entscheidungsbaum zur Überprüfung, ob fiktive Teilchen stabil oder instabil sind

Wie lernt ein KI-System einen Entscheidungsbaum aus Daten?

Als Eingabe erhält das KI-System mit Labeln versehene Daten. Der Entscheidungsbaum zur Klassifikation in stabil bzw. instabil (blau bzw. rot dargestellt) wird beginnend bei der Wurzel wie folgt aufgebaut:

	Form	Kern	Kontakte	Zustand (Label)
(roter Kreis)	Kreis	nein	0	instabil
(blauer Kreis)	Kreis	ja	1	stabil
(blaues Dreieck)	Dreieck	nein	2	stabil
…	…	…	…	…

1 Bestes Merkmal für Aufteilung (siehe unten) wählen und aktuellen Knoten damit beschriften.

2 Datensätze entsprechend der Merkmalsausprägungen auf zwei neue Knoten aufteilen.

3 Falls keine weiteren Merkmale zur Unterscheidung existieren oder alle Datensätze dasselbe Label aufweisen, so ist dieser Knoten ein Blatt, ansonsten bei **1** fortsetzen.

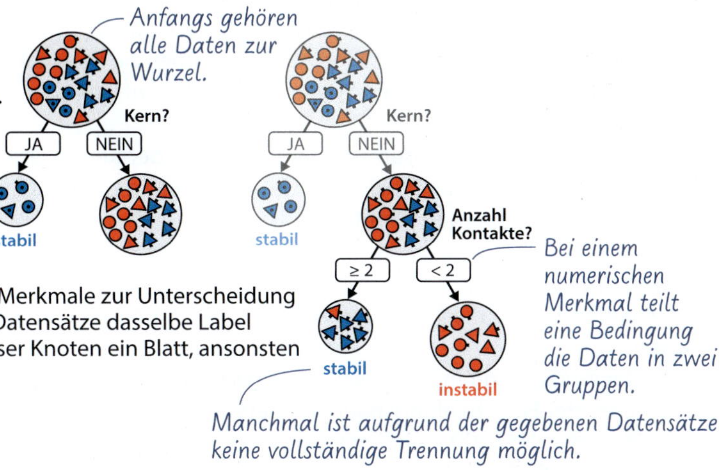

Das beste Merkmal für die Aufteilung der Daten ergibt sich aus dem **Informationsgewinn**: Der Informationsgewinn ist ein Maß dafür, wie hoch die Aussagekraft eines Merkmals hinsichtlich des vorherzusagenden Labels ist. Dazu werden alle verfügbaren Merkmale betrachtet und eine Entscheidungsregel für das Merkmal mit dem höchsten Informationsgewinn dem Baum hinzugefügt. Die folgende Abbildung zeigt zwei Merkmale mit unterschiedlichem Informationsgewinn.

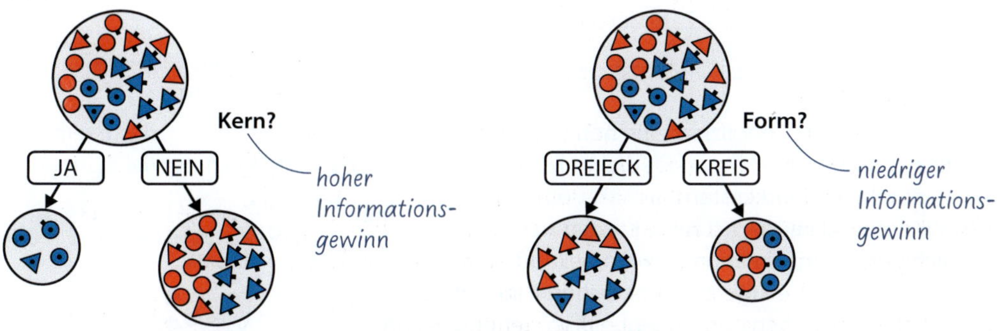

Warum der Informationsgewinn links höher ist und wie du ihn berechnest, erfährst du in Aufgabe 3.

Der gelernte Entscheidungsbaum lässt sich anschließend nutzen, um neuen Datensätzen ein Label zuzuordnen.

Entscheidungsbäume können aus gelabelten Daten automatisiert generiert, also erlernt, werden. Dazu werden die Daten schrittweise anhand der Merkmale mit dem höchsten **Informationsgewinn** aufgeteilt, bis keine Merkmale zur Unterscheidung mehr vorliegen oder alle Datensätze dasselbe Label aufweisen.

Aufgaben

1 Entscheidungsbäume händisch erstellen (aus AI unplugged)
Auf der Webseite steht ein Kartenset mit beißenden und nicht beißenden Äffchen zur Verfügung. Ziel ist es, einen Entscheidungsbaum zu lernen, der für ein gegebenes Äffchen entweder das Label „beißt" oder das Label „beißt nicht" ausgibt.

a Entwickeln Sie Regeln, mit denen sich auch unbekannten Äffchen ein Label „beißt" oder „beißt nicht" zuordnen lässt. Notieren Sie diese Regeln in Form eines Entscheidungsbaums.

b Ihre Lehrkraft wird Ihnen nun verschiedene weitere Äffchen zeigen. Notieren Sie jeweils die Entscheidung auf Basis Ihres Entscheidungsbaums.

c Nun wird Ihnen die Lehrkraft eine Auflösung über die richtigen Label für die Elemente aus Aufgabe b) geben. Zählen Sie, wie viele Label Ihr Entscheidungsbaum richtig vorhergesagt hat.

d Vergleichen Sie Entscheidungsbäume innerhalb der Klasse. Diskutieren Sie, welcher Entscheidungsbaum in der Praxis zum Einsatz kommen sollte und wie das Verfahren insgesamt verbessert werden könnte.

2 Richtig oder falsch?
Entscheiden Sie, ob die folgenden Aussagen richtig oder falsch sind. Korrigieren Sie falsche Aussagen.

a An der Wurzel kann man ablesen, welches Label einer Eingabe zugeordnet werden sollte.

b Ein erlernter Entscheidungsbaum ist stets eindeutig.

c Ein Knoten wird nicht weiter aufgeteilt, wenn alle Datensätze dasselbe Label haben oder die Datensätze hinsichtlich ihrer Merkmale ununterscheidbar sind.

3 Informationsgewinn berechnen
Um zu bestimmen, welches Merkmal für die Aufteilung eines Knotens am besten geeignet ist, muss der sogenannte Informationsgewinn bestimmt werden. Dabei ist das Ziel möglichst sortenreine Unterknoten zu erzeugen.

a Im Beispiel aus dem Lehrtext lässt sich die Sorten-Unreinheit des ersten Knotens mit dem folgenden Term als eine Zahl berechnen:

$$1-\left(\frac{\text{Anzahl der stabilen Teilchen}}{\text{Anzahl aller Teilchen}}\right)^2-\left(\frac{\text{Anzahl der instabilen Teilchen}}{\text{Anzahl aller Teilchen}}\right)^2$$

Das Ergebnis 0,5 impliziert eine hohe Unreinheit. Je näher der Wert an 0 ist, desto reiner ist der Knoten. Berechnen Sie die „Unreinheit" für alle sechs Knoten in den zwei Bäumen oberhalb des Merkkastens.

b Mit dem Ziel, möglichst reine Knoten zu erhalten, lässt sich nun der Informationsgewinn bei Aufteilung anhand eines bestimmten Merkmals berechnen, indem der Unterschied zwischen der „Unreinheit" vorher und nachher bestimmt wird. Im Beispiel rechts berechnet sich der Informationsgewinn also wie folgt:

$$0{,}5-\left(0{,}28\cdot\frac{6}{10}+0\cdot\frac{4}{10}\right)=0{,}332$$

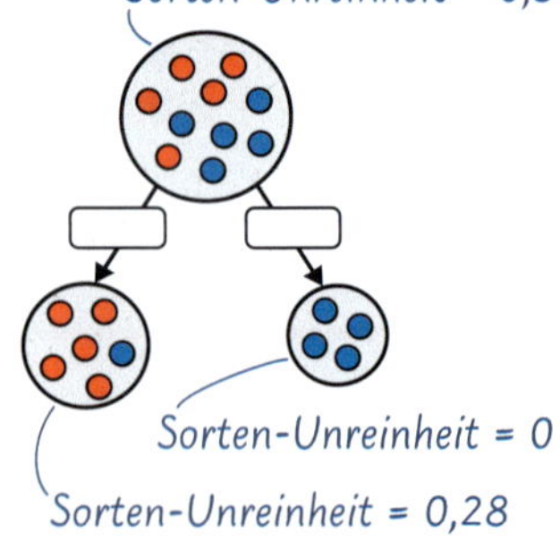

Berechnen Sie den Informationsgewinn für die beiden unterschiedlichen Aufteilungen im Lehrtext.

c Der Term für die Unreinheit in a) lässt sich verallgemeinern und wird nach ihrem Entdecker →Gini-Impurity genannt.
Geben Sie einen allgemeinen, von einem konkreten Beispiel unabhängigen Term an.

→ Corrado Gini (1884 – 1965): italienischer Statistiker; Impurity: engl. Unreinheit

4 Ein gelernter Entscheidungsbaum?

Rechts abgebildet sehen Sie einen Entscheidungsbaum zur Überprüfung, ob ein fiktives Teilchen stabil bzw. instabil ist.

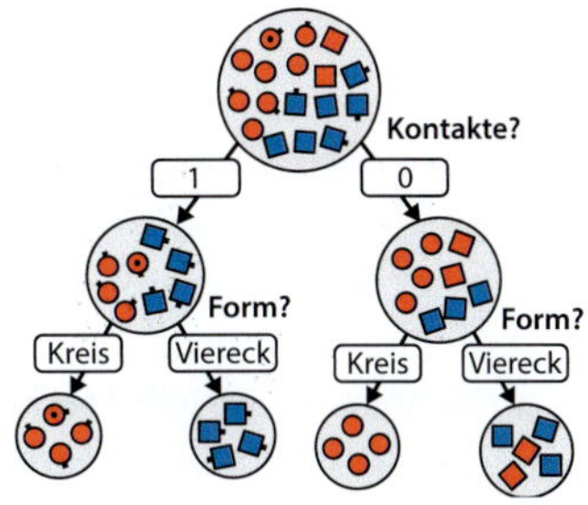

a Benennen Sie die einzelnen Bestandteile des Entscheidungsbaums.

b Begründen Sie (ohne Berechnung), warum der Entscheidungsbaum rechts nicht aus den gegebenen Daten entstanden sein kann.

5 Daten zum Lernen eines Entscheidungsbaums

Um vorherzusagen, ob sich das Ausspielen von Werbung in der Timeline eines sozialen Netzwerks lohnt, soll ein Entscheidungsbaum eingesetzt werden. Ziel ist es, auf Basis von in der Vergangenheit ausgespielter Werbung vorherzusagen, ob ein User auf die Werbung klickt. Die untenstehende Tabelle zeigt einen Ausschnitt der bereits erhobenen Daten.

UserID	gleiches Interesse	Verweildauer in s	täglich aktiv	Klick auf Werbung
AM135346	Ja	≥ 200	Nein	Ja
PB2358212	Ja	≥ 200	Nein	Ja
KR9993445	Ja	< 200	Ja	Ja
SS1256213	Nein	< 200	Ja	Nein
FJ1865532	Nein	< 200	Nein	Nein
AW665356	Ja	≥ 200	Ja	Ja
FJ1222200	Nein	< 200	Ja	Nein
HF101456	Ja	≥ 200	Nein	Ja
LO839282	Ja	≥ 200	Ja	Nein
CV728282	Nein	< 200	Ja	Nein

a Kann mit den gegebenen Daten ein Entscheidungsbaum gelernt werden, der alle gegebenen Daten korrekt klassifiziert? Begründen Sie Ihre Antwort.

b Erstellen Sie einen bestmöglichen Entscheidungsbaum, indem Sie die Knoten wiederholt anhand des Informationsgewinns aufteilen.

6 Computer als Werkzeug: Entscheidungsbäume lernen lassen

Unter bereitgestellten Materialien finden Sie eine Einführung in ein Programm, das aus Daten einen Entscheidungsbaum lernen kann.

a Folgen Sie den Schritten aus dem Video und erstellen Sie damit einen Entscheidungsbaum zu den gegebenen Daten (aus Aufgabe 1).

b Entfernen Sie die Vorgabe im Modell einen Binärbaum zu erstellen. Beschreiben Sie die Unterschiede der beiden Bäume und die Auswirkung auf das Labeln der Testdaten.

c Zur Verfügung steht eine zweite Variante der Daten aus a). Analysieren Sie diese und beschreiben Sie den Unterschied. Erstellen Sie mit dem Programm wiederum einen Entscheidungsbaum und vergleichen Sie das Ergebnis mit a).

4.4 Von der Idee zum KI-System: Training und Optimierung

In den E-Mail-Konten einer Firma landen regelmäßig viele Spam-Mails, weshalb ein Filter entwickelt werden soll, der eingehende E-Mails automatisch in die Kategorien „Spam" und „kein Spam" einordnet.

a Nennen Sie jeweils Merkmale, an denen sich erwünschte und unerwünschte E-Mails möglichst gut erkennen lassen.

b Nachdem ein Spamklassifizierer nach dem Prinzip des überwachten Lernens entwickelt und mit einer Reihe händisch klassifizierter E-Mails trainiert worden ist, kommt dieser in der Firma zum Einsatz. Leider stellt sich schnell heraus, dass viele Spam-Mails nicht als solche erkannt werden, obwohl die zum Training verwendeten E-Mails vom System zu 100 % richtig eingeordnet wurden; dafür werden nun aber alle E-Mails, die nach 16 Uhr eingehen, komplett als Spam klassifiziert. Beschreiben Sie mögliche Ursachen für diese Fehlklassifizierungen.

c Erläutern Sie eine mögliche Vorgehensweise, um die Praxistauglichkeit eines KI-Systems bereits vor dem Produktiveinsatz beurteilen zu können.

Maschinelles Lernen: Von der Idee zum funktionierenden Modell

Mithilfe eines gut funktionierenden Systems zum überwachten maschinellen Lernen können lästige Aufgaben wie das Aussortieren von Spam-Mails leicht automatisiert werden. Manchmal stellt sich aber auch erst im Praxiseinsatz heraus, dass ein System für die angedachte Klassifizierungsaufgabe ungeeignet scheint und eine hohe Fehlerrate produziert. Um dies zu vermeiden und die Klassifikationsgenauigkeit eines Systems zum überwachten maschinellen Lernen bereits bei der Entwicklung optimieren und beurteilen zu können, hat sich daher folgendes Vorgehen etabliert:

Schritt 1: Daten erfassen, strukturieren und aufteilen

Überwachtes maschinelles Lernen kann nur funktionieren, wenn eine ausreichende Menge repräsentativer Daten zur Verfügung steht, die das System beim „Lernen" verarbeiten kann. Diese müssen daher zunächst in strukturierter Form gesammelt und unvollständige oder offensichtlich fehlerhafte Datensätze müssen aussortiert werden. Dabei entsteht eine Tabelle, bei der jede Spalte einem sogenannten →**Merkmal** entspricht. Je nach verwendetem Lernalgorithmus müssen die Daten dabei auch in geeigneter Weise codiert werden, z. B. als Zahlenwerte.

→oft auch engl. *feature*
→2

Schließlich werden die vorhandenen Datensätze zufällig auf drei Gruppen verteilt:

- Der größte Anteil der vorhandenen Datensätze wird zum Training des Klassifizierungssystems verwendet („Trainingsdaten").
- Um die Auswirkungen verschiedener Hyperparameter bewerten zu können (siehe nächste Seite), wird ein Teil der vorhandenen Daten als →Validierungsdaten reserviert und somit nicht zum Training verwendet.
- Ein weiterer Teil der Daten wird als Testdaten reserviert. Anhand dieser Datensätze kann am Ende überprüft werden, in wie vielen Fällen die Klassifikation des Systems tatsächlich korrekt war.

→lateinisch *validus*: kräftig, wirksam, fest

Schritt 2: Entwicklung, Training und Validierung des KI-Systems

Neben der Aufbereitung der Daten muss auch das System zum überwachten Lernen entworfen und an das geplante Einsatzszenario angepasst werden. Je nach gewähltem Verfahren gibt es hier verschiedene **Hyperparameter**. Im Gegensatz zu anderen Parametern werden Hyperparameterwerte nicht während des Trainings erlernt, sondern müssen vor dem eigentlichen Lernprozess festgelegt werden. Da aber nicht immer im Vorhinein erkennbar ist, welche Hyperparameterwerte zum besten Ergebnis führen, kann es sinnvoll sein, verschiedene Werte auszuprobieren. Das System wird dann mit den Trainingsdaten trainiert und anschließend wird überprüft, wie gut das so trainierte System die Validierungsdatensätze korrekt zu klassifizieren vermag. Am Ende können dann die Hyperparameterwerte gewählt werden, die bei den Validierungsdaten das beste Klassifizierungsergebnis erzeugt haben. Als letztes wird anhand der Testdaten überprüft, mit welcher Zuverlässigkeit mit dem finalen System unbekannte Daten korrekt klassifiziert werden können. Bei einem zufriedenstellenden Ergebnis kann das System anschließend produktiv verwendet werden.

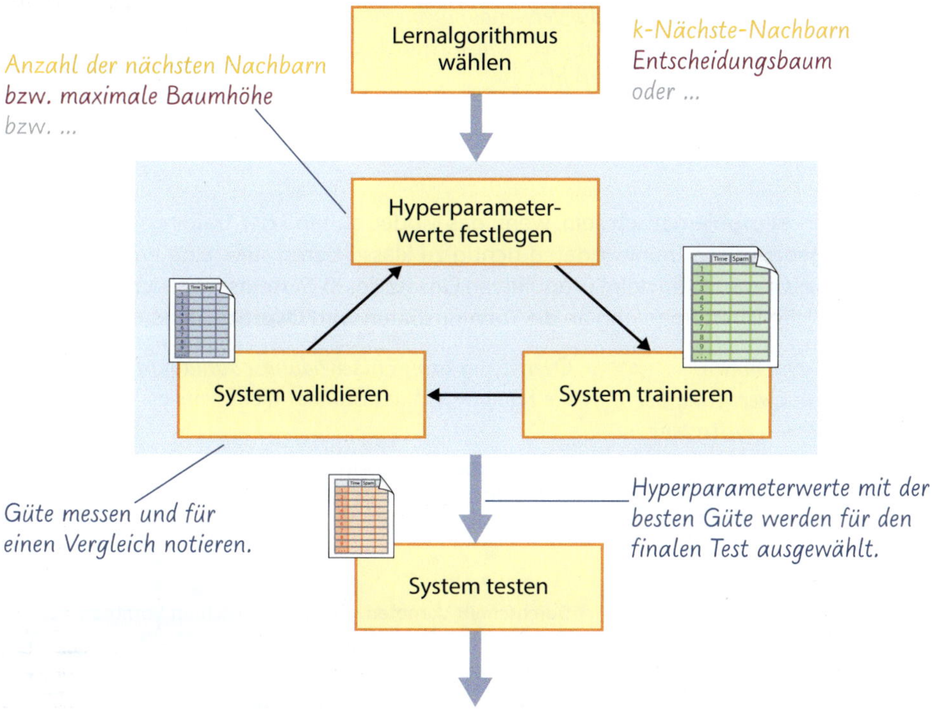

Overfitting und Underfitting vermeiden

Beim überwachten Lernen wird in der Trainingsphase versucht, allgemeine Entscheidungsregeln zu finden, mittels derer zukünftig auch unbekannte Datensätze korrekt klassifiziert werden können. Dabei können zwei Probleme auftreten:

Werden für das Training eines Systems nicht ausreichend viele repräsentative Datensätze, nur wenig relevante Merkmale oder ungünstige Hyperparameterwerte verwendet, so kann das System unter Umständen nicht ausreichend genau trainiert werden. Dies wird auch als →**Underfitting** bezeichnet. Folgende Beispiele zeigen das Versagen der KI-Systeme bei der Klassifizierung des Geschlechts bzw. der Wintermonate durch Underfitting.

→engl. Unteranpassung

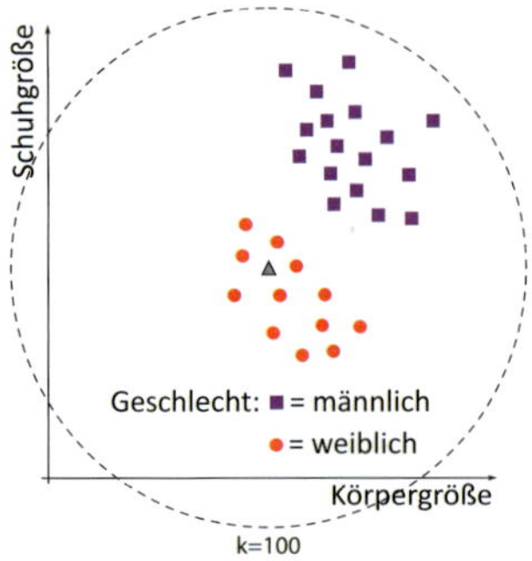

Underfitting bei k-Nächste-Nachbarn, *verursacht durch einen zu groß gewählten Wert für den Hyperparameter k (links) sowie die Verwendung von zu wenigen Trainingsdaten oder nicht aussagekräftigen Merkmalen (rechts).*

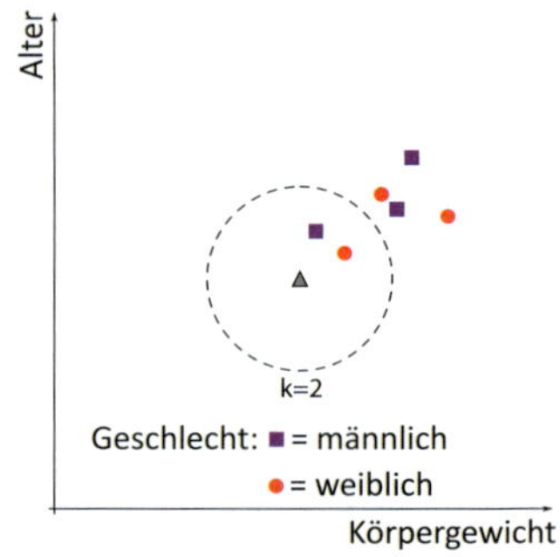

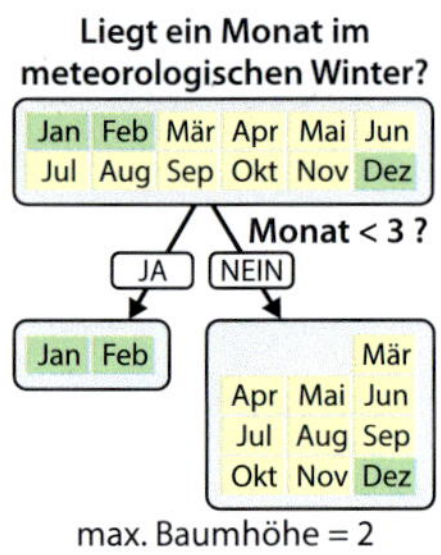

Underfitting bei Entscheidungsbäumen, *verursacht durch einen zu kleinen Wert für den Modellparameter „maximale Baumhöhe" (links) bzw. die Verwendung von zu wenigen Trainingsdaten und nicht aussagekräftigen Merkmalen (rechts).*

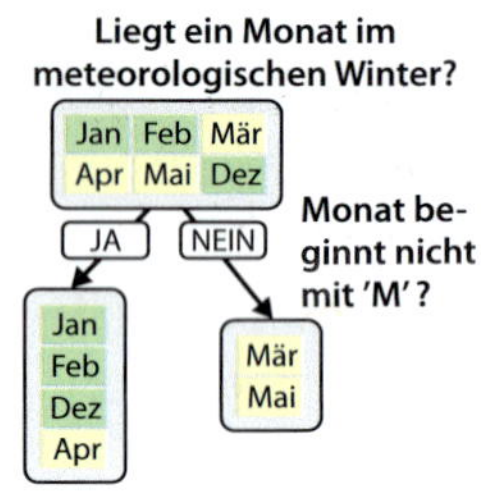

Umgekehrt kann es problematisch sein, wenn das Modell anhand der Trainingsdaten sehr präzise lernt, wie genau diese Trainingsdaten richtig zu klassifizieren sind. Eine typische Folgeerscheinung ist, dass neue Daten beim produktiven Einsatz des KI-Systems nicht richtig klassifiziert werden. Eine solche Überanpassung an die Trainingsdaten wird **Overfitting** genannt.

Beim k-Nächste-Nachbarn-Algorithmus kann Overfitting bei zu klein gewähltem k auftreten:

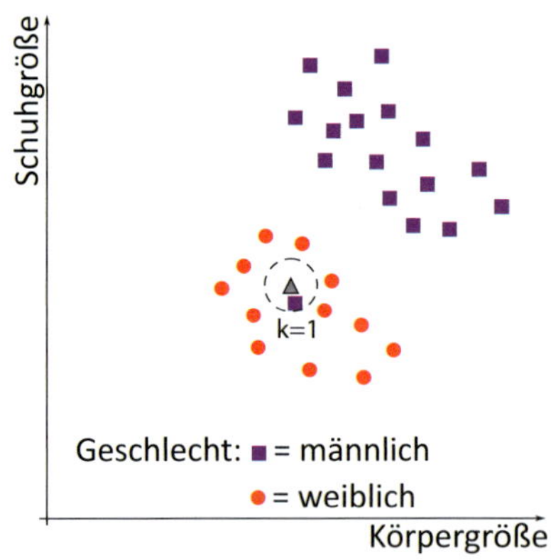

Overfitting beim Entscheidungsbaumalgorithmus, wenn die Komplexität des Baumes nicht sinnvoll begrenzt wird.

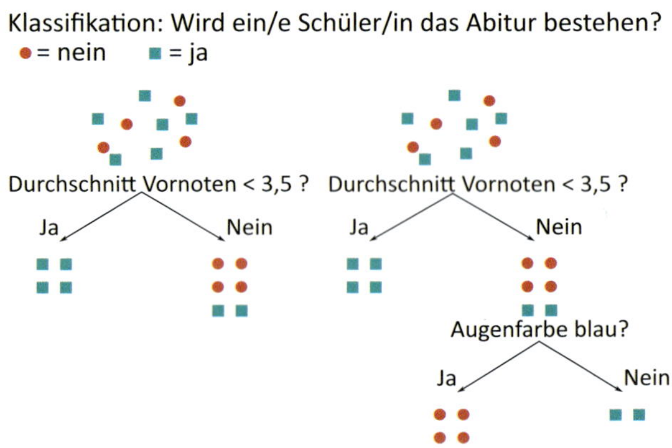

In beiden Fällen kann es zusätzlich auch dann zu einer ungewollten Überanpassung kommen, wenn die zum Training verwendeten Merkmale nicht allgemein aussagekräftig für das Klassifikationsproblem sind. Haben beispielsweise zufällig alle in den Trainingsdaten enthaltenen Abiturientinnen und Abiturienten braune Augen, könnte man versucht sein, die Augenfarbe als Merkmal für den Abiturerfolg aufzunehmen. In der Wirklichkeit würde ein so trainiertes Modell aber kaum bestehen können, da die Augenfarbe keinen direkten Einfluss auf das Abiturergebnis hat.

Testen des KI-Systems

Nach dem Abschluss aller Optimierungen werden die zurückbehaltenen Testdaten mithilfe des Modells klassifiziert. Im Idealfall ist das Modell nach dem Training in der Lage, auch diese Daten mehrheitlich korrekt zu klassifizieren. Da die korrekte Klassifizierung für sämtliche Testdaten bereits bekannt ist, kann die **Güte** des KI-Systems anschließend z. B. anhand der rechts gezeigten Matrixdarstellung beurteilt und basierend darauf entschieden werden, ob die erreichten Fehlerraten für den geplanten Einsatzzweck ausreichend niedrig sind.

Tatsächlich \ Klassifikation	Spam	Kein Spam
Spam	810	185 (Fehler 1. Art)
Kein Spam	163 (Fehler 2. Art)	1212

Gesamt: 2370 Datensätze

Damit Over- und Underfitting erkannt werden können, ist es wichtig, dass die Validierungs- und Testdaten selbst nicht zum Training des Modells verwendet werden. Nur so kann ausgeschlossen werden, dass das Modell spezifisch an die Testdaten angepasst wurde und sich die beim Test ermittelte Modellgüte nicht auf beliebige andere Daten verallgemeinern lässt.

Gut aufbereitete Ausgangsdaten sind eine zentrale Voraussetzung für überwachtes maschinelles Lernen. Die erfassten Daten müssen dafür strukturiert, von unvollständigen oder fehlerhaften Datensätzen bereinigt und alle Merkmale in ein geeignetes Format gebracht werden. Neben den **Trainingsdaten** hängt die erzielbare Klassifikationsgenauigkeit eines Systems ebenfalls maßgeblich von seinen **Hyperparameterwerten** ab. Um die Güte eines Systems verlässlich bestimmen zu können, dürfen die Validierungs- und **Testdaten** nicht bereits zum Training des Systems verwendet worden sein.

Aufgaben

1 Trainingsdaten sinnvoll codieren: k-Nächste-Nachbarn

Mittels des k-Nächste-Nachbarn-Algorithmus soll vorhergesagt werden, ob eine Kinovorstellung ausverkauft sein wird. Dabei werden die Merkmale „Tageszeit" und „Wochentag" verwendet.

a Um die k nächsten Nachbarn zu einem Datenpunkt ermitteln zu können, ist es zwingend erforderlich, dass der Abstand zwischen zwei Datenpunkten sinnvoll berechnet werden kann (siehe auch S. 133 Aufgabe 1). Im konkreten Fall können Sie die Tageszeit als ganze Stunden (Werte 0-23) und die Wochentage ebenfalls als Zahlen (Montag=1, Dienstag=2, usw.) codieren. Tragen Sie folgende Beispieldatenpunkte in ein Koordinatensystem ein und erläutern Sie, weshalb die normale (euklidische) Abstandsberechnung bei diesem Codierungssystem nicht immer sinnvolle Ergebnisse liefert.

Tageszeit	Wochentag	Ausverkauft
20	6	ja
22	7	ja
7	1	nein

b Beschreiben Sie ein für diesen Anwendungsfall besser geeignetes Verfahren zur Abstandsberechnung.

c Erklären Sie, weshalb es bei der Klassifikation anhand von Tageszeit und Wochentag leicht zu Underfitting kommen kann, und beschreiben Sie, wie das System verbessert werden könnte.

2 Qualitätsmerkmale beim überwachten Lernen

→ accuracy: dt. Genauigkeit

Um die Güte eines Modells zum überwachten Lernen zu bewerten, können beim Testen verschiedene Bewertungsgrößen eingesetzt werden. Häufig verwendet wird dabei die →accuracy a, welche den Anteil der korrekten Klassifizierungen an allen durchgeführten Klassifizierungen beschreibt.

→ recall: deutsch auch Sensitivität bzw. Trefferquote

Für ein konkretes Label lassen sich zudem recall und precision bestimmen. Der →recall r ist ein Maß für den Anteil der korrekt (für Label A) klassifizierten Datensätze an allen tatsächlichen Label-A-Datensätzen. Bei einem Spamklassifikator, bei dem E-Mails das Label „Spam" zugeordnet werden soll, gibt der Recall die Trefferquote der Spam-Mails an. Ein recall von 0,8 bedeutet also, dass 80 % der Spam-Mails erkannt werden, jedoch 20 % unentdeckt bleiben.

→ precision: dt. Präzision

Dagegen misst die →precision p, wie präzise der Spam-Filter unerwünschte Nachrichten erkennt. Eine precision von 60 % bedeutet, dass nur 60 % der E-Mails im Spam-Ordner Spam sind.

$$a = \frac{\text{Anzahl der korrekt klassifizierten Datensätze}}{\text{Anzahl aller klassifizierten Datensätze}}$$

$$p = \frac{\text{Anzahl der mit Label A korrekt klassifizierten Datensätze}}{\text{Anzahl aller mit Label A klassifizierten Datensätze}}$$

$$r = \frac{\text{Anzahl der mit Label A korrekt klassifizierten Datensätze}}{\text{Anzahl der tatsächlichen Label-A-Datensätze}}$$

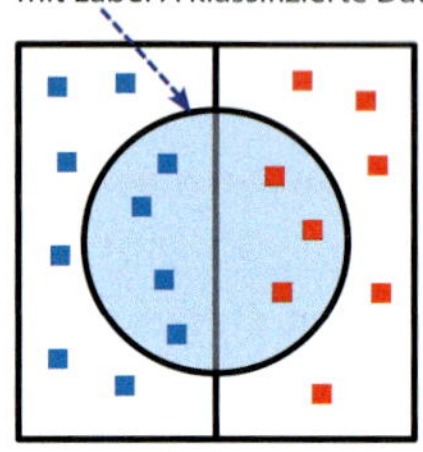

a Gehen Sie davon aus, dass unter 1000 E-Mails fünf Spam-Mails sind. Erläutern Sie am Beispiel eines Spamklassifikators, der einfach alle Mails als „kein Spam" klassifiziert, weshalb die Güte eines Klassifikators nicht allein anhand der accuracy bewertet werden sollte.

b Erklären Sie am Beispiel eines HIV-Tests die Bedeutung von precision und recall. Diskutieren Sie anschließend in Kleingruppen, welche dieser Metriken bei einem HIV-Test vorrangig optimiert werden sollte, und gehen Sie dabei auch auf die möglichen Folgen von niedrigen Werten für precision bzw. recall ein.

3 Datenerfassung in der Praxis

Erläutern Sie für die folgenden Fragestellungen, welche Merkmale in Ihren Augen für eine erfolgreiche Klassifikation besonders relevant sind und wie Sie diese Daten in der Praxis erheben könnten.

a Soll ein Fluggast einer besonders detaillierten Sicherheitskontrolle unterzogen werden?

b Wird ein Zug seinen Endbahnhof mit mehr als 60 min Verspätung erreichen?

c Wird ein Internetvideo mehr als eine Million Aufrufe erreichen?

4 Modellgüte beurteilen

Betrachten Sie für die folgenden Teilaufgaben die abgebildete Matrix zur Klassifikationsgenauigkeit eines Spamfilters auf S. 143.

a Ordnen Sie den vier Feldern hinsichtlich des Merkmals „Spam" die Fachbegriffe true positive, false positive, true negative, false negative zu.

b Diskutieren Sie allgemein für das Anwendungsszenario eines Spamfilters, ob Fehler 1. Art oder 2. Art die Praxistauglichkeit des Systems gravierender beeinflussen.

c Erläutern Sie unter Bezugnahme auf die in der Matrix abgedruckten Beispielwerte, inwieweit Sie einen derartigen Spamfilter für praxistauglich halten.

d Legen Sie dar, inwieweit Ihre Antwort für Teilaufgabe b) anders ausfallen würde, wenn es nicht um ein Spamfilter sondern um i ein System zur Hautkrebserkennung oder ii ein Gesichtserkennungssystem zur Fahndung nach Terroristinnen und Terroristen mittels Videoüberwachung ginge.

5 Trainingsdaten vs. Validierungsdaten vs. Testdaten

Bei der Optimierung und Bewertung eines KI-Systems spielen insbesondere die Validierungs- und Testdaten eine besondere Rolle.

a Beschreiben Sie in Ihren eigenen Worten, welche Probleme auftreten können, wenn anstelle der Testdaten die Validierungs- oder Trainingsdaten für die Beurteilung der Eignung eines KI-Systems herangezogen würden.

b Recherchieren Sie, was sich hinter dem Begriff Kreuzvalidierung verbirgt, und erläutern Sie den Hauptvorteil dieses Verfahrens gegenüber einer statischen Aufteilung der zur Verfügung stehenden Daten in Trainings-, Validierungs- und Testdaten.

6 Ein eigenes KI-System trainieren und testen

In den zu dieser Aufgabe bereitgestellten Materialien finden Sie eine →CSV-Datei mit verschiedenen Angaben zu Gemeinden in Bayern. Mithilfe dieser Daten soll ein KI-System trainiert werden, das entscheidet, ob sich in einer Gemeinde mindestens ein Gymnasium befindet.

a Für die Bearbeitung dieser Aufgabe kann wahlweise das k-Nächste-Nachbarn- oder das Entscheidungsbaumverfahren verwendet werden, wobei in den Materialien jeweils eine verfahrensspezifische Anleitung enthalten ist. Befolgen Sie die dort genannten Schritte zur Einrichtung des KI-Systems für ein Verfahren Ihrer Wahl.

b Versuchen Sie durch eine geeignete Merkmalsauswahl und sinnvolle Hyperparameterwerte (siehe Anleitung) ein möglichst optimales Klassifikationsergebnis für die Validierungsdaten zu erzielen.

c Testen Sie die Güte Ihres KI-Systems anhand der Testdaten und vergleichen Sie Ihre Ergebnisse mit denen anderer Klassenmitglieder.

d Für Schnelle: Recherchieren Sie entsprechende Daten für Gemeinden in anderen Bundesländern und überprüfen Sie, ob Ihr KI-System auch diese korrekt zu klassifizieren vermag.

→ CSV: engl. *comma separated values* – eine Textdatei, in der jede Zeile einem Datensatz entspricht und die einzelnen Felder eines Datensatzes durch Kommata getrennt sind.

7 Forschungsauftrag: CAPTCHAs

Eine zentrale Herausforderung bei der Entwicklung eines Systems zum maschinellen Lernen ist die Verfügbarkeit einer ausreichend großen Menge an Trainingsdaten. Im Bereich der Bild- und Texterkennung hilft heute ein Großteil der Internetnutzer beim Erzeugen passender Trainingsdaten – vermutlich oftmals, ohne dies zu wissen.

a Recherchieren Sie, was sich hinter dem Begriff CAPTCHA und dem heutzutage weit verbreiteten reCAPTCHA-System verbirgt, und beschreiben Sie Aufbau und Funktionsweise.

b Erläutern Sie, wie mittels des reCAPTCHA-Systems Trainingsdaten für die Bild- und Texterkennung gesammelt werden.

c Diskutieren Sie folgende Aussage: KI-gestützte Bild- und Texterkennung ist sowohl Profiteur des reCAPTCHA-Systems als auch dessen größte Bedrohung.

4.5 Das künstliche Neuron: Baustein des neuronalen Netzes

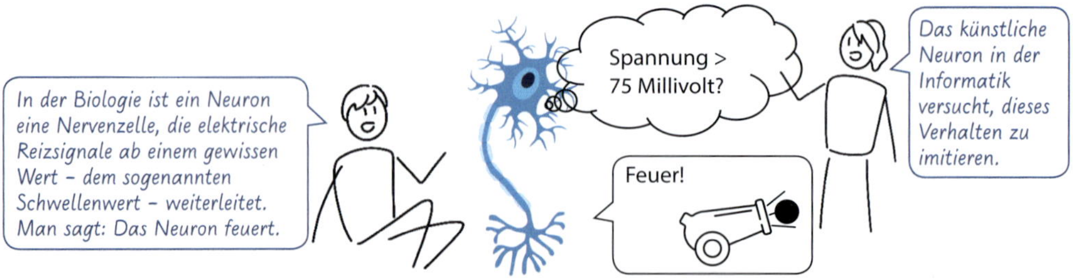

In einer Anlage zum Sortieren von Äpfeln ist es das Ziel, zwei unterschiedliche Qualitätsstufen aufgrund zweier möglichst einfacher Merkmale (z. B. Größe, Farbwert) zu unterscheiden, damit die Äpfel automatisch klassifiziert werden können.

a Erproben Sie das Spiel mehrfach und versuchen Sie, die passende Trenngerade zwischen den Qualitätsstufen möglichst schnell zu finden.

b Beschreiben Sie Ihre Strategie zur Bestimmung der Trenngeraden.

Ein künstliches Neuron trennt längs einer Geraden

→ Neuron: von altgr. νεῦρον, Nerv

Ein **künstliches** →**Neuron** ist ein Modell nach dem Vorbild einer natürlichen Nervenzelle, das als Eingaben mehrere Zahlenwerte verarbeiten kann und entweder 0 oder 1 ausgibt.

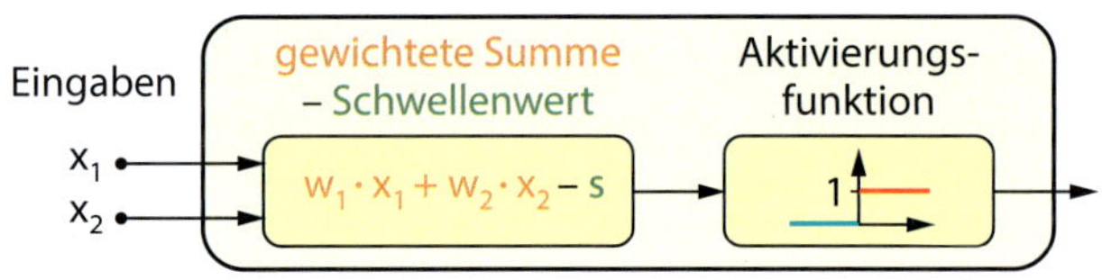

künstliches Neuron

Im Beispiel links verfügt das Neuron über zwei Eingänge x_1 und x_2. Jeder Eingang hat ein bestimmtes **Gewicht** (w_1 und w_2, vom engl. weight); je größer das Gewicht, desto stärker wirkt sich der Eingabewert auf das Ergebnis aus, also desto gewichtiger ist der zugehörige Eingabewert. So kann der Durchmesser eines Apfels mehr Einfluss auf die Qualität haben als der Anteil einer bestimmten Farbe. Der Wert s dient als **Schwellenwert**; wenn dieser Wert vom Term $w_1 \cdot x_1 + w_2 \cdot x_2$ überschritten wird, „feuert" das Neuron. Dies wird realisiert durch die **Aktivierungsfunktion**, die bei Werten größer als Null den Wert 1 liefert, bei allen kleineren Werten ergibt sich (wie bei Inaktivität des Neurons) der Wert 0.
Folgendes Beispiel zeigt ein künstliches Neuron mit den Werten $w_1 = -1$, $w_2 = 2$, $s = 4$:

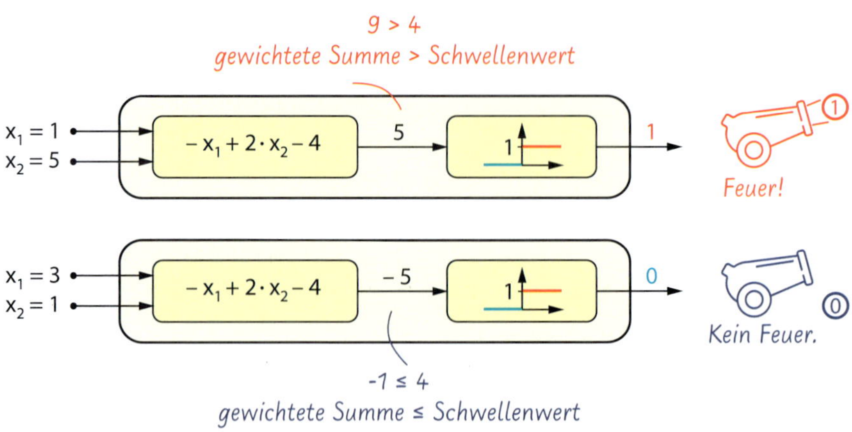

Die Grenze zwischen „feuert" und „feuert nicht" liegt genau dort, wo „gewichtete Summe = Schwellenwert", also im Beispiel $-x_1 + 2 \cdot x_2 = 4$ gilt.

Umformen ergibt $x_2 = \frac{1}{2}x_1 + 2$;

dies entspricht der Gleichung einer linearen Funktion mit Steigung $\frac{1}{2}$ und y-Achsenabschnitt 2, d. h. die Ebene wird durch die zugehörige Gerade in zwei Bereiche (sog. Halbebenen) aufgeteilt, die jeweils ein Label repräsentieren. Deshalb bezeichnet man das künstliche Neuron auch als linearen →Separator.

Allgemein kann ein künstliches Neuron beliebig viele Eingaben verarbeiten. Bei drei Eingaben wird der dreidimensionale Raum beispielsweise nach dem gleichen Prinzip durch eine Ebene getrennt.

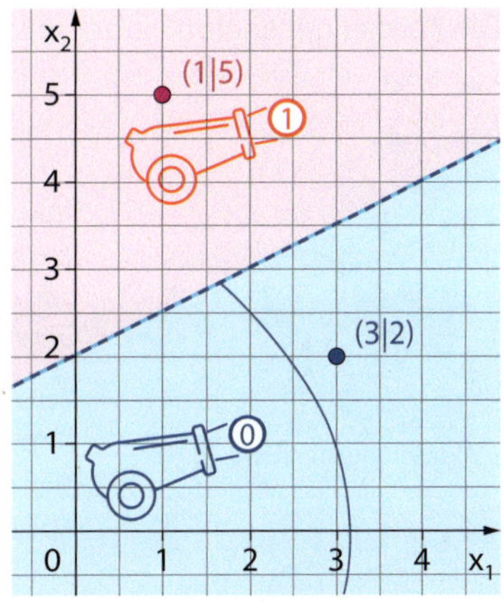

Für jeden Punkt des roten Bereichs liefert das Neuron den Wert 1, im blauen Bereich den Wert 0.

→separare: lat. trennen

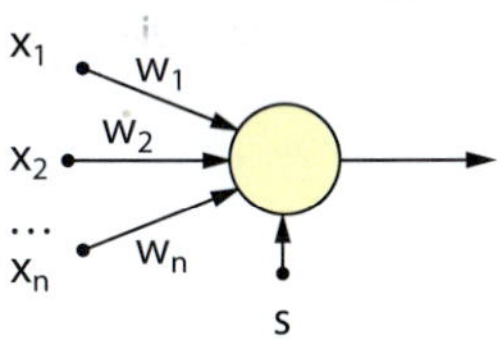

Die Abbildung links zeigt eine vereinfachte Darstellung eines allgemeinen künstlichen Neurons mit den Eingabewerten $x_1, \ldots, x_n$. Die Gewichte $w_1, \ldots, w_n$ werden hier an den Eingangspfeilen notiert.

Das künstliche Neuron kann selbst lernen

Die Nutzung des künstlichen Neurons ist sehr einfach, weil man nur die Werte einsetzen muss. Allerdings ist es aufwendig, passende Gewichte von Hand zu bestimmen. Es gibt aber ein Verfahren, mit dem man das Neuron trainieren kann; ein solches lernfähiges Neuron wird auch →**Perzeptron** genannt.

→ lat. perceptio, engl. perception, wahrnehmen, erkennen

Die Grundidee beim überwachten Lernen des Perzeptrons besteht darin, die anfangs beliebig gewählten Gewichte und den Schwellenwert mit jedem eingelesenen Element aus dem Trainingsdatensatz mit dem Label zu vergleichen und bei Bedarf mit Hilfe der sogenannten **Delta-Lernregel** zu verbessern:

$w_{neu} = w_{alt} + \alpha \cdot$ (Labelwert-berechnetes Ergebnis) $\cdot$ Eingabe

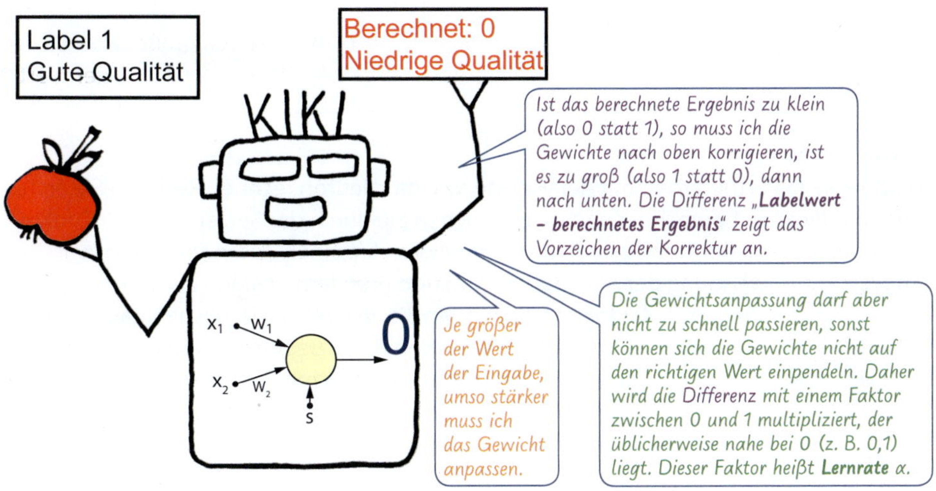

Die Formel gilt analog – aber mit negativem Rechenzeichen – auch für den Schwellenwert:
$s_{neu} = s_{alt} - \alpha \cdot (\textit{Labelwert-berechnetes Ergebnis}) \cdot 1$

Beispiel:

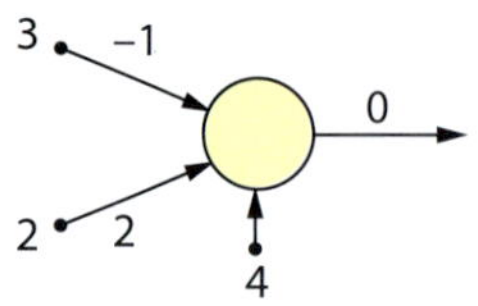 $3 \cdot (-1) + 2 \cdot 2 - 4 = -3$ Aktivierungsfunktion(−3) = 0	Für ein gegebenes Perzeptron ist bekannt, dass es für die Werte $x_1 = 3$, $x_2 = 2$ den Wert 0 liefern soll. Dieser Wert wird bei den gegebenen Gewichten auch berechnet. Die Formeln liefern dieselben Gewichte wie zuvor; die Gewichte werden also nicht angepasst. $w_{1neu} = -1 + 0{,}1 \cdot (0 - 0) \cdot 3 = -1 + 0 = -1$ $w_{2neu} = 2 + 0{,}1 \cdot (0 - 0) \cdot 2 = 2 + 0 = 2$ $s_{neu} = 4 - 0{,}1 \cdot (0 - 0) \cdot 1 = 4 + 0 = 4$
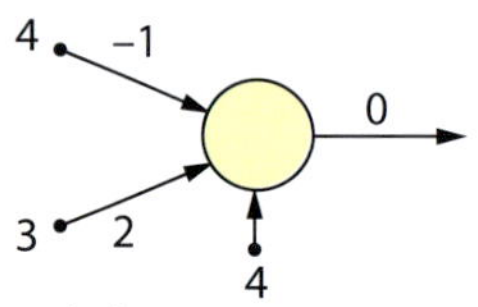 $4 \cdot (-1) + 3 \cdot 2 - 4 = -2$ Aktivierungsfunktion(−2) = 0	Außerdem ist bekannt, dass sich für $x_1 = 4$, $x_2 = 3$ der Wert 1 ergeben soll. Das Perzeptron ermittelt aber den Wert 0. Deshalb werden die Gewichte und der Schwellenwert in die passende Richtung korrigiert; die Stärke der Anpassung hängt vom Eingangswert ab. $w_{1neu} = -1 + 0{,}1 \cdot (1 - 0) \cdot 4 = -0{,}6$ $w_{2neu} = 2 + 0{,}1 \cdot (1 - 0) \cdot 3 = 2{,}3$ $s_{neu} = 4 - 0{,}1 \cdot (1 - 0) \cdot 1 = 3{,}9$
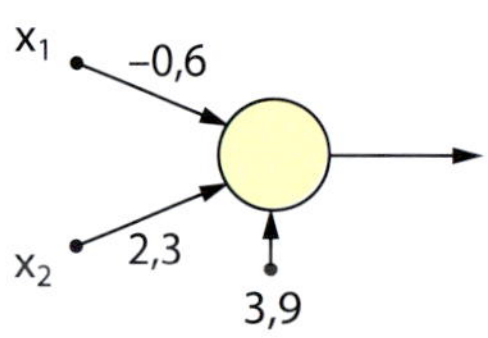	Für den nächsten Trainingsdatensatz werden die angepassten Gewichte verwendet. Durch viele weitere Berechnungsschritte nähern sich Gewichte und Schwellenwert den korrekten Werten an.

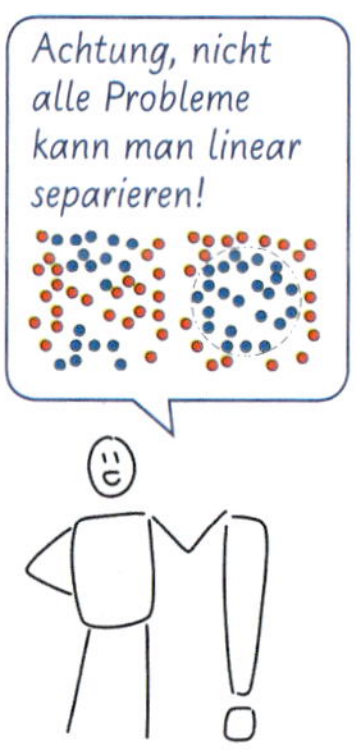

Ein **künstliches Neuron** ist eine Funktion, die abhängig von **gewichteten Eingaben** und einem Schwellenwert den Wert 1 (Aktivierung) oder 0 (keine Aktivierung) ausgibt und dadurch zwei geeignete Label **linear separiert**. Das **Perzeptron** als Erweiterung des künstlichen Neurons beherrscht einen einfachen Klassifikationsalgorithmus, bei dem das Neuron durch eine schrittweise Anpassung der Gewichte und des Schwellenwertes nach der **Delta-Lernregel** lernen kann, das richtige Label zu vergeben.

Aufgaben

1 Das künstliche Neuron erkunden

a Erproben Sie in Partnerarbeit mit der Vorlage, wie das Neuron rechnet. Rechnen Sie erste Werte mit dem Taschenrechner nach. Untersuchen Sie durch das Setzen weiterer Punkte die ungefähre Lage der Trenngerade und formulieren Sie einen Zusammenhang zwischen dem Wert vor Anwendung der Aktivierungsfunktion und dem Abstand zur Trenngeraden.

b Öffnen Sie die Vorlage zu Teilaufgabe b. Erkunden Sie, in welchen Bereichen das Perzeptron seine Werte verändert und in welchen Bereichen nicht. Beobachten Sie, wie sich die Werte verändern. Vollziehen Sie ein bis zwei Berechnungen mit Papier und Taschenrechner nach.

2 Das Perzeptron erkunden mit der Tabellenkalkulation

Im beigefügten Tabellendokument wird ein Neuron in 1000 Lernschritten trainiert.

a Legen Sie in Zeile 2 mehrfach beliebige Startwerte für Gewichte und Schwellenwert fest. Halten Sie die Lernrate dabei konstant.

b Vollziehen Sie zwei aufeinanderfolgende Berechnungsschritte mit Papier und Taschenrechner nach, von denen der erste Berechnungsschritt eine Differenz „gewünscht – errechnet“ ungleich 0 aufweist.

c Erkunden Sie, was im Zellbereich K10:N18 berechnet und im Diagramm darunter dargestellt wird. Beurteilen Sie die Qualität der Annäherung an das gewünschte Ergebnis nach 100 bzw. 1000 Berechnungsschritten. Erproben Sie mehrfach bei gleichbleibenden Startwerten. (Hinweis: Neuberechnung im Tabellenkalkulationsprogramm mit der Taste F9)

d Variieren Sie die Lernrate mit Werten zwischen 0 und 1 bei ansonsten gleichen Eingangswerten und erproben Sie, bei welchen Werten das Neuron am besten lernt.

3 Richtig oder falsch

Entscheiden Sie, ob die folgenden Aussagen wahr oder falsch sind. Korrigieren Sie falsche Aussagen!

a Ein künstliches Neuron hat immer zwei Eingänge und einen Ausgang.

b Das künstliche Neuron löst beliebige Separationsprobleme.

c Unterschreitet die gewichtete Summe den Schwellenwert, so feuert das Neuron.

d Das Perzeptron passt die Gewichte genau dann an, wenn das Label und der berechnete Wert nicht übereinstimmen.

e Für eine Bewerbung können die Label „einladen“, „ablehnen“ und „Warteliste“ durch ein künstliches Neuron nicht unterschieden werden.

4 Neuronen für die logischen Funktionen

a Die UND-Funktion liefert genau dann den Wert WAHR (Wert: 1), wenn alle Eingänge den Wert WAHR haben. Begründen Sie, weshalb man das dargestellte künstliche Neuron als UND-Neuron bezeichnen kann.

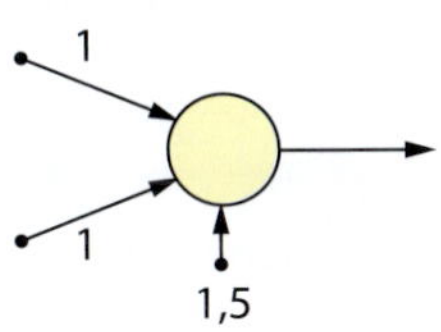

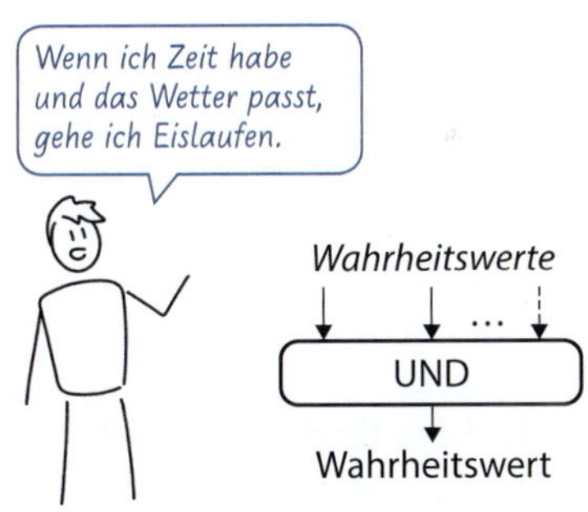

b Franka behauptet, dass für den Schwellenwert auch jede andere Zahl aus dem Intervall]0, 2[in Frage kommt. Korrigieren Sie Frankas Aussage passend und begründen Sie Ihre Ansicht.

c Skizzieren Sie ein UND-Neuron für drei Eingabewerte.

d Entwickeln Sie ein ODER- und ein NICHT-Neuron. Testen Sie jeweils für alle möglichen Eingaben mit einer geeigneten Tabelle.

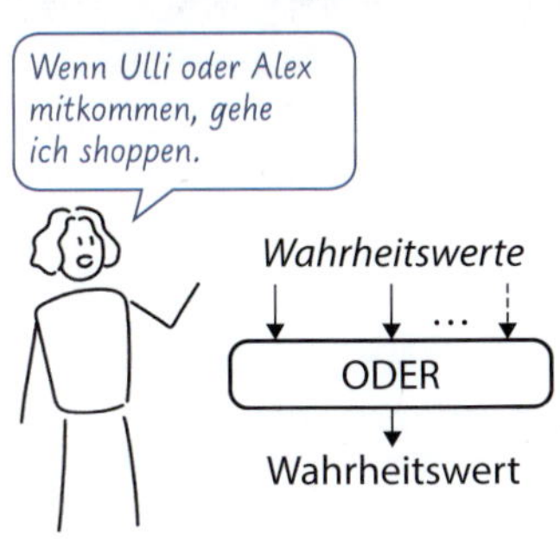

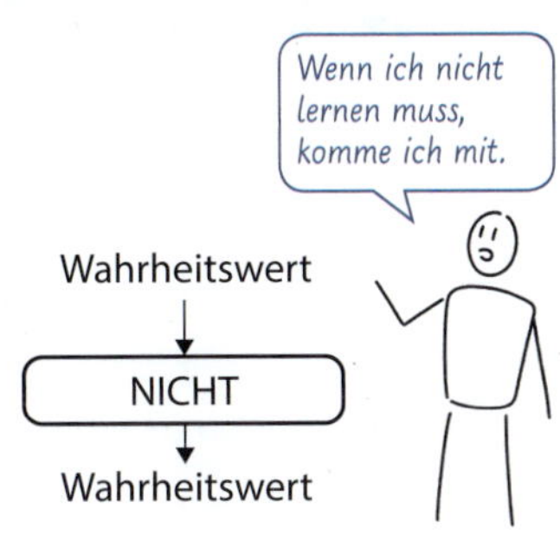

5 Probleme lösen mit künstlichen Neuronen

a Für ein Auto berechnet man den Mindestabstand zum Vorausfahrenden bei höheren Geschwindigkeiten nach der Faustformel „Mindestabstand in m = halbe Tachometeranzeige in km/h", also bei 100 km/h mindestens 50 m Abstand. Entwickeln Sie ein Neuron, das abhängig von Geschwindigkeit und Abstand feuert, wenn ein Auto den notwendigen Abstand nicht einhält.

b Ein Influencer auf einer Videoplattform möchte mindestens eine Million Views im Monat generieren, um von den Werbeeinnahmen in Saus und Braus leben zu können. Mit jedem Fitnessvideo erhält er durchschnittlich 70000 Views, mit einem Ernährungsvideo 60000 Views. Stellen Sie eine Ungleichung auf, die feststellt, ob er bei einer bestimmten Anzahl an Fitness- und Ernährungsvideos insgesamt genügend Views erhält. Skizzieren Sie damit ein passendes Neuron.

6 Der Lernvorgang, „von Hand durchgerechnet"

Ein Perzeptron hat zu Beginn die Gewichte, wie sie in der Skizze angegeben sind. Bestimmen Sie von Hand die Gewichte nach den ersten drei Lernschritten mit einer Lernrate von 0,1 und den folgenden Werten der Trainingsdaten.

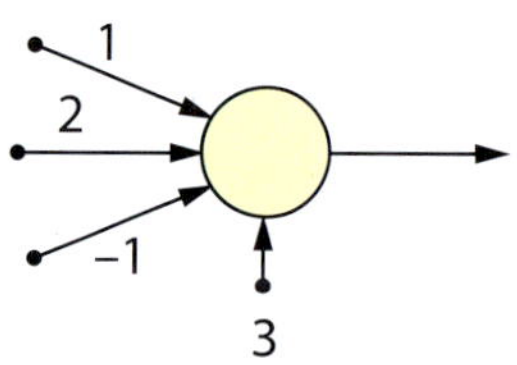

Trainingsdaten:

x_1	x_2	x_3	Label
1	0	1	0
0	1	–3	0
–3	–3	0	1

7 Das Perzeptron implementieren – vorwärts und rückwärts

a Implementieren Sie im Team das Berechnungsverfahren des künstlichen Neurons mit zwei Eingängen zur Berechnung des Ergebnisses in der im Unterricht eingesetzten Sprache. Als Hilfestellung können Sie bei Bedarf das Rechenblatt von Aufgabe 2 nutzen.

b Ergänzen Sie das Neuron um das Lernverfahren. Testen Sie ausführlich! Zur Überprüfung der Korrektheit können Sie mit dem Rechenblatt parallel testen.

c Für Schnelle: Verbessern Sie Ihr Programm weiter, z. B. um grafische Benutzerführung und grafische Ausgabe.

8 Machbar für das Neuron?

Entscheiden und begründen Sie, ob in den folgenden Bildern die beiden Label absolut oder zumindest näherungsweise linear separiert werden können:

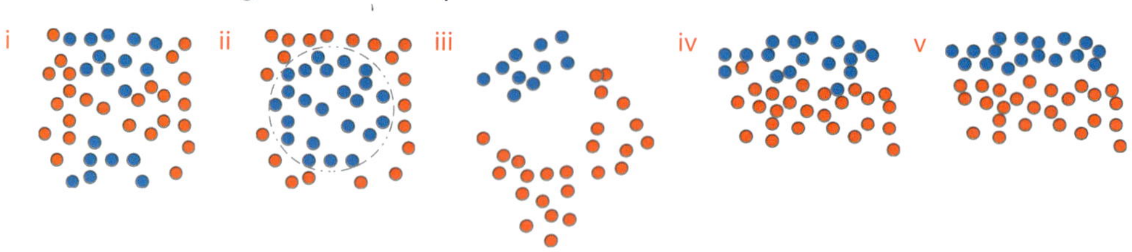

9 Ähnlich oder gleich?

Die Gewichte der Neuronen in den Darstellungen i) und ii) unterscheiden sich um das Vorzeichen, bei den Darstellungen i) und iii) um den Faktor 2. Ermitteln Sie jeweils die Trenngeraden und begründen Sie, weshalb diese identisch sind. Überprüfen Sie außerdem, ob die Neuronen die gleiche Halbebene beschreiben.

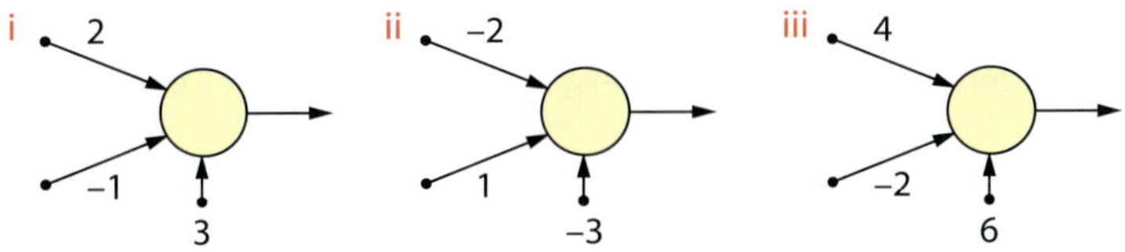

10 Forschungsauftrag: Natürliches Neuron genauer betrachtet

Nachfolgend finden Sie einen Auszug aus einem Biologiebuch. Entwickeln Sie eine Gegenüberstellung von Gemeinsamkeiten und Unterschieden von natürlichen und künstlichen Neuronen.

Neurone sind oft extrem lang gestreckte Zellen. Einige werden über einen Meter lang, wobei der Durchmesser des Zellkörpers meist geringer als 0,1 mm ist. Bei den meisten Nervenzellen lassen sich vier Abschnitte gut voneinander abgrenzen:

1. *Die Dendriten (griech. dendron: Baum) sind weitverzweigte Zellfortsätze, die sich wie Antennen im Raum ausbreiten.*
2. *Der Zellkörper (Soma) ist das biosynthetische Zentrum der Zelle. Er enthält den Zellkern und neben Mitochondrien auch alle Zellorganellen, die für die Proteinbiosynthese notwendig sind.*
3. *Das Axon, auch Nervenfaser genannt, ist ein Zellfortsatz, der viel länger als die Dendriten ist. Über das Axon werden die von der Zelle erzeugten Signale weitergeleitet. Elektronenmikroskopische Bilder zeigen, dass auch hier Mitochondrien liegen. Dies lässt darauf schließen, dass die Weiterleitung der elektrischen Signale im Axon ein energieintensiver Prozess ist. Die Myelinscheide umgibt das Axon und isoliert es elektrisch.*
4. *Nahe seinem Ende verzweigt sich das Axon. Die Zweige enden in verdickten „Endknöpfchen", den präsynaptischen Endigungen der Nervenzelle. Sie bilden mit den Dendriten anderer Neuronen oder mit Muskelzellen Synapsen zur Übertragung der Signale.*

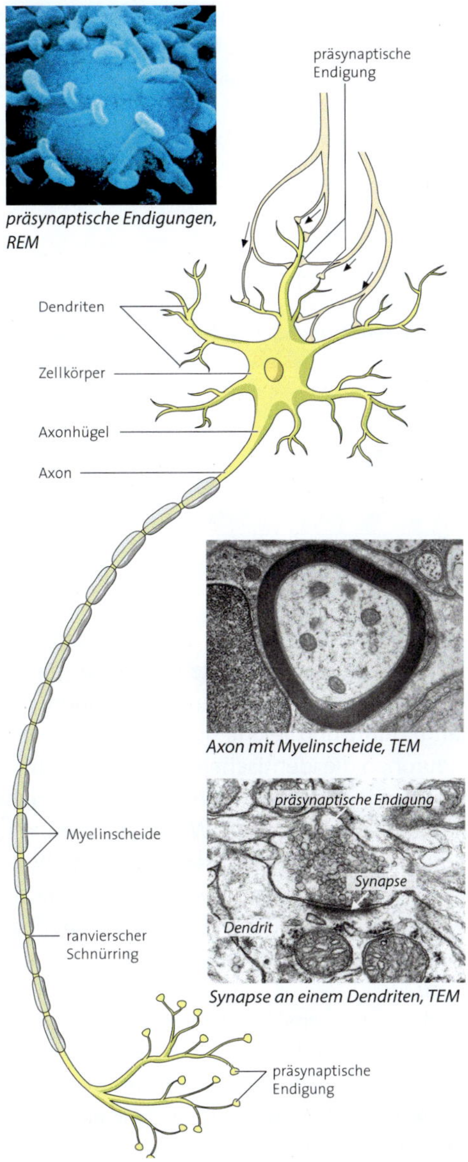

präsynaptische Endigungen, REM

Axon mit Myelinscheide, TEM

Synapse an einem Dendriten, TEM

4.6 Gemeinsam sind Neuronen stark: Das neuronale Netz

Für die Sortieranlage einer Apfelplantage mit vielen unterschiedlichen Apfelsorten reicht ein einziges Neuron nicht aus, um alle Apfelsorten anhand zweier Eingaben linear zu separieren. Mehrere Trenngeraden gemeinsam können die Aufgabe lösen.

a Legen Sie die Trenngeraden so fest, dass alle Apfelsorten voneinander getrennt und unterscheidbar sind.

b Begründen Sie, wie viele geeignete Apfelsorten durch 2 bzw. 3 Trenngeraden maximal unterschieden werden können.

Allein sind die Einsatzmöglichkeiten des künstlichen Neurons auf Probleme der linearen Separation beschränkt. Die Abbildungen zeigen drei Neuronen, die aufgrund zweier Eingaben die Ebene jeweils in zwei Halbebenen teilen und dabei für eine Sortieranlage Schrauben eines gewissen Typs erkennen.

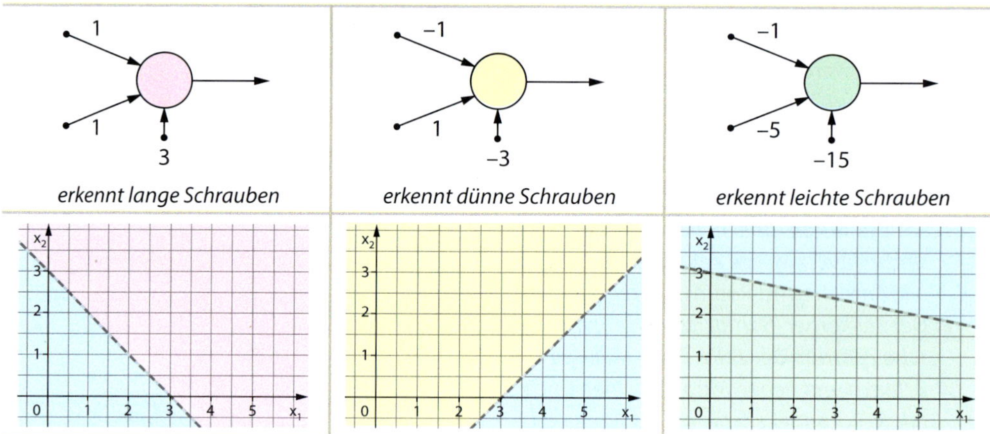

Deutlich leistungsfähiger ist es, wenn mehrere Neuronen zu einem **neuronalen Netz** zusammengeschaltet werden, um im Beispiel Schrauben zu erkennen, die gleichzeitig lang, dünn und leicht sind. Damit die drei gegebenen Neuronen die identischen Eingaben erhalten, verwendet man zwei besondere Neuronen in der **Eingabeschicht**. Sie haben die Aufgabe, die Werte an eine **Zwischenschicht** unverändert weiterzuleiten. Das Gewicht beträgt also 1 und der Schwellenwert 0. Eine Besonderheit ist hier die Aktivierungsfunktion, die nicht die bisherige Sprungfunktion ist, sondern die Gleichung y = x hat (Identitätsfunktion).

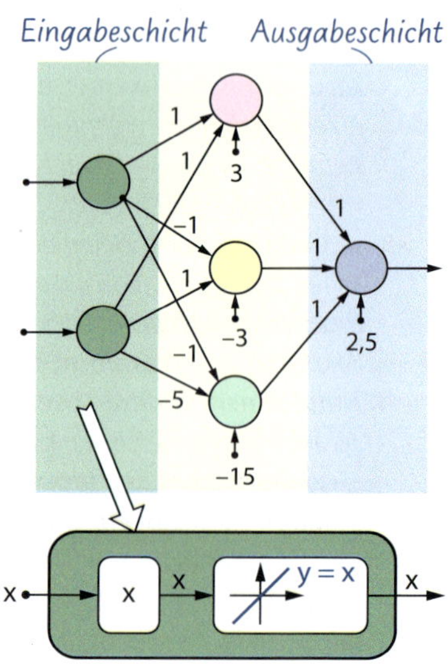

In der Zwischenschicht entscheiden die drei Neuronen von oben jeweils über die Zugehörigkeit zu einer Halbebene. Auf der nächsten Schicht, die gleichzeitig schon die **Ausgabeschicht** ist, muss dann ein Neuron feststellen, ob alle drei Neuronen der vorangegangenen Schicht feuern. Mit den Gewichten 1 und einem Schwellenwert von 2,5 kann dies ermittelt werden: Wenn zwei (oder weniger) Neuronen feuern, so ergibt die Differenz aus gewichteter Eingabe und

Schwellenwert den Wert –0,5 (oder weniger). Die Aktivierungsfunktion liefert damit 0.
Genau bei drei feuernden Neuronen ergibt sich der Wert 0,5 und die Schwellenwertfunktion liefert damit den Wert 1. So ist ein neuronales Netz entstanden, das das Dreieck als Schnittmenge der drei feuernden Neuronen beschreibt und dadurch lange, dünne und gleichzeitig leichte Schrauben erkennt.

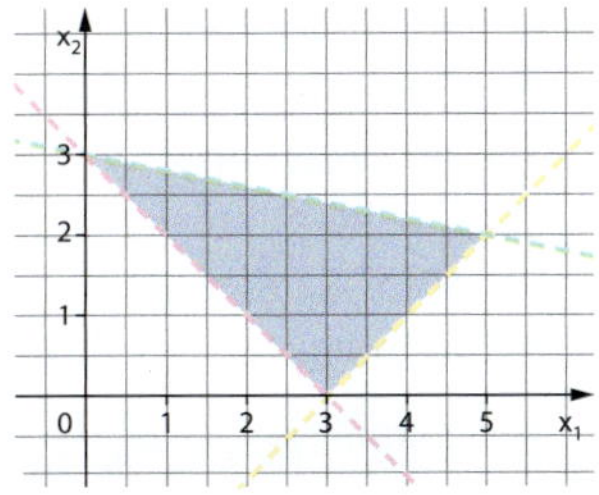

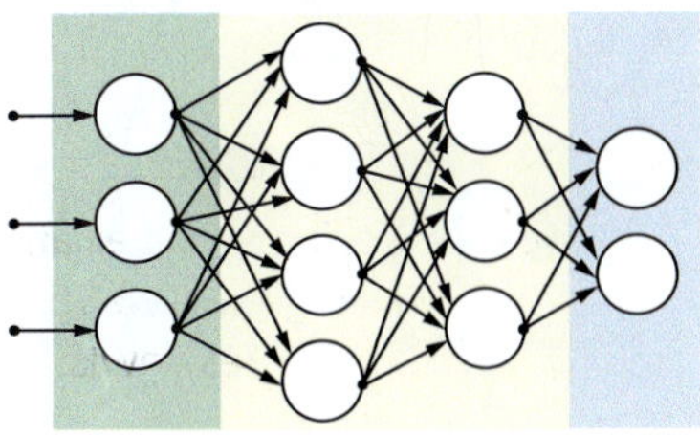

Durch Hinzunahme weiterer Neuronen können so komplexere Strukturen erkannt werden.
Allgemein besteht ein neuronales Netz aus einer Eingabeschicht, einer oder mehreren Zwischenschichten und einer Ausgabeschicht, deren Neuronen jeweils ein Merkmal erkennen. Die Neuronen einer Schicht geben ihr Signal jeweils an alle Neuronen der nachfolgenden Schicht weiter. Neuronale Netze sind in ihren Anwendungsbereichen sehr flexibel, auch beim unüberwachten und verstärkenden Lernen sind sie einsetzbar. Um komplexe Strukturen wie Bilder zu erkennen, bestehen Netze oft aus Millionen Neuronen in zahlreichen Schichten. Da das Netz im Gegensatz zu dem oben beschriebenen einfachen Beispiel automatisch lernt, ist in der Regel nur schwer nachvollziehbar, wie und warum ein neuronales Netz zu einer Entscheidung gelangt.

→ L6

Neuronale Netze können zur Identifikation komplexerer Strukturen genutzt werden und damit komplexe Probleme wie etwa Bilderkennung lösen. Ein neuronales Netz hat folgenden Aufbau:
- Die **Eingabeschicht** besteht aus Neuronen, die jeweils für ein Eingabemerkmal stehen und die die Werte unverändert weiterleiten.
- In den **Zwischenschichten** passiert die eigentliche Datenverarbeitung. Mehr Neuronen und Zwischenschichten erlauben die Lösung komplexerer Probleme bei höherem Rechenaufwand.
- Auf der **Ausgabeschicht** gibt es für jedes Ausgabemerkmal ein Neuron.

Aufgaben

1 Richtig oder falsch?

a Die Neuronen der Eingabeschicht haben eine beliebige Anzahl an Eingängen und verwenden als Schwellenwertfunktion die Sprungfunktion.
b Die eigentliche Berechnung passiert in den Zwischenschichten.
c Jedes Neuron leitet seinen Wert an jeweils genau ein Neuron weiter.
d Drei Neuronen in der Ausgabeschicht sind notwendig, wenn es entscheiden soll, ob auf einem Foto ein Hund, eine Katze oder keines von beiden abgebildet ist.
e Mit jedem neuronalen Netz können Daten allgemeiner - nicht nur linear – separiert werden.
f Ein neuronales Netz darf maximal aus 12 Zwischenschichten bestehen.
g Neuronen in der Eingabeschicht stehen für Merkmale, deren Werte sie jeweils unverändert an ein Neuron der Zwischenschicht weiterleiten.

2 Rollenspiel zum neuronalen Netz

Fünf Freiwillige repräsentieren jeweils ein Neuron: Zwei sind Eingabeneuronen (EN), zwei sind auf der Zwischenschicht und eine Person macht die Ausgabe. Eine weitere Person protokolliert als Spielleiter an der Tafel die Eingaben und die jeweilige Ausgabe. Zur Verbindung dienen Schnüre, als Signale können leere Toilettenpapierrollen genutzt werden, jeweils beschriftet mit dem passenden Gewicht.

EN1	EN2	Ausgabe
0	0	
0	1	
1	0	
1	1	

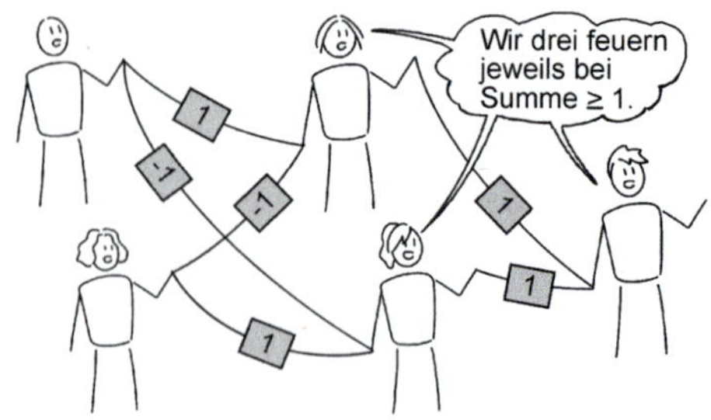

a Erproben und diskutieren Sie die Zusammenarbeit der Spielenden. Stimmt das Spiel mit einem realen Netz überein?

b Begründen Sie, weshalb man das Netz als „Exklusives Oder"-Netz bezeichnet. Abstrahieren Sie in die übliche Darstellungsform des neuronalen Netzes.

3 Rechnen wie ein neuronales Netz

Das neuronale Netz von S. 152 wurde so konstruiert, dass es im farbigen Dreieck (siehe S. 153 oben) den Wert 1 liefert. Vollziehen Sie anhand der Simulation die Berechnung für die Punkte (0|0), (1|1), (1|0) und (0|2) nach und vergleichen Sie mit dem erwarteten Ergebnis.

4 Grundaufbau neuronaler Netze

a Begründen Sie mit eigenen Worten den Grundaufbau des neuronalen Netzes zur Begrenzung eines Dreiecks in der Ebene von S. 153. Begründen Sie außerdem, welche Gewichte und welcher Schwellenwert immer identisch gewählt werden können.

b Beschreiben Sie analog den Aufbau eines möglichst einfachen neuronalen Netzes für ein Viereck in der Ebene.

c Verbinden Sie die neuronalen Netze von a) und b) so, dass alle Punkte erkannt werden, die innerhalb des Vierecks oder des Dreiecks liegen.

d Skizzieren Sie den grundsätzlichen Aufbau eines möglichst einfachen neuronalen Netzes, das einen Quader im dreidimensionalen Raum beschreibt.

5 Neuronale Netze entwickeln

Konstruieren Sie für die folgenden Problemstellungen selbst ein neuronales Netz.

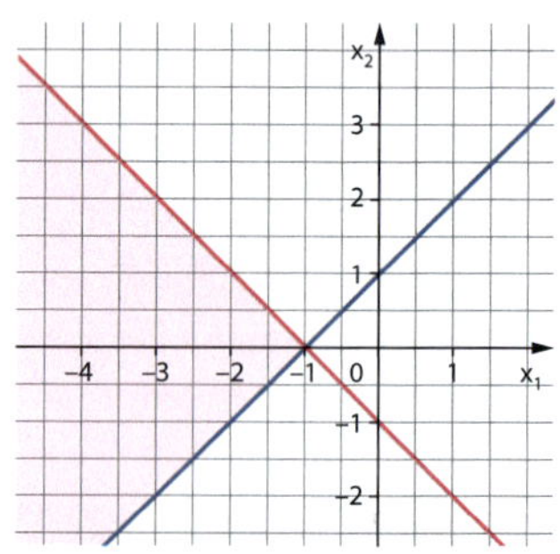

a Die rot gefärbte Fläche (s. Abbildung rechts) wird eingeschlossen von den Funktionen mit den Gleichungen $y = x + 1$ und $y = -x - 1$.

b Eine Maschine soll automatisch Bauteile sortieren. Aussortiert werden Bauteile, die kleiner als 0,9 cm oder größer als 1,1 cm sind sowie deren Gewicht kleiner als 49 g und größer als 51 g.

6 Gewichte im neuronalen Netz

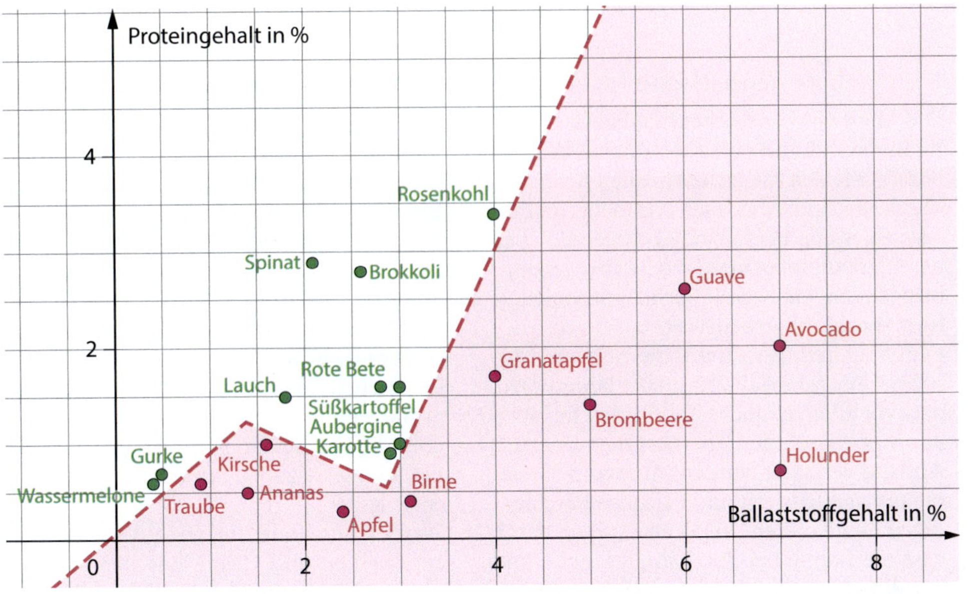

Im Beispiel sind Gemüsesorten und Obstsorten aufgrund der enthaltenen Ballaststoffe und Proteine angetragen. Ein neuronales Netz soll passende Gewichte und Schwellenwerte erhalten, damit Gemüse und Obst möglichst gut unterschieden werden kann. Experimentieren Sie mit den Gewichten. Welche Strategie verfolgen Sie? Vergleichen Sie Ihre Strategien innerhalb der Klasse. Welche Strategie führte zur besten Lösung?

7 Zuschauen, wie das neuronale Netz trainiert wird

Im Kapitel wurde der Grundaufbau eines neuronalen Netzes betrachtet. Wie die einzelnen Neuronen ist auch das gesamte Netz lernfähig, aber anders als das einzelne Neuron in der Lage, komplexere Strukturen zu erkennen. Die Funktionsweise dieses Lernvorgangs ist nicht Inhalt gewesen, funktioniert aber ähnlich wie bei einem einzelnen Neuron: Aufgrund der Rückmeldung, ob das vom neuronalen Netz vorhergesagte Label korrekt ist, werden die Gewichte entsprechend aktualisiert. Über den Link in den Vorlagen können Sie ein neuronales Netz beim Lernen beobachten.

a Lassen Sie das neuronale Netz die kreisförmig angeordneten Daten lernen. Betrachten Sie die Ergebnisse der ersten Zwischenschicht (Maus darüber bewegen). Beschreiben Sie knapp das Ergebnis.

b Äußern Sie begründet eine Vermutung, ob mit einer Zwischenschicht kreisförmig angeordnete Daten separiert werden können. Überprüfen Sie ihre Vermutung auch bei Variation der Anzahl der Neuronen der Zwischenschicht.

c Nennen Sie den Wert, der die Qualität der Klassifikation angibt. Variieren Sie den Wert des Parameters Noise und erklären Sie den Einfluss auf die Qualität.

d Experimentieren Sie mit weiteren Daten und Parametern und formulieren Sie Ihre Erkenntnisse.

8 Forschungsauftrag: Bilderkennung mit neuronalen Netzen

Die Vorlage enthält ein Tutorial, mit dem sie selbst für den AppInventor eine Bilderkennungsapp entwickeln können. Bauen Sie diese nach und entwickeln Sie sie nach eigenen Ideen weiter.

4.7 KI im Einsatz: Chancen und Risiken

Künstliche Intelligenz verändert die Arbeitswelt

Die Angst vor künstlicher Intelligenz ist häufig in die Zukunft gerichtet, mit starken Robotern, die den Menschen in allen Bereichen überlegen sind. Aber auch schwache, im Einsatzgebiet eng begrenzte KI-Systeme haben bereits heute enormen – teilweise gewinnbringenden, teilweise verhängnisvollen – Einfluss auf die Arbeitswelt.

Die zunehmende Automatisierung und Globalisierung führte ab den 1980er Jahren dazu, dass vor allem einfache Tätigkeiten in Fabriken von Maschinen übernommen oder ins Ausland verlagert wurden. Autonome Systeme in Lagerhäusern und Fabriken beschleunigen heute diesen Trend und sorgen dafür, dass die Löhne bei Beschäftigten ohne und mit geringer Ausbildung stark sinken, weil sie mit günstigeren Maschinen konkurrieren. Auch in Versicherungen, Banken und Büros findet eine zunehmende Automatisierung statt; so werden Texte maschinell vorübersetzt, ehe z. B. eine menschliche Übersetzerin (momentan noch) eine Überprüfung auf Korrektheit vornimmt, Versicherungs- und Kreditanträge werden automatisch bearbeitet, nur bei Einsprüchen gegen die Entscheidung der Maschine wird der Vorgang noch von Hand geprüft. Auch bei der Auswahl von Bewerbungen auf freie Arbeitsstellen werden inzwischen KI-Systeme eingesetzt, die aufgrund der Daten der aktuell Beschäftigten über die Qualität von Bewerbungen und die Einladung zu Bewerbungsgesprächen entscheiden.

Werden am Ende nur noch die Maschinen entscheiden und viele Menschen arbeitslos sein und in Armut leben? Oder wird diese Entwicklung dazu führen, dass wir alle bei gleichem Wohlstand weniger arbeiten müssen?

a Recherchieren Sie arbeitsteilig für verschiedene Berufe, inwieweit Automatisierung und künstliche Intelligenz bestimmte Berufe (vielleicht solche, die Sie in Zukunft ergreifen wollen) verändert haben und in Zukunft verändern werden. Lassen sich Berufsfelder identifizieren, die wenig/viel von KI beeinflusst werden?

b Diskutieren Sie mit verteilten Rollen (Mitarbeitende in verschiedenen Bereichen eines Unternehmens (Büro, Fertigung), Betriebsrat, Unternehmensleitung, KI-Entwicklungsteam, Personalleitung) in einem Rollenspiel, aus welchen Gründen und wie ein Unternehmen durch KI-Techniken weiterentwickelt werden sollte.

c Diskutieren Sie Vor- und Nachteile, wenn KI-Systeme (z. B. in der Medizin oder bei Stellenausschreibungen) Entscheidungen vorbereiten oder treffen.

d Benennen Sie außerdem Berufsfelder und Situationen, in denen KI-Systeme voraussichtlich auch in Zukunft unterlegen sein werden, und begründen Sie ihre Einschätzung.

e Gesellschaftlich wird im Kontext von immer mehr automatisierter Arbeit die Frage nach einem bedingungslosen Grundeinkommen diskutiert. Recherchieren Sie, was dies bedeutet und welche Vor- und Nachteile es impliziert.

Entscheidungen der KI überlassen

KI-Verfahren werden in immer mehr Bereichen unseres Lebens eingesetzt, beispielsweise in autonomen Fahrzeugen, bei Diagnosen in der Medizin und bei der Bildauswertung von Überwachungskameras im öffentlichen Bereich. Mit so vielfältigen Einsatzszenarien entstehen auch Fragestellungen persönlicher und gesellschaftlicher Tragweite. Gleichzeitig ist der Einsatz von KI-Systemen mit Angst verbunden. Diese prägt oft öffentliche Debatten, auch wenn dort Sachlichkeit wünschenswert ist.

Chancen und Risiken von KI bewerten

Damit der Einsatz von KI-Systemen verantwortungsvoll und gewinnbringend geschieht, haben Fachleute einige wichtige Kriterien festgelegt, die als Bewertungsmaßstab für aktuelle und zukünftige KI-Systeme dienen können:

- Fairness → 4.3
  KI-Systeme können enormen Einfluss auf die Teilhabechancen von Menschen haben. Wichtig ist daher, dass diese Systeme fair und frei von Vorurteilen handeln. Dabei sind jedoch nicht die Systeme selbst voreingenommen. Oft sind es die Daten, die zum Training verwendet wurden.
- Nachvollziehbarkeit von Entscheidungen → 4.2
  Entscheidungen von KI-Systemen müssen nachvollziehbar sein, etwa wenn Entscheidungen über einen Kredit oder eine Bewerbung getroffen werden. Dabei muss zwischen Transparenz und Erklärbarkeit unterschieden werden: Erklärbarkeit bedeutet, dass wesentliche Argumente für eine Entscheidung benannt werden können, für Transparenz muss das Verhalten vollständig nachvollziehbar sein. Gerade bei datenbasierten Ansätzen und insbesondere neuronalen Netzen ist die Transparenz häufig schwer herzustellen.
- Effizienzsteigerung, neue Möglichkeiten → 4.6
  Eine bessere Gesundheitsversorgung, gleicher Ertrag in der Landwirtschaft bei höherer Umweltverträglichkeit, ... – es war schon immer Ziel der Menschheit, sich weiterzuentwickeln. Deshalb ist es auch ein wichtiges Bewertungskriterium für den Einsatz einer KI, welche Vorteile, neuen Ansätze und Verbesserungen sie im konkreten Fall bringt.
- Zuverlässigkeit → 4.3
  Welche Anforderungen muss das KI-System erfüllen? Muss die KI z. B. Gummibärchen nach Farbe sortieren, genügt eine Zuverlässigkeit von 75 %, damit die Kundschaft nicht merkt, dass eine Farbe in der Packung dominiert. Bei selbstfahrenden Autos würden 75 % Zuverlässigkeit dagegen durchschnittlich einen Unfall an jeder vierten Kreuzung bedeuten, hier muss die Zuverlässigkeit praktisch 100 % sein.

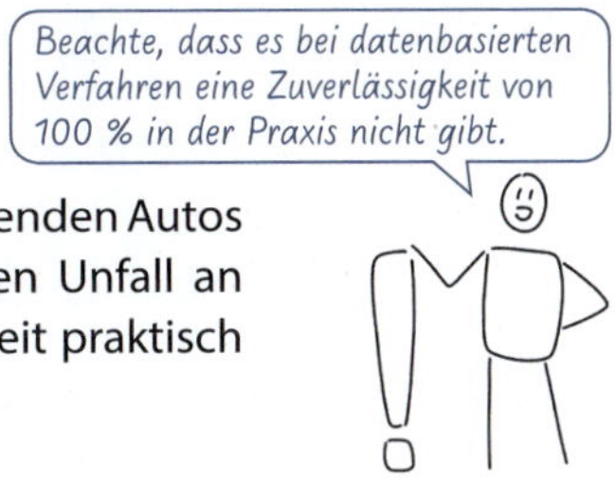

- Verantwortlichkeit
  Wer trägt die Verantwortung, wenn Entscheidungen nicht mehr von Menschen, sondern der KI getroffen werden? Und wer haftet bei Fehlern? Wenn ein Programm irrt, dann irrt meistens die Programmiererin oder der Programmierer. Oder die Daten, mit denen ein System trainiert wurde, waren unzureichend. Deshalb ist es wichtig, dass die Systeme kontrolliert werden. Idealerweise erfolgt dies anhand konkreter Normen, die in einem interdisziplinären Dialog mit informatischer, rechtlicher und ethischer Expertise entstanden sind.
- Privatsphäre
  Eine der Grundregeln des Datenschutzes ist die Datensparsamkeit. Daten sollen nur dort erhoben werden, wo dies gut begründet ist. Dabei sind die Interessen der Einzelnen angemessen zu berücksichtigen.

Der Einsatz künstlicher Intelligenz hat einerseits ein hohes Potenzial, weil umfangreiche Aufgaben **effizient** bearbeitet und neue Möglichkeiten erschlossen werden können. Andererseits bergen KI-Systeme auch Risiken, insbesondere hinsichtlich der **Zuverlässigkeit**, der **Nachvollziehbarkeit** ihrer Entscheidungen, der **Verantwortlichkeit**, der Achtung der **Privatsphäre** und der **Fairness**. Diese Aspekte müssen als Leitlinien bei der Entwicklung und dem Einsatz von KI-Systemen bedacht und kontrolliert werden.

Aufgaben

1 Einsatzbereiche von künstlicher Intelligenz
Sammeln und recherchieren Sie Bereiche, in denen KI eingesetzt wird. Ergänzen Sie dazu in Ihrem Heft die Mindmap um diese Einsatzbereiche. Der Überblick verdeutlicht die Vielseitigkeit der Anwendungen und kann bei den folgenden Aufgaben helfen, Chancen und Risiken einzuordnen.

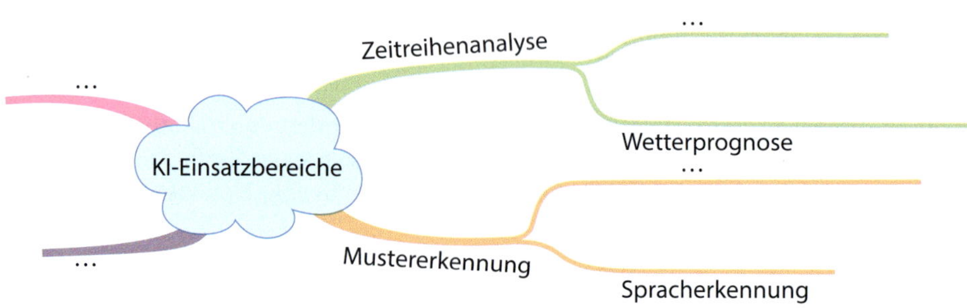

2 Richtig oder falsch?

Entscheiden Sie und begründen Sie knapp Ihre Entscheidung.

- **a** Die Nachvollziehbarkeit von Ergebnissen einer KI ist bei wissensbasierten Systemen deutlich höher als bei datenbasierten.
- **b** Der Einsatz von KI verbessert und vereinfacht Prozesse in Unternehmen und im Alltag.
- **c** Wird beim überwachten Lernen ein KI-System nicht nur durch Trainingsdaten trainiert, sondern auch danach durch Testdaten überprüft, ist das Klassifizieren von neuen Daten durch dieses System zuverlässig.
- **d** Es ist sinnvoll, bei Gerichtsurteilen eine KI einzusetzen, weil so anders als bei Richterinnen und Richtern unabhängig von Vorurteilen, persönlichen Erfahrungen usw. neutral entschieden wird.

3 Schlaue Köpfe zum Thema KI

Bewerten und diskutieren Sie die folgenden Zitate zum Thema KI:

> A year spent in artificial intelligence is enough to make one believe in God.
>
> *Alan Perlis, Erster Preisträger des Turingpreises, 1982*

> Machines will be capable, within 20 years, of doing any work a man can do.
>
> *Herbert Simon, Nobelpreisträger für Wirtschaft, Turingpreisträger, 1965*

> In from three to eight years we will have a machine with the general intelligence of an average human being.
>
> *Marvin Minsky, Turingpreisträger („Nobelpreis der Informatik"), 1970*

4 Verbreitung von Fehlinformationen

Dass Menschen nicht immer die Wahrheit sagen, ist bekannt. So wurden dem ehemaligen US-Präsidenten Trump während seiner Amtszeit von 2016 bis 2020 über 22 000 Falschaussagen zugeschrieben.

Doch können auch Maschinen lügen? KI-Systeme können zumindest zur Verbreitung von Fehlinformation beitragen. Social Bots, die sich als Profile echter Menschen in sozialen Netzwerken ausgeben und versuchen, bestimmte Meinungen zu verbreiten, gibt es nicht nur in totalitären oder autokratischen Systemen, sondern auch bei uns.

Deepfakes sind realistisch wirkende Bilder, Audio- und Videoclips, die durch Einsatz von KI-Techniken gezielt verändert und verfälscht werden.

→ 5.3

So veröffentlichte etwa das MIT Center for Advanced Virtuality ein Deepfake in Bild und Ton, in dem der frühere US-Präsident Nixon eine Rede über den Tod der Apollo-11 Astronauten verlas. Die Rede wurde vor der Mission geschrieben, aber nie gehalten, da die Mission erfolgreich beendet wurde.

- **a** Suchen Sie nach dem erwähnten Video und finden Sie heraus, wie und zu welchem Zweck es zustandegekommen ist. Gehen Sie dabei auch auf Gestik, Mimik und Stimme ein.
- **b** Entwickeln Sie ein Szenario, in denen Social Bots und Deepfakes zur Manipulation von Meinung eingesetzt werden könnten. Diskutieren Sie Möglichkeiten, um solche Szenarien zu erkennen und ihnen entgegenzuwirken.
- **c** Recherchieren Sie reale Fälle zu Deepfakes. Beschreiben Sie Folgen für Täterinnen bzw. Täter und Opfer.

5 Entscheidungen der KI überlassen

In immer mehr Einsatzbereichen gibt es bereits KI-Systeme, die ein spezifisches Problem im Durchschnitt besser lösen als die besten menschlichen Fachkräfte. Dabei wird oft darüber hinweggeblickt, dass auch die besten KI-Systeme Fehler machen können.

So könnte etwa die Bilderkennung am Flughafen eine Passagierin zu Unrecht als Terroristin einstufen, oder eine Medizin-KI eine falsche Behandlung mit potentiell katastrophalen Folgen empfehlen. Vermutlich wird daher in diesen Einsatzszenarien auch in Zukunft eine menschliche Expertise wichtig bleiben. Doch wer trägt die Verantwortung für die KI-gestützten Entscheidungen eines selbstfahrenden Autos? Im Extremfall kann eine autonom agierende KI hier Leben retten, z. B. wenn ein Fahrassistenzsystem eine Gefahr erkennt und die Bremsung einleitet, noch bevor ein Mensch am Steuer überhaupt reagieren könnte. Genauso könnte der KI des Fahrzeugs aber auch ein fataler Fehler unterlaufen, ohne dass den Passagieren im Fahrzeug Zeit bleibt, diesen zu korrigieren. Dass dies eine reale Gefahr ist, zeigen die vielfältigen Medienberichte über schwere Unfälle selbstfahrender Autos, bei der die Unfallursache eine folgenschwere Fehlentscheidung des „Autopiloten“ war.

Recherche- und Diskussionsaufträge:

a Ein wichtiger Bestandteil autonomer Fahrzeuge ist ein KI-System, um Verkehrszeichen in Kamerabildern zu erkennen und korrekt zu interpretieren. Recherchieren Sie wissenschaftliche Daten zur Treffergenauigkeit dieser Systeme und diskutieren Sie, inwieweit die Werte für den Alltagseinsatz in selbstfahrenden Autos ausreichend erscheinen.

b Suchen Sie im Internet nach der vom MIT entwickelten „Moral Machine“. Dort können Sie für verschiedene Verkehrssituationen überlegen, wie sich ein selbstfahrendes Auto verhalten sollte, und Ihre Entscheidung mit der von Anderen vergleichen.

c Ein autonom fahrender PKW verursacht einen Unfall, bei dem eine Radfahrerin schwer verletzt wird. Im Rahmen der juristischen Aufarbeitung des Unfalls soll die Schuldfrage und der Schmerzensgeldanspruch der Radfahrerin geklärt werden.

- i Suchen Sie in Gruppen Informationen zur aktuellen Rechtslage (z. B. StVG §1e-g, 7 und 8). Die verschiedenen Rechtsvorschriften sind teils recht umfangreich; teilen Sie sich die Arbeit innerhalb der Gruppe sinnvoll auf! Sammeln und diskutieren Sie anschließend Ihre Erkenntnisse, inwieweit die Fahrerin des PKW und/oder der Hersteller laut der betrachteten Rechtsvorschriften als Schuldige infrage kommen.
- ii Alternativ wäre auch denkbar, durch selbstfahrende PKW verursachte Unfälle als „höhere Gewalt“ (vgl. StVG §7, Absatz 2) anzusehen. Diskutieren Sie das Für und Wider einer solchen Einordnung am oben beschriebenen Beispiel.
- iii Beschreiben Sie, was StVG §1e, Absatz 2, Nummer 2c in der Praxis bedeutet, und diskutieren Sie, welche alternativen Lösungen für das dort beschriebene Problem denkbar wären. Stellen Sie ferner eine Vermutung auf, weshalb sich diese im Gesetzgebungsprozess nicht durchgesetzt haben.

6 KI als „Black Box"

Auch wenn KI im Allgemeinen noch nicht die menschliche Intelligenz ersetzen kann, ist die Tatsache, dass bei KI-basierten Entscheidungen kein Mensch beteiligt ist, für manche Anwendungsgebiete gegebenenfalls sogar ein Vorteil. Bei der Zuteilung von Spenderorganen oder der Auswahl von Bewerbungen für eine Arbeitsstelle könnten durch eine rein KI-basierte Entscheidung beispielsweise Vorwürfe von unerwünschten „menschlichen Einflussfaktoren" wie etwa Diskriminierung (aufgrund von Geschlecht, Hautfarbe usw.), Bestechlichkeit etc. von vorneherein ausgeräumt werden – scheinbar zumindest. Denn hier ergibt sich schnell ein Henne-Ei-Problem: Für einfache wissensbasierte Ansätze sind derartige Problemstellungen in der Regel zu komplex und für maschinelles Lernen stehen nur von Menschen getroffene Entscheidungen als Trainingsdaten zur Verfügung. Doch eine so angelernte KI würde anschließend auch „wie ein Mensch" Entscheidungen treffen. Hinzu kommt, dass derart schwierige Fragestellungen in der Regel auch nur von sehr komplexen KI-Strukturen bearbeitet werden können, bei denen am Ende nur schwer nachvollziehbar ist, welche Einflussfaktoren zu einer Entscheidung beigetragen haben.

a Angenommen, das Kultusministerium entwickelt ein KI-System, um Aufsätze im Fach Deutsch automatisiert zu bewerten. In einer groß angelegten Studie stellt sich heraus, dass Fachleute, Schülerinnen und Schüler sowie Lehrkräfte allesamt die vom KI-System vergebenen Noten als passender und fairer einschätzen als die parallel für die gleichen Aufsätze von menschlichen Lehrkräften vergebenen Noten. Im Gegensatz zu menschlichen Lehrkräften kann das KI-System aber nicht begründen, wie es zu einer bestimmten Note gekommen ist. Diskutieren Sie, ob sie unter diesen Voraussetzungen das KI-System oder menschliche Lehrkräfte für die Bewertung ihrer Schulaufgaben im Fach Deutsch bevorzugen würden.

b Lesen Sie §14, Absatz 2g sowie §22 der europäischen Datenschutz-Grundverordnung (DSGVO) und beschreiben Sie, wie dort die KI-basierte Datenverarbeitung durch Dritte gesetzlich geregelt ist.

c In verschiedenen Studien konnte gezeigt werden, dass es Menschen offenbar weniger schwerfällt, als peinlich empfundene Krankheitsbilder mit einem anonymen KI-System zu „besprechen" als mit einer menschlichen Ärztin oder einem menschlichen Arzt. Erläutern Sie mögliche Gründe für diese Beobachtung und beschreiben Sie, wie diese Erkenntnis zukünftig in der Medizin genutzt werden könnte.

7 Nachvollziehbarkeit von KI-Systemen
Ein wichtiger Aspekt bei KI-Systemen ist deren Nachvollziehbarkeit. Vergleichen Sie dahingehend die Verfahren k-nächste-Nachbarn, Entscheidungsbaum und künstliches neuronales Netz.

8 Zukunftswerkstatt „KI in 20 Jahren"
Sammeln Sie Thesen, Ideen und Erwartungen, wie sich KI in den kommenden 20 Jahren auf Arbeitswelt, Technik und Gesellschaft auswirken wird. Benennen Sie Chancen, Probleme und Lösungsideen. Treten Sie innerhalb der Klasse dazu in Austausch.

9 Forschungsauftrag: Starke KI
Recherchieren Sie, wie der aktuelle Forschungs- und Entwicklungsstand zum Thema „starke KI" ist. Eine Suche nach allgemeine künstliche Intelligenz (artificial general intelligence) könnte ebenfalls hilfreich sein.

Teste dich selbst

T1 Richtig oder falsch?

Beurteilen Sie, ob folgende Aussagen richtig oder falsch sind. Begründen Sie Ihre Meinung bei falschen Aussagen und geben Sie eine berichtigte Aussage an:

- **a** Da um das Jahr 2010 mehrere starke KI-Systeme entwickelt wurden, existieren schwache KI-Systeme kaum noch.
- **b** Bei unüberwachtem Lernen sind große Datenmengen notwendig. Dabei ist es wichtig, dass die Daten über Label verfügen.
- **c** Ein Beispiel für überwachtes Lernen ist der k-Nächste-Nachbarn-Algorithmus.
- **d** Zur linearen Separation benötigt man ein neuronales Netz mit mindestens drei Schichten.
- **e** Die Neuronen der Eingabeschicht leiten die Werte unverändert an alle übrigen Neuronen weiter.
- **f** Nachvollziehbarkeit eines KI-Systems bedeutet, dass man in allen Details begründen kann, wie das System entscheidet.

T2 Ich check's, dank deiner Hilfe!

Ferdi hat im Unterricht nicht gut aufgepasst und braucht dringend Ihre Nachhilfe vor der alles entscheidenden letzten Prüfung. Helfen Sie ihm, indem Sie ihm die folgenden Begriffe an einem Beispiel erklären:

Starke und schwache KI; überwachtes Lernen; maschinelles Lernen; wissensbasierte versus datenbasierte KI; k-Nächste-Nachbarn-Algorithmus; Entscheidungsbaum-Lernen; Trainings-, Validierungs- und Testdaten; Hyperparameter; künstliches Neuron (Berechnung und Lernvorgang); neuronales Netz

T3 Künstliche Intelligenz

- **a** Begründen Sie, warum ein Sprachlexikon als künstliche Intelligenz bezeichnet werden kann. Verwenden Sie passende Fachbegriffe.

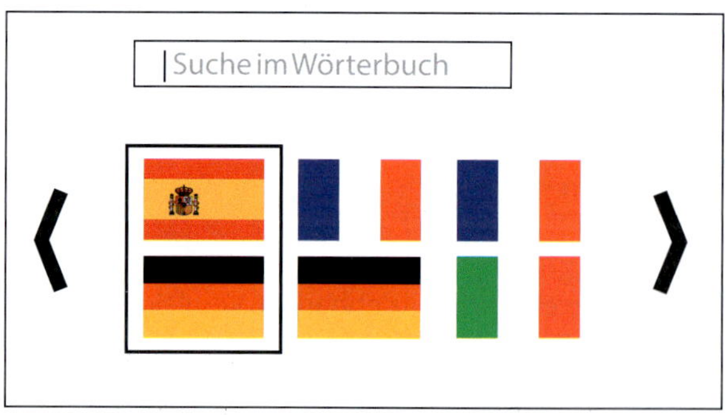

de	es
Hund	perro
Kirche	iglesia
Sonntag	domingo
links	izquerda
gelb	amarilo

- **b** Nennen Sie Beispiele für wissensbasierte und datenbasierte KI-Systeme.

T4 Überwachtes Lernen (Alternative 1: k-Nächste-Nachbarn-Algorithmus)

a Ein neuer Datenpunkt (schwarzer Kreis) soll gelabelt werden. Bestimmen Sie für folgende Werte von k, welches Label (orange/ violett) einem neuen Datenpunkt (schwarzer Kreis) nach dem k-Nächste-Nachbarn-Algorithmus zugeordnet wird:

i 1 ii 3 iii 4

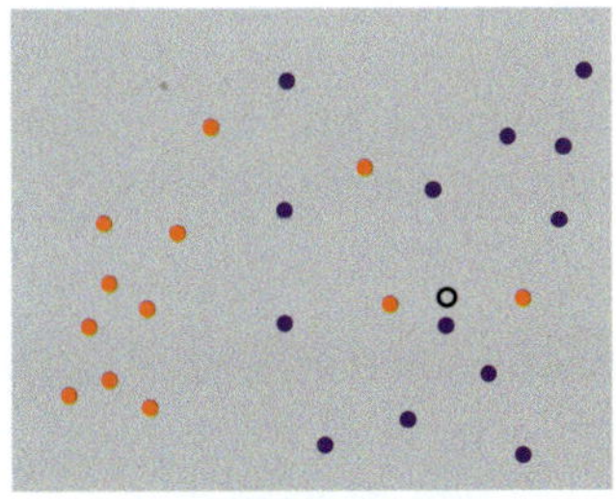

b Beschreiben Sie, auf welche Weise der für dieses Szenario beste Wert für k ermittelt werden kann.

T4 Überwachtes Lernen (Alternative 2: Entscheidungsbaumlernen)

Ein Entscheidungsbaum soll für fiktive Teilchen vorhersagen, ob sie abhängig von dem Vorhandensein eines Kerns und der Form (Kreis oder Viereck) stabil (blau) oder instabil (rot) sind.

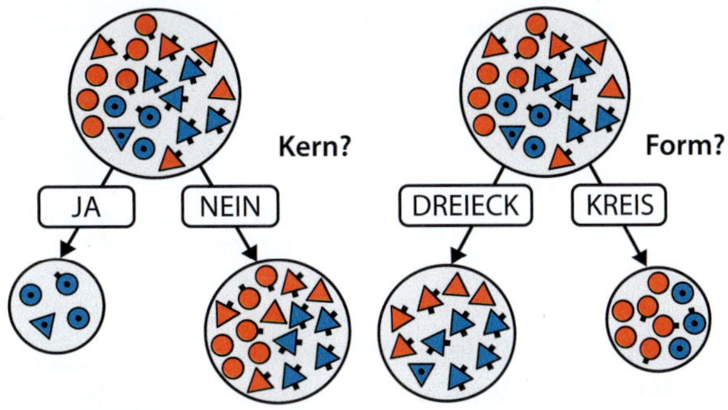

a Begründen Sie knapp, nach welchem Kriterium der Entscheidungsbaum beim Lernen eines Entscheidungsbaumes allgemein gebildet wird.

b Begründen Sie knapp (ohne Rechnung!), welcher der beiden Entscheidungsbäume einen korrekten Zwischenschritt darstellt.

c Beurteilen Sie, ob es sich bei der Auswahl des ersten Entscheidungsmerkmals (hier Kern vs. Form) um einen Hyperparameter handelt.

T5 Angst vor KI?

In der gesellschaftlichen Diskussion gibt es häufig Ängste vor KI. Nehmen Sie differenziert Stellung.

i

ii

iii

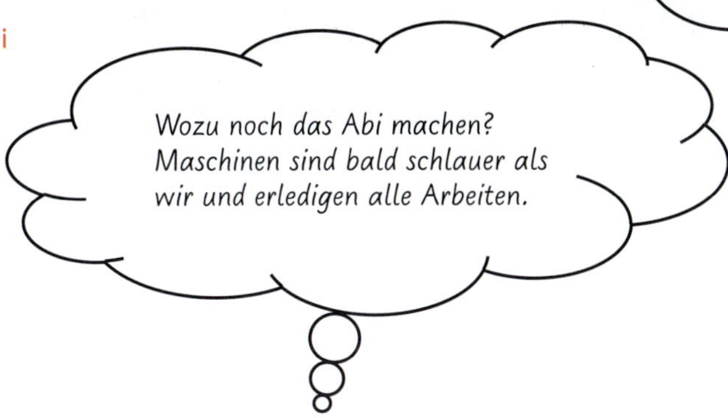

Zusammenfassung

Künstliche Intelligenz (KI) beschreibt Programme, die menschliches Denken und Handeln nachahmen bzw. in der Lage sind, rational zu denken und/oder zu handeln. Eine allgemeingültige Definition von KI gibt es jedoch nicht.
Alle heute existierenden Beispiele für KI sind Vertreter sogenannter **schwacher KI**-Systeme, die nur eine bestimmte Aufgabe lösen können.

Schwache KI

Hallo, ich möchte für Samstag einen Tisch reservieren.

Gerne! Um wie viel Uhr möchtest du vorbei kommen?

19 Uhr?

Für wie viele Personen?

wir sind zu fünft

Das passt! Auf welchen Namen darf ich den Tisch reservieren?

auf Schmitt

Danke für die Reservierung. Bis Samstag 19 Uhr!

Eine **starke KI** hingegen würde über eine dem Menschen ebenbürtige Intelligenz verfügen oder diese sogar noch übertreffen.

Starke KI

Fiktion:

Es gibt viele verschiedene Möglichkeiten KI zu realisieren: Bei **wissensbasierten Ansätzen** werden (Experten-)Wissen, Regeln oder Strategien z. B. in Tabellen und Entscheidungsbäumen gespeichert und verwendet bzw. durchsucht. **Datenbasierte Ansätze** nutzen hingegen Datenbestände, um selbst z. B. Regeln für Beschriftungen, Gruppierungen in den Daten oder vorteilhafte Aktionen zu finden. Man spricht daher auch von **maschinellem Lernen**.

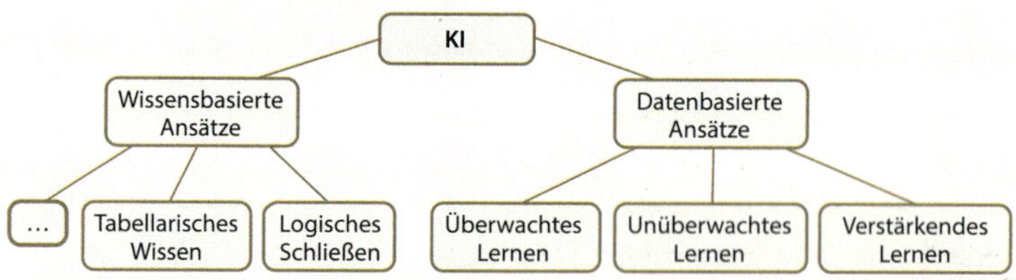

Der **k-Nächste-Nachbarn-Algorithmus** ist ein überwachtes Lernverfahren, das für einen Datenpunkt unter Berücksichtigung seiner k nächsten Nachbarn ein Label vorhersagt.

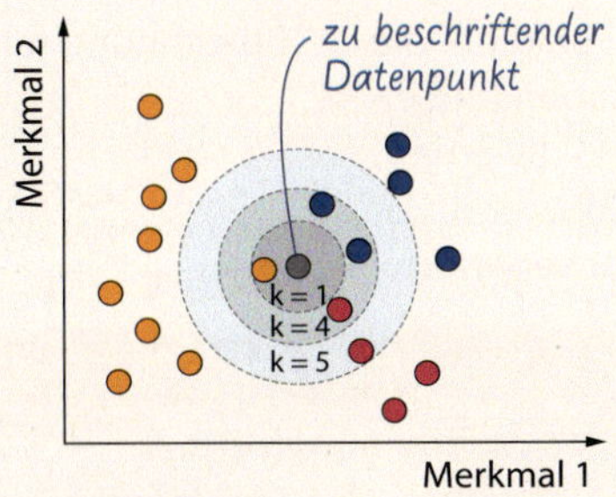

Das **Lernen von Entscheidungsbäumen** ist ein überwachtes Lernverfahren, bei dem die Daten schrittweise anhand der Merkmale mit dem höchsten **Informationsgewinn** aufgeteilt werden, bis keine Merkmale zur Unterscheidung mehr vorliegen oder alle Datensätze dasselbe Label aufweisen.

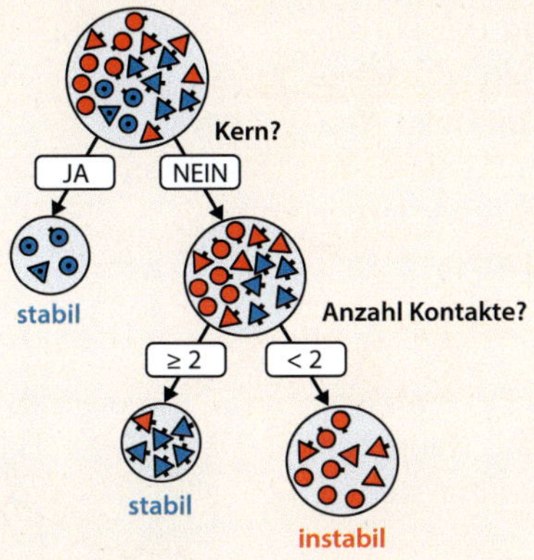

Für das Training eines Systems zum maschinellen Lernen werden **Trainingsdaten** mit möglichst aussagekräftigen Merkmalen benötigt. Ein Teil der verfügbaren Daten sollte aber als **Validierungs-** und **Testdaten** zurückgehalten werden. Neben der Merkmalsauswahl hat auch die Optimierung lernalgorithmusspezifischer **Hyperparameter** Einfluss auf die **Güte** des KI-Systems. Dabei sollten die Hyperparameterwerte gewählt werden, welche zu einer optimalen Klassifikation der Validierungsdaten führen. Durch eine ungeeignete Merkmalsauswahl oder unpassende Hyperparameterwerte kann es zu **Overfitting** oder **Underfitting** kommen. Eine abschließende Beurteilung der Güte des KI-Systems ist schließlich anhand der Testdaten möglich. Für Trainings-, Validierungs- und Testdaten muss somit das korrekte Klassifikationsergebnis vorab bekannt sein.

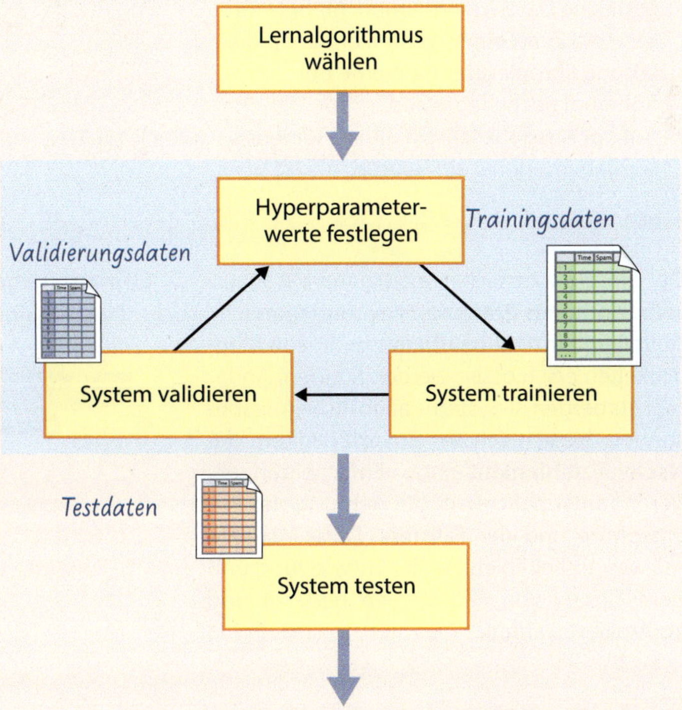

Zusammenfassung

Ein **künstliches Neuron** ist eine Funktion, die abhängig von **gewichteten Eingaben** und einem **Schwellenwert** den Wert 1 (Aktivierung) oder 0 (keine Aktivierung) ausgibt und dadurch zwei geeignete Label **linear separiert**.

Berechnung mit dem Term $x_1 \cdot w_1 + x_2 \cdot w_2 - s$

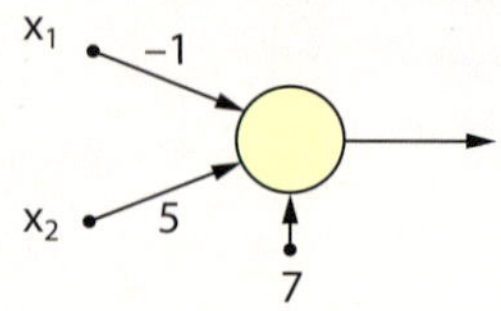

$x_1 = 4, x_2 = 2 \rightarrow 4 \cdot (-1) + 2 \cdot 5 - 7 \leq 0$, Neuron liefert 0.
$x_1 = 2, x_2 = 3 \rightarrow 2 \cdot (-1) + 3 \cdot 5 - 7 > 0$, Neuron liefert 1.

Das **Perzeptron** als Erweiterung des künstlichen Neurons beherrscht einen einfachen Klassifikationsalgorithmus, bei dem das Neuron durch eine schrittweise Anpassung der Gewichte und des Schwellenwertes lernen kann, das richtige Label zu vergeben.

Gewichtsanpassung nach der **Delta-Lernregel**
$w_{neu} = w_{alt} + \alpha \cdot$ *(Labelwert–berechnetes Ergebnis)* $\cdot$ *Eingabe*
bzw.
$s_{neu} = s_{alt} - \alpha \cdot$ *(Labelwert–berechnetes Ergebnis)* $\cdot 1$

Neuronale Netze haben folgenden Aufbau:
- Die **Eingabeschicht** besteht aus Neuronen, die jeweils für ein Eingabemerkmal stehen und die die Werte unverändert weiterleiten.
- In den **Zwischenschichten** passiert die eigentliche Datenverarbeitung. Mehr Neuronen und Zwischenschichten erlauben die Lösung komplexerer Probleme bei höherem Rechenaufwand.
- Auf der **Ausgabeschicht** gibt es für jedes Ausgabemerkmal ein Neuron.

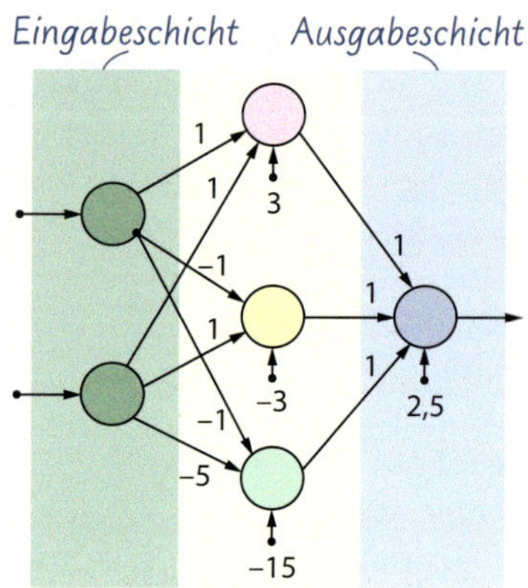

Der Einsatz künstlicher Intelligenz hat einerseits ein hohes Potenzial, weil umfangreiche Aufgaben effizient bearbeitet und neue Möglichkeiten erschlossen werden können. Andererseits bergen KI-Systeme auch Risiken, insbesondere hinsichtlich der **Zuverlässigkeit**, der **Nachvollziehbarkeit** ihrer Entscheidungen, der **Verantwortlichkeit**, der Achtung der **Privatsphäre** und der **Fairness**. Diese Aspekte müssen als Leitlinien bei der Entwicklung und dem Einsatz von KI-Systemen bedacht und kontrolliert werden.

Effizienzsteigerung
Zuverlässigkeit

Fairness
Verantwortlichkeit

Zum Weiterlesen

L7 Geschichte der KI

Obwohl künstliche Intelligenz oft mit den jüngsten Entwicklungen der Informatik assoziiert wird, ist das Feld der KI bereits deutlich älter und reicht bis weit ins letzte Jahrtausend zu den Anfängen der Informatik zurück.

Damals bestand aber noch längst keine Einigkeit über die Bezeichnung. Für das, was wir heute unter künstlicher Intelligenz verstehen, existierten mit Kybernetik oder komplexer Informationsverarbeitung auch eine Reihe weiterer Begriffe. Die sechswöchige Dartmouth-Konferenz 1956 sollte schließlich nicht nur die Forschung in diesem Bereich, sondern mit „künstlicher Intelligenz" auch dessen Namen prägen. Unter den Themen schon damals waren künstliche neuronale Netze.

Selbst der erste Chatbot ist schon älter als man gemeinhin annehmen möchte. Der Informatiker Joseph Weizenbaum entwickelte 1966 am MIT mit ELIZA den ersten Chatbot, der mit einfachen Methoden die Rolle eines Psychotherapeuten mimte. So konnte sein Programm auf bestimmte Schlüsselwörter reagieren und versuchte ansonsten mit allgemeinen Phrasen zu antworten.

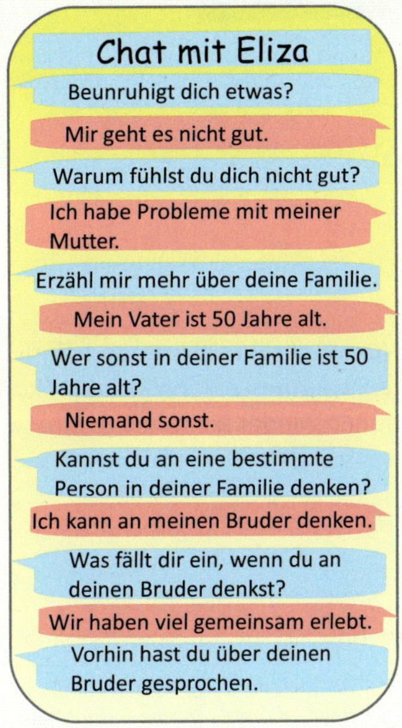

Die Computer damals verfügten allerdings nicht annähernd über die Rechenleistung heutiger Systeme. Trotz einiger bedeutender Erfolge, wie dem Expertensystem MYCIN (vgl. Kapitel 4.2), fiel das Feld zweimal in eine Art Winterschlaf, in der Investitionen aufgrund von hinter den Erwartungen zurückgebliebenen Fortschritten zurückgefahren wurden. Ab dem Höhepunkt des zweiten KI-Winters zu Beginn der 1990er Jahre kam dem Themenbereich künstliche Intelligenz wieder mehr Aufmerksamkeit zu. Besonders aber seit den 2010er Jahren explodierte das Interesse: Insbesondere Fortschritte im Bereich des maschinellen Lernens, etwa in der Bilderkennung, befeuerten die Entwicklung. Doch auch heute gibt es noch genügend Herausforderungen, die gemeistert werden können und das Feld auch in den nächsten Jahren interessant halten dürften.

L8 Neuronale Netze zur Bilderkennung

Dem menschlichen Auge fällt es leicht, ein Bild von einer Couch von dem Bild einer Uhr zu unterscheiden. Im Rechner sind die Bilder aber durch die Farbwerte der einzelnen Bildpunkte repräsentiert. Wie kann in solchen Bildern festgestellt werden, was darauf abgebildet ist, obwohl sie sich in unzähligen Faktoren unterscheiden (Helligkeit, Schärfe, Design und Entfernung des Gegenstands, von vorn/von der Seite...)?

In Kapitel 4.6 wurde gezeigt, wie einfache Strukturen (z. B. Bildpunkte eines Dreiecks) mit Hilfe eines einfachen neuronalen Netzes erkannt werden können. Um komplexe Strukturen zu erkennen, werden sogenannte Convolutional Neural Networks („gefaltete neuronale Netze") verwendet, die oft aus Millionen von Neuronen bestehen und mit einer großen Anzahl an Trainingsdaten für alle zu erkennenden Labels „gefüttert werden".

Solche Netze bestehen aus drei Arten von Schichten:

1. Convolution-Schicht: Das Bild wird aufgeteilt in einzelne Bereiche. In diesen Bereichen werden Strukturen wie Linien, Ecken u.s.w. erkannt.
2. Pooling-Schicht: Die Information aus der Convolution-Schicht wird auf wesentliche Information reduziert, um die Datenmenge zu reduzieren. Dies kann man sich vorstellen wie einen Filter, den man in einer Foto-App nutzt, um beispielsweise ein Bild in eine schwarz-/weiß-Darstellung umzuwandeln.

Nun wechseln sich mehrere Convolution- und Pooling-Schichten ab, wodurch immer komplexere Strukturen erkannt werden können. Aus Linien werden Rechtecke, Kreise, ... identifiziert, aus denen wieder komplexere Muster erkannt werden.

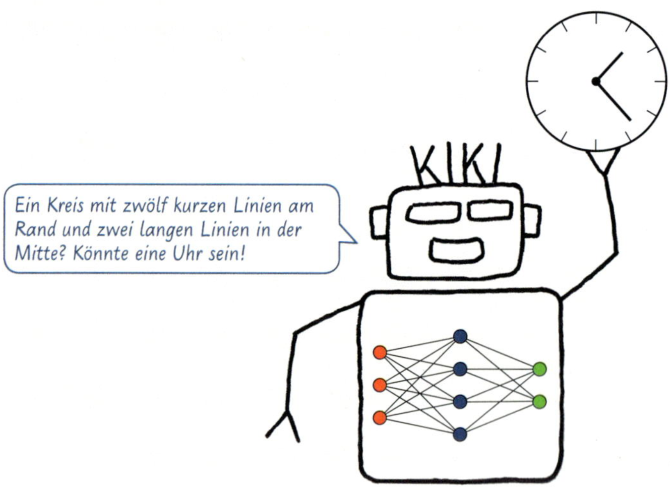

3. Abschließend kommt die vollständig verknüpfte Schicht, die die erkannten Strukturen mit den Ausgabelabels verknüpft.

Neben dem Einsatz bei der Bilderkennung werden Convolutional Neural Networks nicht nur in der Bilderkennung, sondern beispielsweise auch beim Erkennen natürlicher Sprache eingesetzt.

5 Vertiefung: Projekte

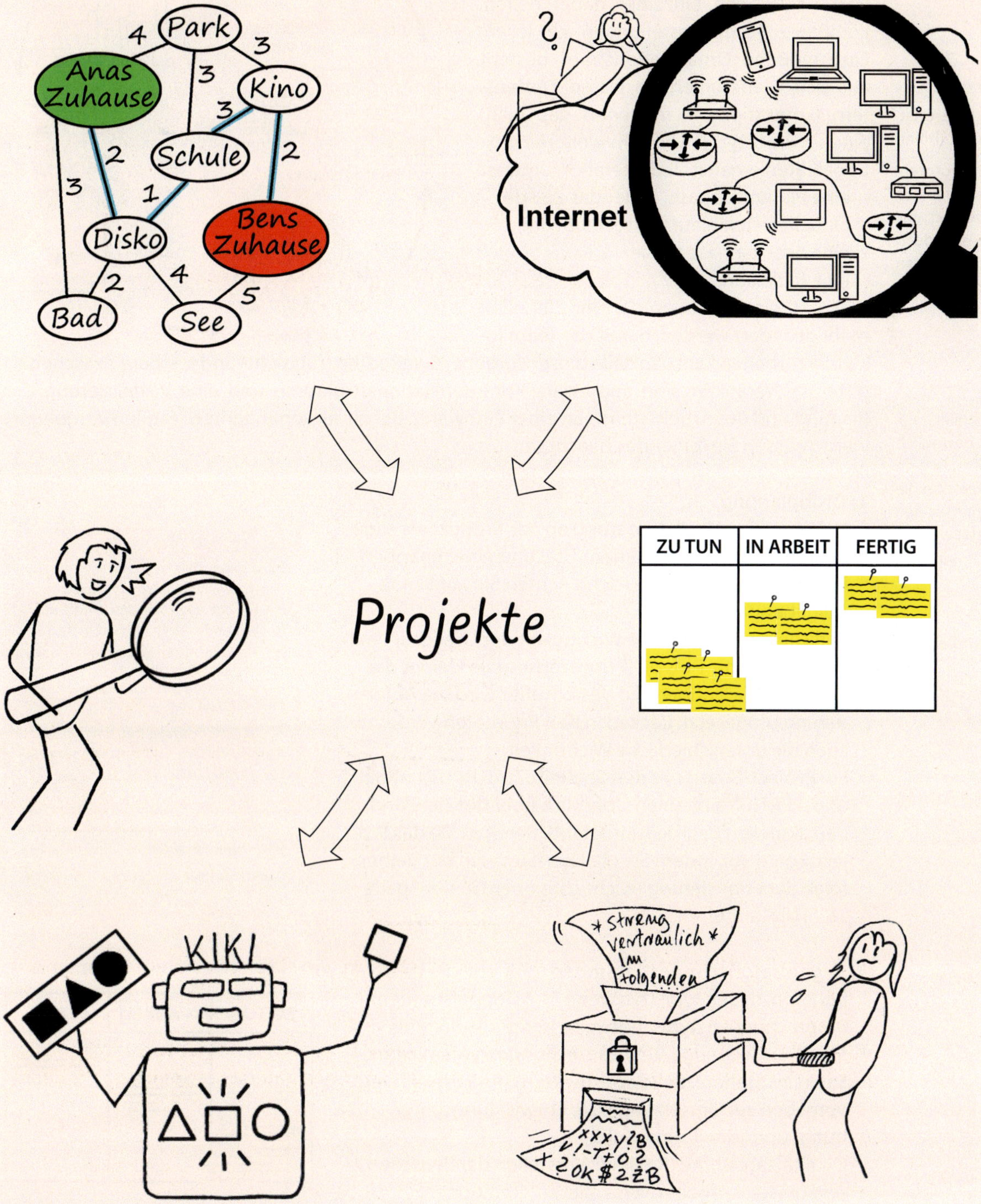

5.0 Projektmanagement

Planung, Kommunikation und Transparenz als Schlüssel zum Erfolg

Projekte werden meist im Team bearbeitet, weil die Fertigstellung sonst zu lange dauern würde und unterschiedliche Erfahrungen und Sichtweisen Einzelner dabei helfen, komplexe Aufgabenstellungen zu lösen. Eine typische Organisationsform besteht aus sich wiederholenden festen Zeitfenstern (→**Iterationen**), in denen das Team einen →**Prototyp** jeweils um weitere Funktionalitäten ergänzt. Jede Iteration umfasst

→ iterare: lat. wiederholen

→ Prototyp: funktionsfähiges Produkt, das fehlerfrei ist, jedoch nicht den vollen Funktionsumfang hat.

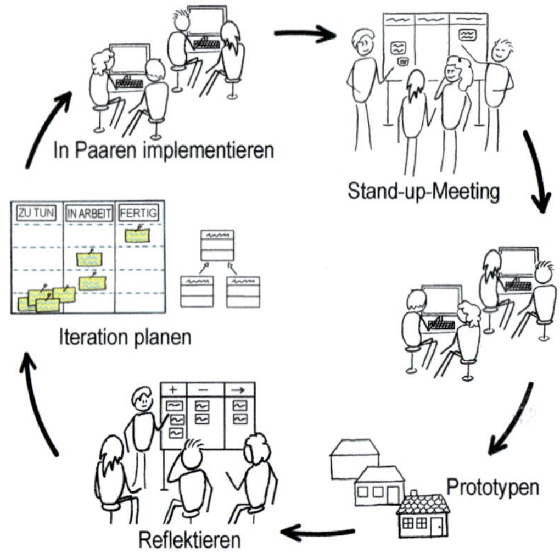

- eine Planungsphase, in der das Ziel des aktuellen Durchlaufs festgelegt wird,
- eine Arbeitsphase sowie
- eine Reflexion.

Während einer Iteration darf ihr Ziel nicht mehr geändert werden, damit das Team fokussiert arbeiten kann. Vorteile dieser Vorgehensweise sind früh sicht- und testbare Zwischenergebnisse. Verankert sind auch klare Kommunikationsstrukturen und eine Visualisierung der Planung und des Arbeitsstands an einer Pinnwand. Bei dieser sogenannten →agilen Vorgehensweise müssen Sie folgendes beachten:

→ agile: engl. wendig, beweglich (weil zu Beginn jeder Iteration die Schwerpunkte neu gesetzt werden können)

1) Grobplanung

- Notieren Sie jede Anforderung an das Produkt als sogenannte **User-Story** mit einem Titel und einer knappen Beschreibung aus Nutzersicht. Achten Sie auf kleine Aufgabenpakete!
- Entscheiden Sie über die Wichtigkeit der User-Story auf einer Skala von 1 bis 50 (**Priorisierung**): Je kleiner die Zahl, desto wichtiger und desto früher wird die Anforderung umgesetzt. Lücken in den Prioritäten verdeutlichen die unterschiedliche Wichtigkeit.
- Ein **Project-Board** mit den Spalten „ZU TUN", „IN ARBEIT" und „FERTIG" gibt einen Überblick über die Ziele und den aktuellen Bearbeitungsstand. Bereiten Sie das Project-Board vor, indem Sie die User-Storys in der Reihenfolge der Priorisierung (wichtigste oben) in der Spalte „ZU TUN" anheften.

Vigenère-Verschlüsselung
Man kann über eine Methode einen zu verschlüsselnden Text und einen Code eingeben und erhält als Rückgabe den verschlüsselten Text.
1

GUI-Gestaltung
Benutzeroberfläche mit Eingabe-/Ausgabefeldern und Buttons zum Ver-/Entschlüsseln erstellen.
40

GUI-Funktionalität
Funktionalität der Buttons umsetzen.
41

2) Organisatorische Festlegungen (gibt ggf. die Lehrkraft vor)

- Iterationsdauer: typischerweise 1–2 Doppelstunden;
- Besprechungen: typischerweise Iterationsplanung, Stand-up-Meeting (Kurzbesprechungen von maximal 5 min im Stehen), Reflexionsmeeting (**Retrospektive**);
- Vorgaben zur Umsetzung (z. B. Entwicklungsumgebung) und zum Endprodukt;
- Qualitätsabnahme (**Review**): Vorstellen der Zwischenergebnisse, typischerweise alle 1–2 Iterationen;
- Zeitrahmen, nach dem ggf. die Rollen beim Pair-Programming (s. u.) gewechselt werden

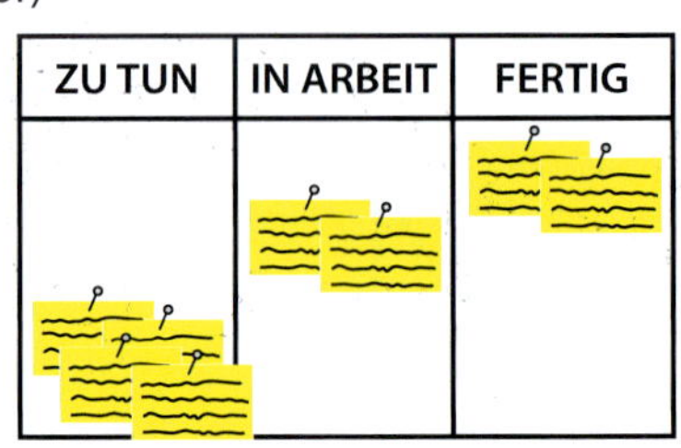

3) Durchführung einer Iteration

- Iterationsplanung: Die Gruppe wählt entsprechend der Priorisierung User-Storys für die Iteration aus.
- Die Umsetzung von Aufgaben erfolgt zu zweit (**Pair Programming**). Jedes Paar nimmt eine User-Story, ergänzt auf der Karte die eigenen Namen als Verantwortliche und hängt sie in die Spalte „IN ARBEIT". Entsprechend den Rollen **Driver**/**Navigator** wird die User-Story umgesetzt. Die Rollen werden regelmäßig gewechselt.
- Gibt es eine Schwierigkeit, die mehrere Paare betrifft (z. B. Methodennamen in unterschiedlichen Klassen passen nicht zusammen), darf spontan ein Stand-up-Meeting einberufen werden.
- Vor dem Umhängen der User-Story in die Spalte „FERTIG" wird getestet!
- Die einzelnen Ergebnisse werden in ein Gesamtprojekt integriert.
- Am Ende der Iteration wird der Arbeitsprozess reflektiert: Was hat gut funktioniert? Wo gab es Schwierigkeiten? Was wollen wir im nächsten Schritt verbessern/lernen?

Der Driver …
- verwendet Tastatur und Maus und verfasst den Quelltext.
- „denkt laut", d. h. teilt seine Absichten dem Navigator mit.

Der Navigator …
- stellt regelmäßig Fragen.
- achtet auf Lesbarkeit des Quelltextes, z. B. durch aussagekräftige Variablennamen.
- ist verantwortlich für die Fokussierung auf die aktuelle User-Story.

Agile Werte – Einführung agiler Methoden

Agiles Arbeiten ist verbunden mit Werten wie Selbstverantwortung, Feedbackkultur, Fokussierung und Transparenz. Das ist anspruchsvoll, weil teilweise Denkweisen und Verhaltensmuster geändert werden müssen. Deshalb führen Firmen regelmäßig Workshops durch, um Arbeitsprozesse zu reflektieren und zu optimieren. Vielleicht helfen in diesem Sinne folgende Aufgaben als Warm-up für das Projekt.

Aufgaben

1 Retrospektive zum Projekt der Jahrgangsstufe 10

Rückblicke zu Arbeitsprozessen helfen, Teamarbeit erfolgreicher zu machen.

a Erstellen Sie in Einzelarbeit eine Mindmap zur Projektarbeit im Informatikunterricht des letzten Schuljahres. Sinnvolle Schlüsselbegriffe sind eingesetzte Arbeitsmethoden, Erfolgsfaktoren, Hindernisse, (meine) Wünsche. Ergänzen Sie mindestens 10 Begriffe.

b Vergleichen und diskutieren Sie in Ihrem Team die Mindmaps aus a). Formulieren Sie als Ergebnis drei konkrete Ziele für Ihren Arbeitsprozess im Projekt.

2 Agile Methoden

a Recherchieren Sie ein kurzes Video, das die agile Vorgehensweise vorstellt, und notieren Sie als Zusammenfassung genannte Methoden, Begriffe, ….

b Entscheiden Sie im Team, welche neuen Aspekte aus a) Sie im Vergleich zum letzten Schuljahr dieses Jahr in Ihren Arbeitsprozess aufnehmen wollen.

Die Vorschläge in Kapitel 5.1 bis 5.4 sind so ausgelegt, dass verschiedene Gruppen nicht notwendigerweise alle am gleichen Thema arbeiten müssen, sondern ihre Ergebnisse am Schluss wechselseitig vorstellen können. So erhält die ganze Klasse einen guten Überblick über die Vertiefungen in verschiedenen Themenbereichen. Achten Sie gruppenintern auf eine gute Aufgabenverteilung, um in der vorgegebenen Zeit ein ansprechendes Ergebnis zu erzielen.

5.1 Projektvorschläge: Graphen

1 Fahrplanauskunft

Eine Fahrplanauskunft wird von vielen Apps und Webseiten für Bahnen, Busse usw. angeboten. Grundlage für Ermittlung der günstigsten Verbindung ist auch hier der Dijkstra-Algorithmus. Bei dieser Aufgabenstellung muss der Dijkstra-Algorithmus allerdings dahingehend modifiziert werden, dass bei einer Kante nicht direkt das Gewicht abgelesen wird, sondern dass es für jede Kante eine Reihe von Fahrten gibt, von denen die günstigste (Abfahrt nach der Ankunft am aktuellen Knoten und zugleich frühestmögliche Ankunft am nächsten Knoten) gewählt werden muss.

Die wesentlichen Aufgaben für das Projekt-Team sind:

- Festlegen der benötigten Datenstrukturen zur Speicherung der Fahrplaninformation,
- Erstellen von Beispieldaten und Speichern (z. B. in einer Datenbank),
- Erstellen und Implementieren des modifizierten Dijkstra-Algorithmus und
- Entwerfen und Implementieren einer geeigneten Bedienoberfläche (z. B. textuell oder auf der Basis von Graphics and Games) zur Eingabe der Anfragedaten und zur Ausgabe der gefundenen Verbindung.

Erweiterungen: Festlegung von Mindestumsteigezeiten, Auswahl möglicher Verkehrsmittel usw.

Wesentlicher Stoffinhalt ist die Implementierung des Dijkstra-Algorithmus.

2 Ganz nah am Kunden: den optimalen Standort wählen

Ein großer Konzern möchte für seine Mitarbeiterinnen und Mitarbeiter im Kundendienst möglichst optimale Standorte innerhalb ihres Zuständigkeitsgebiets finden. Da die Aufträge – speziell bei Reparaturen – zeitlich kaum vorausplanbar sind und möglichst schnell erledigt werden müssen, ist das Zusammenlegen von Aufträgen zu günstigen Gesamtfahrstrecken kaum möglich. Ein wichtiges Kriterium für den Standort ist daher, dass die Summe der Entfernungen zu allen Kunden möglichst klein ist.

Zur Lösung dieser Aufgabe ist der Floyd-Warshall-Algorithmus besonders gut geeignet. Er ist in der Lage, alle Entfernungen von je zwei Orten in einem Graphen effizienter zu berechnen, als es mit wiederholter Anwendung des Dijkstra-Algorithmus möglich ist.

Die wesentlichen Aufgaben für das Projekt-Team sind:

- Recherchieren und Analysieren Sie den Floyd-Warshall-Algorithmus.
- Erläutern Sie, dass der Floyd-Warshall-Algorithmus besser geeignet ist als wiederholter Dijkstra-Algorithmus. (Tipp: Schätzen Sie den Aufwand durch Analyse der geschachtelten Wiederholungen ab.)
- Implementieren Sie den Floyd-Warshall-Algorithmus.
- Entwerfen und Implementieren Sie den Algorithmus zum Finden des optimalen Standorts auf Basis der Ergebnisse des Floyd-Warshall-Algorithmus.
- Entwerfen und Implementieren Sie eine einfache textuelle Bedienoberfläche zur Angabe des Datensatzes und zur Ausgabe des Ergebnisses.

Erweiterung: Ergänzung einer geeigneten graphischen Bedienoberfläche

Wesentlicher Stoffinhalt ist die Implementierung des Floyd-Warshall-Algorithmus.

3 Navigationssysteme

Bei Navigationssystemen ist die Größe der zu bearbeitenden Graphen so immens (Deutschlandkarte: ca. 10.000.000 Knoten), dass der Dijkstra-Algorithmus zu lange für die Berechnung der kürzesten Route braucht.

Um diese Problematik zu lösen, werden in der Regel zwei Ansätze parallel verwendet:

- Der A*-Algorithmus ergänzt den Dijkstra-Algorithmus um Zusatzinformation (konkret: die geographische Lage der Knoten), die heuristisch ausgewertet wird, d. h., man geht davon aus, dass Knoten in geographischer Richtung des Ziels in der Regel besser sind, und bezieht diese Annahme in die Gewichtung eines Wegs mit ein.
- Hierarchische Karten lassen bei großen Entfernungen Details (und damit jede Menge Knoten) weg, nur im Start- und Zielbereich werden die genauesten Karten benötigt.

Die wesentlichen Aufgaben für das Projekt-Team sind:

- Recherchieren und Erkunden des A*-Algorithmus,
- Implementieren des A*-Algorithmus,
- Erstellen eines geeigneten Datensatzes für die Tests der Implementierung und
- Entwerfen und Implementieren einer geeigneten Bedienoberfläche (z. B. textuell oder auf der Basis von Graphics and Games) zur Eingabe der Anfragedaten und zur Ausgabe der gefundenen Verbindung.

Erweiterungen: Recherchieren und Erkunden der Anwendung hierarchischer Karten, Ergänzung der Vorgehensweise um diesen Ansatz

Wesentlicher Stoffinhalt ist die Erkundung und Implementierung des A*-Algorithmus.

4 Zeitbedarf der Algorithmen

Ziel dieses Projekts ist die experimentelle Bestimmung des Zeitverhaltens der behandelten Algorithmen (Laufzeitmessung) in Abhängigkeit von der Knotenanzahl. Breitensuche und Dijkstra-Algorithmus sollen auf jeden Fall untersucht werden; der Floyd-Warshall-Algorithmus kann untersucht werden, insbesondere, wenn auch Projektvorschlag 2 umgesetzt wird.

Die wesentlichen Aufgaben für das Projekt-Team sind:

- Festlegen der minimalen Knotenanzahl und testen, wie oft diese Minimalaufgabe durchlaufen werden muss, um gut messbare Zeiten zu erhalten,
- Erstellen einer Testdatenfolge für jeden zu testenden Algorithmus, bei der die Knotenanzahl N sich immer verdoppelt (N, 2N, 4N, 8N, 16N),
- Darstellen der Ergebnisse in graphischer Form (z. B. in einem Tabellenkalkulationsprogramm), Formulieren einer Vermutung über den Zusammenhang zwischen Laufzeit und Knotenanzahl und Überprüfen dieser Vermutung anhand der Daten.

Erweiterung: Begründen des vermuteten Zusammenhangs zwischen Laufzeit und Knotenanzahl aus der Struktur der jeweiligen Algorithmen (geschachtelte Wiederholungen)

Wesentlicher Stoffinhalt ist die Auseinandersetzung mit dem Laufzeitbedarf.

5.2 Projektvorschläge: Codierung

1 Vigenère-Verschlüsselung

Implementieren Sie die Vigenère-Verschlüsselung (s. Kapitel 2.3).
Die wesentlichen Aufgaben für das Projekt-Team sind die Erstellung geeigneter Methoden:
- zum Verschlüsseln und
- zum Entschlüsseln.

Erweiterungen:
- Implementieren des Kasiski-Verfahrens zum Knacken einer Vigenère-Verschlüsselung, (s. auch Aufgabe 3c) von Kapitel 2.3)
- Integrieren des Programms in ein Programm zur asymmetrischen Verschlüsselung (vgl. Projektvorschlag 2): Es soll ein symmetrischer Schlüssel verwendet werden, der vorher unter Verwendung eines asymmetrischen Verfahrens verschlüsselt übermittelt wurde.

Wesentlicher Stoffinhalt ist die Implementierung des Vigenère-Verschlüsselungsalgorithmus.

2 RSA-Algorithmus

Der RSA-Algorithmus ist der wohl bekannteste asymmetrische Verschlüsselungsalgorithmus. Der Ablauf von Schlüsselerstellung, Ver- und Entschlüsselung ist bereits in Aufgabe 8 von Kapitel 2.4 genau beschrieben.
Die wesentlichen Aufgaben für das Projekt-Team sind:
- Recherche und Einarbeitung in eine Programmbibliothek, die den Umgang mit unbegrenzt langen ganzen Zahlen ermöglicht,
- Ermittlung genügend großer Primzahlen (z. B. auf Basis einer angegebenen Mindeststellenzahl),
- Erstellung der Schlüssel,
- effiziente Codierung des gegebenen Klartexts als Zahl, die dann verschlüsselt werden kann (und Umkehrung),
- Bestimmung des multiplikativen Inversen durch Umsetzung des erweiterten Euklidischen Algorithmus,
- Ver- und Entschlüsselung der Nachricht.

Erweiterungen:
- Ergänzen von Methoden zum Signieren von Nachrichten,
- Integrieren des RSA-Programms in ein Programm zur symmetrischen Verschlüsselung (vgl. Projektvorschlag 1): Nach der symmetrischen Verschlüsselung einer Nachricht soll nur der Schlüssel mit RSA verschlüsselt werden.

Wesentlicher Stoffinhalt ist die Implementierung des RSA-Algorithmus.

3 AES – Ein modernes symmetrisches Verschlüsselungsverfahren

Der Advanced Encryption Standard (AES) ist ein symmetrisches Verschlüsselungsverfahren, das unter anderem in WLAN-Netzen zum Einsatz kommt. Im Unterschied zu Cäsar oder Vigenère werden bei AES nicht einzelne Buchstaben verschlüsselt, sondern Blöcke von Bits. Die Größe eines Blocks stimmt mit der Schlüssellänge überein und beträgt 128, 192 oder 256 Bit. Einen genügend langen Schlüssel vorausgesetzt, genügt AES sogar den Ansprüchen des amerikanischen Geheimdienstes. Informieren Sie sich über die Funktionsweise von AES und präsentieren Sie die Ergebnisse in der Klasse.

5.3 Projektvorschläge: Netze

1 Messung des real verfügbaren Datendurchsatzes in einem Netz

In den technischen Standards für Komponenten der Netzzugangsschicht werden oft „bis zu"-Geschwindigkeiten definiert. Die Verbindung zweier Rechner über ein Kupferkabel nach 1000BASE-T Standard ermöglicht beispielsweise theoretisch eine Übertragungsrate von bis zu 1000 Megabit/s. In der Realität ist die tatsächlich erreichbare Übertragungsrate für Nutzdaten jedoch meist um einiges geringer, z. B. weil ein Teil der Übertragungskapazität für Protokollsteuerdaten benötigt wird und es aufgrund einer hohen Netzauslastung zu Verzögerungen kommen kann.

Im Rahmen dieses Projektes soll ein Programm entwickelt werden, mit dem die tatsächlich erreichbare Übertragungsrate zwischen zwei Rechnern in einem lokalen Netz durch eigene Messungen ermittelt werden kann. Dabei soll eine definierte Datenmenge zwischen den Rechnern ausgetauscht und die dafür benötigte Übertragungszeit gemessen werden. Hierfür wird je ein einfaches Client- und Serverprogramm benötigt. Im einfachsten Fall verbindet sich der Client mit dem Server und sendet eine definierte Menge an Testdaten, welche der Server unmittelbar nach Erhalt an den Client zurücksendet. Auf Seiten des Clients wird derweil die Zeit bis zum vollständigen Eintreffen der gespiegelten Daten gemessen.

Je nach Größe und Arbeitstempo des Teams kann das Programm über diese Grundfunktionalität hinaus noch vielfältig erweitert werden, z. B.:

- Messung mit verschiedenen Protokollen (z. B. TCP vs. UDP),
- Messung in vorgegebenen zeitlichen Abständen und automatische Berechnung von Durchschnittswerten und
- grafische Visualisierung der Messergebnisse.

Nachdem das Programm einsatzbereit ist, kann als Abschluss eine Testreihe durchgeführt werden, gefolgt von einer Auswertung und Interpretation der aufgezeichneten Messergebnisse.

2 Aufbau eines lokalen Rechnernetzes in der Praxis

Ziel dieses Projektes ist es, den Aufbau eines Rechnernetzes und die Konfiguration der daran beteiligten Komponenten in der Praxis nachzuvollziehen. Hierfür stellt Ihnen Ihre Informatiklehrkraft entsprechende Geräte und Verbindungskabel zur Verfügung. Ihre Aufgabe ist es, die beteiligten Komponenten zunächst sinnvoll zu einem Netz zu verbinden und durch eine geeignete Konfiguration dafür zu sorgen, dass ein Datenaustausch über das Netz möglich wird.

Switches mit Netzwerkkabel-Verbindungen

Je nach vorhandener Hardware und Komplexität des Netzes können dabei verschiedene Schritte notwendig sein z. B.:

- Verbinden der Endgeräte über Switches, Medienkonverter, Kabel, etc.,
- Zuweisung passender IP-Adressen an alle Geräte im Netz,
- Konfiguration eines Routers und Anlegen passender Routingtabellen,
- Herstellen einer Verbindung zum Schulnetz/zum Internet,
- Einrichtung eines DHCP-Servers zur automatischen IP-Adressvergabe und
- Erweiterung des Netzes um ein Funknetz (WLAN).

3 Eine Chat-Anwendung programmieren

Implementieren Sie eine Chat-Anwendung nach dem Client/Server-Prinzip. Diese soll es mehreren Teilnehmern in einem lokalen Netz ermöglichen, Textnachrichten miteinander auszutauschen. Das Client-Programm baut hierfür zunächst eine Verbindung mit dem Server-Programm auf. Sendet ein Client nun eine Nachricht an den Server, leitet dieser die Nachricht an alle verbundenen Clients weiter. Die Clients zeigen die eingehenden Nachrichten dann nacheinander als Gesprächsverlauf an. Für die Projektarbeit bietet es sich an, je ein Team für die Entwicklung des Server- und des Client-Programms zu bilden. Damit die Programme später reibungslos zusammenarbeiten, sollte zu Beginn gemeinsam ein Chatprotokoll spezifiziert werden, in dem das Format und die Übertragung der Chatnachrichten genau festgelegt werden.

4 Ein Kommunikationsprotokoll für den Medienzugriff selbst entwickeln

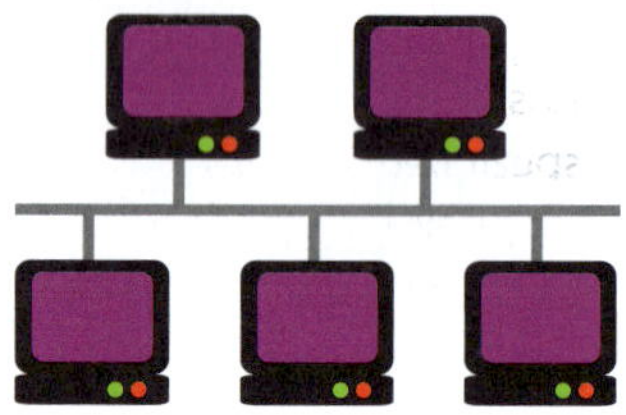

Um verschiedenen Geräten mit möglichst wenig elektronischem Aufwand die Kommunikation untereinander zu ermöglichen, kann ein RS-485 Bus genutzt werden. Der Begriff „Bus" bedeutet dabei, dass alle Teilnehmer an das gleiche Paar Kupferadern angeschlossen sind, weshalb sichergestellt werden muss, dass stets nur ein Gerät gleichzeitig sendet. Der Standard RS-485 beschreibt den elektrischen Aufbau der Kommunikationsschnittstelle, macht aber keine Angaben darüber, wie der Medienzugriff unter den Bus-Teilnehmern geregelt wird. Dies muss folglich im Rahmen eines Protokolls festgelegt werden. Für dieses Projekt wird davon ausgegangen, dass entsprechende Hardware zur Verbindung mehrerer Rechner (oder programmierbarer Mikrocontroller) mittels RS-485 bereits zur Verfügung steht. Ziel der Projektarbeit ist es, ein entsprechendes Kommunikationsprotokoll zu entwerfen, zu implementieren und zu testen, welches die Kommunikation zwischen mehreren Busteilnehmern ermöglicht. Denkbar ist dabei sowohl eine Kollisionsvermeidung (das Protokoll stellt sicher, dass stets nur ein Busteilnehmer gleichzeitig sendet) oder eine Kollisionserkennung (Datenkollisionen durch gleichzeitig sendende Teilnehmer werden in Kauf genommen; das Protokoll legt fest, wie eine fehlerhafte Übertragung erkannt und darauf reagiert werden kann).

5 Physical Computing: Vernetzte Sensoren

Für dieses Projekt stellt Ihnen Ihre Lehrkraft einen Satz kleiner programmierbarer Mikrocontroller mit eingebauter WLAN-Funktionalität sowie verschiedene Sensoren (z. B. Temperatur, Luftfeuchtigkeit usw.) zur Verfügung. Arbeiten Sie sich zunächst in die Programmierung dieser Mikrocontroller ein und erstellen Sie anschließend im Team ein Netz aus Sensorknoten, die ihre Messwerte per WLAN-Verbindung an einen Master-Controller senden, welcher die gesammelten Daten auf geeignete Weise ausgibt. Als Erweiterung des Projektumfangs ist auch denkbar, dass die gesammelten Messwerte automatisch im Internet veröffentlicht werden oder in Abhängigkeit von den Messwerten passende Aktionen ausgelöst werden.

6 Rechnernetze simulieren – Teil 3

Erweitern Sie ausgehend von den Aufgaben 9 und 6 in den Kapiteln 3.1 bzw. 3.3 eine Netzwerksimulation um Komponenten wie einen E-Mail- und Chatserver.
Testen Sie nach jeder Erweiterung die Funktionsfähigkeit.

Social Bots – Arbeitsweise verstehen und selbst programmieren

1 Social Bots

Mit weltweit über mehreren Milliarden täglich aktiven Nutzern haben soziale Netzwerke eine riesige Reichweite und dementsprechende Bedeutung in unserer digitalisierten Gesellschaft. Die Möglichkeit, in einer technischen Umgebung so viele Menschen zu erreichen, stellt aber auch einen großen Anreiz für Manipulationen dar. Eine solche Manipulation ist möglich mit Social Bots – Computerprogrammen, die über eine Programmierschnittstelle in sozialen Netzwerken kommunizieren.

Recherchieren Sie, welche Manipulationsziele mit Social Bots verfolgt werden und über welche „Aktivitäten" Bots versuchen, diese Ziele zu erreichen. Fassen Sie das Ergebnis knapp zusammen.

2 Schnittstellen für Server-Anwendungen

Aus technischer Sicht besteht ein soziales Netzwerk aus einem Datenbanksystem und einer speziellen Server-Anwendung („Backend"). Erkunden Sie in dieser Aufgabe unterschiedliche Zugriffsmöglichkeiten auf die Daten des sozialen Netzwerks SocialBotNet.

Nutzersicht: Der typische Zugriff auf ein soziales Netzwerk für Menschen erfolgt per App oder Browser („Frontend").

a Melden Sie sich bei SocialBotNet mit einem Pseudonamen an. Erstellen Sie mindestens zwei Posts und ergänzen Sie Ihr Profil um mindestens zwei (ausgedachte) Angaben.

b Lassen Sie sich alle Posts anzeigen und beschreiben Sie, welche Sortiermöglichkeiten Sie haben.

c Interagieren Sie durch Likes bzw. direkte Antworten mit anderen Beiträgen.

Daten(bank)sicht („Backend"):

d Notieren Sie (beispielsweise in einem Objektdiagramm), welche Informationen von jedem Nutzer bzw. jedem Post gespeichert sind.

***e** Formulieren Sie eine Datenbankabfrage, die all Ihre Posts sortiert nach Datum auflistet. Die entsprechende Tabelle hat den Namen „Posts".

„Bot-Sicht“: Nicht nur Menschen, auch Computerprogramme können auf soziale Netzwerke zugreifen, wenn es eine entsprechende Kommunikationsschnittstelle für Programme gibt (API: engl. Application Programming Interface). Im SocialBotNet lässt sich diese Schnittstelle einfach über passende Webadressen (URLs) einsehen.

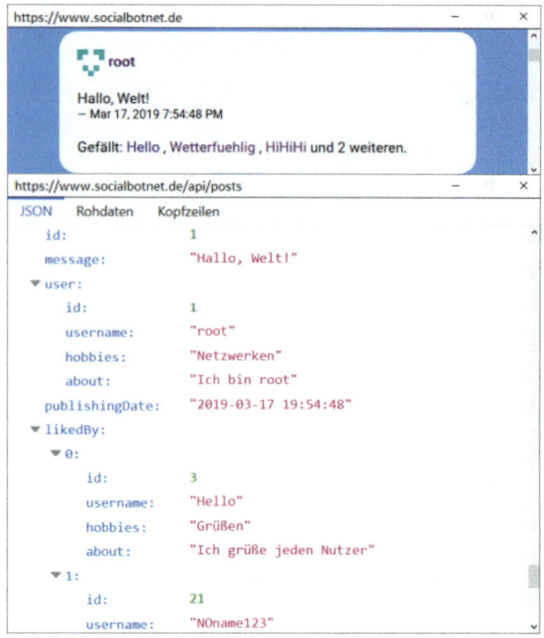

f Lassen Sie sich über www.socialbotnet.de/api/posts bzw. www.socialbotnet.de/api/users alle Posts und User anzeigen und vergleichen Sie die Daten mit der Anzeige für menschliche Nutzer (Teilaufgabe b). Nennen Sie die Informationen, die nur bei der API angezeigt werden. Ergänzen Sie entsprechend Attribute bei Ihrem Ergebnis von d).

g Rufen Sie https://www.socialbotnet.de/api/posts?sortby=likes auf. Versuchen Sie auch die anderen Sortierreihenfolgen der Nutzersicht (Teilaufgabe b) über die direkte Eingabe einer URL zu erhalten. Notieren Sie als Ergebnis die entsprechende URL oder Ihre Vermutung, warum die Sortierung über die API nicht möglich ist.

3 Netzwerkkommunikation über http(s)

Viele moderne Webbrowser enthalten sogenannte Entwicklerwerkzeuge, mittels derer das Abrufen und der Aufbau von Webseiten im Detail analysiert werden kann (vgl. Einstiegsaufgabe Kapitel 3.4).

a Vergleichen Sie eine solche Netzwerkanalyse beim Aufruf der Webseiten in der Nutzersicht (www.socialbotnet.de) bzw. Bot-Sicht (www.socialbotnet.de/api/posts) Stellen Sie dazu gegenüber, welche Dateien als Antwort vom Server übertragen werden.

b Begründen Sie, dass bei beiden Anfragen das Protokoll http(s) verwendet wird.

c http bietet dem Client GET- und POST-Anfragen. Beschreiben Sie knapp den Unterschied. Recherchieren Sie gegebenenfalls. GET-Anfragen haben Sie bereits in a) durchgeführt, eine POST-Anfrage erfolgt beim Anmelden.

d Unter Materialien gibt es auf der Webseite SocialBotnet eine Übersicht zu den möglichen GET- und POST-Anfragen. Verschaffen Sie sich einen Überblick und begründen Sie, warum POST-Anfragen bei einer Eingabe in die Adresszeile des Browsers nicht funktionieren.

4 Bot-Programmierung Teil 1: Posten und Liken

In der Vorlage finden Sie einen einfachen Bot, der Informationen aus dem Netzwerk lesen (GET-Anfrage) und Einträge im Netzwerk ergänzen bzw. verändern kann (POST-Anfrage). Zur Vereinfachung des Zugriffs auf das soziale Netzwerk über http(s) wird eine Klasse NETZWERKZUGRIFF mit folgenden Methoden verwendet. Bei Veröffentlichungen müssen zunächst über *POSTAnfrageVorbereiten* verschiedene Bestandteile wie die Zugangsdaten gesammelt werden, bevor dann die POST-Anfrage gesendet wird.

NETZWERKZUGRIFF
NetzwerkZugriff(domain: ZEICHENKETTE) GETAnfrageSenden(url: ZEICHENKETTE) -> ZEICHENKETTE POSTAnfrageVorbereiten(parameterName: ZEICHENKETTE, parameterWert: ZEICHENKETTE) POSTAnfrageSenden(url: ZEICHENKETTE)

GET-Anfragen:

- **a** Analysieren Sie die Methode *postsAusgeben* und rufen Sie diese auf. Notieren Sie aus der Antwort eine ID einer eigenen Veröffentlichung.
- **b** Analysieren Sie die Methode *postsFormatiertAusgeben* und rufen Sie diese auf. Beschreiben Sie die Ausgabe im Vergleich zu a).
- **c** Implementieren Sie die Methoden *userAusgeben* und *userFormatiertAusgeben*.

POST-Anfragen:

- **d** Posten Sie eine Nachricht über einen Aufruf der Methode *posten*. Überprüfen Sie in der Nutzersicht Ihres Browsers, ob der Post im Netzwerk angekommen ist.
- **e** Liken Sie über einen passenden Methodenaufruf den Post aus Teilaufgabe a). Sollte dieser schon ein Like haben, dann unliken sie zuerst über die Nutzersicht.
- **f** Erklären Sie sich zu zweit gegenseitig Zeile für Zeile die Methode *eigenePinnwandLiken*. Testen Sie die Methode.
- **g** Schreiben Sie eine Methode *eigenePinnwandUnliken*.
- **h** Bots verfolgen in der Regel konkrete Ziele, beispielsweise das Posten vieler Nachrichten zu einem Thema. Welches Ziel verfolgt Ihr Bot? Implementieren Sie eine passende Methode.

5 Bot-Programmierung Teil 2: Menschliches Verhalten

Damit ein Bot nicht sofort als solcher erkannt wird, muss er ein wenig menschlich wirken. Dies ist möglich, in dem seine Posts variieren und er auf Schlüsselwörter in Posts oder Profileinstellungen anderer User reagiert.

- **a** Recherchieren Sie für Ihre Programmiersprache Methoden ...
  - ... zur Prüfung, ob in einer Zeichenkette ein Schlüsselwort enthalten ist.
  - ... zum Ersetzen von Wörtern in einer Zeichenkette.
- **b** Analysieren Sie die Vorlage. Beschreiben Sie knapp die Strategien, die verwendet werden, um den Bot menschlich wirken zu lassen.
- **c** Erweitern bzw. ändern Sie das Verhalten des Bots. Testen Sie den Bot unter SocialBotNet. Hinweis: Es ist hilfreich, wenn Sie sich zu dritt oder zu viert auf eine Thematik wie Filme einigen. Wenn mehrere Bots auf die gleiche Thematik reagieren, ist eine Interaktion sichtbar.

6 Forschungsauftrag Bot-Programmierung Teil 3: Aktuelle Ereignisse

Recherchieren Sie einen Onlinedienst, bei dem man über eine API aktuelle Daten, z. B. Wetterdaten, abrufen kann. Implementieren Sie einen Bot (für SocialBotNet), der Daten abruft und passend dazu postet.

5.4 Projektvorschläge: Künstliche Intelligenz

1 Wissensbasierter Ansatz – logische Programmierung mit PROLOG (Projektmöglichkeiten für die ganze Klasse)

Für das logische Schließen gibt es eigene Programmiersprachen. Sie basieren nicht auf Anweisungen (imperative Programmierung) oder auf Klassen und Objekten mit Attributen und Methoden (objektorientierte Programmierung), sondern auf Fakten und Regeln. Die am weitesten verbreitete logische Programmiersprache PROLOG wurde explizit für KI-Anwendungen geschaffen. Unter Nutzung von PROLOG lässt sich das Beispiel aus dem Lehrtext in Kapitel 4.2 wie rechts abgebildet formulieren: Nutzen sie zunächst die Teilaufgaben a), b) und c), um sich mit der grundlegenden Funktionsweise von PROLOG vertraut zu machen.

```
%Fakten
kind(naomi, stefan).
kind(naomi, miriam).
kind(stefan, lisa).
kind(david, lisa).
...
%Regeln
enkel(X, Y): kind(X, K), kind(K, Y).
```

a Öffnen Sie eine PROLOG-Programmierumgebung und geben Sie das obige Programm ein. Stellen Sie die Anfrage aus dem Lehrtext. Verwenden Sie dazu den folgenden Befehl:
`?- enkel(naomi, lisa).`
Stellen Sie zwei weitere Anfragen, die die oben vorkommenden Namen verwenden.

b Passen Sie die Fakten so an, dass Sie Ihren eigenen Familienverhältnissen entsprechen. Ergänzen Sie die Fakten- und Regelbasis so, dass auch nach Vater, Mutter und Großeltern gefragt werden kann.

c Recherchieren Sie wichtige Elemente der Sprache und fassen Sie diese in einer Übersicht zusammen.

Nachdem Sie nun einen ersten Einblick in PROLOG erhalten haben, wenden Sie sich als Team einem eigenen Projekt zu. Recherchieren Sie ggf. die notwendigen Informationen bzw. schlagen Sie die Dokumentation von PROLOG nach.

Mögliche Projekte wären unter anderem:

- Entwicklung eines Expertensystems, das Anfragen zu Symptomen bzw. Krankheiten und geeigneten Medikamenten zur Behandlung entgegennehmen kann,
- Entwicklung eines Expertensystems, das Anfragen zu Lebensmitteln und Nährstoffen entgegennehmen kann und
- Entwicklung eines Expertensystems, das Anfragen zu Städten, Ländern und Entfernungen zwischen diesen Städten entgegennehmen kann.

Die wesentlichen Aufgaben für ein Projekt-Team sind:

- Recherche zum Themenkomplex,
- Umsetzung der Rechercheergebnisse in Fakten und Regeln und
- Entwicklung gängiger Abfragen.

Wesentlicher Stoffinhalt sind Expertensysteme als ein wissensbasierter Ansatz unter Nutzung der Programmiersprache PROLOG.

2 Wie arbeiten KI-Systeme? (Projektmöglichkeiten für die ganze Klasse)

KI wird häufig in Nachrichten und Berichten genannt, weil es zunehmend unseren Alltag unterstützt bzw. beeinflusst. Die wenigsten Menschen haben aber eine Vorstellung davon, wie vielseitig KI-Systeme sind und wie einzelne Systeme arbeiten. Erstellen Sie eine Übersicht mit Erklärungen (z. B. als Plakat), um auf einem Tag der offenen Tür Eltern und jüngere Schülerinnen und Schüler zu informieren. Eigenaktivität unterstützt das Verständnis sehr stark. Erstellen Sie deshalb begleitend zu Ihrer Übersicht beispielsweise kleine Aufgaben, ein Rollenspiel,

ein Quiz – etwas, das die Wissenssuchenden in eine aktive Rolle bringt.
Mögliche Projekte wären unter anderem:

- Erklärung von überwachtem Lernen,
- Erklärung von unüberwachtem Lernen,
- Erklärung von verstärkendem Lernen,
- Gegenüberstellung wissensbasierter und datenbasierte Ansätze für KI,
- Demonstration einer Gesichtserkennungssoftware,
- interaktive Kunstinstallation, die Webcambilder in Echtzeit mit künstlerischen Filtern anreichert,
- Erläuterung der Funktionsweise von neuronalen Netzen und
- Diskussion gesellschaftlich relevanter Fragestellungen an konkreten KI-Anwendungen.

Die wesentlichen Aufgaben für ein Projekt-Team sind:

- Auswahl eines Subthemas im Rahmen des Tags der offenen Tür,
- Erstellen einer allgemeinverständlichen Erklärung und Darstellung der Ergebnisse (z. B. als Plakat) und
- Auswahl, Adaption oder Entwicklung einer Aktivität, die die Wissenssuchenden dazu bringt, sich mit dem Lerngegenstand auseinanderzusetzen.

Wesentlicher Stoffinhalt ist die Auseinandersetzung mit den Inhalten des Themenbereichs KI und die Einnahme einer vermittelnden Perspektive.

3 Überwachtes Lernen umsetzen (Projektmöglichkeiten für die ganze Klasse)

In Kapitel 4.3 hat Ihre Lehrkraft einen konkreten Algorithmus (Alternative 1 oder Alternative 2) für die Umsetzung von überwachtem Lernen ausgewählt. Dieses Projekt thematisiert den anderen, in Kapitel 4.3 dargestellten Algorithmus. → 4.3

Die wesentlichen Aufgaben für das Projekt-Team sind:

- Analysieren der Beschreibung des zweiten Algorithmus in Kapitel 4.3,
- Recherchieren nach weiteren Beschreibungen / Beispielen für den Algorithmus,
- Implementieren des Algorithmus und
- Einsetzen des Algorithmus an mindestens zwei konkreten Beispielen unter genauer Beachtung der Umsetzungsstrategien aus Kapitel 4.4. → 4.4

Erweiterung: Vergleichen der Funktionsweise der beiden Algorithmen und plausibel darstellen, wo Gemeinsamkeiten und Unterschiede der beiden Ansätze liegen.

Wesentlicher Stoffinhalt ist die Auseinandersetzung mit dem im Unterricht nicht behandelten KI-Algorithmus aus Kapitel 4.3.

4 Überwachtes Lernen in eigenen Apps (Projektmöglichkeiten für die ganze Klasse)

Anwendungen des maschinellen Lernens werden oft nicht für sich entwickelt, sondern stehen in einem größeren Kontext, wobei verschiedene Algorithmen und Verfahren kombiniert werden, um den Nutzenden einen echten Mehrwert zu bieten. Das Erkennen von Gesichtsmerkmalen für die Anwendung von Filtern etwa lässt sich grob in drei Schritte einteilen. Zunächst wird das Gesicht verortet. Dabei wird beispielsweise mithilfe von Helligkeitsunterschieden festgestellt, wo im Bild ein Gesicht zu sehen ist. Anschließend wird das Gesicht normalisiert, d. h. das Bild wird so gedreht und zugeschnitten, dass nur das Gesicht zu sehen ist. Schließlich wird mithilfe von maschinellem Lernen die Position von Mund, Nase und Augen erkannt. Natürlich muss nicht für jede Anwendung alle Arbeit erneut gemacht werden. Als Entwicklerin bzw. Entwickler kann man in solchen Fällen stattdessen auf existierende Programmbibliotheken, Softwarepakete oder Werkzeuge zurückgreifen, um entsprechende Funktionalität in die eigene Anwendung zu integrieren. Bilden Sie Gruppen und entscheiden Sie sich für eine eigene kleine Anwendung, die ein KI-Modell benutzt. Mögliche Projekte wären unter anderem:

- Entwicklung eines Fotofilters, der Personen eine virtuelle Clownsnase aufsetzt,
- Entwicklung eines Sprachassistenten, der Befehle entgegennimmt und Aktionen ausführt (bspw. Fragen nach dem Wetter beantwortet),
- Entwicklung eines interessensbasierten Empfehlungssystems und
- Entwicklung eines magischen Buchs, das auf Handgesten reagiert.

Im Download-Angebot finden Sie Vorschläge für Werkzeuge, die Sie nutzen können.
Die wesentlichen Aufgaben für das Projekt-Team sind:
- Auswählen bzw. Erstellen eines maschinellen Lernmodells,
- Integrieren des KI-Systems in nutzbare Anwendung (z. B. eine Website oder App) und
- Durchführen einer Nutzerstudie und ggf. Verbesserung der eigenen Anwendung.

Wesentlicher Stoffinhalt ist die Integration von KI-Systemen in gängige Softwareanwendungen.

5 Daten auswählen (Projektmöglichkeiten für die ganze Klasse)
Das Werkzeug Orange stellt verschiedene Datensätze zur Verfügung. Bilden Sie Gruppen und wählen Sie als Gruppe einen der Datensätze. Das Ziel des erstellen Modells hängt dabei vom gewählten Datensatz ab.
Die wesentlichen Aufgaben für das Projekt-Team sind:
- Erstellen eines neuen Projekts und Laden des Datensatzes,
- Untersuchen der Rohdaten,
- Trainieren eines Entscheidungsbaummodells,
- Testen des Modells mit einigen Beispielen und systematisch mit extra zurückgehaltenen Testdaten unter Verwendung einer geeigneten Metrik, um die Güte Ihres Modells zu eruieren (siehe auch Kapitel 4.4), und
- Diskutieren möglicher Implikationen des Einsatzes Ihres Modells und, ob und unter welchen Bedingungen Ihr Modell in der Praxis eingesetzt werden sollte (z. B. wer von Ihrem Modell profitieren bzw. wer benachteiligt werden könnte).

Wesentlicher Stoffinhalt ist der Prozess beim überwachten Lernen von der Datenaufbereitung, über die Erstellung des Modells bis hin zu dessen Evaluation.

6 Viele Arten neuronaler Netze (Projektmöglichkeiten für die ganze Klasse)
Sammeln Sie Informationen zu neuronalen Netzen, bereiten Sie diese in Präsentationen auf und stellen Sie die Ergebnisse in der Klasse vor. Anhaltspunkte können sein:
- Typen neuronaler Netze und ihre Kategorisierung (rekurrente Netze, Kohonen-Netze, Hopfield-Netze, Convolutional Neural Networks ...),
- Einsatzbereiche neuronaler Netze,
- historische Entwicklung, Meilensteine und
- die größten neuronalen Netze (Einsatzbereich, Energieverbrauch ...).

Die wesentlichen Aufgaben für ein Projekt-Team sind:
- Recherchieren relevanter Informationen für eigenes Thema und
- Erstellen einer Präsentation.

Lösungen zu „Teste dich selbst!"

Aufgaben in Kapitel 1

T1 Richtig oder falsch?

- **a** richtig
- **b** Falsch: Ein gerichteter Graph kann Kantengewichte haben.
- **c** richtig
- **d** Falsch: Es wird der Weg mit der kleinsten Anzahl an Kanten gefunden, der bei gewichteten Graphen nicht der kürzeste Weg sein muss.
- **e** Falsch: Die Knoten werden in konzentrischen Bereichen um den Startknoten abgearbeitet.
- **f** richtig
- **g** Falsch: Er kann auch für ungewichtete Graphen verwendet werden und bringt dann das gleiche Ergebnis wie die Breitensuche.

T2 Eine gute Erklärung ist alles!

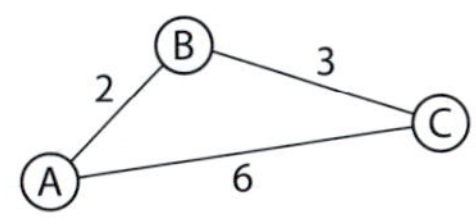

- Die Breitensuche sucht den Pfad mit der geringsten Anzahl an Knoten. Wenn der Graph gewichtet ist, kann es aber sein, dass der Weg über mehrere gering gewichtete Kanten kürzer ist als über eine einzige stark gewichtete Kante. So findet die Breitensuche den direkten Weg von A nach C (eine Kante, Länge 6), während der kürzeste Weg über B führt (2 Kanten, Länge 5).
- Bei der Berechnung der Weglänge für neu gefundene Knoten muss das Gewicht der Kante vom aktuellen Knoten zum neuen Knoten addiert werden, bei der Breitensuche wird jeweils 1 dazu addiert. Außerdem muss für die Knoten in der To-Do-Liste geprüft werden, ob der so berechnete Weg kürzer ist als der Weg, auf dem der Knoten bisher erreicht wurde.
- Es wird derjenige Knoten in der To-Do-Liste gesucht, der die kürzeste Entfernung zum Startknoten hat. Nur so kann garantiert werden, dass immer mit dem kürzestmöglichen Weg weitergearbeitet wird. Bei der Breitensuche wurde einfach der erste Knoten aus der To-Do-Liste verwendet.

T3 Programmieren

a

```
klasse GRAPHMATRIX
    geschützt attribut matrix: FELD<FELD<GANZZAHL>>
    geschützt attribut maxPersonenanzahl: GANZZAHL

    konstruktor()
        matrix = neu FELD<FELD<GANZZAHL>>()
        zähle index1 von 0 bis 5
            matrix.Hinzufügen(neu FELD<GANZZAHL>())
            zähle index2 von 0 bis 5
                matrix.ElementGeben(index1).Hinzufügen(-1)
            endezähle
        endezähle
        matrix.ElementGeben(0).ElementSetzen(1, 2)
        :
        :
    endekonstruktor
endeklasse
```

b

```
warteliste.Leeren()
fertigeKnoten.Leeren()
aktuellerKnoten = start
aktuellerKnoten.LängeSetzen(0)
wiederhole solange nicht aktuellerKnoten == zielKnoten
    zähle nummer von 0 bis anzahlKnoten - 1
        (matrix.ElementGeben(aktuellerKnoten).ElementGeben(nummer) > 0) und
        (nicht fertigeKnoten.Enthält(nummer)) und
        (nicht warteliste.Enthält(nummer))
        wahr:
            knoten.LängeSetzen(aktuellerKnoten.LängeGeben() + 1)
            warteliste.Anfügen(knoten)
        falsch:
    aktuellerKnoten = warteliste.ElementGeben(0)
    warteliste.Entfernen(0)
Ausgabe("Der Weg vom Start zum Ziel geht über ")
Ausgabe(aktuellerKnoten.LängeGeben())
Ausgabe(" Kanten")
```

c

```
warteliste.Leeren()
fertigeKnoten.Leeren()
aktuellerKnoten.LängeSetzen(0)
aktuellerKnoten.VorgängerSetzen(leer)
wiederhole solange nicht aktuellerKnoten == zielKnoten
    zähle nummer von 0 bis anzahlKnoten - 1
        (matrix.ElementGeben(aktuellerKnoten).ElementGeben(nummer) > 0) und
        (nicht fertigeKnoten.Enthält(nummer)) und
        (nicht warteliste.Enthält(nummer))
        wahr:
            knoten.LängeSetzen(aktuellerKnoten.LängeGeben() + 1)
            knoten.VorgängerSetzen(aktuellerKnoten)
            warteliste.Anfügen(knoten)
        falsch:
    aktuellerKnoten = warteliste.ElementGeben(0)
    warteliste.Entfernen(0)
Ausgabe("Der Weg vom Start zum Ziel geht über ")
Ausgabe(aktuellerKnoten.LängeGeben())
Ausgabe(" Kanten")
wiederhole solange aktuellerKnoten nicht ist leer
    Ausgabe(aktuellerKnoten.NameGeben())
    aktuellerKnoten = aktuellerKnoten.VorgängerGeben()
```

d Beispielsweise kann der rechtsstehende Graph verwendet werden. Die Suche könnte dann als Startknoten A und als Zielknoten D verwenden.

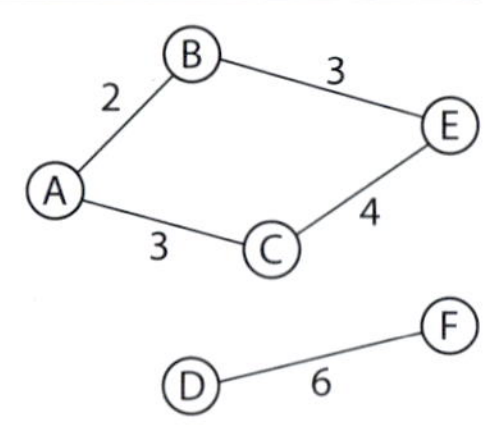

Die Bedingung der ersten Wiederholung muss ergänzt werden:

`(aktuellerKnoten != zielKnoten) und (aktuellerKnoten != leer)`

Die Ausgabe darf nur gemacht werden, wenn der aktuelle Knoten nicht leer ist, sonst muss eine Fehlermeldung ausgegeben werden.

Aufgaben in Kapitel 2

T1 Richtig oder falsch?

- **a** richtig
- **b** Falsch: Mit vier Bit lassen sich $2 \cdot 2 \cdot 2 \cdot 2 = 16$ verschiedene Werte darstellen.
- **c** richtig
- **d** Falsch: Allerdings muss zunächst die Schlüssellänge bestimmt werden, ehe sich mehrere voneinander unabhängige Häufigkeitsanalysen einsetzen lassen.
- **e** Falsch: Der Schlüsselaustausch kann auch mit asymmetrischen Verschlüsselungsverfahren erfolgen.
- **f** Falsch: Die Quersumme einer gegebenen Zahl lässt sich leicht bilden, allerdings ist es schlichtweg unmöglich, aus einer gegebenen Quersumme die ursprüngliche Zahl zu rekonstruieren, auch nicht unter großem Aufwand. Die Quersumme 4 könnte beispielsweise sowohl für die Zahl 13 als auch für die Zahl 22 stehen.
- **g** Falsch: Wenn man eine Nachricht verschicken möchte, muss man diese mit dem öffentlichen Schlüssel des Empfängers verschlüsseln.
- **h** Falsch: Mittels einer digitalen Signatur kann die Integrität einer Nachricht gesichert werden.

T2 Cäsar und Vigenère anwenden

- **a** PUALYULA
- **b** AOAYOGEYANEJACIAFZRZAEIXECIA

T3 Mögliche Schlüssel

Länge	Anzahl möglicher Schlüssel beim Vigenère-Verfahren bei 26 Zeichen	Dauer*	Anzahl möglicher Schlüssel beim Vigenère-Verfahren bei 80 Zeichen	Dauer
6	26^6=308 915 776	7 min.	80^6	4,3d
8	26^8=208 827 064 576	3,4d	80^8	76a
10	26^{10}=141 167 095 653 376	6a	80^{10}	486 401a

* Dauer eines Brute-Force-Angriffs für das Durchprobieren aller Möglichkeiten, wenn sich 700 000 Schlüssel pro Sekunde ausprobieren lassen

T4 Symmetrische und asymmetrische Verschlüsselung

	Symmetrische Verschlüsselung	Asymmetrische Verschlüsselung
Anzahl der notwendigen Schlüssel bei Nachrichtenaustausch unter mehreren Personen	n(n–1) bei n Teilnehmenden	n bei n Teilnehmenden
Notwendige Vorbereitung, um Kommunikation durchführen zu können	Persönliches Treffen oder Schlüsseltausch auf andere Weise	Erzeugung eines persönlichen Schlüsselpaars und Veröffentlichen des öffentlichen Schlüssels
Berechnungsaufwand	abhängig von Verfahren: im Allgemeinen deutlich geringer als bei asymmetrischen Verfahren	erhöht gegenüber symmetrischer Verschlüsselung, aber abhängig von der Schlüssellänge

T5 Digitale Signaturen

Alice:

- Nachricht verfassen,
- kryptografischen Hashwert der Nachricht berechnen,
- Hashwert mit privatem Schlüssel von Alice verschlüsseln und
- Nachricht und verschlüsselten Hashwert (Signatur) an Bob senden

Bob:

- empfangene Signatur mit öffentlichem Schlüssel von Alice entschlüsseln,
- kryptografischen Hashwert der empfangenen Nachricht berechnen und
- berechneten Hashwert mit dem entschlüsselten Hashwert vergleichen.
  → Bei Übereinstimmung ist die Nachricht unverfälscht.

Aufgaben in Kapitel 3

T1 Richtig oder falsch?

a Falsch: Die Kommunikation im Internet erfolgt oft nach dem Client/Server-Prinzip.

b Falsch: Ein Switch kann zwar theoretisch mehrere Netze miteinander verbinden. Um eine sinnvolle Kommunikation zwischen den Netzen zu ermöglichen, sollte jedoch ein Router die Netze verbinden. Ein Switch kann innerhalb eines Netzes eingesetzt werden, um mehrere Geräte miteinander zu verbinden.

c Falsch: DNS steht für Domain Name System, welches Domains IP-Adressen zuordnet.

d Falsch: Das Schichtenmodell teilt die Kommunikation im Internet in mehrere Schichten wie Anwendungs-, Transport-, Internet- und Netzzugangsschicht auf.

e richtig

f Falsch: Cookies dienen dazu, Nutzer über einzelne Anfragen hinweg zu identifizieren

T2 Ich check's, dank deiner Hilfe!

Die Kommunikation zwischen Maschinen erfolgt oft nach dem **Client/Server-Prinzip**. Dabei initiiert der Client die Kommunikation, während der Server als Dienstanbieter zunächst passiv auf eingehende Anfragen von Clients wartet. Ein Client kann beispielsweise bei einem Webserver eine Webseite anfragen. Dieser antwortet mit der passenden Seite.

Mehrere Netze können mit **Routern** miteinander verbunden werden. Die Router sorgen dafür, dass die Datenpakete über die Netze hinweg schrittweise ans Ziel gelangen. Anhand von Routing-Tabellen treffen sie Entscheidungen, über welchen Weg die Daten weitergeleitet werden.

In einem lokalen Netz können mehrere Geräte über einen **Switch** verbunden werden.

Die Kommunikation in Netzen verläuft im **Schichtenmodell**. Ein wichtiger Vorteil bei diesem Schichtenmodell ist die einfache Austauschbarkeit der konkreten Umsetzung einzelner Schichten. Ein weiterer Vorteil ist die Wiederverwendbarkeit bereits existierender Schichten für andere Zwecke. Die Kommunikation zwischen Rechnern kann durch das TCP/IP-Modell als Stapel aus insgesamt vier Schichten dargestellt werden: Anwendungs-, Transport-, Internet- und Netzzugangsschicht.

Auf der Transportschicht verwenden Server **Ports**, um bestimmte Dienste anzubieten. Die Ports sind dabei durchnummeriert. Für häufig verwendete Dienste sind einheitliche Portnummern festgelegt (z. B. 80 für HTTP). Auch von Clients versendete Daten haben eine (oft zufällig gewählte) Portnummer als Teil der Absenderadresse. Auf diese Weise können Ports dazu verwendet werden, mehrere Kommunikationsstränge zwischen gleichen Partnern auseinanderzuhalten. Ein Client-Rechner kann beispielsweise mit einer Webserver- und einer Mailserver-Anwendung auf dem gleichen Server-Rechner kommunizieren, ohne, dass dabei z. B. versehentlich Webseitenanfragen den Mailserver erreichen.

IP-Adressen werden verwendet, um Geräte auf der Internetschicht eindeutig zu identifizieren. Sie kommen in den Versionen IPv4 und IPv6 zum Einsatz. In lokalen Netzen werden bisher IPv4 Adressen häufiger genutzt. Diese sind 32 Bit lang und werden zur besseren Lesbarkeit in vier Dezimalblöcken geschrieben (z. B. 192.168.1.2). Der sogenannte Netzanteil einer IP-Adresse gibt an, in welchem Netz sich ein Gerät befindet. Der sogenannte Hostanteil der Adresse ist in diesem Netz einmalig für ein Gerät vergeben.

Auf der Netzzugangsschicht werden Geräte mithilfe **der MAC-Adresse** identifiziert. Sie ist 48 Bit lang und wird üblicherweise hexadezimal geschrieben (z. B. 12:34:DE:AD:BE:EF).

Damit Maschinen erfolgreich Informationen austauschen können, müssen die Regeln für die Kommunikation in **Protokollen** eindeutig festgelegt werden. Typische Bestandteile eines Protokolls sind das Ablaufschema der Kommunikation, die Codierung der zu übertragenden Daten und die Reaktion auf Fehler bei der Übertragung.

Ein Cookie ist eine kleine Textdatei, die vom Server generiert, an den Client übermittelt und dort gespeichert wird. Bei späteren Anfragen wird der Client dann aufgefordert, den Inhalt dieser Textdatei als Teil der Anfrage mitzusenden. So kann der Server den Client erneut identifizieren. **Cookies** sorgen dafür, dass Zugangsdaten oder Einstellungen nicht bei jeder Anfrage erneut eingegeben werden müssen. Sie werden aber auch eingesetzt, um die Aktivität von Nutzern im Internet zu verfolgen (Tracking-Cookies).

T3 Kommunikation im Schichtenmodell

a Anwendungs-, Transport-, Internet-, Netzzugangsschicht

b Die Endnutzer interagieren mit der Anwendungsschicht. Diese entspricht in der Regel dem jeweils genutzten Dienst (z. B. WWW, E-Mail, ...). Die Transportschicht stellt der eigentlichen Anwendung einen Ende-zu-Ende-Kommunikationskanal bereit, sodass die Client- und die Serveranwendung direkt Daten austauschen können. Die zentrale Aufgabe der Internetschicht ist die Wegewahl (engl. routing). Insbesondere in großen Netzen wie dem Internet erreichen die Datensegmente der Transportschicht ihr Ziel in der Regel nicht direkt, sondern werden von Vermittlungsrechnern (Routern) bis ins Zielnetz weitergeleitet. Die Netzzugangsschicht sorgt für einen möglichst störungsfreien Kommunikationspfad zwischen den verschiedenen Stationen.

c Jede Schicht verwendet unterschiedliche Protokolle. Auf der Senderseite durchlaufen die zu versendenden Daten alle Schichten. Alle verwendeten Protokolle ergeben den Protokollstapel. Ein Beispiel für einen solchen Stapel wäre HTTP auf der Anwendungsschicht, TCP auf der Transportschicht, IP auf der Internetschicht und 1000Base-T auf der Netzzugangsschicht.

d Auf der Anwendungsschicht werden beispielsweise URLs verwendet, um einen Webserver zu kontaktieren. Auf der Transportschicht verwenden Server Ports, um bestimmte Dienste anzubieten. Die Internetschicht nutzt IP-Adressen zur eindeutigen Identifikation von Geräten. Auf der Netzzugangsschicht werden in der Regel sogenannte MAC-Adressen verwendet.

T4 Protokolle

- **a** Das HTTP-Protokoll legt auf der Anwendungsschicht die Regeln zum Abrufen einer Webseite fest. Die Variante HTTPS ermöglicht eine verschlüsselte Kommunikation. E-Mails können beispielsweise mit dem SMTP- oder POP-Protokoll versendet werden.
- **b** Sind Protokolle in frei zugänglichen Dokumenten standardisiert und beschrieben, können alle diese Spezifikationen einsehen. Bei der Entwicklung von Software (z. B. einem E-Mail-Client) kann das Protokoll passend umgesetzt werden. Sollten sich Änderungen im Protokoll ergeben, können alle Produkte, welche das Protokoll verwenden, angepasst werden. Die Kommunikation in Netzen kann unabhängig von Betriebssystemen, Sprachen und Hardware umgesetzt werden.
- **c** individuell

T5 Firewalls

- **a** Eine Firewall kann am Verbindungspunkt eines lokalen Netzes mit dem Internet oder auf individuellen Geräten verwendet werden, um die Angriffsmöglichkeiten aus dem Internet zu reduzieren. Es handelt sich bei einer Firewall um eine spezielle Software, welche den Datenverkehr vom und ins Internet überwacht und nach zuvor festgelegten Regeln filtert. Der Datenverkehr kann so auf bestimmte Protokolle oder festgelegte Adressen beschränkt werden.
- **b** Das Öffnen eines Ports bedeutet, eine Regel zur Firewall hinzuzufügen, welche die Kommunikation auf dem geöffneten Port erlaubt.
- **c** individuell

Aufgaben in Kapitel 4

T1 Richtig oder falsch?

- **a** Falsch: Verbreitete Anwendungen wie Bilderkennungssysteme, Sprachassistenten oder Textgeneratoren sind Vertreter schwacher KI-Systeme. Starke KI wurden in den 2010er Jahren jedenfalls nicht entwickelt.
- **b** Falsch: Bei unüberwachtem Lernen müssen die Daten über kein Label verfügen.
- **c** Falsch: Der k-Nächste-Nachbarn-Algorithmus wird (in diesem Buch) als überwachtes Lernverfahren genutzt.
- **d** Falsch: Zur linearen Separation genügt ein einzelnes künstliches Neuron
- **e** Falsch: Die Neuronen der Eingabeschicht leiten die Werte unverändert an die Neuronen der nachfolgenden Schicht weiter.
- **f** Falsch: Nachvollziehbarkeit eines KI-Systems bedeutet nicht, dass man in allen Details begründen können muss, wie das System entscheidet, es sollten aber wesentliche Argumente für eine Entscheidung benannt werden können.

T2 Ich check's, dank deiner Hilfe!

Starke und schwache KI: Schwache KI beschreibt Systeme, die nur eine bestimmte Aufgabe lösen können. Eine starke KI hingegen würde über eine dem Menschen ebenbürtige Intelligenz verfügen oder diese sogar noch übertreffen.
Überwachtes Lernen hat als Ziel jedem Datum ein (bekanntes) Label zuzuordnen. Als Eingabe erhält die KI Datensätze, denen bereits Label korrekt zugeordnet sind.
Maschinelles Lernen ordnet man KIs mit datenbasierten Ansätzen zu.
Bei **wissensbasierten Ansätzen** werden (Experten-)Wissen, Regeln oder Strategien z. B. in Tabellen und Entscheidungsbäumen gespeichert und angewendet bzw. durchsucht.
Datenbasierte Ansätze nutzen hingegen Datenbestände, um selbst z. B. Regeln für Label, Gruppierungen in den Daten oder vorteilhafte Aktionen zu finden.

Der **k-Nächste-Nachbarn-Algorithmus** ist ein überwachtes Lernverfahren, das für einen Datenpunkt unter Berücksichtigung seiner k nächsten Nachbarn ein Label vorhersagt.
Entscheidungsbaum-Lernen ist das automatisierte Generieren eines Entscheidungsbaumes aus gelabelten Daten.
Trainings-, Validierungs- und Testdaten: Für die Entwicklung eines Systems zum maschinellen Lernen werden Datensätze benötigt, bei denen die Lösung (z. B. die korrekte Klassifizierung) bereits vorab bekannt ist. Diese Datensätze werden dann zufällig in drei Gruppen aufgeteilt. Die Trainingsdaten werden verwendet, um das KI-System zu trainieren, d. h., anhand dieser Daten lernt das System, wie es zukünftig arbeiten soll. Da oftmals nicht vorab ersichtlich ist, welche Hyperparameterwerte für ein gegebenes Anwendungsszenario die besten Ergebnisse produzieren, werden hier oft unterschiedliche Wertekombinationen ausprobiert und anhand der Validierungsdaten überprüft, welche Hyperparameterwerte die besten Ergebnisse produzieren. Die Güte des Gesamtsystems kann abschließend dann mittels der Testdaten evaluiert werden.
Hyperparameter: Viele Algorithmen zum maschinellen Lernen haben verschiedene „Stellschrauben“, mit denen festgelegt werden kann, wie der Algorithmus im Detail arbeitet. Im Gegensatz zu anderen Parametern, deren Werte das KI-System beim Training eigenständig erlernt, müssen die Werte für diese sogenannten Hyperparameter manuell festgelegt werden.
Künstliches Neuron: Zur Berechnung des Ausgabewertes werden die Eingabewerte mit den Gewichten multipliziert. Diese Produkte werden summiert und von der Summe wird der Schwellenwert abgezogen.
Im Lernvorgang erfolgt die Anpassung der Gewichte nach der Formel:

$w_{neu} = w_{alt} + \alpha \cdot (\text{Labelwert-berechnetes Ergebnis}) \cdot \text{Eingabe}$

Dabei ist α die Lernrate. Analog wird der Schwellenwert angepasst gemäß:

$s_{neu} = s_{alt} - \alpha \cdot (\text{Labelwert-berechnetes Ergebnis})$

Neuronale Netze können zur Identifikation komplexerer Strukturen genutzt werden und damit komplexe Probleme wie etwa Bilderkennung lösen. Ein neuronales Netz hat folgenden Aufbau:

- Die Eingabeschicht besteht aus Neuronen, die jeweils für ein Eingabemerkmal stehen und die die Werte unverändert weiterleiten.
- In den Zwischenschichten passiert die eigentliche Datenverarbeitung. Mehr Neuronen und Zwischenschichten erlauben die Lösung komplexerer Probleme bei höherem Rechenaufwand.
- Auf der Ausgabeschicht gibt es für jedes Ausgabemerkmal ein Neuron.

T3 Künstliche Intelligenz

a Ein Sprachlexikon wird i. A. umgesetzt durch eine Tabelle, in der Experten Wörter zweier Sprachen einander zuordnen. Es wird also explizit Expertenwissen für eine KI verfügbar gemacht, typisch für einen wissensbasierten Ansatz.

b Wissensbasierte KI-Systeme:
Eröffnungen bei einem Schachprogramm, Entscheidungsbäume bei Chatbots
Datenbasierte KI-Systeme:
Mustererkennung zum Schutz vor Missbrauch von Kreditkarten (unüberwachtes Lernen); Erkennen von Verkehrsschildern (überwachtes Lernen), Optimierungsaufgaben z. B. bei der Ampelsteuerung (verstärkendes Lernen)

T4 Überwachtes Lernen (Alternative 1: k-Nächste-Nachbarn-Algorithmus)

a i) k=1: violett ii) k=3: orange
iii) k=4: Eine eindeutige Entscheidung ist nicht möglich → z. B. zufällige Wahl des Labels.

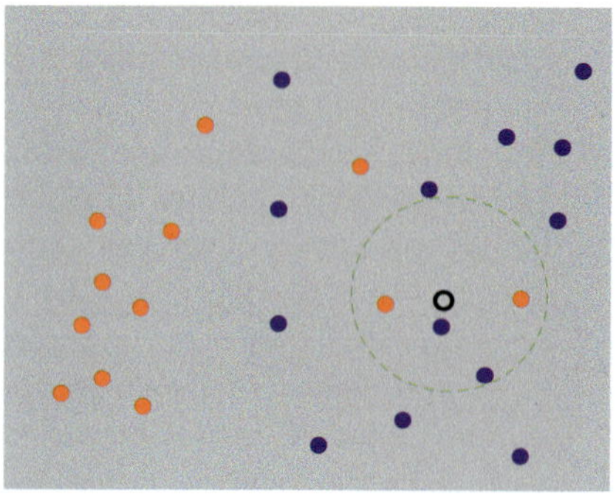

b Um Over- und Underfitting zu vermeiden, sollten sehr kleine und sehr große Werte für k von vorneherein ausgeschlossen werden. Der in diesem Kontext wirklich beste Wert für k kann in der Regel aber nur gefunden werden, indem verschiedene Werte (innerhalb sinnvoller Grenzen) ausprobiert und anhand der Validierungsdaten schließlich der am besten geeignete Wert ausgewählt wird.

T4 Überwachtes Lernen (Alternative 2: Entscheidungsbaumlernen)

a Informationsgewinn

b Der linke Teilbaum wurde korrekt gebildet. Durch die Trennung nach dem Entscheidungsmerkmal Kern wird ein höherer Informationsgewinn erzielt, weil die Reinheit im linken Blatt maximal ist (und die Reinheit im rechten Blatt im Vergleich zu den Blättern des rechten Teilbaums sich nicht extrem unterscheidet).

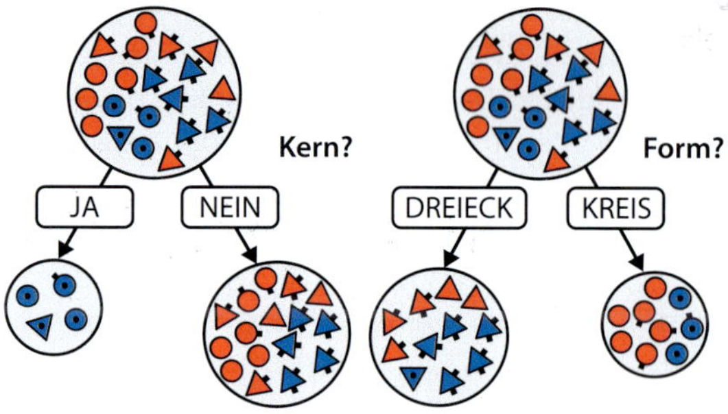

c Die Auswahl des ersten Entscheidungsmerkmals erfolgt durch den Algorithmus automatisch: Es wird stets zuerst das Merkmal mit dem höchsten Informationsgewinn ausgewählt. Die Merkmalsauswahl wird also anhand der Trainingsdaten erlernt und ist somit kein Hyperparameter.

T5 Angst vor KI?

i *„KI klaut unsere Arbeitsplätze!"*: KI-Systeme können automatisierbare Tätigkeiten oft schneller und genauer ausführen als Menschen. Dadurch verändert sich unsere Berufswelt. Einerseits liegt der Fokus von Arbeitnehmerinnen und Arbeitnehmern etwa stärker auf sozialen oder kreativen Tätigkeiten, was zu einer Veränderung von existierenden Berufsbildern führt. Andererseits entstehen durch KI aber auch zahlreiche neue Berufe, insbesondere im Bereich Informatik und Informationstechnologie.

ii *„KI trifft Entscheidungen, die für uns nicht nachvollziehbar sind."*: Gerade bei datenbasierten Ansätzen und insbesondere neuronalen Netzen ist Transparenz häufig schwer herzustellen. Trifft eine künstliche Intelligenz personenbezogene Entscheidungen, etwa bei der Auswahl von Bewerbern, muss die Entscheidung aber erklärbar sein, d. h. die wesentlichen Gründe werden nachvollziehbar benannt.

iii *„Wozu noch Abi machen? Maschinen sind bald schlauer als wir und erledigen alle Arbeiten."*: Schwache KI-Systeme – und nur solche gibt es aktuell – können nur spezielle, klar umrissene Probleme lösen. Es lohnt sich allemal, noch Abitur zu machen, auch wenn man in Hinblick auf die Berufswahl im Blick haben sollte, welche Auswirkungen KI-Systeme auf bestimmte Berufe haben.

Stichwortverzeichnis

A

accuracy 144
Adjazenzmatrix 15
Adresse 98
agile Werte 171
Aktivierungsfunktion 146
ALOHA 90
Anwendungsschicht 93
Ausgabeschicht 142
Ausreißer 129
Authentifizierung 76
Authentizität 74

B

„black box"-Modell 93
Barcode 49
Binärsystem 51
Bit 50
Bitfolge 50
Breitensuche 21
Breitensuche, erweiterte 29
Brute-Force-Angriff 61
Byte 51

C

Cäsar-Verschlüsselung 60
Certificate Authority 76
Client 87, 88, 104, 115
Client/Server-Prinzip 88
Cloud 108
Codieren 46
Content Delivery Networks 119
Cookies 105
CSS 116
Cybermobbing 109

D

Daten 46
datenbasierte Ansätze 128
Datenpakete (Wegewahl) 94
Datensparsamkeit 109
Datenstrom 93
Dezimalsystem 51
Dienst 93
digitale Signatur 75
Dijkstra-Algorithmus 34, 35
DNS 100
DNS-Amplification-Angriffe 111
Domain Name System 100
Driver 171
Dualsystem 51

E

Effizienz 157
Eingabeschicht 152
Ende-zu-Ende Kommunikationskanal 93
Ende-zu-Ende-Verbindung 98
Enigma 83
Entscheidungsbaum 127, 136
erweiterte Breitensuche 29
euklidischer Abstand 133

F

Fairness 157
Fake News 109
Fehler 1. Art 143
Fehler 2. Art 143
Filius 91
Firewall 109
Funkverbindung 87

G

Geheimtext 60
geografisches Informationssystem 44
gerichtet 9
Gewicht 9, 146
gewichtet 9
Gini-Impurity 138, 139
GIS 44
Glasfaserleitung 87
Global Positioning System 44
GPS 44
Graph 8
– gerichtet 9
– gewichtet 9
– nicht zusammenhängend 9
– ungewichtet 9
– zusammenhängend 9
– zyklenfrei 9
Güte eines KI-Systems 143

H

Handshake 93
Hashfunktion 75
Häufigkeitsanalyse 61
Header 104
Hexadezimalsystem 52
Hostanteil 98
HTML 116
HTTP 104, 105
HTTP Statuscodes 90
HTTP-Anfrage 104
HTTP-Protokoll 88
HTTPS 88, 105

hybride Verschlüsselung 70
Hyperparameter 141
Hypertext Transfer Protocol 104

I
IBAN 49
Information 56
Informationsgewinn 137, 138
Integrität 74
Integritätssicherung 74
Internet 88
Internet Protocol 94
Internet Service Provider 86
Internetschicht 94
Intrusion Detection Systeme 109
Intuition 123
IP 94
IP-Adresse 98, 100
IP-Multicast 118
IPP 88
IPTV 118
IPv4 98
IPv6 98
ISO/OSI-Modell 96
Iteration 170

J
Javascript 116

K
Kante 8
Key-Escrow 63
KI 122
- datenbasierte Ansätze 128
- schwache 123
- starke 123
- wissensbasierte Ansätze 126
Klartext 60
k-Nächste-Nachbarn-Algorithmus 132
Knoten 8
Kommunikationsregeln 87
kryptographische Hashfunktion 75
künstliche Intelligenz 122
künstliches Neuron 146

L
Label 128
LAN 86, 98
lineare Separation 147
logisches Schließen 127
lokale Netze 86

M
MAC-Adresse 99
Man in the Middle 111
Manhattan-Distanz 133
maschinelles Lernen 129
Medien 46
Merkmal 140
Metadaten 112
Metrik 99, 133
monoalphabetische Verschlüsselung 60

N
Nachvollziehbarkeit 157
NAT 103
Navigation 43
Navigator 171
Netzanteil 98
Netzwerkadressübersetzung 103
Netzzugangsschicht 94
Neuron 146
- künstliches 146
neuronales Netz 142
nicht zusammenhängend 9
Nichtabstreitbarkeit 74
NTP 88
Nutzdaten 92, 94, 104, 105

O
öffentlicher Schlüssel 66
One-Time-Pad 63
OpenPGP 70, 77
Overfitting 142

P
Pair Programming 171
Paper Days 112, 113
Perzeptron 147
Pfad 9
Phishing 109
polyalphabetische Verschlüsselung 61
POP 1188
Port 98, 100
precision 144
Priorisierung 170
privater Schlüssel 66
Problemlösen durch Suche 126
Project-Board 170
Protokoll 87, 88, 93
Protokollschichtung 92, 95
Provider 86
Prüfsumme 47, 93
Public-Key-Infrastruktur 76

Q
QR-Code 49

R
recall 144
Rechenzentrum 87, 108
Rechnernetz 86, 108
Retrospektive 170
Review 170
RFC 88
RGB-Farbraum 52
Routenplanung 43
Router 86, 88, 94, 99
Routing 94, 98, 99
Routing-Tabelle 99
RSA 68, 174
RTSP 88

S
Schadsoftware 109
Schichten 92
Schichtenmodell 92
Schichtenstapel 92, 94
Schlüssel 60
Schlüsselverteilungsproblem 66
Schnittstellen 92
Schutzmechanismen 109
Schwellenwert 146
Segmente 93
Server 87, 88, 104
Serverdienste 87
Sicherheitslücken 108, 109
Signatur, digitale 75
Skytale 64
SMTP 88
Social Engineering 109
Stellenwertsystem 51
Steuerungsdaten 93
Substitutionsverfahren 64
Switch 86, 99
Symmetrische Verschlüsselung 60
Symmetrische Verschlüsselungsverfahren 62

T
tabellenbasiertes Wissen 126
TCP 93
TCP/IP-Modell 93
Testdaten 140
Tier 1 87
Tier 2 87
Tier 3 87
To-Do-Liste 21
Tracking 105
Trainingsdaten 140
Transportschicht 93
Transpositionsverfahren 64
Turing-Test 123

U
Übertragungsmedium 94
überwachtes Lernen 128, 181
UDP 93, 95
Underfitting 141
ungewichtet 9
unüberwachtes Lernen 129
URL 98
User-Story 170

V
Validierungsdaten 140
verbindungslos 93
verbindungslosen 95
verbindungsorientiert 93
verbindungsorientierten 95
Vermittlungsrechnern 94
Verschlüsselter Datenaustausch 105
Verschlüsselung 60
verstärkendes Lernen 128
Vertrauenswürdigkeit 76
Vigenère-Quadrat 61
Vigenere-Verschlüsselung 61, 174
Virenscanner 109
Voice over IP 118

W
Webbrowser 87
Webseite 87
Webserver 87
Wegewahl 94, 95
Werbetracker 112
wissensbasierte Ansätze 126

Z
Zertifikat 76
Zertifikatskette 77
Zertifizierungsstelle 76
zusammenhängend 9
- stark 9
- schwach 9
Zuverlässigkeit 157
Zwischenschicht 142
zyklenfrei 9
Zyklus 9

Bildquellenverzeichnis

Cover: stock.adobe.com/Nicolas Herrbach/NicoElNino

Abbildungen/Fotos:

10/Shutterstock/ALX1618; **11 o. re.**/Imago Stock & People GmbH/YAY Images/xspeedfighterx 761587; **43**/Shutterstock.com/DenPhotos; **44 o. re.**/mauritius images/alamy stock photo/Naschy; **44 Mi. re.**/mauritius images/Science Source; **58 o. li.**/Shutterstock.com/SooperYela; **58 Mi. li.**/ Shutterstock.com/7Seven; **64 o. li.**/ Shutterstock.com/ Paramarta Bari; **4 u. re.**/**83 u. re.**/mauritius images/ alamy stock photo/Archive PL; **86 Mi. li.**/ Shutterstock.com/bildobjektiv; **89 o. re.**/Shutterstock. com/Korn Srirawan; **94 o. li.**/ Shutterstock.com/Jeerawat Somsopin; **108 Mi. re.**/ Shutterstock. com/JOGENDRA KUMAR; **122 o. re.**/Shutterstock.com/Marketa Kuchynkova; **122 Mi. li.**/ Shutterstock. com/Inspiring; **123 Mi. re.**/ **164 Mi. re.**/mauritius images/alamy stock photo/John Gaffen 2; **125**/mauritius images/ alamy stock photo/Archive PL; **126 u. li.**/Shutterstock.com/ keenani; **129 u. re.**/Shutterstock.com/Lunx; **131 Mi. re.**/**131 u. re.**/**134 o. re.**/**163 o. re.**/**190 o. re.**/Cornelsen/Ulf Rothkirch; **135 u. re.**/ Shutterstock.com/Ulf Wittrock; **151 Illu re.**/Cornelsen/ Jörg Mair; **151 Foto re. o.**/ sciencephotolibrary/Kage, Manfred; **151 Foto re. Mi.**/mauritius images/ alamy stock photo/Scott Camazine; **151 Foto re. u.**/sciencephotolibrary/DENNIS KUNKEL MICROSCOPY; **153 o. re.**/ Shutterstock.com/stockvit; **156 Mi. re.**/Shutterstock.com/Gorodenkoff; **156 u. re.**/ Shutterstock.com/Suwin; **159 Mi. li.**/Shutterstock.com/KOHYAO; **159 Mi. re.**/dpa Picture-Alliance/Glasshouse Images/Circa Images; **160**/Shutterstock. com/Scharfsinn; **164 o. re. Personen**/Shutterstock.com/Zapp2Photo; **164 o. re. Autos**/Shutterstock.com/metamorworks; **166 u.**/Shutterstock.com/Denys Drozd; **168 o.**/Shutterstock.com/Arkadiy Chumakov; **175**/Shutterstock.com/ ESB Professional; **176**/Shutterstock.com/Martina V; **177**/**178**/Cornelsen/ Benjamin Knorr

Collagen:

4 u. li./**50 Mi.**/**60 u.**/**77 Mi. re.**/**81 3. v. o.**/**86 Mi. re. + u.**/**104 Mi.**/**105 u.**/**115 o.**/**137 u.**/**141 Mi.**/**152 u. re.**/**165 u. re.**/Cornelsen, Illu: Ingrid Schobel; **5 u.**/Cornelsen/Peter Brichzin; Franz Jetzinger; Johannes Neumeyer; Klaus Reinold; Albert Wiedemann/© Microsoft® Office. Nutzung mit Genehmigung von Microsoft; **7 o. re., Mi. re., u. re.,**/**34 o. re.**/Cornelsen, Illus: Natascha Welz, Figuren/Nicole Rademacher; **8 Mi. re.**/Cornelsen/Ingrid Schobel/Shutterstock/Bardocz Peter; **11 Mi. re.**/Cornelsen, Illu: Detlef Seidensticker; **20 Mi. re.**/Cornelsen, Stoppuhr: Depositphotos/ Logo_icon, Illu: Nicole Rademacher; **33**/Cornelsen/Reemers, Browser mockup: Shutterstock.com/ Art Alex; **46 o. li.**/Cornelsen, Kuh: Shutterstock.com/ksuper, Behältnis: Shutterstock.com/M. Schuppich, Siegel: Bundesanstalt für Landwirtschaft und Ernährung, Bonn, Illu: Ingrid Schobel; **49 Mi. re.**/Cornelsen/Reemers, Hasen: Shutterstock.com/natika_art, Vögel: Shutterstock.com/ Ekaterina Volodina; **51 Mi. re.**/Cornelsen/Reemers, Laptop: Shutterstock.com/Valeriia Soloveva, Fragezeichen: Shutterstock.com/Aha-Soft, Daumen: Shutterstock.com/Cosmic_Design; **51 u.**/ Cornelsen/Reemers, Illu sitzend, sprechend: Nicole Rademacher; **52 u. re.**/ Cornelsen/Reemers, Illu ob. re.: Ingrid Schobel, **55 u.**/Cornelsen/ Reemers, Foto: Shutterstock.com/Daniele C; **56 o. Mi.**/Cornelsen/Reemers, Foto: Shutterstock.com/Chii Chobits; **56 Mi.**/Cornelsen/Reemers, Foto: Shutterstock.com/Neliakott; **59 Mi. re.**/Cornelsen/Reemers, Foto: Shutterstock.com/ WinWin artlab; **78 o. re.**/Cornelsen/Reemers, Illu: Nicole Rademacher; **81 o.**/Cornelsen/Reemers, Illus (3x ob.): Natascha Welz, Foto un. re.: Shutterstock.com/Atstock Productions; **4 u. re.**/**83 o. re.**/Cornelsen/Reemers, Foto: mauritius images/alamy stock photo/Steve Vidler; **126 o. re.**/Cornelsen/Dr. Stefan Seegerer, Fotos "Professor", "Robots": stock.adobe. com/Digital Bazaar; **126 Mi.**/Cornelsen, Illu li.: Nicole Rademacher, Illu re.: Natascha Welz; **127 o.**/Cornelsen, Illu o. li.:

Nicole Rademacher, Illu u. li.: Ingrid Schobel, Illu re.: Natascha Welz; **127 Mi.**/Cornelsen, Illu li., Illu re.: Nicole Rademacher, Illu Mi.: Natascha Welz; **128 Mi. re.**/ **129 Mi.**/**134 o. re.**/Cornelsen/Natascha Welz/Nicole Rademacher; **129 o.**/Cornelsen/Natascha Welz/Shutterstock/A7880S; **142 Mi.**/ Cornelsen/Illu li., Illu re.: Ingrid Schobel; **146 o.**/Cornelsen/Illu li., Illu re.: Nicole Rademacher/ Kanone: Shutterstock.com/Filichkin kostiantyn, Neuron: Shutterstock.com/Sweet-girl; **146 u.**/ Cornelsen/Illu li.: Ingrid Schobel/Kanonen: Shutterstock.com/Filichkin kostiantyn; **147 o. re.**/ Cornelsen/Illu: Ingrid Schobel/Kanonen: Shutterstock.com/Filichkin kostiantyn; **147 u.**/ Cornelsen/Illu Figur: Natascha Welz/Illu Graph: Ingrid Schobel; **157 o.**/**158 o.**/Cornelsen/Nicole Rademacher; **162**/Cornelsen/Shutterstock/WHISKHEELS; **168 u.**/Cornelsen/Illu Figur: Natascha Welz/Illu Uhr, Illu Graph: Ingrid Schobel; **169**/Cornelsen/Illu Tabelle: Ingrid Schobel, Illus: Natascha Welz

Urheber der Bildschirmschüsse sind die Autoren.

Textquellenverzeichnis

S. 25/9	Informatik-Biber 2013, S. 43, © Bundesweite Informatikwettbewerbe (BWINF)
S. 37/4	Informatik-Biber 2013, S. 36, © Bundesweite Informatikwettbewerbe (BWINF)
S. 70/6	Zitat nach „Per Anhalter durch die Galaxis", ISBN 3807701710, Deutsche Fassung von 1981, S. 163, Autor: Douglas Adams
S. 97/8	Bayerische Abiturprüfung 2017, Fach Informatik, Abschnitt III Aufgabe 3, Quelle: Staatsinstitut für Schulqualität und Bildungsforschung (ISB), https://www.isb.bayern.de/schularten/gymnasium/leistungserhebungen/abiturpruefung/informatik/
S. 112/9b	NSA-Chef Michael Hayden am 1. April 2014 bei einer Veranstaltung der John-Hopkins-Universität „The Johns Hopkins Foreign Affairs Symposium - The Price of Privacy: Re-Evaluating the NSA", dokumentiert in https://www.youtube.com/watch?v=kV2HDM86XgI, ca. Minute 17:50
S. 122 Mi. li.	McCarthy, J., Minsky, M. L., Rochester, N., & Shannon, C. E. (2006). A Proposal for the Dartmouth Summer Research Project on Artificial Intelligence, August 31, 1955. AI Magazine, 27(4), 12. https://doi.org/10.1609/aimag.v27i4.1904
S. 122 u. re.	Patrick Henry Winston. Artificial Intelligence; Addison-Wesley 1992 Third Edition; First edition published in 1977
S. 122 u. li.	Eugene Charniak und Drew McDermott. Introduction to Artificial Intelligence; Addison-Wesley 1985
S. 123 o. re.	Richard Bellman. An Introduction to Artificial Intelligence: Can computers think?; San Francisco: Boyd & Fraser 1978
S. 123 o. li.	Elaine Rich und Kevin Knight. Artificial Intelligence; McGraw-Hill Professional 1991
S. 124/4iii	Caleb Jones/AP: „Towering waves in Hawaii crash into homes, barrel through wedding venue". In: The Guardian 19.07.2022, https://www.theguardian.com/us-news/2022/jul/18/hawaii-waves-swell-south-pacific?amp;amp;amp;amp
S. 130/3	Informatik-Biber 2019, S. 30, © Bundesweite Informatikwettbewerbe (BWINF)
S. 134/4	Informatik-Biber 2020, S. 39, © Bundesweite Informatikwettbewerbe (BWINF)
S. 159/3 o. li	„Epigrams on Programming". ACM SIGPLAN Notices 17 (9), pp. 7–13, pu.inf.uni-tuebingen.de. September 1982.
S. 159/3 o. re.	Herbert Simon, The Shape of Automation for Men and Management. Evanston, New York 1965
S. 159/3 u.	LIFE; Vol. 69 Nr. 21 November 1970; Time Inc. Chicago